三人谈

刑事程序

若干热点问题的再思考

贺小电 谭 君 贺律川 ◎ 著

中国民主法制出版社
全国百佳图书出版单位

图书在版编目（CIP）数据

三人谈：刑事程序若干热点问题的再思考/贺小电，谭君，贺律川著.—北京：中国民主法制出版社，2024.1

ISBN 978-7-5162-3459-4

Ⅰ.①三…　Ⅱ.①贺…②谭…③贺…　Ⅲ.①刑事诉讼—诉讼程序—研究—中国　Ⅳ.①D925.218.04

中国国家版本馆 CIP 数据核字（2023）第 247850 号

图书出品人：刘海涛
责任编辑：庞贺鑫

书名/三人谈：刑事程序若干热点问题的再思考
作者/贺小电　谭　君　贺律川　著

出版·发行/中国民主法制出版社
地址/北京市丰台区右安门外玉林里 7 号（100069）
电话/（010）63055259（总编室）　63058068　63057714（营销中心）
传真/（010）63055259
http：// www.npcpub.com
E-mail：mzfz@ npcpub.com
经销/新华书店
开本/16 开　710 毫米×1000 毫米
印张/21.5　字数/366 千字
版本/2024 年 1 月第 1 版　2024 年 1 月第 1 次印刷
印刷/北京天宇万达印刷有限公司

书号/ISBN978-7-5162-3459-4
定价/98.00 元
出版声明/版权所有，侵权必究。

代　序

贪官失联后再审，反而在法定刑以下量刑？

近日，最高人民法院裁定的一起在法定刑以下量刑的贪腐案，引发关注。

原审被告人为受贿13.2万元的镇党委副书记沈智，其受贿案案发于2008年。一审法院对其判刑10年，二审改判为2年。检察机关抗诉，却因"无法找到"沈智，导致该案在抗诉6年后的2019年才又启动再审。在此期间，国家不断修法，十二届全国人大常委会通过了《刑法修正案（九）》，随后相关配套司法解释出台。《刑法修正案（九）》及其司法解释对贪腐犯罪涉案金额的量刑标准大幅提高。再审中，沈智因此获得在法定刑以下量刑2年的结果。而最高人民法院也认为"本案发生至今，法律已有较大改变，根据罪责刑相适应的原则并综合考虑本案情况，对沈智可以在法定刑以下判处刑罚"。

那么，该贪腐案当事人为何能够获得法定刑以下量刑？当事人通过"失联"的方式等到刑法修改而获得法律"优惠"是否合法？湖南省刑法学研究会原副会长、著名刑辩律师贺小电，湖南纲维律师事务所律师贺律川接受澎湃新闻采访，进行了相关分析。

受贿10余万起刑10年，可作"特殊"处理

澎湃新闻：该案之所以能从10年改判为2年，如此大的跨度，是因为在法定刑以下量刑。而法院的裁判依据是《刑法》第63条第2款的规定，犯罪分子虽然不具有本法规

1

定的减轻处罚情节，但是根据案件的特殊情况，经最高人民法院核准，也可以在法定刑以下判处刑罚。我们怎么来认识本案的"特殊情况"？

贺小电：最高人民法院的刑事裁定书指出，沈智受贿13.2万元，二审以非国家工作人员受贿罪判处沈智有期徒刑2年，属于适用法律错误。按照二审2011年9月19日作出生效裁判这一时间的《刑法》规定，在无自首、重大立功等减轻处罚情节的情况下，其主刑的起点为10年有期徒刑，检察机关抗诉正确。再审审理期间，要与二审生效裁判适用同样的法律，此案没有减轻处罚情节，如果不适用《刑法》第63条规定的法定刑以下判处刑罚规则，就不能在10年以下判处刑罚。

法定刑以下判处刑罚规则适用的条件，包括实体与程序两个方面。前者要求案件具有"特殊情况"，后者要求经最高人民法院核准。"特殊情况"没有明确的法律规范，除外交、统战等非法律方面的因素外，就法律情况来考虑，我认为，主要是对被告人的量刑是否符合"罪刑相适用"这一量刑基本原则。

倘若对被告人的量刑依照分则的规定裁量最低刑罚，按照社会一般人的观念，刑罚仍属过重时，就是罪刑不相适用。所以，法院在法律规则允许的情况下可以加以调整。本着刑法谦抑性原则的基本要求，可杀可不杀的坚决不杀，可轻可重的应当从轻，这也是我党历来倡导的宽严相济、以人为本的刑事政策。我们不能固守传统的重刑主义，一味从严从重用刑罚来威慑、震吓。一些恶性的刑事案件的遏制，要通过消除犯罪产生的土壤来实现，而不可能仅仅通过单纯的重刑适用就可以解决。

受贿10余万与受贿1000余万的量刑不能一样

澎湃新闻：我注意到，裁定书中，最高人民法院裁定核准本案在法定刑以下判处刑罚，考虑了原审被告人的两个因素：一是"沈智归案后，主动如实供述自己的罪行，并积极退赃，确有悔罪表现"的法定从轻或酌情从轻处罚情节；二是"本案发生至今，法律已有较大改变，根据罪责刑相适应的原则"。这两个因素，哪一个是主要的？如果只有一个因素，是否就不能从10年减为2年？

贺小电：第一个因素是大多数刑事案件特别是贪污贿赂等职务犯罪案件通常都有的，只能算一般的从轻处罚量刑情节，不能作为减轻处罚的根据，更不可能构成法定刑以下判处刑罚中的"特殊情况"。话说满点，应当说绝无可能成为"法定刑以下量刑"的理由。

对沈智在法定刑以下判处刑罚，起作用而且唯一起作用的是第二个因素。没有第二个因素绝对不可能对其适用法定刑以下判处刑罚，否则"特殊情况"就没有任何特殊之处，并由此会造成该规定的滥用。

那么，第二种因素的核心之处在于，若对其受贿13.2万元还依照当时的法定量刑幅度判处最低刑10年，按照现有的法律及其观念标准来衡量，罪刑明显不相适应。这当然是基于法律发生重大变化的考量。

其实，即使没有《刑法修正案（九）》对《刑法》贪污受贿罪量刑情节的修正，以及"两高"《关于办理贪污贿赂刑事案件适用法律若干问题的解释》（下称《两高解释》）关于贪污受贿罪量刑的数额标准及其他情节的大幅度提升，考虑到现在的经济发展水平及通货膨胀等情况，对其判处10年有期徒刑也让人难以感受到罪刑相适应。因为现在的司法实践中，对受贿1000万~7000万元的被告人，也就是10余年的量刑。

从另一角度来讲，严刑已经不符合经济、社会发展情况的法律规定，也有悖于"罪刑相适应"等基本原则，有悖于人们根据时代发展感受到的公平正义及其观念。

凡事都要从实际出发，在法律允许的范围内，根据事情的发展变化合乎时宜地处理有关事情。法律经常的修改就体现了这一点。早在秦始皇统治时期，相国吕不韦令其门下食客各抒所闻著成了一部传世之作——《吕氏春秋》。其中的《察今》一文就言简意赅地告诉人们："凡先王之法，有要于时也，时不与法俱在，法虽今而在，犹若不可法。故释先王之成法，而法其所以为法。"说明古今时世不同，制定法令，应当察明当前形势，不应死守故法。1800余年后，英国著名思想家，大法官弗·培根也精辟地指出："历史是川流不息的，若不能因时而进，顽固恪守旧俗，这本身就是治乱之源。"两者同出一辙，道出了法随时而改、法依时而变的这一古今中外制定、修改法律时都应遵循的基本原理。立法是如此，有关司法只要法律允许，亦应该如此。

再审案件无法适用"从旧兼从轻"原则

澎湃新闻：本案2019年通过检察院抗诉再次启动再审时，贪污贿赂的起刑点已大大提高。2016年4月18日发布的《两高解释》第3条规定，"贪污或者受贿数额在三百万元以上的，应当认定为刑法第三百八十三条第一款规定的'数额特别巨大'，依法判处十年以上有期徒刑、无期徒刑或者死刑，并处罚金或者没收财产"。如此，"10年以上有期徒刑或者无期徒刑"则要受贿在300万元以上。

那么，该案再审时，为何不直接适用"从旧兼从轻"原则而让当事人获得轻判，而仍要报请最高人民法院核准在法定刑以下量刑？

贺律川："从旧兼从轻"原则，只能适用于尚未对被告人形成生效裁判的一审、二审程序中，不能适用于审判监督程序。

如果某一案件，一审完成后进入二审程序，有利于被告人新法恰好实施，因一审判决并非生效判决，二审就可以适用"从旧兼从轻"原则，直接适用有利于被告人的新法，对一审判决改判轻刑。

案件的裁判生效后，即使基于各种原因再审，再审适用的法律也应当与原生效裁判适用的法律保持同一。也只有这样，才能客观地评价原生效裁判是否存在错误，是否需要改判，并保持正确的生效裁判的稳定性、权威性。不然，所有生效裁判都需要改判而没有任何稳定性。

澎湃新闻：所以本案虽只是一桩涉案10余万元的贪腐小案，但在跨越10余年后，仍需报最高人民法院来一锤定音？

贺律川：本案虽不能按"从旧兼从轻"原则进行，但适用"法定刑以下判处刑罚"的规则，不存在任何障碍，并且是一条合法且体现着法律原则性与灵活性相结合的"活路"。

所以，最终也达到了"从旧兼从轻"原则相同的效果，殊途同归。

通过自己的行为争取"法律优惠"不违法

澎湃新闻：该案有一个特殊的细节，就是在广东省人民检察院抗诉、广东省高级人民法院启动再审时，由于"无法找到"原审被告人而将案子退回。直到将近6年后，原审被告人被抓获归案，该案才又启动再审。而正是在原审被告人失联期间，国家出台了有利于被告人的《刑法修正案（九）》，从而使最高人民法院基于"本案发生至今，法律已有较大改变"而核准其法定刑以下量刑。那么，其他当事人是不是都可以通过不断申诉、再审，或者制造其他情况来延长诉讼时间，而获得这样的"法律优惠"？

贺小电：我们知道，刑法有关当事人的自由与生命，不仅涉及当事人本人，而且涉及父母、配偶、子女等众多人的利益，会将家人牵涉其中。所以，在理论上有刑法谦抑性原理的学说。刑法有关自首、立功、认罪认罚、追诉时效、"从旧兼从轻"原则、法定刑以下判处刑罚等均可以说是法定的给予被告人的"优惠"，只不过是有些"优惠"如认罪认罚要靠自己的行为争取，有的则完全系因为社会发展变化所产生的结果。例如，罪刑是否相适应，与一个社会对自由、生命的重视，刑罚日益轻化等观念的进步密切相关。可以说，该案的再审结果之功主要是归结于后者。

问题是，法律给予的"优惠"怎么获得，结论固然是要通过合法的途径获得，至少不能违法获得。一个人犯罪，基于人的本能往往会逃跑。过去因为交通信息不发达，逃跑很难再抓住，就会量刑很重。

其实，任何法律规定都不可能尽善尽美，总有这样或那样的问题，关键在于怎样堵住这种漏洞。如侦查机关则应当加大侦查力度，采取立案等措施，阻止追诉时效过期。其实，逃跑也是一件很痛苦的事，也是犯罪所付出的代价，若经过法定期间没有再犯新罪，从犯罪预防的角度来讲，也达到了刑罚适用同样的效果。另外，故意躲避追究，在现代信息如此发达的情况下，久逃在外也很难成功。

此外，通过不法方式制造有利于自己获取"法律优惠"的情形，其实不少。比如，看见侦查人员来抓自己，马上逃跑，然后立即到公安机关投案。如不逃跑被抓，不构成自首，逃跑后主动投案并如实供述自己罪行的则构成自首，依法可以从轻或者减轻处罚甚至免除处罚。这样，不守法的似乎得到了更多好处。但这是法律的规定。利用这种规定的，毕竟是少数。不能说，法律是在鼓励逃跑，或者我们去假定有很多人会去效仿。毕竟，后者只是一种理论上的假设和理想的逻辑推理。

因为，基于各种各样的因素，这种假设及其效仿现象，在现实生活中很少见；一旦多见，在适用某种规则时自然会加以调整。比如，法定刑以下判处刑罚的前提条件——"特殊情况"，本身就是没有具体内涵与外延的抽象标准，法院完全可以根据不同的情况，进行从严或从宽的调整。

目　录

第一章 产生冤假错案的主观因素

一、赵作海杀邻之冤

1998年2月15日，商丘市柘城县老王集乡赵楼村赵振晌的侄子报案称，其叔父赵振晌1997年10月30日离家后不见踪影，怀疑被同村的赵作海杀害。人命关天，公安机关为此立即进行了相关调查。

1999年5月8日，赵楼村在挖井时发现1具高度腐烂的无头、膝关节以下缺失的无名尸体，赵作海作为重大犯罪嫌疑人于次日被公安机关刑事拘留。

审查起诉期间，公诉机关曾经3次退回公安机关补充侦查，并于1999年12月9日最后一次退卷后再未受理，然而赵作海仍被羁押。

2001年，在清理超期羁押专项检查活动中，柘城县公安局再次把赵作海案提了出来，并向有关部门进行了反映。当年7月，政法机关召开联席会议研究认定，该案尸源问题没有确定，不具备审查起诉条件，检察机关从而不予受理。

2002年，赵作海案被上级机关列为重点清理的超期羁押案件，要求迅速结案。是以，相关部门进行研究，又经专题研究会研究决定，该案具备了起诉条件。检察机关要求公安机关移卷时提供DNA鉴定结果，然而在公安机关并未提供的情况下依然向法院以故意杀人罪对赵作海提起了公诉。

一审法庭审理过程中，赵作海提出过自己曾被刑讯逼供。2002年12月5日，商丘市中级人民法院以故意杀人罪判处赵作海死刑，缓期二年执行，剥夺政治权利终身。赵作海虽提出上诉，二审期间又予以撤回。2003年2月13日，河南省高级人民法院作出核准商丘市中级人民法院上述判决的裁定。

2010年4月30日，"被害人"赵振晌"复活"回到村中。原来，1997年10月30日夜，赵振晌携自家菜刀在杜某家中向赵作海头上砍了一下，怕赵作海报复，也担心把赵作海砍死，就收拾东西于10月31日凌晨骑着自行车带了400元钱和被子、身份证等外出，以捡废品为生，2009年身患偏瘫无钱医治后才回到村里。

1999年案发后，赵作海妻子也被当地公安机关羁押。赵作海被判刑后，其迫于生计，改嫁他人，带走了女儿和最小的只有7岁左右的小儿子，另两个孩子最大的16岁左右则留在赵楼村，由本家和亲戚照顾，靠承包的9亩地交给别人耕种获得一些粮食救济。大儿子小学毕业，二儿子在小学3年级时辍学，女儿一直没有上学，小儿子也是小学肄业。

2010年5月9日，河南省高级人民法院召开新闻发布会，认定赵作海故意杀人案系一起错案，宣告赵作海无罪，同时启动责任追究机制，并将每年5月9日列为"错案警示日"。原来，在侦查阶段，办案人员采取用木棍打、持手枪敲头、威胁、长时间不让吃饭、睡觉等方式非法讯问，赵作海在无法忍受的情况下曾经作过9次有罪供述，并让妻子赵晓起帮他找到别人的人头和四肢，冒充受害人的尸骨。5月13日，河南省高级人民法院又举办新闻发布会宣布，给予赵作海国家赔偿及生活困难补助费共计65万元，院长登门向赵作海鞠躬道歉。

2013年5月10日，河南省高级人民法院通报，2010年以来，全省法院依法对100起案的116名被告人宣告无罪。

二、李化伟杀妻之假

1986年10月29日下午4点多，辽宁省原营口县（现大石桥市）水泥厂职工李化伟慌张地跑到厂里，说妻子在家里被杀了。妻子邢伟时年21岁，与之结婚仅7个月，当时已经怀孕6个月。

当日下午5点许，侦查人员迅速赶至现场，发现邢伟头部、面部、肩部、颈部有多处挫伤、掐伤以及钝器打击伤等痕迹，颈部、腹部被砍数刀，其中颈部刀伤深达颈椎，并根据邢伟的尸温为12度、地上流出的血尚未凝固等证据判定被害时间为下午3时左右。因尸检结果显示邢伟未被强奸，便排除了该案强奸杀人的可能性。

此外，侦查人员从现场提取了用于作案凶器的1把菜刀，并在作案凶器、被害人家碗柜的手把和录音机上提取到了同一人的3枚指纹；在炕上铺的床单上提取到41~42码的北京"三羊牌"布鞋足迹。

然而，对李化伟夫妇的同学、同事、好友、邻居、亲戚以及当天可能到过现场的几乎所有人的拉网式排查，依旧未见可疑人的踪影。于是，作为受害人丈夫的李化伟便"顺理成章"地成了重点怀疑对象。

侦破该案的专案组先是抓住李化伟身上那件留有血迹的衬衣作为"突破口"，将衬衣及其血迹进行痕迹检验，衬衣上的血迹正是受害者的血。于是，在案发51日后的1986年12月29日，李化伟被手铐铐着带到县公安局。

之后，李化伟杀妻案的证据也就越来越多，也越来越"明显"。

李化伟被抓后不久，专案组就称，他供认了杀害自己妻子的经过。

不仅如此，李化伟的母亲杨素芝也证明，儿子到家里跟她说过自己杀妻的事情……

1987年4月14日，营口市人民检察院以"故意杀人罪"对李化伟提起公诉，指控李化伟"婚后怀疑邢伟婚前与他人发生过两性关系，一直记恨在心"。1986年10月29日12时许，与邢伟因给被告人家钱一事发生口角，在争吵中用拳打邢伟的面部、肩部多下，随后用手用力掐压颈部，造成窒息状态。接着，又去厨房拿了一把菜刀，用刀背砍邢伟的头部两下。唯恐邢伟不死，又拿邢伟的红呢子上衣遮挡身体（怕溅上血迹），并用菜刀反复切割邢伟的颈部两刀，深达颈椎，将气管、食管及左颈外动脉切断，致邢伟当即死亡。后又持刀朝邢伟的腹部反复切割两刀（邢已怀孕），然后伪造现场……致使现场被破坏……

案件如此重大，在当时举国"严打"的气氛下，该案却未及时审结。审理期间，检察院4次退回补充侦查，合议庭、审判委员会反复研究案件，并向辽宁省高级人民法院请示……据李化伟的辩护律师马常胜向记者证实，最后由营口市政法委召集公检法"三长"会议，才定下判决结果。马常胜还说："我多次去找营口市中级人民法院，问他们为什么这么'宽容'，不杀李化伟？主管副院长跟我说，李化伟不能杀，这个案子还有'跷脚'的地方。"

1989年12月4日，营口市中级人民法院作出一审判决，以"故意杀人罪"判处李化伟死刑，缓期2年执行。

李化伟随即上诉。1990年1月12日，辽宁省高级人民法院终审裁定，驳回上诉，维持原判，并按当时规定对李化伟所判处的死刑，缓期2年执行的裁定予以核准。

随后，李化伟被投入监狱实行劳动改造。

在监狱服刑2年后，按照法律规定，被判处死缓的必须依法减为无期或者有期徒刑，李化伟被改为有期徒刑19年。之后，因必须认罪悔罪或者具有立功表现才能减刑，李化伟因拒不认罪而未能再次获得减刑。

监狱外面，并未因为案结而事止，反而因为案结而更加"热闹"：

邢家要求"血债血还"。受害者的父亲邢玉义多次找到法院和有关部门，要求判处李化伟死刑，并对记者表示："我对营口市中级人民法院的一个副院长说，自古杀人偿命，你说是不是李化伟杀的？不是，我今天就领回去，还是好姑爷；是他杀了邢伟，公安破了案子，咱不相信公安相信谁呢？"亲家为此成为"冤家"。

李家认定儿子被冤，并没有杀人。被告人的父亲李明齐以1.5万元卖掉了儿子的唯一住房，从此为儿子踏上了漫漫的申冤上访之路：跑北京、去沈阳，父子的申诉信一封又一封，得到的是营口市中级人民法院1990年、1995年先后两次对李化伟的申诉驳回通知，称该案"证据充分，足以认定，故对你维持原判，驳回申诉。望你息诉服判，老老实实地接受政府对你的改造"。而李明齐却始终认为："儿子是冤枉的。他在牢里，我就觉得没脸见人，到厂里上班都是低着头。""儿媳妇被害了，要是活着，小孙子该有13岁了，多幸福的家。"

时间一晃就是14个春秋。

2000年6月，贩毒犯田某在服刑期间揭发，1988年8月9日，一个叫江海的31岁男子在鞍山参与抢劫过出租车，并将女司机杀害。

同年7月3日，江海被抓获归案。不想，他不仅供述了自己1988年、1993年、1995年先后杀死3名女青年的犯罪事实，而且还交代了自己才是杀死邢伟的真凶！

2001年4月18日，李化伟从沈阳大北监狱出狱，取保候审；2003年，江海被营口市中级人民法院执行死刑。2002年6月25日，营口市中级人民法院宣告李化伟无罪；同年8月5日李化伟向该院提出国家赔偿申请；2005年，获得国家赔偿金35.9万元。

李化伟案的专案组组长孙某后光荣退休，时任营口县公安局局长升为营口市中级人民法院领导，其中1名公诉人亦升任营口市人民检察院领导，但至今未见到任何追究有关办案人员造成冤假错案责任的报道。

时光再返回到1986年的10月29日。那天上午，住在李化伟家斜对面的、刚满17岁不久、正在读职业高中的江海，在同学家看完黄色录像回到家后，见邻居只剩邢伟1人在家，便溜了进去。"见江海欲行不轨，邢伟尖叫着拼命反抗，江海挥拳打了过来，并调大了录音机的音量（留下指纹），然后用手使劲掐住邢伟的脖子，直到邢翻白眼，穷凶极恶的江海索性一不做二不休，从碗柜（在门把手上留下指纹）里抄起菜刀（再次留下指纹），朝邢伟的脖子、肚子上连砍数刀……""他是邢伟的近邻，而当年办案人员却疏忽地漏过了他，只问了一下他下午3点钟左右的去向，他撒谎说在一个同学家里。公安人员既没有提取他的指纹和足迹，也没有找他的那位同学核实。""警方找到了当年有幸保留下来的指纹，经过核对，正是江海所留，与李化伟毫无关系。""侥幸过关的江海长大后娶妻生子，还混进了某派出所的协勤员队伍，开起了警车。只是恶性难改，一起又一起地制造命案，直至被揭发。"

被抓后，"整整三天三夜，李化伟就吃了一块馒头、一个窝头，喝了几口剩汤。那么冷的天，李化伟低着头，汗如雨下，浸湿了地板。"其母亲杨素芝也被抓到公安局审讯："'你儿子杀害邢伟，他已经交代了，说杀完后回家对你讲了，你怎么还不交代！'杨素芝头也不敢抬地说：'我真的不知道。'办案人员一拍桌子：'不知道这个词不准你说！你再说不知道就送你去看守所！'""从当天下午两点半一直审到深夜1点多钟，杨老太太在极端的恐惧下，被迫按办案人员的口吻编出了儿子杀死邢伟后到家里跟她说了的口供，她才被放回家。"

即使如此，李化伟的口供与其母亲的证言也与案件有关证据明显不符：

——案发现场的法医勘验结果表明，邢伟被杀于下午3时左右，李化伟此时正在厂内上班，并有大量无法否定的证人；于是该法医现场勘验结论被推倒重来，作案时间被提前到中午12时许，并最终被一、二审法院确认。这时，李化伟正在家中，也就具备了"作案时间"。

——可案发当天下午大约2点钟，水泥厂司机孙向军、王邦军等人到附近的和平大队拉土，路过水泥厂的家属区时见到邢伟披着红色的呢子外衣，从家里出来往东走。按法院认定邢伟被杀的时间，乃真是"活见鬼"。于是，"据说几个作证者立即受到了'给犯罪分子作证，是包庇罪'的威胁，他们被强迫改变了证言：'我可能记错了，是头一天见到的邢伟'"。然而，"头一天邢伟根本不在家"。

——现场提取的作案凶器、指纹、足印都与被告人李化伟对不上号，却被检察机关找原营口县公安局于1987年3月15日、23日出具的两份《情况说明》加以解决："炕上所遗留的足迹，经刑侦和刑技部门认定，该足迹属临场人员所遗留，与李化伟杀人无关"，原因是"现场遭到严重破坏""现场提取染有血迹的菜刀1把和染有血迹的报纸……均未发现有检验价值的手印"。

——被作为侦破李化伟杀妻案"突破口"的衬衣上的血迹，"据辽宁有关媒体报道，李化伟衣领处的血迹，原法医检验的结论是'擦拭'，后来在起诉时居然被人胆大妄为地用刀片刮掉，改为'喷溅'式血迹，从而成为李化伟'杀妻'的'重要证据'"。

——"后来的情况表明，公安机关在此案前期50多天的侦查取证所获得的大量有价值的材料，许多已经莫名其妙地散失了。"

三、冤假错案之指

谭君：一个无辜的人一旦被指控为犯罪，要洗脱罪责似乎挺难的。最高人民法院通告称，2014年至2018年，各级人民法院共依法宣告4868名被告人无罪。这个数据看起来很大，实际上，相对于全国发生的刑事案件来说，比例是非常低的：2019年最高人民法院工作报告称，2018年全国审结一审刑事案件119.8万件，判处罪犯142.9万人。每年审判这么多人，真正能被认定无罪的，可以说是极少数。我统计过近些年的全国无罪判决率：2008年为0.14%，2009年为0.12%，2010年为0.10%，2011年为0.08%，2012年为0.06%，2013年为0.07%，2014年为0.066%，2015年为0.08%，相对于英美法系国家或地区约25%的无罪判决率、大陆法系国家5%的无罪判决率以及我国香港地区45%的无罪判决率、台湾地区3.7%的无罪判决率，我国内地（大陆）的无罪判决率确实严重偏低。无罪判决在我国确实存在难产的现实，可它又与社会公平的正义、程序公正紧密联系，是对侦查行为有效性的终局确认，能从一个方面体现法院的司法权威和刑事诉讼中人权保障的相关状况。对此，您赞同吗？

贺小电：在回答这个问题之前，有必要先弄清楚冤假错案、无罪判决的基本概念。这两个概念，对于一个稍微关注刑事司法的人来说，尽管可能时常听说，然而并非一定是耳熟能详。在官方文件、理论文章、媒体新闻等中，错案责任追究等字眼也是屡见不鲜。可是，什么叫冤假错案？最高人民检察院曾经规定，它"是指检察官在行使职权、办理案件中故意或者重大过失造成认定事实或者适用法律确有错误的案件，或者在办理案件中违反法定诉讼程序而造成处理错误的案件"。除此之外，我未在现行法律、法规、司法解释等规范性文件中见到过有关该概念内涵及外延的界定，只见一些规范性文件对在刑事司法中应当追究法律责任的一些司法行为的列举，如河南省高级人民法院2012年4月下发的《错案责任终身追究办法（试行）》，并利用专章专条具体（第2章"错案范围"第7条）就错案进行了规范。可其中所称的错案，其重点仍是在于对导致裁判错误或者造成严重后果等的违法司法行为的列举，而未对错案所应包括的内涵本身进行定义，未对有关概念加以明确，其他司法解释也只是列举了一些应当追究责任的一些违法司法行为。最高人民检察院2007年7月5日通过、同年9月26日起施行的《检察人员执法过错责任追究条例》（高检发〔2007〕12号）第2条规定："本条例所称执法过错，是指检察人员在执法办案活动中故意违反法律和有关规定，或者工作严重不负责任，导致案件实体错误、程序违法以及其他严重后果或者恶劣影响的行为。"由上可见，人民法院、人民检察院有关审判责任、司法责任的规定，也是重在对违法司法行为外延的列举，而非对冤假错案的定义作出的界定。

那么，是否存在冤假错案的概念呢？当然存在，就刑事案件而言，从广义上来说，按照《现代汉语词典》的解释：冤案，是指"误判的让人受冤屈的案件"；错案，乃"错判的案件"。其中，冤案，系"没有罪而被当作有罪判决或受处罚的案件"；假案，为"为诬陷人而虚构的案件"；错案，则属"错误处理的案件"。是以，对此要从主观与客观两个方面加以解读：从主观上讲，冤案着重于"误"，主要出于过失；假案则着重于"诬"，乃出于"故意"；错。则既可以出于"故意"，也可以出于"过失"。从客观方面讲，假案在于"案件事实的假"，即完全不存在的、与事实不符的假案；冤案则既包括事实不存在而被加于头上的罪名，也包括行为本身存在但依法不构成犯罪而蒙受的罪名，有时候还泛指本来构成轻罪却被误判为重罪而遭受的冤屈；错案，则除包括前两者外，还包括现有证据不足而依疑罪从轻作出的有罪判决，以及案件在定罪量刑中存在错误的情况。如此，冤案、假案，是对当事人入罪或加重的冤枉、诬陷，对当事人不利；错案则既包括对当事人不利的冤案、假案以及从有从轻的疑案，还包括故意或者过失地作出对当事人有利的裁判，如将有罪变无罪、重罪变轻罪、重刑变轻刑等情况，如众所周知的云南省高级人民法院再审的孙小果强奸、强制侮辱妇女、故意伤害、寻衅滋事案，湖南新晃杜少平故意杀人埋尸案，就只能属于错案。从狭义上来说，冤假错案，仅指故意或者过失使人遭受冤枉的冤案假案，这是在平反"四人帮"在"文革"中制造的大量冤假错案时形成的约定俗成的说法，故有"平反冤假错案""冤假错案的赔偿"等说法。从上述所列举的案件来看，您所说的冤假错案是除对被告人有利之外而对他们不利的案件。

从广义上讲，冤假错案是指在实体的处理上最终存在错误处理的案件。既包括故意形成的冤假错案，又包括过失主要指重大过失形成的冤假错案；既包括事实上认定错误即与事实真相不符的案件，又包括事实认定不存在错误但定罪与行为应有的法律性质不符，造成罪与非罪（如将没有达到刑事责任年龄的人、无刑事责任能力的精神病人的行为认定为犯罪，将正当防卫认定为非正当防卫或者防卫过当）、疑罪从有从轻、此罪与彼罪（如将过失犯罪认定为故意犯罪，将轻罪认定为重罪）的认定错误的案件，还包括量刑情节如法定减轻、免刑（如将从犯认定为主犯）情节，决定法定刑幅度的罪重（如将情节严重认定为情节特别严重）、罪轻情节没有认定或者错误认定造成量刑畸重、畸轻的案件。显然，对于不同类型的冤假错案，有关原因、责任及其是否应当得到追究，其结论并不完全相同，有的甚至截然不同。

例如，就冤假错案产生的原因来说，对行为及其情节涉及存在与否的真实性判断，包括诸如是否为16周岁的未成年人或者精神病病人，是否存在正当防卫的起因事实及时间因素，是否具有自首、立功行为，是否具有主犯、从犯相应的事实等由此引起行为性质及其量刑情节的事实存在与否的真实性判断，不仅可能源于严重违反法定的取证程序，而且还可能仅仅基于认识这些事实时的感受认知、逻辑推理发生错误，造成案件事实与客观真相不符；或者因为认识错误或不负责任造成关键证据的丢失，以致造成案件反映与客观事实不相一致，形成错案。对于行为及其情节不涉及是否存在的真实性判断，只涉及性质的罪与非罪、此罪与彼罪的错误认定，以及量刑畸重或者罪轻产生的错误评判，则主要是认识问题，一般来说，违反程序并不必然造成这种错误发生，当然，也不能绝对化。故意违背回避制度、上诉不加刑原则、疑罪从无规则，就可能造成在定性、量刑方面的错误。既然主要是认识问题，存在不同看法在所难免，尤其是诸如立功是一般立功还是重大立功、共同犯罪人是主犯还是从犯、情节是罪重情节还是罪轻情节，有的没有法律或者司法解释明确规定，界限模糊不清，除非出于故意或重大过失，一般不能认定为错案。

然而，不论冤假错案的类型如何及其原因怎样，由上所述，都是针对案件的实体处理结果是否符合客观事实真相或者符合刑法实体规定而言的。在刑事案件中，可能存在诸如违反回避、非法取证、限制辩护人的辩护权、超期羁押等诸多违反甚至严重违反程序法律规定的做法与行为，倘若这些行为没有造成案件实体结果处理的错误，则不属于冤假错案。当然，不将存在这些违反程序法律规范行为的案件认定为错案，并不影响对这些违法司法的否定并依法追究。

另外，关于冤假错案的概念，还要注意，它是针对案件在一个程序中终极实体结果而言的。刑事案件，从侦查、审查起诉，到一审、二审，直至作出的司法文书生效，该生效法律文书的结果便是该案件的实体结果。在案件办理过程中，未生效的司法文书，如移送起诉意见书、不起诉意见书、起诉书、存在上诉或者抗诉的一审判决，因为不属于生效法律文书，即使认定事实、性质或者处理结果上存在错误，由于其未生效，还可以由后面程序依法作出的生效法律文书否定，则不能认定为冤假错案。而侦查机关的撤销案件书、公诉机关的不起诉决定书、在上诉期限内没有上诉或抗诉的一审判决书、二审裁判，一旦作出并依法发生法律效力，便属于对一个案件的终极处理结果（死刑裁判除外）。这些生效法律文书所作出的实体结果与客观事实或者与刑法规定不符，造成事实、行为性质或者量刑畸轻畸重的，就属于冤假错案。

最后，就您所讲的内地与香港及一些国家的无罪率差别的问题，关于冤假错案的概念还要明确一点，就是事实上的冤假错案与法律上的冤假错案。

前者，是指结果已有确实充分的证据能够无疑地确定其与客观事实不符或者定性错误或者量刑畸轻畸重的冤假错案，如前面所讲的赵作海故意杀人案，认定他杀害了同村人赵振晌，找到的尸体乃是赵振晌的。可是，赵振晌10年后又活着回来了，并且查证尸体是高宗志的，杀害高宗志的真凶也被找到。如此，这是一起完完全全的与事实真相不符的案件，我们可以称之为事实上的冤假错案。事实上的冤假错案，以是否与客观事实或者行为本来的法律性质相符为客观标准，只有肯定与否定两种结论。要么属于事实上的冤假错案，要么与客观事实或者行为应有的法律性质相符而不属于冤假错案。

后者即法律上的冤假错案则不同。法律上对某一案件的事实认定，不像客观事实与行为应有法律性质只有相符与不符、对与错两种结论，而是存在三种结论：认定的案件事实或行为应有的法律性质与客观或行为的应有法律性质肯定相符，所作出的结论从而一定正确；认定的案件事实或行为性质与客观或行为的应有法律性质肯定不符，所作出的结论于是一定错误；认定的案件事实或行为性质与客观或行为的应有法律性质是否相符，无法肯定，如认定甲杀人既有一些证据证明，但又不能排除存在不是甲杀人的可能性，此时实际上是无法完全确定甲是否杀了人，也就是我们所说的证据尚不确实充分的疑案。证据存疑，根据疑罪从无原则应当作出无罪判决而未作出无罪判决的案件，在法律上也属于冤假错案。然在事实上，并不一定是冤假错案。当然也可能是冤假错案。换言之，此种法律上的冤假错案，只是违反《刑事诉讼法》的疑罪从无的推定原则，并不一定与客观事实不符。在证据上虽然没有办法认定其杀了人，但也不能完全排除其杀了人。只是因为杀人行为时间久远，证据丢失，或者因为司法人员严重违反诉讼程序使真实的证据被排除等各种各样的原因而导致证据不足，依法应当作出无罪结论，可这并不是其一定没有杀人的结论。司法机关还可以继续努力寻找证据，倘若找到新的证据能够肯定是因证据不足宣告无罪的人所为，依然可以依法进行追诉。

对于疑案的处理，存在疑罪从无与疑罪从有从轻两种推定方式，现代法治则要求彻底疑罪从无。在我国，疑罪从无原则于1996年的《刑事诉讼法》中才得以确立。2000多年的疑罪从有从轻的法律文化传统观念还有着强烈的惯性，加之我国传统的对实体公正的强烈需求，距程序公正的追求还有相当的距离，因证据不足而根据《刑事诉讼法》第200条第3项关于"证据不足，不能认定被告人有罪的，应当作出证据不足、指控的犯罪不能成立的无罪判决"的规定作出无罪判决，十分罕见。对程序价值的追求虽在刑事诉讼中日益得以体现，可在某些时候，违反甚至严重违反《刑事诉讼法》的现象依旧存在，在与实体价值追求相冲突或者一些社会关注、被害人反应极端、容易引起民众愤怒而与现代法治相悖的案件时，程序的价值、法律的权威往往容易受到挑战。如"五周杀人案"，根据有关证据根本不能确证"五周"杀人，这点法官不是不知，经过研究要以证据不足宣告无罪后，不想被害人的父亲在法院服毒自杀，案件为此急转直下，从无罪变成有罪，且判处2人死缓，1人无期，2人有期徒刑15年。至再审改判无罪时，周继坤已身陷囹圄近21年。而在我们香港地区及一些发达的资本主义国家，疑罪从无、司法行为严格遵守法律规定的观念已经深入到人们的内心，一切证据均要过堂在法庭上按照法律规则严格认定，警察取证的行为稍有违法就可能导致所取得的证据被加以排除，法官的权威至高无上，不受任何组织和个人的左右。所以，因疑罪从无或者取证行为不规范等原因而导致证据不足的现象非常普遍，故其无罪判决率较高也就不足为怪，即使如此，在DNA证据出现之前，还存在不少的事实上的冤假错案。

四、赵作海杀邻冤案能够避免吗？

谭君： 从赵作海、李化伟到张氏叔侄，再到呼格吉勒图、聂树斌，他们的平反都经历多年乃至数十年的时间。而且，几乎都是"亡者复活""真凶归来"，这种"硬核"的事实出现，才有了蒙冤者的清白，作为依法独立审判案件的人民法院宣告一个真正无罪的人无罪为什么会这么难？

贺小电： 您这里涉及两个方面的问题：一个是在初次的诉讼程序中本来就应当宣告无罪（包括撤销案件、决定不起诉或者宣告无罪）的案件，为什么没有宣告当事人无罪，而让他遭受不应的冤屈，让他及其家庭、社会付出沉重的代价；二是一个在初次诉讼程序由生效法律文书确定有罪后因为出现新证据等原因发现为冤假错案后，为什么难以得到及时的平反与纠正？

我们先谈第一个问题。这不是一个或者某几个方面简单就能形成的问题，其源于各个方面的问题，并且是各方面问题共同动态作用的结果。

赵作海故意杀人案，认定他杀害了失踪人赵振晌，并认定挖出的高度腐败的尸体及尸骨是失踪人的，为什么不做DNA鉴定？而且检察机关明确要求侦查机关提供，公安机关假使能够遵守刑事诉讼"互相配合"的原则，只要做下DNA鉴定，就可确定尸体是否为"受害人"赵振晌的，赵作海的冤案就不可能发生。

检察机关两次退补，要求通过DNA检测尸体得不到回应，本来就决定不予受理，如果能够坚持"互相制约"的原则，赵作海的冤案就不会发生。

赵作海案件证据存疑无法推进而致赵作海被超期羁押：自1999年5月9日被刑事拘留，至2001年第1次"公检法三长"联席会议，案件远远超过刑事诉讼法明确规定的羁押期限，应当对赵作海依法取保候审。赵作海案虽然曾被上级机关列为清理甚至重点清理的超期羁押案件，上级机关倘若能够依法纠正下级机关的超期羁押，依法取保，等待案件可能出现的新证据等转机，被"杀害"的赵振晌复活，赵作海的冤案就不会发生。

上级机关在治理刑事案件的超期羁押过程中，假如不是过度地滥用"相互配合"，就不会进行2001年的"公检法三长"联席会议这一严重违反诉讼程序的做法，即使进行，也应依法"配合"。如果说，这次配合仅仅是违反程序规定，研究认为该案证据不足、不符合起诉条件而尚未产生严重的结果，相反还助于案件向有利于赵作海的方向发展，于是情有可原的话，那么，第2次同样由"公检法三长"参加的案件研究会，在没有任何新证据的情况下，却推翻了2001年的"公检法三长"联席会议的结论，认为案件符合起诉条件，检察机关由此对赵作海案提起公诉。这样一来，后面的程序就失去了应有的意义。显然，没有这次研究会给检察机关带来的压力，检察机关倘若能够依法行使刑事诉讼过程中的法律监督权，或者能够坚持自己的要求，即公安机关要提供尸体的DNA鉴定结果，那么，赵作海的冤案就不会发生。

一审开庭中，赵作海曾经提出过刑讯逼供，并且没有任何物证（本案为完全的冤案，不可能有任何物证指向赵作海杀人）等客观性证据的情况下，法官能够坚持《刑事诉讼法》第55条规定"对一切案件的判处都要重证据，重调查研究，不轻信口供。只有被告人供述，没有其他证据的，不能认定被告人有罪和处以刑罚；没有被告人供述，证据确实、充分的，可以认定被告人有罪和处以刑罚"的口供采信规则，赵作海的冤案就不可能发生。

毫无疑问，本案当时尽管没有证据证明赵作海被刑讯逼供，然而一个正常人，在根本没有杀人的情况下却先后"9次"承认自己杀了人，而在"杀人者偿命"的法律传统观念中，赵作海不可能不知道自己承认杀人的后果，即使不死也可能被处以无期或者死缓的重刑，那他为什么会多次承认犯罪，承认后却又在法庭上翻供，并称自己被刑讯逼供呢？假使法官在客观证据完全缺失的情况下，在重大刑事案件刑讯逼供大概率存在，而侦查机关往往在当事人称自己遭受刑讯逼供时便仅仅出具诸如侦查机关的侦查行为严格按照法律规定进行、对某某没有任何刑讯逼供行为的一纸说明时，而对赵口供的合法性、有效性作适度的合理怀疑，赵作海的冤案就不会发生。

假若河南省高级人民法院能够发挥二审、死刑复核程序应有的发现纠正一审判决认定事实、适用法律错误的功能，坚持疑罪从无，把好最后一道关口，赵作海的冤案就不会发生。

后来，赵作海确定被冤，发现赵作海确实遭受过刑讯逼供。如果侦查人员能够依法办案，不实施一直为法律禁止而我党也历来反对的刑讯逼供行为，赵作海就不可能作出自污的入罪供述，赵作海的冤案就不可能发生。

假如不是口供乃证据之王的观念作怪，假如能够真正发挥庭审的作用，不是仅仅靠案卷证据定案，假如没有侦查机关的固执己见，假如法院具有足够的权威，能够经受住来自社会各方面的压力当时宣告赵作海无罪，不作疑罪从轻的裁判，赵作海的冤案就不可能发生。

……

在赵作海案中，有很多很多的假如，只要有一个假如能够真的出现，赵作海的冤案就不会发生。

可是，所有的假如，都只能是假如，而不能成为现实。是以，赵作海的冤案最终还是得以发生，赵作海为此身陷囹圄10多年，妻子改嫁他人，3子1女只有1人小学毕业、2人小学肄业、1人根本没有上过小学。不仅如此，赵作海被宣告无罪后，国家也付出了65万元赔偿费、困难补助费的代价，并遭受了巨大的声誉损失。

综上，一个案件成为冤假错案，其具体原因可能很多，且各不相同。但归之于一点就是权利及其保护权利程序的观念淡漠，导致程序违法及其结果得不到及时纠正，其应有的功能与作用得不到有效发挥，从某种意义上来说，程序仅变成了追求实体结果的附庸与摆设。这里又涉及主观观念的影响，体制及其运行、客观条件制约等各个方面，不是一两句就能说清的。

五、无罪推定之果

谭君：一个人杀了人，很多人看见，对之进行拘留、逮捕、侦查，审查起诉，一审、二审等诉讼过程中，直至生效裁判作出之前，都要对之实行无罪推定，这样有道理吗？

贺小电：无罪推定是相对于有罪推定而言的，是对有罪推定的彻底否定。在谈及无罪推定之前，首先还是先对有罪推定作必要介绍。

有罪推定，乃是封建社会生产力并不发达、人们权利意识完全缺乏，为了惩罚犯罪的需要而对被怀疑有罪的当事人事先推定实际有罪的一种假设。在这种假设下，既然被告人是实际的犯罪人，就有义务接受国家的惩罚，必须交代自己的罪行，证明自己有罪。如果无罪，也要被告人加以证明。显然，被告人自一开始就被羁押，除非自己所涉案发时间有人证明自己不在现场，否则难以甚至根本无法证明自己清白的。无法证明自己无罪而实际又被推定为实际的犯罪人，在找不到物证，即使找到了按照当时的客观认识条件也难以充分认识有关物证及其证明事实的规律，被告人又不认罪从而无法将之制服的情况下，怎么办呢？那就是基于"不见棺材不落泪""棍棒之下出结果"等一些莫名其妙的感受、做法与经验，对当事人刑讯以获取其认罪的口供，然后据以定案，使案件得以破获，满足他们认为的所谓实体正义的追求。与这种观念相对应，刑讯逼供、骗供诱供、指名问供等违法获取口供的取证行为普遍盛行，并被当作一种获取证据的有效手段得以承认。要是涉及相关的证人，其证言倘若与有罪推定的结论不符，这些人可能还会受到殃及。如不知道被告人犯有罪行的人，在说自己不知道时就可能成为"伪证者""包庇者"而接受各种质疑，甚至也被羁押。至于诉讼权利，既然被告人他是犯罪人，自然就没有什么权利可说。只有老老实实承认免受皮肉之苦，发善心者让之在死前得到比较人性的羁押，并承诺对之无人赡养照顾的老父老母给予某些额外的照顾等，以让他走得放心而已。所以，有罪推定乃是刑讯逼供在封建社会普遍盛行的根本原因。

如前所述，有罪推定是封建社会统治者在科学技术不发达的环境下，为了维护封建社会秩序稳定，防止杀人等重大犯罪发生的手段，固然容易将人诬之入罪。较之于奴隶社会早期采用的嫌疑人还有运气成分可能获得无罪结果的神明裁判法，有罪推定几乎是认定为有罪而在一定意义上不仅没有进步反而是一种倒退。

古代，基于对神灵等的崇拜及神明会庇护那些无辜的人对善行的向往与追求，对于一些疑罪，采用"水审""火审""决斗"等神示方法，认为人能够经受住某种肉体的折磨与考验而证明其无罪，不能经受考验则是有罪。

我国古代，与尧、舜、大禹齐名并称"上古四圣"且有"狱神"之称的皋陶，其在审理案件时，"治狱，其罪疑者，令羊触之，有罪则触，无罪则不触"。后来演变为"神兽断狱"，即由一种似羊非羊、似鹿非鹿，头上长着一只角而俗称为独角兽，有着明辨是非曲直、区分罪与非罪本能的獬豸断案。在人和人之间发生冲突或纠纷的时候，独角兽能用角指向无理的一方，从而公平结案。

上述这些方法，犯罪嫌疑人被用以神明裁判，往往还有出罪的机会。而有罪推定，一旦被怀疑为犯罪，除了供罪之外，往往没有他法，像包拯、宋慈这样的公正廉明、重证据调查验证避免冤案之人毕竟罕见。在一些极端状态如党派之争、战争爆发等环境下被某些"宁愿错杀一千，不愿放过一个"等想法的"汪精卫者们"加以利用，于是在战争状态下针对敌人审讯的刑讯逼供及其严酷程度经常见之于电影、电视剧等影视作品中，从而被现代文明社会所否定。

无罪推定，作为一种在生效裁判确定当事人有罪之前推定其无罪，即不能将之作为实际的犯罪人对待的假设，主要是从诉讼程序上保障犯罪嫌疑人、被告人的权利着眼，并非在实体上作出是否有罪的实体上确定性判断。其意在时刻提醒着司法人员，在诉讼过程中，在对犯罪嫌疑人、被告人作出生效裁判之前，他还是一个与其他公民一样的"无罪"的人，要对其诉讼权利加以保障，不能先认为其"有罪"而让之承担证明自己无罪的责任。若不能证明自己无罪就是有罪，乃是有罪推定的结果；要证明一个推定"无罪"的人，司法机关则要努力收集证据，并通过法定的程序、严谨的逻辑来证明其"有罪"。不然，即使有人看见他杀了人，但不依法对他人取证、收集有关物证等证据，造成证据缺失，或者不通过法庭审判程序，对证据及其形成过程是否合法等进行质证，也不能判决他有罪。这是因为，既然当事人在有确实充分证据证明其有罪且被生效裁判确定为有罪之前，属于非犯罪人，尽管涉案有义务配合调查等有关刑事诉讼程序的进行，可其权利应当得到充分保障，没有证明自己无罪的义务，更无证明自己有罪即承认有罪的责任。同时，基于人的趋利避害做了坏事为了避免遭受惩罚通常不会承认甚至说假话掩饰的本能，以及当事人面对强大有力的国家机器所表现出的紧张、慌乱、恐惧等负面情绪不利于理性保护自己的权利，一些司法人员尤其是侦查人员出于各种各样的原因怀疑其干了坏事或者犯罪而厌恶，要将之绳之以法的人之本性善的一面及其职业习惯等因素，或有意无意地对当事人不利，是以赋予当事人在诉讼程序中诸多权利并强调加以保护，自有必要。如此，我们经常在港剧中看到警察抓捕犯罪嫌疑人的第一句话就是，"你有权保持沉默，但你所说的一切都将作为呈堂证供"，即理论上所说的被告人沉默权。在接受讯问前，我们也从剧中可以看到，犯罪嫌疑人常常会说："叫我的律师来。"也就是，犯罪嫌疑人有权"在接受警察讯问之前委托律师，并且陪伴着犯罪嫌疑人接受讯问的全过程"。律师没有在场的讯问，除非犯罪嫌疑人同意，不得作为证据呈堂使用，给予犯罪嫌疑人充分的辩护权。在接受讯问过程中，犯罪嫌疑人如果不愿意回答问题，可以在任何时间终止谈话；要是想跟律师谈话，则随时允许；在法庭上，一切证据都得呈现，法官在此前根本不能接触，法官或者陪审团只对法庭出现的证据根据证据规则进行判断；辩护人在法庭上与代表国家指控犯罪的司法机构（具体由公职律师担任）地位完全平等，唇枪舌剑，没有任何顾忌；诉讼过程中，保释成为犯罪嫌疑人的一项重要权利，适用极为普遍，如香港对于涉案的犯罪嫌疑人就是"原则保释，拒绝例外"，警察一殴打犯罪嫌疑人，犯罪嫌疑人就可以告发，并且必会遭到查处；等等。这些有关当事人的诉讼权利不仅因为其在现代刑事诉讼中的价值而体现在法律的规定中，而且能够得到广大民众的普遍认同。

毫无疑问，无罪推定乃是对有罪推定的根本否定，有利于充分保护处于不利地位的犯罪嫌疑人、被告人的权利，冤假错案发生由此会大大减少，然而会对依法惩治犯罪，实现实体公正正义的效率造成一定制约。在社会犯罪率较高，侦破手段滞后、技术有限的社会环境下，更是如此。在有罪推定的观念下，冤假错案不仅使得真正的凶手逍遥法外，而且用国家公权力造就冤案，侵犯人权的危害远比放纵真凶的危害性要大。对此，培根就曾指出：一次不公的裁判比多次不平的举动为祸尤烈，因为这些不平的举动不过弄脏了水流，而不公的裁判把水源败坏了。故，秉承"宁愿放纵犯罪，不愿冤枉无辜"的理念，更重视刑事案件当事人诉讼权利的保护，程序价值的追求大于实体价值追求的观念，对警察在刑事诉讼中的违法行为或者不当行为足以导致所取证据属于非法证据的就应加以排除而不能作为证据采用。

谭君：无罪推定原则，作为现代国家刑事诉讼中的一项重要原则，我国的有关规定与境外有关国家、地区的有关规定，有什么区别吗？

贺小电：我国的《刑事诉讼法》，虽从法律上明确否定了有罪推定，然而较之于国外的无罪推定原则，还是有着很大的区别，可以说是吸收了无罪推定的合理内核，而尽量摒弃其限制刑事司法行为效率的不足，以最大发挥刑事诉讼程序惩治犯罪的功能：

①犯罪嫌疑人、被告人没有沉默的权利。根据《刑事诉讼法》第120条第1款关于"……犯罪嫌疑人对侦查人员的提问，应当如实回答。但是对与本案无关的问题，有拒绝回答的权利。"当事人接受讯问，根本没有辩护人应当在场的设置。

②有关律师为犯罪嫌疑人提供辩护权的设置，1979年通过的《刑事诉讼法》第26条规定，只有被告人才有权委托律师等为其辩护；1996年修正的《刑事诉讼法》较1979年通过的《刑事诉讼法》有很大的进步，于第23条第1款规定自公诉机关审查起诉之日起开始可以委托律师等为其辩护；第96条规定，在侦查阶段，除涉及国家秘密的案件以外，也允许律师介入，不过律师不是以辩护人的身份出现，而是以提供法律咨询与帮助的角色承职，除涉及国家秘密的案件要经办案机关批准的外，可以会见犯罪嫌疑人，但侦查机关根据案件情况和需要可以派员在场；2012年修正的《刑事诉讼法》将律师为犯罪嫌疑人的辩护权延前至侦查阶段，同时于第37条第3款明确规定，除危害国家安全犯

罪、恐怖活动犯罪、特别重大贿赂犯罪案件，在侦查期间应当经侦查机关许可的外，辩护律师可以会见在押的犯罪嫌疑人，并取消了办案机关可以派员的限制。

③有关取保候审、监视居住的设置，1979年通过的《刑事诉讼法》第38条第1款规定，办案机关根据案件情况，对被告人可以取保候审或者监视居住，结合第40条关于逮捕条件的设置，对患有严重疾病，或者是正在怀孕、哺乳自己婴儿的妇女，以及主要犯罪事实经查清，可能判处徒刑以上刑罚的人犯，采取取保候审、监视居住等方法，足以防止发生社会危险性的，都可以取保候审或者监视居住。至于是否取保候审或者监视居住，由办案机关自行决定，当事人没有申请权；1996年修正的《刑事诉讼法》就可以取保候审或者监视居住的范围作了明确，并规定了"可能判处有期徒刑以上刑罚，采取取保候审、监视居住不致发生社会危险性"、办案机关未能按期结案等案件的当事人可以依法取保候审或者监视居住，还赋予了当事人及其法定代理人、近亲属或者辩护人对当事人取保候审或者监视居住的申请权。

④其他诸如刑讯逼供等非法取证方法的禁止，以及非法证据的排除逐步入法，侦查权利的进一步规范，庭审功能不断在法律上的强化，办案期限观念的不断严格，超期羁押现象的日受重视，等等，都是基于无罪推定原则，当事人在生效裁判确定其有罪之前推定其无罪，而应作为非犯罪人赋予充分的权利，并规范司法行为，否定侵犯当事人权益的不当违法甚至犯罪的司法行为，以防止冤假错案的发生。

六、无罪推定之择

谭君： 如您介绍，有罪推定与无罪推定都有着各自的不足甚至弊端，那在刑事诉讼中，是否两者都不取，既不对当事人作有罪推定，又不对被告人作无罪推定呢？

贺小电： 您上述的这种提法，在我国《刑事诉讼法》确立无罪推定前，在法学理论界、实践界就是这么做的，这点下面还会谈到。如上所述，无论是有罪推定，还是无罪推定，两者均是当事人涉嫌刑事案件于生效裁判认定其构成犯罪之前，对其是否构成犯罪以及决定如何确定其待遇，设定权利与义务所做的必然选择。当事人一旦涉案，对之自然就存在着怎样对待他的问题，是按有罪推定的方式对待他还是按无罪的方式对待他，两者必选其一，由此产生的司法行为的方式、手段、结果，权利与义务的设置，也就会存在天壤之别。无罪推定，乃是社会发展、司法文明的要求，是在权衡两者利弊得失取其轻的结果，同时也是兼顾惩治犯罪、实现实体法律刑法预防犯罪的功能，又通过牺牲刑事司法的一定效率甚至以放纵犯罪为代价，以保障犯罪嫌疑人、被告人的人权，防止冤假错案的发生。因此，不管在法律上是否对有罪推定或者无罪推定予以承认，但在刑事司法实践中，都会涉及犯罪嫌疑人、被告人是有罪还是无罪的推定假设，且就犯罪嫌疑人、被告人是否犯罪这一最终所要解决的问题而言，除此之外，没有其他推定可供选择：要么推定其有罪，要么推定其无罪。

谭君： 按您所说，有罪推定或者无罪推定，在刑事诉讼中因不可避免在一开始就要对犯罪嫌疑人、被告人作出选择，并且两者只能选其一，那么，我国有关的法律规定是怎么样的呢？

贺小电： 在我国，受2000多年的封建制度包括司法制度的影响，虽然正在不断进步，然而完善的现代法治形成不久，且基于犯罪率依然较高，人们对实体正义追求远远高于程序正义追求的文化背景，要完全接受无罪推定及其观念下的司法运作，还有相当长的路要走。对于有罪推定，毫无疑问要加以否定。对于无罪推定，首先也是不加承认，认为无罪推定及其人权等属于资产阶级法权而不接受。如中国法学会时任常务副会长王仲方在1983年召开的河北省法学会一届第三次理事扩大会上讲话时就指出：法学界讨论过的"无罪推定""有罪推定"问题，我国在理论上实践上是解决得比较好的。既不是"有罪推定"，又不是"无罪推定"，而是实事求是，以事实为根据，以法律为准绳。这个就是我们的一个独创。直至20世纪90年代初，我国才接受人权的概念。1991年11月1日，国务院新闻办公室发表题为《中国的人权状况》的白皮书，阐述了我国关于人权问题的基本立场和基本政策，明确指出：观察一个国家的人权状况，不能割断该国的历史，不能脱离该国的国情；衡量一个国家的人权状况，不能按一个模式或某个国家和区域的情况来套。我国的人权具有广泛性、公平性、真实性等3个特点，确定继续促进人权的发展，努力达到我国社会主义所要求的实现充分人权的崇高目标，仍然是我国人民和政府的一项长期的历史任务。1996年修正的《刑事诉讼法》第12条规定："未经人民法院依法判决，对任何人都不得确定有罪。"理论界一些人认为这是我国正式从法律上承认无罪推定，并对刑事诉讼这一原则的确定欢欣鼓舞，对于遏制刑讯逼供等违法取供行为寄予厚望。然而，在我国司法实践中，则对无罪推定依旧持暧昧态度。在一些会议上，一些领导明确称，我们"既不要搞有罪推定，也不要搞无罪推定"。随着法治文明的不断发展与进步，无罪推定原则终于得到理论界、司法界的一致认同。可是，基于我国的现实，可以说，相当多的人的法治观念很难随着法治的不断发展进步而进步，对无罪推定虽不再加以排斥，可要不折不扣运用到司法实践中，源于司法观念及其一些做法的惯性，以及刑事案件犯罪率高发，侦破力量有限，侦破技术、方法不能与时俱进等各种各样的原因，尚存在一定甚至可以说是相当的距离。

七、无罪推定之况

谭君：您前面谈到，《刑事诉讼法》有关当事人权利的设置，都与无罪推定原则有关。法律关于无罪推定原则的具体化越来越多，也得到了人们的认同。现在要问，按您担任法官从事过整整10年的刑事审判工作以及从事近20年的刑事辩护工作经历，您对无罪推定原则及其观念下的当事人权利的行使方面，其感受如何？

贺小电：这嘛，应当说是酸甜苦辣咸，五味俱全吧！总的说来，应该是司法行为日益规范文明，当事人的权利日益受到重视与保护，辩护人依法辩护所遭受的阻碍越来越小。但是，基于有罪推定潜在的影响，如侦查人员常用的讯问口吻就是"不是你干的，那你说说那是谁干的？""不是你，怎么会抓你，而不抓人家？""不是你，我们吃饱了没事干，来抓你玩？"等等，从某种程度上就是有罪推定在一些侦查人员头脑中的自觉或不自觉的反映。所以，一些侵犯当事人及其辩护人权利的现象不时由此发生，不应感到奇怪。这主要体现在侦查阶段，辩护人的会见权有时得不到充分保护。1996年修正的《刑事诉讼法》虽已明确规定，在侦查阶段，除涉及国家秘密的案件需经办案机关批准外，其他案件的辩护律师均不需要经过批准就可会见当事人。可实际上，不能会见到犯罪嫌疑人的现象司空见惯。"会见难"成为当时辩护律师接受委托后的难以言说的痛。人家请你当律师，就是依法维护当事人的权利。这下倒好，法律规定你可以会见当事人，但你就是会见不到，那请你律师有什么用呢？2012年再次修正的《刑事诉讼法》明确规定，除危害国家安全犯罪、恐怖活动犯罪、特别重大贿赂犯罪案件在侦查阶段需要经过侦查机关许可外，其他案件的辩护律师都可以会见犯罪嫌疑人。司法实践中，除某些特别敏感的案件外，"会见难"的问题基本上得到解决，律师会见被限制的现象也非常少见。毕竟，上述3种需要经过许可才能会见犯罪嫌疑人的案件还是比较少。可在一些具体案件中，尤其是贿赂案件，侦查机关很少许可辩护律师会见当事人。这样，在侦查阶段，犯罪嫌疑人可以委托辩护人，辩护人在侦查阶段可以依法为当事人进行辩护的规定就等于形同虚设。是以，侦查机关为了表示自己依法保护了辩护人的辩护权，便在侦查工作实际已经完成、案件快要结束时通知律师可以会见当事人。现在，除侦查人员、审判人员在司法过程中滥用职权等实施的损害司法公正的案件等依旧由检察机关行使侦查权外，其他国家工作人员包括司法工作人员贪污贿赂、滥用职权等职务犯罪案件，均由监察机关进行调查，完全将律师排除在外，被调查人在此阶段的权利如何接受国家机关外的专业人员的救济，暂时没有着落。司法实践中，对于一些有可能涉及国家工作人员的职务犯罪、某些特别类型的案件如涉黑涉恶犯罪案件，有的侦查机关便以各种各样的理由，不让律师会见。我曾代理两个案件，公安机关以当事人涉嫌诈骗、虚假诉讼被羁押，就因为当事人有可能涉嫌行贿直到侦查阶段结束也不允许会见，为此不得不解除委托。

还有，当事人取保候审、监视居住的申请权在某些案件中依法得不到有效的回应。在我国，能够取保候审、监视居住的案例非常少。从法律规定上看，判处有期徒刑以上刑罚（包括可能判处无期甚至死刑），采取取保候审不致发生社会危险性的，羁押期限届满，案件尚未办结，需要采取取保候审的就可以取保候审；监视居住，除犯罪嫌疑人无固定住处可以指定场所监视居住外，应当在犯罪嫌疑人的住处进行。可在司法实践中，可能判处有期徒刑尤其是3年以上有期徒刑的，对之取保候审、监视居住的并不多。对于一些重大案件，即使超期羁押，也不能取保候审、监视居住，造成一些疑案当事人长期被羁押，从而存在尽管反复统一清理依然得不到解决的现象发生。有的虽被监视居住，也是以无固定住处为名而被指定监视居住，或租用专门的酒店房间或在拘留所或者在指定的办案地点等监视居住，让人看守，与实际羁押并不存在实质区别，相反，其权利还不如在看守所那样能够得到某种程度的保障。

关于取保候审、监视居住，前面曾提到我国香港对犯罪嫌疑人的做法是"原则保释，拒绝例外"，这不仅有着长期的司法实践，而且为社会广泛认同与接受。在我国内地，如前所述，无罪推定及其有关权利的设置、扩大时间并不长，我国司法制度长期运行的结果就是一旦犯罪就与"羁押"相联系：在定罪之前，源于防止串供、逃跑等原因，需要羁押；在定罪之后，除少数判处管制、缓刑的外，自然更要受到羁押。特别是有着受害人等苦主的案件，既然他犯了罪，就要受到羁押。如果不羁押，就是徇私枉法，社会也不认同。这样，对犯罪嫌疑人、被告人在定罪之前取保候审、监视居住不受羁押的做法，无论是司法机关及其司法人员，还是普罗大众，都无法认同，从而没有被广泛接受的社会土壤与基础。故，在数年前出现的香港暴乱事件，警察将犯罪嫌疑人抓获后，法官准许其保释，交上几万元就出来了，就是人们所说的"警察抓人，法官放人"，基于自己生活的环境及经历根本无法理解，也就很自然。

对于取保候审或者监视居住，有罪推定观念也是使之难以依法贯彻落实到具体的案件中，造成"抓人容易放人难"，致使不少证据不足案件"超期羁押"而得不到及时处理，当事人的权利受到严重侵害的现象发生。既然已经涉案就是有罪，即使证据不足也不能放人。因为，他被推定为有罪之人，放了他串供、逃跑怎么办？所以，得继续查证。久而久之，没人记起，加之后任不理前任事等不作为观念、做法的不时存在，超期羁押也就不可避免。还有，推定他有罪而将其抓了，在被害人及其亲戚朋友看来，他就是有罪之人。不然，司法机关不可能抓他。既然抓了他，他就一定有罪。这样一来，司法机关一放人，比起案件未破，没有抓到任何人被害人更难接受，往往喊冤告状，侦查机关的压力更大。倘若碰到具有"包青天情结"的领导，在被害人的有关材料上作出批示——人放不了，还会出现公检法3家协调等后续行为，一系列不应该本可以不发生的巧合，就在有罪推定这样一个大的前提下一个个接连发生，最终造就冤假错案。赵作海杀邻冤案、李化伟杀妻假案的形成就是如此，并且具有相当的典型意义。

再有，当事人及其辩护人的非法证据排除的申请权得不到有效回应，司法实践中因为非法证据排除而成为疑罪并宣告无罪的现象，可以说是异常罕见。

此外，诸如违法取证，审查起诉后发现为疑案仍将案件推到法院，法院庭审走过场等不当甚至违法司法行为，辩护人控告往往也是高高挂起，最后亦是不了了之。

谭君：您上面谈到的辩护权在某些案件中得不到充分而有效的维护，与冤假错案有着必然的联系吗？与有罪推定与无罪推定有关系吗？

贺小电：上述所讲的辩护权得不到充分、有效保护甚至遭受侵害，司法不当行为甚至不法行为的存在，虽然可能造成冤假错案，但它并不必然会导致冤假错案的发生。这是因为，诸如此类的不当甚至违法行为，乃是冤假错案发生的必要条件，而非充分条件。也就是说，案件中存在这些原因，并不当然会促成冤假错案；可一旦酿成冤假错案，则必然伴随着上述或这或那的不当甚至违法司法行为的存在。

至于您所讲的第2个问题，依我看，上述不当甚至违法司法行为的存在，其最终都可以从有罪推定中找到根源，乃是有罪推定这一大家深恶痛绝却又挥之不去，时常像幽灵一样萦绕在某些司法人员内心、潜意识中，致使司法人员实施这样或那样的不当甚至违法行为。

——既然，他一旦涉案就是有罪，就不再是一个清白无辜的好人，而是一个实施犯了罪而危害了社会的坏人甚至背着人命、负有血债的不赦之徒，他的权利就应该受到限制甚至剥夺。他只有承认有罪的义务，我司法人员的责任就是根据他有罪的供述再找到一些证据将他绳之以法，以实现惩治犯罪的目标。他不承认，就是不认罪、不服法，只有面对刑讯。

——既然他有罪，迟早要遭受羁押惩罚，取不取保候审、监不监视居住，又有什么关系？何况，取保候审、监视居住之后，串供、逃跑怎么办？这可是罪犯出于本能经常会做的。

——既然他有罪，证据有些问题，补充证据就是了。于是反复补证，互相配合，检察院对公安，法院对检察院，友好地提出了，完善证据；实在不行，证据存在一些问题，也只是瑕疵，不要过分认真、求全责备，何况都可以得到解释。如多次供述，当事人的口供不存在矛盾或者基本不存在矛盾，法院不能认定为证据矛盾而存在问题；即使有些矛盾，基于时间久远，因为记忆等原因存在矛盾说法，也是自然，而这也正是体现了侦查机关如实反映讯问情况，没有做假修饰等的违法现象，于是也应该认定。加之，一旦铸就冤假错案，能够发现的机会并不多，"亡者归来""真凶出现"的现象毕竟罕见。有的如受贿案件，当事人一旦承认收受了某人贿赂，在无其他人在场又没有录音、录像等其他客观证据的情况下，除非与常理常情完全相背，如在20世纪80年代初一次性收受他人10万元现金，现在一次性收受对方1000万元现金（不是港币，港币因为有1000元1张的钞票，一次性收受完全可能）等特殊情况下，法官很难作出当事人究竟是收受了还是没有收受贿赂的判断。

——既然他有罪，我依法惩罚他，即使程序上有些不当甚至违法，只要不过分，或者不是倒霉碰上"认死理"的当事人，或者因为意外引起外界关注，就没有什么关系。像张氏叔侄强奸杀人案、萧山5青年杀人案，前者1人被处死缓，1人被判处有期15年；后者4人被处死缓，1人被处无期，不是因为"故意冤枉人和仅仅是判断错误、结案心切，还不一样。在这两个案件中，没有发现故意制造冤案的情况"，就都"在组织内部，按照党纪政纪来问责"吗？而且，一个案件不是一个人决定的，涉及数十甚至上百人，罚不责众。若因为事实上错判（疑罪从无宣告无罪在法律上虽不属于错判，可事实上没有作出客观相一致的判决而属于事实上的错判）"放纵"了罪犯，那可不得了。有的仅仅将犯罪嫌疑人、被告人取保而较长时间不予追究，被取保人也没有再行犯罪，办案人员亦没有收受贿赂，也被以滥用职权、玩忽职守、徇私枉法等治罪。错入与错出犯罪嫌疑人、被告人，两者的后果可以说是判若云泥！在有罪推定的观念下，要司法人员在某些特别的案件如领导极为重视、案件存在着坚持申冤的苦主的情况下，完全规范司法，确实不易。

——既然他有罪，即使属于疑罪，也应定罪，通常情况下不过是留有余地，在惩罚上可以不顶格判处，实行从轻。如果所涉罪行十恶不赦，仍可顶格重判甚至处以死刑。也正是如此，近些年来发现了一些诸如聂树斌案、呼格吉勒图案等重大刑事冤假错案，被告人被冤杀。

谭君：按照无罪推定原则，疑罪依法应当从无，在司法实践中不实行从无，那不是疑罪从有从轻吗？这又怎么说得过去呢？

贺小电：您说得没错，这实际上就是疑罪从轻。但在讨论研究疑案的处理时，都不会讲这是证据不足的疑案，否则不是明显违反了法律的规定吗？如若追究起来，这无论如何都说不过去。这时就会变通，只是说既有证据可以证明被告人有罪，可证据还是存在着一定的缺陷，虽可以定罪，然要"留有余地"。疑罪从轻、疑罪从无根本没有涉及。司法实践中，往往更强调打击惩治犯罪，同时强调要将案件办成铁案，该无罪的应当宣告无罪，不会明确提到疑罪从无，当然更不会提及疑罪从轻。还有，前面我也讲过，在理论上主张我们既不搞有罪推定，又不搞无罪推定，而是坚持实事求是。这里的实事求是，主要就体现在案件的最终处理时要坚持实事求是，疑罪从有从轻，显然与实事求是不符，需要加以否定；可疑罪从无也与实事求是原则不完全相符嘛，虽不像有罪推定那样要明确完全否定，可提倡也是不对，为此就来个既不否定又不肯定，只提实事求是。而提倡并坚持实事求是，在任何时间、任何地方，都不存在问题，更不存在错误。因此，否定有罪推定，同时既不肯定疑罪从无也不否定疑罪从无原则，也就有了理论上的注脚。

谭君：您的这一说法，让我感到非常吃惊。办理刑事案件，坚持实事求是原则，难道会有什么问题吗？

贺小电：从倡导上、理想追求上来讲，当然没有任何问题。要是存在问题，就不可能作为我党、我国的一项重要的刑事政策、总的原则加以倡导、规定。无论何时，都要将之作为我国刑事诉讼的一项重要政策、整体原则予以提倡，并且作为一种最高的理想目标加以追求。早在1940年，毛泽东谈到"中国向何处去"时就指出，唯有科学的态度和负责的精神，才能引导我们的民族达到解放之路。他说："科学的态度是'实事求是'，'自以为是'和'好为人师'那样狂妄的态度是决不能解决问题的。""惟有科学的态度和负责的精神，能够引导我们民族到解放之路。真理只有一个，而究竟谁发现了真理，不依靠主观的夸张，而依靠客观的实践，只有千百万人民的革命实践，才是检验真理的尺度。"①

为什么呢？

他言简意赅地阐释道："'实事'就是客观存在着的一切事物，'是'就是客观事物的内部联系，即规律性，'求'就是我们去研究。"②在党的六届六中全会上，他进一步明确要求："共产党员应是实事求是的模范，又是具有远见卓识的模范。因为只有实事求是，才能完成确定的任务；只有远见的卓识，才能不失前进的方向。"③在《新民主主义论》《整顿党的作风》《反对党八股》等诸多文献中，多次谈到实事求是："无产阶级的最尖锐最有效的武器只有一个，那就是严肃的战斗的科学态度。共产党不靠吓人吃饭，而是靠马克思列宁主义的真理吃饭，靠实事求是吃饭、靠科学吃饭。"④实事求是，"这种态度，就是党性的表现，就是理论和实践统一的马克思列宁主义的作风。这是一个共产党员起码应该具备的态度"⑤，从而将实事求是确立为马克思列宁主义哲学的认识路线、我党的思想路线。

"文革"结束后，我国改革开放的总设计师邓小平，坚持和发展马列主义、毛泽东思想，一再强调要求贯彻落实实事求是的思想路线："群众路线和实事求是特别重

---

① 《新民主主义论》（一九四〇年一月），载《毛泽东选集》（第2卷），人民出版社1991年第2版，第662~663页。
② 《改造我们的学习》（一九四一年五月十九日），载《毛泽东选集》（第3卷），人民出版社1991年第2版，第801页。
③ 《中国共产党在民族战争中的地位》（一九三八年十月十四日），载《毛泽东选集》（第2卷），人民出版社1991年第2版，第522~523页。
④ 《反对党八股》（一九四二年二月八日），载《毛泽东选集》（第3卷），人民出版社1991年第2版，第835~836页。
⑤ 《改造我们的学习》（一九四一年五月十九日），载《毛泽东选集》（第3卷），人民出版社1991年第2版，第801页。

要。"① "培养好的风气，最主要的是走群众路线和实事求是这两条。"② "'实事求是'四个大字，这是毛泽东哲学思想的精髓。"③ "实事求是，是毛泽东思想的出发点、根本点。"④ "毛泽东思想的基本点就是实事求是，就是把马列主义的普遍原理同中国革命的具体实践相结合。"⑤ "只有解放思想，坚持实事求是，一切从实际出发，理论联系实际，我们的社会主义现代化建设才能顺利进行，我们党的马列主义、毛泽东思想的理论也才能顺利发展。"⑥ "解放思想，就是使思想和实际相符合，使主观和客观相符合，就是实事求是。"⑦作为个人来说，就是"做老实人，说老实话，干老实事，就是实事求是"。⑧由此，实事求是思想路线得到了重新确立和发展。另外，作为一种认识事物本质规律的态度、方法与要求，简言之，就是从实际对象出发，探求事物的内部联系及其发展的规律性，认识事物的本质，通常指按照事物的实际情况办事。这在任何时间、地点、行业、事情等上，都是绝对正确无误的。

然而，实事求是原则，总体上属于哲学的范畴，乃是一种宏大的政治原则，是一切工作所应追求的理想境界，远远高于具体工作中为了解决某种现实存在的问题时所应确定的一些具体原则，如刑事诉讼中的无罪推定原则。在刑事诉讼中，发现案件

---

① 《完整地准确地理解毛泽东思想》（一九七七年七月二十一日），载《邓小平文选》（第2卷），人民出版社1994年第2版，第45页。

② 《关于科学和教育工作的几点意见》（一九七七年八月八日），载《邓小平文选》（第2卷），人民出版社1994年第2版，第57页。

③ 《教育战线的拨乱反正问题》（一九七七年九月十九日），载《邓小平文选》（第2卷），人民出版社1994年第2版，第67页。

④ 《在全军政治工作会议上的讲话》（一九七八年六月二日），载《邓小平文选》（第2卷），人民出版社1994年第2版，第114页。

⑤ 《高举毛泽东思想旗帜，坚持实事求是的原则》（一九七八年九月十六日），载《邓小平文选》（第2卷），人民出版社1994年第2版，第126页。

⑥ 《解放思想，实事求是，团结一致向前看》（一九七八年十二月十三日），载《邓小平文选》（第2卷），人民出版社1994年第2版，第143页。

⑦ 《贯彻调整方针，保证安定团结》（一九八〇年十二月二十五日），载《邓小平文选》（第2卷），人民出版社1994年第2版，第364页。

⑧ 《完整地准确地理解毛泽东思想》（一九七七年七月二十一日），载《邓小平文选》（第2卷），人民出版社1994年第2版，第45页。

事实的真相与本质，也就是犯罪人具体实施了何种行为及其行为的性质怎样，就是我们工作的目标。这种对真相的认识，专业人员基于对事物的认识规律、经验，结合案件发生过程中留下的各种痕迹，包括映射并停留在犯罪人自身及在场人脑海里的有关信息等，以及有关鉴定结论、当事人供述、被害人陈述、证人证言等来作出认定。可在案件发生后，证据由于过了很久才被发现或者被大雨冲洗等各种各样的原因而不再存在，受害者已死，犯罪嫌疑人、被告人又不一定说真话，通常还会说假话，而且所说是真是假，在现有科学技术条件下，无法百分之百完全准确地甄别出来。这样，在某些特定的情况下，有的案件就可能找不到物证、书证等能够真实地反映案件情况的客观证据。如赵作海杀邻案，死者高宗志的尸体高度腐烂，已经无法从尸体上的伤口分析得出犯罪人所使用凶器的特征、类型，行为的方向与力度等有用的信息；无法通过受害人反抗致使犯罪人可能遗留在尸体上的毛发、皮肉、衣服纤维、血迹等来寻找犯罪人的信息等。也就是，反映行为人信息的各种客观证据已经不存在，能够做到的就是通过尸骨确定死者的信息。这对侦查方向的确定如属于仇杀等虽可起到一定的作用，然作用不大。因为，与被害人有仇的人不一定杀害了被害人，在当事人不承认的情况下，也无他法。即使承认，严格按照《刑事诉讼法》的规定，杀人这一事实也只有其口供，没有其他证据相印证，难以定案，从而属于疑案。故，这种案件的事实因为证据缺失的原因无法得出系当事人所为的唯一而确定无误的结论，无法查出事实真相。换言之，无法做到实事求是。还有一些案件，如受贿案件，由于行为的隐蔽性，双方如果没有录音、录像等（实际也很少有人会这么做）客观证据，也很难有客观证据反映行贿受贿这一事实存在，若都不承认或者只有一方承认，就无法发现该行为是否存在的真相，从而属于疑案无法做到实事求是。显然，将实事求是作为处理疑案时的一种具体标准，究竟是认定为有罪还是认定为无罪，无法得出结论，疑案依然无法处理。因此，当某个当事人被抓获被处以刑罚后，当事人尽管否认，司法人员也会说他们的结论是实事求是。后来，真正发现是冤枉了当事人而宣告无罪时，司法人员还是会说这一宣告无罪的结论系实事求是。如此，判有罪，是实事求是；宣告无罪，也是实事求是。这无疑是对实事求是原则的嘲讽与玷污，应当加以否定。对此，我记得自己在给原湖南省物资厅厅长谭照华等4人挪用公款、受贿再审宣告无罪一案提供专项法律服务时，与为该案鸣冤的湖南省委原常委、省纪委原书记杨敏之交流谭的案情时，就提到了实事求是作为我党的思想路线，在刑事诉讼过程中不能成为疑罪如何处理的具体标准，这位满头银发充满睿智的老人，对此也十分认可。

其实，案件发生后，司法人员依法进行侦查、审查起诉、一审、二审等诉讼程序，乃是为了通过证据的收集、运用分析确定案件发生的事实及其性质的过程，属于认识的范畴。这一认识，要完全符合案件发生的实际情况，做到主观认识与客观相一致，乃是一种最高境界，是实事求是所要求的。然而，作为一种认识，其行为、过程有着其自身的规律，需要一定的客观条件，如有确实充分的证据存在，否则就无法达到目的。还有，在认识的过程中，我们需要发挥主观能动性的作用，通过努力追求，发现、找到所要探求的客观事物的规律，但也不能夸大主观能动性的作用，忽视客观实际情况，否则就会走向反面。所以，从宏观上来说，我们可以说"人定胜天"，对于尚未发生的事物及其规律，我们不能妄自菲薄，陷于"不可知论"的泥潭，从而怀疑或者完全否认人对客观世界的认识能力。同时，我们也应看到，我们对某一具体事物及其规律的认识，是建立在一定的客观条件环境的基础上的。源于各种各样的原因及条件，在有限的时间内尚无法认识该事物及其规律，无法做到一切认识与客观事实完全一致。要承认主观认识在一定条件下的局限性，不能妄自尊大，走向另一个极端，认为凡事可知，夸大甚至无限夸大人对客观世界的认识能力。就案件事实的认识而言，属于微观的范畴，总会存在某些案件出于这样或那样的原因而无法发现事实真相，不能做到实事求是，于是成为疑案。此时，就无法再按照实事求是的理想境界来确定，只有寻求通过另外的原则来作出处理。

例如，对于高空抛物致人死亡的事实，大多时候就无法确定抛掷者是谁。在刑事与民事的认定上，就完全有着不同的结论。刑事案件的结果，不仅可能涉及被告人财产上的损失，除赃款、赃物等违法犯罪所得及用于犯罪的工具被没收外，还会因处以罚金、没收财产导致其合法财产被剥夺，而且事关犯罪嫌疑人、被告人的人身自由甚至生命的剥夺，给他们带来惩罚的同时，相关的亲人也会因此承受着莫大的痛苦，从而不当然承认被告人的自认[①]，由公诉机关、自诉人负举证责任[②]，且实行证据确实充分的要

[①] 《刑事诉讼法》第 55 条第 1 款规定："对一切案件的判处都要重证据，重调查研究，不轻信口供。只有被告人供述，没有其他证据的，不能认定被告人有罪和处以刑罚……。"

[②] 《刑事诉讼法》第 51 条规定："公诉案件中被告人有罪的举证责任由人民检察院承担，自诉案件中被告人有罪的举证责任由自诉人承担。"

排除一切可能得出一定为被告人所为的唯一性、排他性结论的严格证据证明规则，才能认定被告人有罪，不然就属于证据不足的疑案，不能确定被告人有罪①而让之承担刑事责任。但在民事案件中，最多只涉及被告的财产上的一定损失，故不像刑事案件那样完全由自诉人、公诉机关承担举证责任，承认被告在一定条件下的自认②，被告一旦承认，原告就无须再举证加以证明；对于某些案件则实行举证责任倒置③，让被告承担举证责任，被告若无法举证证明不是自己所为或者不负有责任，就认定其所为、负有责任而要承担民事责任；也不实行证据确实充分的严格证明某一事实成立的证据规则，而是实行优势证据证明的规则，高空抛物的事实认定就是如此。《民法典》第1254条明确规定："禁止从建筑物中抛掷物品。从建筑物中抛掷物品或者从建筑物上坠落的物品造成他人损害的，由侵权人依法承担侵权责任；经调查难以确定具体侵权人的，除能够证明自己不是侵权人的外，由可能加害的建筑物使用人给予补偿……物业服务企业等建筑物管理人应当采取必要的安全保障措施防止前款规定情形的发生；未采取必要的安全保障措施的，应当依法承担未履行安全保障义务的侵权责任。发生本条第一款规定的情形

---

① 《刑事诉讼法》第200条规定："在被告人最后陈述后，审判长宣布休庭，合议庭进行评议，根据已经查明的事实、证据和有关的法律规定，分别作出以下判决：……（3）证据不足，不能认定被告人有罪的，应当作出证据不足、指控的犯罪不能成立的无罪判决。"

② 《关于民事诉讼证据的若干规定》（法释〔2019〕19号）第3条规定："在诉讼过程中，一方当事人陈述的于己不利的事实，或者对于己不利的事实明确表示承认的，另一方当事人无需举证证明。""在证据交换、询问、调查过程中，或者在起诉状、答辩状、代理词等书面材料中，当事人明确承认于己不利的事实的，适用前款规定。"第4条规定："一方当事人对于另一方当事人主张的于己不利的事实既不承认也不否认，经审判人员说明并询问后，其仍然不明确表示肯定或者否定的，视为对该事实的承认。"

③ 《民法典》第1243条规定："未经许可进入高度危险活动区域或者高度危险物存放区域受到损害，管理人能够证明已经采取足够安全措施并尽到充分警示义务的，可以减轻或者不承担责任。"第1245条规定："饲养的动物造成他人损害的，动物饲养人或者管理人应当承担侵权责任；但是，能够证明损害是因被侵权人故意或者重大过失造成的，可以不承担或者减轻责任。"第1246条规定："违反管理规定，未对动物采取安全措施造成他人损害的，动物饲养人或者管理人应当承担侵权责任；但是，能够证明损害是因被侵权人故意造成的，可以减轻责任。"第1248条规定："动物园的动物造成他人损害的，动物园应当承担侵权责任；但是，能够证明尽到管理职责的，不承担侵权责任。"

的，公安等机关应当依法及时调查，查清责任人。"这样，能够确定高空抛物者的，该抛物者不仅要作为侵权人承担民事责任，而且可能要负诸如高空抛掷物品罪、过失致人死亡罪等的刑事责任；若不能确定具体的高空抛物者，则居住使用该建筑物的有可能实施高空抛物的加害人，在不能证明自己不是高空抛物者即侵权人的外，则都要承担给受害人给予补偿的民事责任，但无疑不能由此承担相应的刑事责任。

对于上述这种现象，没有经过法律专业训练的人通常难以理解，就是经过法律专业训练的人也因种种原因，如对证据规则不予重视，也未必能够理解。有的人总是认为，一种对社会产生危害的行为及其事实，只有存在与不存在两种结论：存在就是存在，不存在就是不存在。可在法律上，对于证据存在问题时，涉及刑事案件要负刑事责任则不认定；在民事案件承担民事责任时又加以认定，这在逻辑上不是矛盾吗？其实，这不牵涉逻辑的问题，与逻辑无关。这是在证据存疑时于法律上为了保护某种利益而无奈作出的一种推定。既然属于一种推定，就不一定在客观上与案件发生的事实本身完全相符，并有可能完全与之相反，从而允许以后在发现新的证据时予以推翻。如此，证据存疑的无罪判决，并不意味着就是肯定被告人没有实施该行为不构成犯罪，而是因为证据存疑无法确定被告人一定实施了犯罪行为，被告人由此可能没有实施指控的犯罪行为，故为了避免认定其有罪而不仅给其人身自由甚至生命造成损害结果而且又让真正的凶手逃脱法网、逍遥法外，而作出的一种相对的无罪判决。对于这种无罪判决，一旦发现新的证据，依然可以推翻。认为被告人因证据不足宣告无罪，就是认定被告人没有实施所指控的犯罪行为，是一种认识上的误解，两者之间根本不能画上等号。这也正是，发生于20世纪90年代并轰动美国的橄榄球运动员辛普森（O.J. Simpson）杀妻案在刑事案件中认定其无罪可在民事案件中又认定他要为妮科尔·布朗·辛普森（Nicole Brown Simpson）与罗纳德·高德曼（Ronald Goldman）的死亡负责从而要承担巨额赔偿的重要原因。

有"美国橄榄球职业比赛史上最佳跑锋"之誉的辛普森，昵称"果汁先生"，美式橄榄球运动家喻户晓的运动员、影视和广告明星、体育评论员，涉嫌用刀将其前妻妮科尔与餐馆的侍应生罗纳德·高德曼割喉杀害，被指控犯有2项一级谋杀。该案尽管没有找到凶器，没有采集到清晰的指纹证据，亦没有在场目击证人，但检方认为，辛普森住宅门外的白色小车上沾有血迹，住宅内车道上有血痕，家中的血手套及辛普森的脏衣服、袜子都染有被害人的血迹，并有DNA检验，铁证如山，一定可以将他绳之以法。法庭上有113位证人作证提供了1105份证词，可由于警方的一些诸如在保管具有新鲜血迹的证物时不是采用专用塑料袋而是采用普通的纸袋等一些失误，被辩方认为这有可能导致血迹污染，导致DNA检测结论并不可靠；负责办案和入宅搜查的主要警官福尔曼，被证实为种族歧视者，并不排除伪造证据栽赃陷害辛普森的可能等原因，在经过长达134天的刑事审判后，被具有"世纪审判"之称的陪审团最终裁决无罪。1995年10月3日美国西部时间上午10点，辛普森案即将宣布裁决结果时，整个美国陷入停顿。克林顿总统搁置了国务，国务卿贝克推迟了演讲，华尔街股市交易清淡，长途电话线路寂静无声，数千名警察全副武装如临大敌，遍布洛杉矶市街头巷尾。据判决前的一项问卷调查显示，74%的白人认为辛普森有罪，而77%的黑人则认为他无罪。宣判后，就全体人口的抽样调查表明，67%的人认为判决不公，28%的人则相信判决公正，5%的人表示不确定。另一项调查也表明，70%的白人和18%的黑人仍认为辛普森有罪，24%的白人和64%的黑人则认为警方制造了假证据。

刑事诉讼结束4个月后，两受害人的家人对辛普森提起了致人死亡损害赔偿的民事诉讼，尼科尔之父代表2个外孙就女儿的遗产与辛普森对簿公堂。民事案件的陪审团裁决，作为尼科尔和辛普森的2个孩子获得遗产1250万美元；受害者家庭则因辛普森被认定对2人的死亡负有责任而得到3350万美元的补偿性及惩罚性损害赔偿金。对此，美国广播公司（ABC）调查表明，37%的白人同意宣判结果，83%的黑人表示赞同。

如前所述，从建筑物中抛掷物品或者从建筑物上坠落的物品造成他人损害的，按照《民法典》第1254条第3款的规定，公安等机关应当依法及时调查，查清责任人。但这种查清是以不启动刑事立案为前提的。如此，查处的手段、措施及其力度、效果往往难以令人满意。鉴于一些人的文明素养远远未能跟上高楼林立的现代化城市文明的发展步伐，高空抛物的现象时有发生，有的造成了他人财产重大损失甚至他人死亡的严重后果。故，《刑法修正案（十一）》增设了"高空抛掷物品罪"这一罪名，随之修正后的《刑法》第292条规定："从建筑物或者其他高空抛掷物品，情节严重的，处一年以下有期徒刑、拘役或者管制，并处或者单处罚金。""有前款行为，同时构成其他犯罪的，依照处罚较重的规定定罪处罚。"

另外，值得一提的是，如果发现案件属于错案或者证据不足，则应坚持实事求是的原则，依法加以纠正。不然，就不是实事求是。

其实，无罪推定，从某种意义上来说，也体现了实事求是的原则与精神。因为在证据无法确定犯罪嫌疑人、被告人真正有罪的情况下，如实承认我们在某些问题上基于各种各样的原因无法确认某种事实的存在或者不存在，承认自己此时无法真正地做到实事求是，而结论却只有在犯罪嫌疑人、被告人有罪或者无罪中作出选择，没有第三种选择，于是作出无罪假设的处理而宣告他们无罪或者撤销案件或者不起诉，以免冤枉无辜，相对于有罪推定，实行疑罪从有从轻，我认为更能表现出实事求是的精神与本质。尤其是近10多年以来，人民法院依法通过再审宣告了数以百计被处以重刑，甚至已被冤杀的被告人无罪，更是实事求是原则在刑事司法中的进一步贯彻与践行。

八、疑案铁案之别

谭君：关于有罪推定与无罪推定，您已经谈得非常全面。除此之外，还有什么观念会对冤假错案的形成造成影响呢？

贺小电：冤假错案的形成，绝不是一种观念或者某一方面的原因造成的，而是诸多观念或者方面合力的结果。造成刑事诉讼不当结果的出现，就观念来说，有只与刑事诉讼相关的，如有罪推定；也有不只是与刑事诉讼相关，而与社会各方面相关的，如官本位观念。现在，只谈谈与刑事司法相关的一些观念。就此，也有各种各样的表现形式。下面，我就谈谈对刑事司法有着重大影响的第2个观念，疑罪从轻与疑罪从无的观念。

谭君：疑案，就是证据不足的案件。疑罪从无，根据《刑事诉讼法》的规定，就是对于疑案中的被告人，不能认定其有罪，应当作出证据不足、指控的犯罪不能成立的无罪判决。这在法律上有明确规定，从我的经历来讲，人们也深深认同。这有什么问题吗？

贺小电：您讲的没错，在法律上，疑罪从无已经不存在任何障碍。但由于这样或那样的原因，疑罪从有的观念不时沉渣泛起，在个案上，要贯彻疑罪从无并非想象的那么容易。司法实践中，即使是已经被认定为冤假错案的案件，大多乃是疑案，而在之前不就是没有将疑罪从无落实到底吗？如果不折不扣落实了疑罪从无原则，就不会出现这些冤假错案。在第1次作出生效裁判时，就应当宣告无罪。而当时没有以证据不足宣告无罪，从而铸成了冤假错案，实际就是疑罪从有从轻的观念从中作怪。

下面来谈谈疑罪从有与疑罪从无。在具体谈及两原则前，我认为还是有必要对疑罪的内涵作一必要界定。在司法活动中，我们还经常会听到或者看到疑难案件的说法，事实本身复杂困难，难以理解，属于疑难案件；有的事实非常清楚，但与事实相关的行为性质如何，对案件怎样定性，有时也不是件容易的事情，并产生争议，也属于疑难案件；案件事实简单，定性也没有争议，但在处理时涉及价值取向，各方利益的平衡，社会观念是否认同接受，由此导致量刑难以定夺，也属于疑难案件；因为关键证据缺失或者存在不能作出合理解释的矛盾等造成的事实是否存在难以确定，证据为此是否确实充分，是否能够得出只有被告人所为而能排除其他一切可能的唯一性结论，能否认定为证据不足，常常会存在争议，自然也属于疑难案件；等等。显而易见，疑难案件很多，表现形式多种多样。而疑案或者称疑罪，则仅指我们最后所说的证据并不确实充分也就是通常所说的证据不足的案件，而非指证据确实充分但事实本身疑难复杂，或者案件事实的性质令人困惑而致疑难，以及量刑处理难以定夺等的疑难案件。

与疑案相对，还有一个法律并未规定但司法实践中常常提到并要求司法人员努力将每一具体案件办成的铁案，即证据确凿、能经得起历史考验、绝对不能推翻的定案。如此，刑事案件仅以生效裁判的结果为标准，有有罪裁判与无罪裁判之分，后者不仅包括证据确实充分的无罪裁判即铁案，而且还包括证据不足而法律根据疑罪从无原则推定其无罪的无罪裁判。倘若以生效裁判的证据是否确实充分两重标准来衡量，则有疑案与铁案之别：后者包括证据确实充分的有罪裁判与证据确实充分的无罪裁判。因此，从法律上来说，铁案并非一定是作出有罪的案件，而疑案则为应当作出无罪裁判的案件。然在司法实践中，常常将铁案狭义化，仅仅用于特指对被告人因证据确凿而作出有罪裁判的案件。其实，在司法实践中发现的一些冤假错案，大多数其实不是绝对无罪的铁案，而是相对的因证据不足而产生的疑案。

谭君：冤假错案，我们通常理解，就是确确实实的冤假错案，按您所说，还有并不一定确实的疑案，这是怎么回事呢？

贺小电：案件事实是否为被告人所为，在客观上只有肯定与否定两种结论：要么是被告人所为，要么不是被告人所为。然而，我们定罪要用证据说话，而证据由于灭失、难以找到或者认识存在分歧等原因就可能导致对于肯定事实是被告人所为还是否定事实为被告人所为，难以得出结论，从而形成证据不足的疑案。对于疑案，既不能完全肯定案件事实为被告人所为，也不能完全否定不是为被告人所为，也就是说，既有可能为被告人所为，也有可能不是被告人所为，在法律上于是就存在 3 种结果：一是能够完全肯定为被告人所为；二是完全能够肯定不是被告人所为；三是因为证据不足既不能肯定又不能否定为被告人所为。对于前面两种情形，法院自会依法作出证据确凿无疑的有罪裁判与证据确凿无疑的无罪裁判。第 2 种情形所指的证据确凿无疑的无罪裁判，与客观事实完全一致，属于确确实实的无罪裁判。若将证据确凿无疑能够完全肯定不是被告人所为由此应当作出无罪裁判的案件，因为各种各样的原因认定为被告人所为而作出有罪从而形成的冤假错案，就是与客观事实完全不一致的确确实实的冤假错案。可是，对于第 3 种情形，因为证据不足无法肯定系被告人所为的情况，按照有罪推定、疑罪从轻原则则会作出不利于被告人的有罪裁判；按照无罪推定、疑罪从无原则就会作出无罪宣告。显然，这种情况是法律在证据不足时基于价值取向而对被告人是否犯罪所作的推定。既然属于推定，固然不一定与事实完全相符，也就是推定其无罪作无罪宣告，被告人并不一定就绝对没有为案件事实，也可能是案件事实因为种种原因致使证据不足而要在法律上推定其无罪。所以，这种因证据不足而根据疑罪从无原则作出的无罪裁判，以是否确实与客观事实相符的标准来衡量，就不能得出完完全全可以肯定被告人没有为案件事实的结论；即使被告人因为疑罪从轻而被认定为有罪，从法律上讲违反无罪推定、疑罪从无原则及其具体规定而属于冤假错案，也不属于确确实实即有确凿的证据证实不是被告人所为案件事实的冤假错案，而属于证据不足而应依疑罪从无原则作出无罪宣告却疑罪从轻而作出有罪，故系相对的冤假错案。

另外，以疑案是否经过法律程序为准，可以分为客观上证据确实不足而经过法律程序认定的疑案，与客观上证据确凿而未经法律程序确认并由此影响其他被告人案件事实无法确证而产生的疑案。此时，即使是他所为，也因对他的行为没有生效裁判确认，根据在生效裁判认定他有罪之前都要推定其无罪的无罪推定原则，也要推定其无罪，在法律上是否为他所为，依然没有定案，而要根据案件事实是否为他所为确定是否为其他被告人所为的案件，就会成为法律意义上的疑案。如指控甲强奸并杀害了乙，后来有证据指向系丙奸杀了乙，并在被害人身上检测出含有丙DNA的毛发，或者丙在其他案件中主动承认强奸杀害了乙却没有其他物证支撑。然而，在甲案发前或者案发过程中死亡而不能再对丙启动刑事诉讼程序对之行为予以确认，或者对丙提起的诉讼程序因为只有丙的供述而无其他证据根据疑罪从无原则认定丙并未强奸杀害乙，致使甲强奸杀害了乙的事实也无法在法律上完全加以排除。此时，对于乙被奸杀的事实即使不是甲所为，也因有证据如其的入罪供述，或者在现场有其脚印等证据证明其有可能所为，故在法律上仍然属于疑案，宣告无罪的，乃是根据疑罪从无宣告无罪，而不是确证案件不是由他所为的绝对无罪。应当按照疑罪从无原则宣告其无罪却作出有罪裁判的，在法律上也就属于因证据不足而为疑案的冤假错案。

谭君： 您这一讲，既存在确确实实的因认定的案件事实与客观事实不符而形成的冤假错案，也确实存在有可能为被告人所为案件事实但因证据不足无法完全肯定系被告人所为而应依疑罪从无原则宣告其无罪却疑罪从轻对被告人作出有罪裁判所形成的冤假错案。您能举例加以说明吗？

贺小电： 从广义上讲，证据确凿无疑的冤假错案，也包括两种情况：一是证据确凿已经证明生效裁判将不是被告人所为的案件事实应宣告其无罪，却认定为被告人所为而判其有罪的冤假错案，即将无辜的人入罪错误；二是证据确凿已经证明生效裁判将系被告人所为的案件事实应判其有罪，却认定为不是被告人所为而宣告之无罪的错案，即将有罪之人出罪错误。当然，从狭义上讲，证据确凿无疑的冤假错案，仅指第1种情形。这种冤假错案，赵作海案就是极为典型的一例。原生效裁判决认定赵作海杀害了失踪的赵振响，并将找出的腐尸认定为赵振响的尸体，结果赵振响10年后活着回来，认定赵作海杀害了赵振响的事实无疑错误。而且，找到的尸体系高宗志的，且杀害高的凶手也已找到，从而也可以完全排除此尸体与赵作海有关。以是，案件中与认定赵作海杀人行为相关的被害人及其尸体都与赵作海没有任何关联，故属于完全可以认定赵作海没有任何杀人行为，原认定赵作海杀人的裁判便属于这种与客观事实完全不符的错误判决。

至于因证据不足依法应宣告无罪而却作有罪裁判所形成的冤假错案，鉴于点名道姓必会伤害冤枉者的情感，引发他们内心的伤痛，下面只是举例说明。因"亡者归来"而认定为冤假错案的，已有多例。如某高院的一个案件，认定甲杀害了乙，并将发现的尸体认定为离家失踪的乙的尸体，有证据证明甲与乙的死亡有着关联，如甲与乙在案发前还同居过，后来，乙活着回到家中。毫无疑问，认定甲杀害了乙这一事实存在错误。但案中的尸体不是乙的，是谁的，是不是甲杀死他人形成的？如是，只是原判决将死者弄错了，甲的杀人行为确实存在，这只是一种错案，本质上不属于在甲杀人行为根本上不存在时而作出的冤案；如不是，甲既没有杀害乙，也没有杀害案中尸体所指之人，像赵作海案一样，属于绝对的确确实实与客观事实不符的冤假错案。这样，需要对尸体所指之人是谁，又是谁杀害的，进行查证。若能查出杀害尸体所指之人的真凶，甲就是确确实实被冤枉的。若因证据不足而查不出杀害尸体所指之人的真凶，又无法因甲没有杀人时间等确凿的证据完全可以排除系甲所为，甲则因与尸体存在一定关联且作过入罪供述，就属疑案。尽管因原判决认定甲杀害了乙现乙已经出现而要宣告其无罪乃属于冤假错案，但这种冤假错案还是属于无法确定甲根本没有杀害尸体所指之人，因甲具有入罪供述或者其他证据证明其与尸体有关，只是证据尚不确凿、不能够完全肯定系其所为的相对存疑的冤假错案。现在发现的诸多被认定为冤假错案的，大多数其实就是这种证据不足而未严格遵守疑罪从无原则的冤假错案。

九、疑罪从轻或从无

谭君：您上面对疑案的内涵与外延作了详细的分析，并称司法实践中的冤假错案大多乃是证据不足应当按照疑罪从无原则宣告无罪却依疑罪从轻原则作了有罪判决所形成的冤假错案，对于疑罪从无原则，在法律上已经规定得非常明确，为什么会出现这种情况呢？

贺小电：疑罪从轻或者疑罪从无，在概念内涵上并不难以理解。前者就是在证据不足、不能确定被告人有罪时而推定其有罪，作出有罪裁判，考虑到这一证据难以确证有罪，为此从轻处罚。后者则是在证据不足、不能确定被告人有罪时而推定其无罪，于是作出无罪裁判而使其免受刑事处罚。由此不难看出，疑罪从轻或者疑罪从无，分别与有罪推定与无罪推定一脉相承，乃是刑事司法过程中在最终作出结论前或作出结论时所作出的推定，可以说是一对前后相继的兄弟，承载着完全相同的功能：有罪推定与无罪推定，只不过是在刑事司法最终作出生效裁判前对当事人是否有罪作出的推定，解决的是当事人在刑事诉讼过程中应当受到何种待遇，是否像完全正常的人那样赋予其权利以充分维护其不遭受司法不当甚至违法行为侵害的问题；后者则是案件经过除作出结论之外的所有刑事诉讼程序后，因证据尚不确实充分，而对当事人推定其是否有罪，以解决在刑事诉讼程序完全结束后的待遇问题。此时，如推定其有罪，则不论其实际是否犯了罪，都属于罪犯，要承受法院根据法律规定对之作出的处罚，失去财产、政治权利、自由甚至生命，均有可能；若推定其无罪，则完全与正常人一样，即使其实际犯了罪，也是无罪之人，不会受到任何刑事处罚，因前面遭受羁押而失去自由的，还有权获得国家赔偿。这样，疑罪从轻还是疑罪从无，关系到当事人在刑事司法程序结束后的生活，而且因为定案推定为已经确定的事实通常难以逆转，比起有罪推定，无罪推定只是暂时作出假设性的推定，还有可能找到对被告人有利的证据，或者碰上一些证据意识强的法官仍有可能作出无罪，从这个角度来说，意义更大、影响更巨。尽管如此，两者实质有着必然的联系，这就是：前面实行有罪推定者，后面一定是疑罪从轻；而实行无罪推定者，则当然要求疑罪从无。既然作有罪推定，也就是他一旦涉案，就认为有罪，并有承认犯罪而自证其罪的义务。后面经过查证，证据虽然存在问题，然这很正常，也是他自己没有承担起自证其罪的责任，而其他证据因消失或找不到，其结论便只有继续推定其有罪而作出有罪但从轻的生效裁判；既然作无罪推定，要定他有罪，就必须有确凿的证据。穷尽一切努力证据仍旧不能做到确凿无疑的，其结论当然还是推定其无罪。以是，疑罪从轻乃是有罪推定原则的进一步延伸，疑罪从无则是无罪推定原则在司法机关作出最终结论时的必然要求。这样一来，疑罪从轻或者疑罪从无，并不像您所说的那样被广泛接受认同，从疑罪从轻到疑罪从无，在我国的法律上也经历了曲折的过程，在司法实践中贯彻落实时，不时还受到有罪推定等各方面的影响。故，在证据不足应当宣告无罪时，并未作出当事人无罪的裁判。

如上所述，疑罪从无、疑罪从轻分别与有罪推定、无罪推定同根相连，乃系两对本性完全不同的同胞兄弟。在我国，实行有罪推定、疑罪从轻，自阶级社会产生以来，就已产生，在长达2000多年的封建社会中，一以贯之。新中国成立后，有罪推定因其明显的荒谬性而被否定，但对于无罪推定原则先前也是明确不能实行，疑罪从无原则则既不加否定，也不予以认同。1996年修正的《刑事诉讼法》先后确定了无罪推定原则、疑罪从无原则，但未在法律上明确提出相应的概念，只是在其内容的规定中从理论上承认，分别在程序上、实体上确定了这两个原则。前者，在此之前根本不获承认，在1996年修正的《刑事诉讼法》施行后，实务界仍然认为法律并未确立无罪推定原则。根据前面的介绍，我国无罪推定原则及其在有关程序上的体现，与境外一些国家、地区的无罪推定原则相比较，赋予犯罪嫌疑人、被告人的诉讼权利的范围及其程度，还是很有限，对有罪推定原则的否定尚未彻底。有罪推定长期运行所产生的惯性及其残余在司法实践中不可避免地还常以这样或那样的方式表现出来。加之惩治犯罪的需要，社会传统的观念，法治起步不久尚不成熟完善等诸多因素，疑罪从无原则在司法实践的运行尤其是在某些重大案件、被害人有强烈要求的案件或者某类需要严惩的案件中，落实起来就更加困难。

十、口供与证据之王

谭君：您上面花了相当长的篇幅谈了有罪推定、疑罪从轻观念对冤假错案的形成有着莫大的影响。除此之外，您认为导致冤假错案形成的其他主要观念，还有哪些呢？

贺小电：这些观念还有很多，与刑事诉讼直接相关的，我认为还有口供是证据之王观念、泛化的"刀把子"观念、命案必破观念、不当过分追逐名利成就的功名观念、官本位观念等。

谭君：口供是证据之王的说法，我也听说过，您能比较全面地谈谈吗？

贺小电：口供是证据之王，在法律、司法解释或者其他规范性文件中，并没有这种提法。它主要是在证据学等理论探讨与研究中，对封建社会就被告人主动进行追究、审判的纠问式刑事诉讼对被告人口供予以迷信，认为被告人口供为证明被告人犯罪的最佳证据，在办理刑事案件时原则要求必须具有口供才能定案的一种理论上的概括。

谭君：被告人口供，在封建社会纠问式诉讼中，为什么可能被认为是最佳的证据呢？这在理论上有什么根据吗？

贺小电：被告人口供，之所以被认为是证据之王，依我看，既有主观上的基础，又有客观条件等方面的原因。

从主观上来讲，被告人如果没有犯罪，是不可能承认犯罪的，因为无故认罪会面临着失去名誉、财产、自由甚至生命的惩罚。既然承认实施了某一犯罪行为，他所讲的当然属实，就可以认定他实施了该犯罪。另外，他要是没有实施犯罪，也不可能讲出他是如何实行犯罪的，即使供述了犯罪过程，与客观形成的证据也难以相符。还有，他实施了犯罪，亲历犯罪行为及其前后的整个过程，能够全面而又直接简单地反映案件的整个过程，证明犯罪不用复杂的逻辑推理，简洁明了，省事方便又全面。如此一来，在诉讼中被认为是一种能够简单直接、全面有效反映案件的最佳证据，也就自然。在不涉及被告自由或者生命剥夺的民事案件中，基于价值取向的需要，法律上一定条件下承认自认，即被告承认民事案件的事实存在，原告就不需要再举证，法庭即可认定被告自认事实的成立，在某种程度上就是源于这种原因。

从客观上来说，封建社会作为自然经济模式的社会形态之一，生产力依旧低下，科学技术落后，亦不受到重视。在刑事案件中，除了案件证据因为大雨冲洗、犯罪人毁灭、案件未及时发现等主客观原因容易灭失，即使及时发现犯罪也因交通不畅、信息传达慢等原因，侦查人员不能及时到达现场，或者及时到达现场因为搜集、获取、保管证据的手段有限等因素致使证据难以发现，或者发现后难以通过检验、鉴定等手段发现其与案件之间的联系。而且这些物证，并不能全面反映案件事实，往往只能反映案件事实的某一方面，要借之还原案件事实，需要复杂的逻辑推理过程，费时费力，还不一定能够得出正确的结论。与亲历犯罪事实发生的被告人供述、被害人陈述、在场目击证人证词等相比，远不及后者方便简单、省事少力。所以，在纠问式诉讼下，物证等客观证据没有其应有的地位，在有罪推定、被告人自证无罪、刑讯逼供合法化等观念、规则及制度面前，其所具有证明反映案件事实的客观性、真实性的特征没有得到认同，在诉讼中的证明价值也就被认为远远不如被告人口供、被害人陈述、在场目击证人证言等直接言词证据。

谭君： 您这样一说，物证与言词证据等各有其优点、缺陷，相对来说，在被告人供述、被害人陈述、在场目击证人证言等言词证据为真的前提下，其证明力及其价值，比物证更具有优势。

贺小电： 您讲得没错。物证的主要优点在于它的客观真实性相对比较强，但也不能绝对化，如被告人伪造现场或者尚未发现物证的证明功能，有的只能起到可能性证明的作用，如强奸案件的被害人体内有某种血型如A型的精液，由于血型有4种类型，具有A型血的人并不唯一，乙如为A型血，自然无法得出就是乙对被害人实施了强奸的结论。可随着DNA这一与人几乎唯一对应的物证技术的出现，若在被害人体内发现含有乙的DNA的精液，除非系经被害人同意而发生性关系等特定情况外，就可以确定对被害人强奸行为的实施者就是乙。由此可见，物证的证明作用乃是随着科学技术的进步而不断进步的。当然，物证的客观真实性也是相对的，并不排除他人伪造的可能。如辛普森案，由于警察未严格按照法定程序搜查、保管证据，就被辩方认为住宅门外车上的血迹，家中手套上的血迹，辛普森的衣服、袜子上的血迹等乃系警察故意栽赃陷害所形成。

被告人口供、被害人陈述、在场目击证人证言等言词证据，具有简单直接、全面方便、在一定时间内难以消失的优点，可这些优点乃以它必须客观真实为前提。不然，若不客观真实，对之迷信而加以采用，就必然酿成冤假错案。

受害人由于遭受伤害，可能夸大其词，由于紧张、恐慌以及时间久远等原因，导致感受、记忆的事实与案件不符，还可能因为死亡、遭受严重伤害如失忆、精神错乱、成为植物人等原因而无法形成被害人陈述，并可能出于诬告而故意冤枉他人；证人也可能为人操纵或者基于紧张、时间久远等原因，以致感知、记忆失误，同样可能不存在目击证人、目击证人死亡或者患有严重疾病等原因而无法形成证人证言的情况。

而被告人的供述则不同，接受审讯时就可以形成。加之人的天生趋利避害的本性，总认为其没有犯罪，就不可能承认，并且做了也往往会加以否认。在有罪推定、刑讯逼供等合法的纠问式刑事诉讼中，就会想方设法获取口供，从而成为刑事案件中的所谓"最佳证据"，并被冠之为"证据之王"。

谭君：按您所说，被告人口供有其真实性的存在基础，也有不真实性的种种原因，那么，这些导致被告人口供不真实性的因素主要有哪些呢？

贺小电：固然，假使被告人口供没有任何真实性的基础，就不可能成为证据，更不能被称为证据之王。至于被告人口供也因各种各样的原因而不具有客观真实性，且这些原因五花八门，有的出人意料，根本无法想象。可无论如何，任何办案人员除非故意诬陷，不仅想得到被告人口供，而且亦想得到客观真实的被告人口供。可事实上，在刑事诉讼程序的运行过程中，却并非如此。倘若不符合逻辑或者有证据排除，办案人员往往又会认为被告人在说假，故意与办案人员对抗，不老实，又要进行新的交代，直到办案人员感到满意为止。在一些没有客观证据的案件中，这种办案逻辑，尤其多见。

造成被告人口供不真实的原因，因案因人而异，无法一一列举。然以是否出于自愿为标准，则有被告人自己自愿作出的虚假供述与被告人不是源于自愿而是迫于外界压力作出的虚假供述。虚假供述，既包括实施了犯罪行为而不承认的供述，又包括没有实施犯罪行为而承认案件事实为自己所为的虚假供述。前者，乃是出于人的本能而自然而然出现的现象，也正是这样，一旦发现其为假，有的就被认为他是为了逃避罪责故意说假而不被相信。这种虚假供述，只可能造成疑案，对被告人有利，不会由此形成狭义上的冤假错案，换言之不能成为我们这里所讲的冤假错案。后者，则无疑可能造成冤假错案，特别是在诸如贿赂案件等物证通常自始就不存在，或者自始存在却因种种原因灭失、难以查找而致使案件缺乏物证等客观真实性较强的证据时，若不根据案件证据存疑这一客观事实，按照实事求是原则的指引，彻底落实无罪推定、疑罪从无原则，就十有八九会造成冤假错案的发生。

谭君：按您所讲，犯罪嫌疑人、被告人实施了犯罪，为了逃避处罚作虚假供述而不承认，尚可以理解。但若没有犯罪却作虚假供述承认自己实施了犯罪，则与人性不符，我还很少听说过。

贺小电：就是嘛，社会生活本身就异常复杂，千姿百态，很难以一个标准统一之。我们说，是否符合常理，只是从一般的情况来说，而犯罪行为本身就是一种不正常的行为，很难完全以正常情况度量之。如有的就是为了几块钱的事而将人杀了，这在常人看来，无法理解，可事实就是如此。所以，要肯定某人实施了犯罪行为，不能以常理来判断。那么，没有犯罪的人呢？他倒是没有实施犯罪的正常人，然也不能要求他所作所为都符合常理。在特别情况下，他同样可以作出不符合常理的事情，没有犯罪却承认有罪，便是如此。在现实生活中，我们有时可以从报刊、网络上看到这样的新闻：有的因与妻子离婚想去坐牢而故意抢劫店铺20余元，并逼店主报警；有的因与女朋友分手心情不佳为了坐牢而入室盗窃；有的为了躲债而设法坐牢；有的与家人发生矛盾为了坐牢而去砸毁银行的自动取款机；等等。为坐牢故意犯罪，超出常人意料。同样，有的没有实施犯罪，也可能因为各种各样的原因，如代人坐牢，而将他人实施的犯罪主动供述系自己所为，这在司法实践中更为常见。还有人在外流浪无家可归为了吃饭便坐牢而主动供述自己并不存在的所谓盗窃事实。故，不能说在侦查机关没有刑讯逼供等违法取证行为的情况下，犯罪嫌疑人、被告人主动承认犯罪的口供就一定没有虚假。

还有，有的犯罪嫌疑人、被告人基于一些意想不到的原因承认杀人，如看起来精神正常，其实乃因精神方面存在问题而主动承认犯罪，在英国就有这样一个案件。对犯罪嫌疑人、被告人即使不存在刑讯逼供等不法取证行为，乃为他自己主动承认犯罪，也因为种种在通常情况下无法想到的原因，其所作的入罪供述，也不一定为真。

至于出于外界压力被迫作的虚假供述，乃是刑事诉讼程序中产生虚假供述的主要原因。在纠问式诉讼中，给人的肉体造成巨大痛楚的刑讯逼供乃作为一种合法的获取证据的手段，大行其道，自然成为被告人虚假供述的主要原因。在现代刑事诉讼活动中，刑讯逼供为法律所明文禁止，致使肉体产生巨大痛楚无法忍受的刑讯逼供，由于同时也会造成明显的伤害等痕迹，基本上已经得到遏制，可不会造成被告人肉体明显伤害的各种各样的让常人遭受难以忍受的痛苦则以五花八门的方式出现，如：长时间不让犯罪嫌疑人吃喝；连续轮番审讯，不让犯罪嫌疑人睡觉，或者让之睡觉，隔上两三个小时又将之弄醒；冬天让之少穿或者不穿衣服，有的还在其穿的衣服上浇水弄湿，然后用风扇朝之吹风；在夏天则又用取暖器为之"取暖"，让人无法承受；等等。犯罪嫌疑人忍受不了，自然只得招供认罪。有的则故意安排"耳目"与犯罪嫌疑人处在同一监室，借"耳目"与犯罪嫌疑人长期相处时采取暴力、威胁、诱惑等软硬兼施的手段获取口供，一旦出事，也不是办案人员的刑讯逼供，像张氏叔侄强奸杀人案所谓的"女神探"聂海芬就是如此。此外，一些以对诸如夫妻、子女、父母、兄弟姐妹等与犯罪嫌疑人有着密切联系且与案件有一定关联的人从宽处理或者不予处理为引诱，或者借不招供认罪就对之抓捕等进行威胁，犯罪嫌疑人不从的便真的实施，致使他交代的现象，更不时可见；有的将犯罪嫌疑人的供述反复进行复制，或者只调整一下讯问顺序，或者只改动一下回答的话语，而获得犯罪嫌疑人的所谓多次"供述"；有的对犯罪嫌疑人有利于自己的口供则不记录，按照审讯思路讯问并引导其供述；供述后与前次供述或者他人的证言、物证等比较，发现有矛盾的，则又让犯罪嫌疑人补正，承认以前所讲的不实，并以补正后的供述为准；等等。这些都是造成被告人被迫供述且为虚假供述的表现形态各异的原因。

谭君：您上面讲了犯罪嫌疑人被迫供述且为虚假供述的原因，难道就没有措施能够防止这些虚假的口供出现，即使出现也能够发现排除而不致造成冤假错案发生的办法吗？

贺小电：防止、发现犯罪嫌疑人被迫作出虚假供述，从理论上来讲，当然很多。从观念上讲，不要迷信被告人口供的证明力，不能相信被告人没有犯罪就不会作出有罪供述的结论；从证据运用规则上讲，充分发挥物证、书证等客观证据的作用，以此来比较、揭示被告人口供的真伪；对非法获取的被告人口供等非法证据进行排除。从法律制度规定上讲，严格侦查机关审讯被告人的程序，规范对被告人的审讯行为；侦、控、审分离，各司其职，互相制约，以防止并发现犯罪嫌疑人、被告人虚假口供的发生及采用；充分听取辩护人的意见，对被告人在庭审改变陈述的原因作审慎判断，充分发挥庭审的功能与作用；严格实行疑罪从无原则；对非法司法行为严格追究有关司法人员的责任；等等。这些都是防止并及时发现被告人虚假口供的有效手段与途径。

谭君：您谈到，无论是被告人口供、被害人陈述、证人证言等言词证据，还是物证等客观性证据，各有利弊，就客观真实性而言，基于种种原因，被告人口供还不如物证等，自然不能成为所谓的证据之王。它之所以有证据之王这一名不副实的桂冠，您也作过分析。那么，在法律上又是如何对待被告人口供及其证明价值的呢？

贺小电：对待被告人口供，在法律上，只是作为一种证据存在，并未确定其在证据地位上有什么特殊作用，更没有任何将之置于所有证据之上，将之确定为最佳证据的规定。相反，《刑事诉讼法》第55条还明确要求："对一切案件的判处都要重证据，重调查研究，不轻信口供。只有被告人供述，没有其他证据的，不能认定被告人有罪和处以刑罚；没有被告人供述，证据确实、充分的，可以认定被告人有罪和处以刑罚。"据此，不仅没有认为被告人供述系最佳证据，而且还在一定程度上明确否定了被告人口供系最佳证据即被告人口供为证据之王的观念与说法。

谭君：被告人口供为证据之王，在法律上没有任何规定，在理论上又是怎样的呢？

贺小电：前面我已经讲过，封建社会纠问式刑事诉讼中对被告人口供十分迷信，认为其是最佳证据。"口供是证据之王"乃是对这一现象的概括，对这种观念无疑应当否定。

谭君：被告人口供为证据之王的观念，在法律上与理论上都是否定的，难道在司法实践中还有其立足的市场吗？如有，其具体又有些什么样的表现呢？

贺小电：被告人口供乃证据之王的观念，在法律上与理论上虽都受到了否定，可出于各种各样的原因，在司法实践中还一定程度上存在，并有意识或者无意识地影响着司法人员的行为。

——如对被告人口供过于迷信和依赖，想方设法要获取犯罪嫌疑人口供。若其不承认，没有有罪供述，就采取各种各样的方式让其开口。尤其是一些没有物证如证据本身就不存在或者因客观原因灭失而不存在的刑事案件，更是依靠口供与言词证据定案。有的案件如贿赂案件，被留置人曾经承认犯罪，在审查起诉或者审判阶段一旦改变陈述的，司法人员就如临大敌而对之进行威胁等，便是有意识或无意识地迷信或者依赖被告人口供的表现。

——如果说，想方设法获取被告人口供，有口供才能定案的这一刑事案件基本特征从肯定的角度说明了，它与被告人口供乃证据之王的观念或多或少存在关联的话，那么，另一方面则是从否定的角度也就是没有被告人口供就不敢定案，而表现出被告人口供是最佳证据，缺少不得的观念。司法实践中，我们曾听到做到"零口供"定案的说法。倘若做到了，便以此为荣。这种提法在法律上其实早有规定，前述《刑事诉讼法》关于"没有被告人供述，证据确实、充分的，可以认定被告人有罪和处以刑罚"的规定，所指的其实就是"零口供"定案的情况，只不过没有采用这一形象的说法而已。然而，因一些案件根本没有客观证据或者其他言词证据，如受贿犯罪，若没有行贿人与受贿人的口供，根本就无法定罪。从某种意义上，此种案件的客观情况，也是导致要追究其犯罪，被告人口供常常是不可缺少的证据之一。以是，刑事案件以零口供定案的现象，少之又少。我在从事刑事审判或刑事辩护数十年的职业生涯中，历经数以千计的刑事案件，就没有见到过。

——司法实践中出现的不惜反复耗费司法资源多次讯问被告人，询问被害人、证人以获取被告人口供、被害人陈述、证人证言，有的案卷多达数十上百卷，从另一方面表现出对被告人口供等言词证据的依赖。之所以要反复获取被告人口供，有的并不是为了如实反映被告人前后的陈述，以发现是否存在矛盾并确定矛盾能否得到排除以确定其真假的需要，主要是为了试图通过其反复多次的口供以证明其所供的真实性。你看，被告人不仅作了有罪供述，而且还多次或者一直作有罪供述，充分说明其确实实施了案件所指控的事实。其实，多次口供不少都是反复复制，在一些案件中，我们便经常见到被告人就某一事实的供述，问话及其回答，文字、标点符号整段整段完全一致，有的与相关证人的证言相比只是改变下人称，如受贿人与行贿人之间，将前者收钱改为后者送钱，除此之外，其他连标点符号都完全一致。诸如此类的情况出现，一些律师多次提出，一些调查、侦查人员觉得也是，在往后办理的案件中便时常改变一下问话的前后顺序，或者这次问一些问题，下次就减少一两个问题再增加另外几个问题，回答时在语言表达上稍作改变，但讯问内容上几乎或者完全是复制，有的从讯问笔录记载的讯问时间上一看就知，如1小时之内可以形成几十页的讯问笔录吗？我想不可能。若所供前后基本一致，没有多大矛盾，固然需要认定；若存在矛盾怎么办呢？则要么是通过后面的供述对前面的证据加以否定修正，以后面供述为准；要么在指控中通过被告人所称前后存在一定矛盾因为时间长、次数多等原因记不清乃属正常，能够作出合理解释，更证明调查、侦查机关实事求是，在被告人口供上如实反映了被告人当时供述的情况，没有做假，故要认定。而在没有其他客观证据印证，今后也不会存在如"亡者归来""真凶出现"等证据出现佐证被告人口供确实为假的情况下，法庭唯一的做法便是认定被告人的供述为真。

——犯罪嫌疑人若不承认犯罪，有的侦查人员便不会罢休，一些刑讯逼供、骗供诱供、指名问供等非法获取口供的行为应运而生。一旦获得口供，就想方设法论证所供一定为真，法庭上被告人改变陈述，称系刑讯逼供等非法取证所致，不予重视，过去则让侦查机关出具文件说明对犯罪嫌疑人的讯问都是依法而为、口供获取手段合法，一笔带过；现在因有非法证据排除的程序，但实际运用得很少，即使运用也因种种原因而起不到应有的作用。这些现象，或多或少地都与被告人口供系证明其有罪的最佳证据的观念相关。假使不认为被告人口供系最佳证据，或者不认为被告人口供系定案所需，有也可以，没有也行，司法人员用得着不惜违法犯罪取得吗？显然，正是案件离不开被告人口供，对之相信为真需要依赖，从而才会获取甚至不惜违法犯罪获取并加以运用的。反过来，这些就被告人口供对案件定案作用价值的肯定，又会进一步强化被告人口供的证明价值及其迷信、依赖，被告人口供为最佳证据系证据之王这种不成文而应予以否定的观念为此常常会在司法人员的脑海里潜伏，待一定的环境下或隐或现地以各种形式表现出来。

谭君：关于被告人口供，您讲了这么多，对此，您还有什么想法吗？

贺小电：对于被告人口供的迷信与依赖，乃是冤假错案形成的重要主观因素。若是没有这种观念，严格依法审慎判断运用被告人的口供，该排除的排除，由此证据存疑的依法宣告无罪，就会大大减少冤假错案的发生。可以说，这种观念危害性极大。有时正是因为过分相信并依赖被告人口供，才忽视对之获取程序合法性、真实性的考察判断。而且，在某些特定条件下，即使非常谨慎，判断起来也不容易，还是可能酿成冤假错案。然若完全依法按程序办事，做到了应有的审慎、全面，即便出现了冤假错案，也属无奈，而无须对此负责。如，被告人甲与其老板乙身高强壮差不多，一天乙与丙发生争执将丙用刀刺伤，乙花钱与丙和解，让甲为之顶罪，由于甲整个过程都在场，亲历了案件事实，主动认罪，所称与有关客观证据如使用的刀具、形成的伤口等相一致，再加上丙的陈述、乙的证言的基本一致，只要司法人员依法办事，不刑讯逼供等非法取证，即使后来甲因故意伤害乙而被判处刑罚形成了冤假错案，也与司法人员的司法行为不存在必然的因果关系。

在司法实践中，对于一些没有客观证据印证的案件，被告人尽管没有实施案件中的犯罪事实，在刑讯逼供的情况下，也可以随意编排。如被告人甲被认为收受了丙50万元，时间、地点、情节等可以由他说，若与丙讲的不一致，就通过后面的陈述加以补正。我在办理有关受贿犯罪的过程中，其中的一些受贿事实，就经常遇到这种情况。如甲确实利用职务上的便利为丙承揽工程方面提供了帮助，让丙获取了巨大利益，甲、丙两人均有陈述，在时间、地点、装钱的袋子、给钱的方式如放在车厢后面或者交给甲手上等情节，甲前后的陈述与丙的陈述之间存在矛盾，在审查起诉阶段两人均改变陈述否定以前所供的事实，称系受到威胁所致又没有其他证据证实。这种没有客观证据印证被告人甲、丙所称能否成立，仅靠两人的口供确实无法判断贿赂是否发生。倘若不严格实行疑罪从无，即使定了，也因难以出现新的证据而推翻。还有，国家工作人员乙在职务范围内为丁提供了帮助，丁为此获取了巨额利益，乙之弟庚亦在其中周旋，并收受了丁100万元。乙若知情，则要对弟庚收受丁100万元的行为负责，或单独构成受贿或与庚构成共同受贿；若不知情，庚则构成利用影响力受贿。而乙是否知情呢？往往只能靠乙、庚的口供，两人均曾称某天在乙的办公室庚将收受丁100万元的事情告诉了乙，后来两人均予以否认，称为刑讯诱供所致，但无证据证实，那么，就很难在客观上确定庚是告诉了乙还是没有告诉过乙。

此外，对于有客观证据印证的案件事实，如故意杀人，从理论上来说，没有实施过犯罪的人，对之单纯的刑讯逼供不可能形成与客观证据印证的口供。因为，犯罪嫌疑人若没有杀人作案，不可能知道有关现场以及在现场留下的物证等情况，所供必然与客观证据相矛盾。这时，往往伴随着指名问供即侦查人员将案件中获得的一些现场、证据等的情况，通过问话或者暗示的方式向犯罪嫌疑人透露，让犯罪嫌疑人顺着侦查人员的意思回答，对所供与现场勘查、尸体检验等收集的物证完全矛盾的地方，有的则不做记录，有的则让之加以解释，有的重大物证根本不予提供，后来的审查起诉阶段、审判阶段基于种种原因相信被告人口供而予以定案。

十一、"命案必破"之见

谭君：我记得您前面还谈到过"命案必破"的观念与冤假错案有关。"命案必破"不是应有的要求吗？不然，出现命案，不能破案，受害人的权利又怎么能够得到有效的保障呢？

贺小电："命案必破"，作为一种理想主义情怀，不仅不能非议，而且还应提倡。关键在于怎么确定它在刑事司法程序中的地位与作用。作为一种理想，作为一种宏观努力的方向，要求刑事司法人员平时认真学习，钻研案件发生所产生证据的特征、规律；在具体案件中，严格司法，努力发挥主观能动性；认真负责，全面仔细做好调查、收集、保管证据尤其是有关物证、书证、视听资料等客观证据资料，破获案件，将真正的凶手缉拿归案。然而，要是将之作为办理每个命案的具体要求，甚至作为刑事侦查人员的绩效考核标准，我认为则大为不当。

果如此，必会给侦查人员带来巨大的压力，尤其是领导在具体办案中的要求，有的还限时破案，基于官本位、功名观等的影响，此时有的侦查人员就要面临着选择：能破案得到领导的认同、赞许、立功受奖甚至为此升官晋级；或者不能破案，让领导说无能，遭人训斥，受人白眼，以及羞愧甚至无脸面对受害人的痛苦、要求等。如果说，领导信任将重大案件交给自己侦办，第1次破不了案，拿不下来还可能不会带来多大负作用的话，那么，第2次、第3次破不了案，面对犯罪嫌疑人没有办法，特别是因为各种客观条件缺乏甚至没有任何线索的情况下，只有先靠突破犯罪嫌疑人获取有关案件信息后再获取有关证据的信息如证人证言、有关物证等，而犯罪嫌疑人基于本能又不承认时，就可能将平时潜伏在内心角落并未体现的恶的丑陋的一面引发出来，一遇到犯罪嫌疑人尤其是已经将之拘留的犯罪嫌疑人，其不招供，则就可能采取各种各样的不法取证行为。以前，被刑事拘留的人可以不进看守所，而是置留在办案单位或者办案单位指定的地方，或者随时可以"提外审"，在没有任何监督制约的环境下，更容易将刑讯逼供等非法取证行为发挥到极致。拘留、逮捕后的犯罪嫌疑人要羁押在看守所，在看守所还有人说话，吃饭、睡觉均有保证，因为晚上不能提审嘛。还有，在看守所的讯问室讯问，一些明显的能使肉体遭受伤害的刑讯逼供也不可能，受伤了总会被人看见，就是一些软缓的难以让人看见如冷冻、热烤等刑讯逼供行为也难以施行。

当今，在司法实践中，有一种监视居住值得重视。监视居住，因要在犯罪嫌疑人的住处进行，从法律性质上讲，比拘留、逮捕羁押要轻。可法律又规定，犯罪嫌疑人没有住处的，可以在指定的场所监视居住。那么，犯罪嫌疑人在什么情况下可以认为没有住处呢？在工作或者生活的地方有住处，但在办案机关所在地可能没有，有的案件可以指定管辖，这样，是否可以理解为没有住处，法律没有明确规定。所以，一些特别案件便实行异地管辖，对犯罪嫌疑人便进行指定监视居住。那指定的地方在哪里呢？条件好的地方，有专门的办案地点；条件相对不好的，则在宾馆包几间房或者找一个地点，将之隔离，天天有人看守，吃喝拉撒以及讯问都在此地，这种做法与过去的置留、在看守所外的"提外审"又有什么区别呢？在此种环境下办案，无论是办案人员还是犯罪嫌疑人，都会面临巨大的压力，再加上突不破犯罪嫌疑人可能产生对自己工作业绩评价的不利后果等诸多因素的影响，人性中的一些恶的方面就会极为容易地表现出来。

十二、疑邻盗斧之念

谭君：您上面讲的"命案必破"等若成为具体案件的要求，会给办案人员带来压力，基于其他因素产生某种土壤时则会孵化出一些诸如非法取证的行为，能再解释一下原因吗？

贺小电：任何冤假错案，并不是某一单纯的原因就能造成，而是各种因素合成的结果。有的成为主要原因，有的成为最原始的原因，如刑讯逼供、指名问供等往往是冤假错案发生的最为根本的原始原因，但后面的审查起诉、审判的功能假使能够充分发挥，就有可能防止或者发现，至少可以大大减少冤假错案发生的数量。而某种原因的发生，不是一开始就会因为"命案必破"等自然而然或者必然发生。像案发现场有目击证人或者获取犯罪嫌疑人在被害人身上留下的重要物证，由此抓获犯罪嫌疑人的，就不会也没有必要采取非法取证的方法。有的案件，像在山区等人烟稀少的地方或者没有现场目击证人，重要物证又不存在的案件，在以动机等因素确定某人为犯罪嫌疑人并且采取拘留、逮捕等强制措施后，需要其口供才能获取其他证据，再寻找其他证据来反证有罪的情况下，就要求侦查人员、犯罪嫌疑人作出选择。

对侦查人员来说，他要突破不了犯罪嫌疑人，案件无法推进。可犯罪嫌疑人又不招怎么办，您讲会怎么办呢？至少可能会怎么办？上面已经讲过，就不说了。

另外，从心理上来说，人的想法、心态有时候确实难以捉摸，它会与之环绕在其周围的各种因素产生互动而变化。如一旦怀疑犯罪嫌疑人有罪，就可能将本来与之无关的因素与案件联系起来而觉得他有罪，从而不能理性地作出判断。有一则疑邻盗斧的寓言就讲，从前，有一个丢了斧子的人，怀疑是邻居家的儿子偷去了，便对邻居的儿子留神起来：看他走路的样子，像是偷斧子的；看他的脸色表情，也像是偷斧子的；听他的言谈话语，更像是偷斧子的；看他的举止神态，无一不像是偷斧子的。不久，丢斧子的人在翻动他的谷堆时找到了斧子，第二天见到邻居家的儿子时，觉得他的一言一行、一举一动，却没有一点像是偷斧子的了。这说明，主观成见，是认识客观真理的障碍。当人带着成见去观察、理解某一事物、现象时，必然歪曲客观事物的原貌与真相。侦查人员面对被怀疑的犯罪嫌疑人时，若是加上"命案必破"的压力，以及命案破获后立功受奖、加官晋爵等的不当功名观念，命案不破时可能遭受不当评价甚至调职的个人利益损害，被害人痛苦产生的不当要求、社会公众对重大案件的关注等因素，而案件又无其他客观证据，犯罪嫌疑人且不"配合"交代，不给点"颜色"难以得到所必须要求的口供时，面临的选择就可能是对犯罪嫌疑人施以手段，让之进行所谓的"招供"。

还有，"命案"及有些案件，因为证据灭失或者无法找到等客观方面的原因，无法破案，这也是一种不得不承认的客观事实。此时，实事求是，就不能要求必然要破。正所谓"巧妇难为无米之炊"！否则，违背案件事实的认识规律，霸蛮破案，就容易走向另一个极端，采取不当行为，产生冤假错案。

再加之，从实体上讲，案件事实的认定尽管与客观真相不符，可真正能够发现为冤假错案的，并不是一件易事。现在发生的冤案，主要是"被害人复活""真凶出现"，这种现象毕竟罕见。特别是，行贿受贿等这些本身很难有客观证据的案件，通常只有双方知情，案件事实认定后，很难有客观证据反证两人原来曾经供述过的入罪事实不能成立，从而几无翻案的可能，被证明为冤假错案的概率非常低；即使发现，也是经过多次研究，有的还经过审委会研究。另一方面，案件自案发调查、侦查、审查起诉再到一审、二审，经过数十人，追起责来也不容易，后果并不严重；而不破案、不定案，所承受的压力、面临的后果显而易见，比较起来，通过刑讯逼供等不法取证破案所获得的现实利益比起不破案、不定案的利益更大，诸多因素交织，一些不法行为便在个案中时常出现，冤假错案于是更易形成。

谭君：在犯罪嫌疑人到案后，您上面谈了侦查人员面对其的心理态度及其可能的选择，那犯罪嫌疑人会有什么心态及其选择呢？

贺小电：对犯罪嫌疑人来说，他没做为什么要承认呢？固然，在正常情况没有任何压力或者在压力能够承受的情况下，即使作了案，也不会如实交代，交代也可能避重就轻。但在刑讯使之肉体遭受的痛苦达到常人无法承受时，则不得不交代。现在是和平时代，人们安居乐业，平时并没有受过多大的磨难，承受痛苦的能力、意志与我们从电视、电影里看到战争时代的人们或者经受过特别训练的战士等承受苦难的能力不能同日而语，他哪能经受住肉体显性的打击或者隐性的冻饿呢？另外，年纪越大，意志就会越弱，承受痛苦的能力就会越差。我40岁以前在冬天里还能洗冷水澡，20多岁下雪时能在河里待上个把小时，可现在哪还敢在冬天洗冷水浴，就是在夏天还得用温水。还有，有的私营老板，被抓进去，外面公司业务都等着他作决定，在家族企业尚未转化为现代企业之前更是这样。若是不交代或者交代不是讯问人员所认为的，就不能放人，老板基于各方面的考虑也就可能"交代"。这也许正是许多贿赂犯罪，开始就将老板抓起来，交代就出来，不交代就继续待着的原因吧。当然，这也是案件侦破的无奈，像贿赂犯罪很难有客观证据，主要靠双方口供定案，不突破口供怎么办呢？有的受贿人，经常给我说，他的交代是办案人员如何如何威胁，如要将他女儿抓起来而被迫编出来的。我就说，单凭这点就可以否定自己以前作过的入罪供述吗？可以说，几乎不可能。因为，这构不成侦查人员足够让他交代不存在所谓案件事实的不法"威胁"获取口供的方法。他女儿没事，不应怕威胁，毕竟完全乱来将没事的人牵进来，还是少之又少，非常罕见。如果有事，那也不是威胁，而是一种条件，且也不能算利诱。还有，受贿人平时在外受人尊重，有的还高高在上，成为犯罪嫌疑人时，心理落差，现实环境，无疑是一个天上，一个地下。我说，他还想要办案人员对他态度很好吗？倘若很好，没有任何压力，他会交代吗？答案当然是不可能。所以，在通常人看来并不是什么威胁，但他在里面的感受就完全不一样，会形成巨大的压力。一旦交代，从单纯的逻辑上讲也讲不过去。他不讲，没有办法；要是讲了，工作、官位、名誉将丧失殆尽，后面要面临失去自由、财产等代价；假如没有，又没有根本让人承受不了的所谓威胁，能被司法人员接受吗？我看是难有可能。而是否能够接受，前面说过，在里面的人与在外面的人，心态、意志等已经完全不同，在外面信息完全封锁、得不到任何人交流帮助的情况下，更是如此。

还有，我经常听人说，犯罪嫌疑人被几天几夜连续审讯，不能睡觉，受不了，感觉比死还难受，受讯时昏昏沉沉。年轻时，我也有过两天两夜未合眼的经历，但那是在看电视、写东西等使自己感到快乐、没有压力的情况下，即使这样，之后也感到大脑好像不听使唤似的。曾经，与一个检察机关的领导朋友交流时，领导就说，一个人若能坚持3天3夜不睡觉，那这个人的意志力就非常强，要想突破他几乎不可能。有一个当事人涉嫌受贿，其女婿在公安系统工作，向我咨询。我说他若是涉案就主动交代，争取自首，不要幻想自己能顶住。他说他没事，就是有事也不可能怎样怎样。后来被"双规"，听说一进去当天晚上就全部交代了，可见人在里面与在外面的心态、所承受的压力及其选择，是完全不一样的。

此外，一旦犯罪嫌疑人涉案尤其是被羁押，还会给被害人或社会传导一个信息，他就是犯罪嫌疑人。这本来是一种正常的现象。然在有罪推定观念在人们心中还有广泛市场，加之一些诸如"他没做，公安怎么会抓他，又不抓别人"稀奇古怪没有任何科学根据的想法，在旁人看来，被抓的犯罪嫌疑人就是真正的凶手，要求严惩；社会基于"包青天"这一正义实体形象，对程序的公正正义远没经过法律职业训练的人有所意识，还有抓了之后又认为他不是犯罪人则要面临错案责任的追究，对被害人及社会也难以交代，有的还会引起被害人的极端行为。如"五周杀人"案中，法院合议庭、审判委员会经过讨论都认为证据不足而要宣告无罪，被害人就不这样认为，知道议定还没有宣判的结果后便在法院办公楼服毒自杀，以死相抗，结果导致案件结论来了一个180度的反转，不仅认定5人故意杀人罪成立，而且判处2人死缓、1人无期、2人15年有期徒刑的重刑。可以说，犯罪嫌疑人被抓后，不予突破，而将之释放，会面临着来自各方面的压力。俗话说："上山容易下山难。"在刑事司法实践中，完全可以说，"抓人容易放人难"。这也许是一些重大刑事案件尤其是出现命案的犯罪嫌疑人或者被告人常常被超期羁押的一个原因吧！

谭君：关于与冤假错案有关的主观观念，您还提到过不当的功名成就观念，是怎么回事呢？

贺小电：不当的功名成就观念，是针对刑事司法人员主要是侦查人员来说，由于这一观念与不当的考评制度及其运行相关，考评制度及其运行，今后再谈，这里只是简单谈谈不当的功名成就观念。不当的功名成就观念，乃是指一些刑事司法人员，基于案件破了特别是大案破了，自己的功绩就很大，就越能得到上级的肯定，而不顾案件证据等客观条件，一概主动地请命、保证或者内心发誓破案，不然便被降职调级等形成的不当观念及想法。这种观念，在适度的条件下鼓励自己努力发掘案件证据，寻找事实真相以破获案件，实现公平正义，值得肯定。然而，不管条件如何，一律志在必破，并带有某种成见，就可能引发内心的恶，由此采取各种手段甚至不择手段，获取所要的证据，比起外界压力来，更容易造成冤假错案，故需要引起高度重视。

谭君：关于冤假错案，您讲了那么多，这些观念及其影响有什么办法消除吗？

贺小电：从宏观的角度上讲，按照马克思主义的观点，随着生产力的高度充分发展，社会进入共产主义时，国家、法律等上层建筑都会消亡，与此相关的观念自然会随之烟消云散。但在此之前，有些观念还会存在，或多或少会产生一些不利影响。然而，这不意味着我们对其就没有任何办法，只要我们勇于面对，完善制度的同时严格制度的执行，在社会、在人们的心中普遍形成诚实信用的浩然正气，有关与法律相悖的观念、习惯及其影响自然而然就会慢慢减少直至消失。诚实信用，乃是一切法律得以切实实施的基石。否则，再好再完善的法律，怀着不诚信的恶意去理解、去执行，"上有政策，下有对策"，那么，法律也就无法真正发挥其将人们的行为予以规范、调整、控制在法律预先设定的法治轨道范围内的功能，无法达到其适用之目的。而诚实信用，包括对自己、对他人、对社会的善良，依法行事，对国家、对人民、对法律、对职业的忠诚信仰。唯如此，诚实信用在人们心中根深蒂固，在社会上形成普遍的观念、习惯，视不诚实信用为"过街老鼠"卑之鄙之，"人人喊打"，才能真正形成法律严格实行的根基。上述有关的与冤假错案的不当观念，可以说是对法律、对职业不忠诚的非诚实信用观念，就没有立足之地，久而久之，久而习之，自然会减少甚至消失。然这非一朝一夕之功，需要从小培养，对违法犯罪等不诚实信用行为予以严格否定，让之付出必要沉痛的教训代价，同时社会普遍认同并努力践行诚实信用，经过一二十年甚至更长的时间，一代两代甚至多代的努力，久久为功，必然会有所成就！当然，希望这一天早日到来！

十三、权利意识淡薄与迁移

谭君：就社会观念方面，您认为与造成冤假错案有关的主要有哪些呢？

贺小电：与冤假错案形成有关的社会观念及因素，可以说多种多样，除官本位因素外，我想还得谈谈权利意识淡薄及包青天情结这两个方面。

权利意识淡薄，只是相对的。随着法治观念的日益深入人心，人们的权利意识较之过去已经大大增强，可在公务员系统中，无论是领导干部还是普通公务人员，都对自己依法享有或者下级享有的权利冷漠待之。

——如所有劳动者都享有的加班应当依法获取加班工资报酬的权利，在很多国家机关及其工作人员那里就根本得不到执行。国家机关工作人员，与国家机关之间虽不属于劳动合同关系，然从广义上来说，仍属于劳动者，其在工作时间之外的加班加点乃属8小时之外的范畴，理应得到应有的报酬，而不能以国家机关工作人员为国家工作、为人民服务为由不应计较报酬得失的道德甚至高尚的道德标准来要求，毕竟大多数国家机关工作人员不过是一个普通劳动者而已，自己、家人都需要报酬维持生计、改善生活。而国家机关工作人员的工资报酬，也不高，有的经济不发达财政困难的地方，甚至连工资都发不出，拖欠、少发的现象不时可见。可以说，这也是一些国家机关工作人员通常吃拿卡要谋取灰色乃至不法利益的基本原因。可他们，被领导随意叫去加班加点，却根本不敢提报酬的事。要是提了，就是思想境界不高，觉悟不够，轻则遭受批评，重则影响前程。就法院而言，特别是经济发达的城区法院，法官一年承办的案件动不动就是数百件，而这些案件的程序都不可缺少，看卷、开庭、写文书，疑难复杂的还要写审理报告、汇报，以及参加他人所承办案件的合议，还不时得参加庭里、院里等各种各样的会议，应付各种检查、评查、考核等。试想，1年就251个工作日，除去应当获得的公休假、参加会议不能从事审判工作的时间，恐怕就是220天左右。1天要审理完1个或者多个案件，就是从开庭到文书完成，都是难以想象的。为此，第一线的法官双休日及工作日晚上加班乃为常态。对此，领导只要求尽快结案，至于法官怎么能够完成案件，是否需要加班，加班又怎么加以证明，又怎么计算加班工资，则很少会加以考虑；法官作为下级往往不想或者虽想也不敢提出。尤其是，有些领导，喜欢开会，让下级听其下命令、作指示，或者听下级吹捧讲好话，有的还在晚上乃至晚上10点之后召集会议或者叫来下级训话，我想除像抗击新冠病毒等极少数这样的大事外，又有几件必在晚上处理而过不得夜的呢？这无非是，一些上级没有把下级应当在休息的时间休息的权利放在眼里而已；而作为下级也唯领导要求是从，哪有敢想休息时间不怕耽误前程而不接受领导召唤的道理？这种应得的权利不想得、不敢得、不能得的想法，我认为，就属于对自己权利淡漠的表现。

——我们知道，人格是人的一项重要的精神上的权利，此次《民法典》单列人格权编对人的人格权作了明确的规范。然一些领导并未将下级的人格放在眼里，平时颐指气使，不以平等态度待人；作风粗暴，动辄破口骂人。遇到下级工作没做好，不是善意批评，而是大发雷霆，甚至当众甩东西、丢案卷。有的还想出新招，听说某高院领导，新官上任，在正月初八第一天上班，就让一些地区存在某些问题的中院领导在高院会议上检讨，让人丢尽脸面。这种对下级的态度，之所以能够行得通，下级也不敢不从，本质上仍属于官僚主义，以"官本位"意识在后面作支撑，从法律上来说，是对下级权利乃至自身权利的漠视。

——听说，有段时间一些国家机关工作人员的办公室，摆放花草不能超过多少盆，不能有与工作无关的如小说、散文等书籍，当时深感惊讶。没有多久，就震惊地看到常德市津市教育局和2所学校的办公室被突击检查并被通报的事情。津市《市纪委突击检查教育局办公用房》的通报显示："（1）检查刘学斌副局长办公室，发现其抽屉内有两包烟、文件柜内有小说等与工作无关的书籍。（2）检查关平督学的办公室，其文件柜内有红枣等养生食品，检查曾令秋督学的办公室发现抽屉内有吃酒的回礼盒。（3）检查蒋勇林局长的办公室，有一些散文、小说、时事等与工作无关的书籍。（4）检查刘明华副局长的办公室，有小说以及吃酒的回礼盒。（5）检查局办公室，发现有与工作无关的书籍……"这种没有任何法律根据的随意近乎搜查式的突击检查，显然没有将国家工作人员的人格尊严放在眼里，是对下级（还不是直接下级）权利的严重漠视。

——批评与自我批评，理论与实际相结合、与人民群众紧密地联系在一起，作为我党的三大优良作风，是我党和其他政党相区别的显著标志。《宪法》亦明确规定，对于任何国家机关和国家工作人员提出批评和建议，乃是公民一项基本权利。然而，在实践中，常常只见上级批评下级，有的甚至不分地点、场合、方式随意进行批评，下级只有竖耳直听，不敢有任何辩解，更不能加以顶撞，有的甚至"战战兢兢，如临深渊，如履薄冰"。下级批评上级的，可以说，极为罕见，最多只能在背后发发牢骚怨气而已。这种现象之所以出现，乃是国家工作人员尤其是下级对上级国家机关及其工作人员批评的权利，根本得不到重视，乃至加以漠视。不仅如此，一些上级喜欢歌功颂德式的赞扬，根本听不得批评意见，轻则压制，重则打击报复。

如此等等，在某些国家机关包括司法机关中，一些国家工作人员对自己的权利都加以漠视，可想而知，要之在刑事司法程序中，对犯罪嫌疑人、被告人的权利人予以充分尊重，彻底加以落实，我想并非易事。尤其是在有罪推定、出于压力等各种因素的复加下，犯罪嫌疑人、被告人的诉讼权利特别是辩护权，得不到应有的重视，在一些司法人员看来也就极为正常。相应地，冤假错案便在这种自觉不自觉漠视被告人及其辩护人的辩护权利、听不进无罪辩解的过程中发生，也不足为奇。

十四、包青天情结与程序正义

谭君：关于与冤假错案相关的社会观念，您还提到过包青天情结。对此，您能说明一下为什么吗？

贺小电：包青天，其名包拯，北宋名臣。因之立朝刚毅，廉洁公正，不附权贵，刚正不阿，执法如山，铁面无私，英明果断，敢于替百姓申不平，故在当时京师有"关节不到，有阎罗包老"之语。后世将他奉为神明，认为他是奎星转世，由于民间传其黑面形象，故称为"包青天"，诸多关于其明察秋毫、屡破奇案、不畏权贵、伸张正义的影视形象，将之视为"公平""正义"的化身。因此，一个官员尤其是主管司法的官员，遇有受害者无法伸张冤屈时，能像"包青天"那样为之主持正义，乃是其职责所在。于是，对于一些命案，尤其是在某段时间内系列同类案件不断发生时，公众往往会渴望有"包青天"式的官员出现；百姓遇有不平之事，如亲人遭受伤害，自然也希望有"包青天"式的官员秉公司法，在认为案件有人干预不能得到公正处理的时候，更是如此。一些案件，当亲人被害后，凶手能够伏法，便跪而拜谢；在案件没有处理前，跪求法官能让被告人伏法。这些在某种程度上都是"包青天"意识在刑事司法实践活动中的折射。毫无疑问，这本身没有什么问题。然"官本位"意识还广泛存在于官场，有罪推定、疑罪从有从轻等还有一定市场，加之其他种种因素，上级的批示、被害人乃至社会舆论都认定为被告人就是"凶手"的情况下，就可能会给具体办理案件的司法人员造成压力。案件要是能够收集到确实充分的证据，自不存在什么问题。可在因为各种各样的原因无法收集到确实充分证据而致证据存疑时，特别是侦查机关已经侦查结案，检察机关审查认为乃为被告人所为而提起公诉，要法院一家面对社会各界的所有压力，坚持疑罪从无而宣告无罪，确实勉为其难。正因为如此，在安徽"5周故意杀人"案中，案件一审承办法官、合议庭、审委会都一致认为案件证据不足，而应宣告5被告人无罪，结果却因听到消息的被害人父亲在法院自杀身亡这一偶发事件来了一个180度的逆转，一审为此以故意杀人罪判处2名被告人死缓、1人无期徒刑、2人有期徒刑15年。"5周"上诉后，二审发回重审，重审一审尽管再有"宣告无罪"的声音，不过只是一种司法人员"摆脱责任"的做法，结果仍是维持原来一审的结论，"5周"再次上诉后，二审仍维持原判。

其实，"包青天"的公平、正义，乃仅是一种实体上的公平、正义，而不包括程序上的公平、正义。在封建"纠问式"的刑事诉讼模式中，也不可能包括程序上的公平、正义。但现代刑事诉讼制度，尤其是在一个法治日益全面、成熟的社会中，不仅要追求实体上的公平与正义，而且还应追求程序上的公平与正义。程序上的公平与正义虽然基于形式上的诉讼程序，可它乃是实现刑法这一内容上的实体公平与正义的前提与基础。前者的公平与正义，虽为形式的，但为显性的，能为人们所亲见；后者的公平与正义，为所追求的最终内容，可有时候是隐性的，并不为人们所目睹，只有司法人员根据司法规律才能加以认定。对于证据不足的案件，实行疑罪从无，乃是程序上的公平与正义，尽管可能不能实现实体上的公平与正义，但在一旦冤枉无辜的情况下，不仅不能实现实体上的公平与正义，致使真凶伏法，而且还借国家权力及其诉讼程序冤枉好人，更为法不容。事实上，近几年来，已经发现的冤假错案，大多就是证据不足不能坚持疑罪从无原则等程序上的公平与正义所致。

第二章

产生冤假错案的客观因素

一、司法行政化的功与过

谭君：前面，您谈了有罪推定、疑罪从轻等观念对冤假错案的形成有着这样或那样的影响，那么，我们现在的刑事司法体制及其运行，为什么未能杜绝这些观念的影响，从而有效防止冤假错案的形成呢？

贺小电：一种观念的形成并被认同，是长期的，不是一瞬间就可以消除的，其影响还有着一定的惯性，在一定的条件下更会恣意于具体的刑事司法程序中，并造成某些不当的司法行为出现，以致产生冤假错案。我们的司法体制，包括刑事司法体制，无论是从其设置上讲还是其运行方面来说，具有浓厚的行政色彩。这种行政化体制及其运行，虽广为理论界所诟病，然在目前的司法实际情况下，如司法人员的数量多，司法人员从业门槛不高，法官的晋升及去留没有特别的限制与保障，司法人员寻租的现象还时有发生，法治环境尚不完善等情况下，通过层层把关，层层制约，对于防止冤假错案的形成，有着其积极的一面。但也应看到，这种体制的缺点基于官本位、民主集中制中的"集中"的异化等各方面的影响也会体现出来。这时不仅不能发挥其防范冤假错案形成的作用，反而还易走向另一个极端，以致酿成冤假错案。如赵作海杀邻案经过公检法"三长"研讨认为符合起诉条件后，法院对之定罪就基本成为必然。还有，过去普遍存在的对于一些公检法3家有争议的重大疑难案件尤其是证据存在问题的疑难案件，常常组织协调，就是这种行政化司法体制及其运作容易由此产生错案的一面。不少发现的冤假错案，如湖北荆门的佘祥林杀妻案，辽宁营口的李化伟杀妻案，内蒙古包头的王本余强奸杀人案，四川宜宾的李杰、何军等4人故意杀人案，黑龙江肇东的隋洪建、任树君等4人故意杀人案，河南鹿邑的胥敬祥抢劫、盗窃案等冤假错案，背后都有政法委组织公检法3家协调案件的影子。然而，这还只是司法行政体制及其运作表现的一个方面，其他诸如领导批示，一些案件由上级人民检察院、法院协调平衡，或者向上级人民检察院、人民法院汇报请示，等等，自然都有着或强或弱的行政化色彩。

谭君：那么，司法体制特别是刑事司法体制的行政化表现在哪些方面呢？

贺小电：司法体制的行政化表现方面，从设置上来说，有单纯的司法机关与非单纯的司法机关之别。前者，只承担着单纯的司法职能。换句话说，它的职能唯一，只具有司法职能，具体包括人民检察院和人民法院。后者，其主要职能则并非司法职能，而是承担监察职能、行政职能或者军事职能，同时又承担部分刑事司法职能性质的侦查、调查职能。

监察委员会（监察机关），作为行使国家监察职能的专门机关，依法具有监察权，其中具有对职务犯罪进行调查的这一职权在本质上属于司法性质的调查权。

公安机关，作为国家行使公共安全职权和履行公共安全职责的具有武装性质的国家机关，属于人民政府的重要组成部分，系国家行政机关，同时担负着除国家安全、职务犯罪等应由其他国家机关依法行使调查权、侦查权的其他所有刑事案件的侦查职责，具有司法侦查职能，被认为属于国家的司法机关。

国家安全机关，指行使国家安全职能的具有武装性质的国家机关，系人民政府的组成部分，为国家行政机关，在担负反间谍、政治保卫、国家安全维护职责的同时，对危害国家安全的刑事犯罪具有侦查权，从而具有一定的司法职能。

海关，作为国家进出关境的行政监督管理机关，在对外开放的口岸和海关监管业务集中的地方设立，统一由国务院设立的海关总署管理，依法独立行使职权，向海关总署负责。海关总署设立海关侦查走私犯罪公安机构，海关侦查走私犯罪公安机构设立分支机构，对走私犯罪行使侦查这一具有司法性质的职能。

中国海警局，是对我国海域实行维权执法、监督管理使用、海洋环境保护职能的国家行政机构，对我国海域发生的刑事案件行使侦查权。

监狱是国家设立对生效裁判确定有罪，被判处有期、无期、死缓的罪犯执行刑罚、进行改造的国家机关，除秦城监狱直接隶属于公安部外，其他监狱的直接主管部门为司法部或者所在各省、自治区、直辖市设立的监狱管理局，后者又由司法行政部门管理，依法对罪犯在监狱内犯罪的案件进行侦查。

国家军事机关中的军队保卫部门，依法对军队内部发生的刑事案件具有侦查权；

其中设立的军事检察院、军事法院，则具有检察权、审判权的司法职能。

上述的公安机关、国家安全机关、海关、中国海警局、监狱作为国家行政机关，它及其内设机构的设置，以及人员的编制、职责、管理具有行政性，毫无疑问。尽管公安机关中行使侦查职能的机构有的称之为刑侦（经侦、缉毒等）中队、大队、支队、总队等，也不影响其行政性质，在行使侦查职能对刑事案件进行侦查事务的处理时，与其他行政事务的处理没有多大实质区别。

人民检察院、人民法院作为单纯的司法机构，除军事检察院、军事法院外，检察院检察长、法院院长由同级人民代表大会选举产生，在行政上的级别相当于同级政府的副职。其他工作人员，包括检察官、法官，如副检察长、处（部）长、室主任、检察官及副院长、庭（局）长、室主任、法官等都有行政编制，级别上相当于正副部长、正副厅（局）长、正副（厅）局级、正副处长、正副处级、正副主任科员，等等。在编制及其行政级别方面，与行政机关没有本质区别。在任命方式上，除检察员、审判员这一专业职务需要由检察长、法院院长提名由同级人大常委会任命外，在行政级别的确定上，与其他行政机关亦无区别。一定行政级别如处级、厅级则分别列为地市、省管干部等，享受有关级别的待遇等。

谭君： 就司法体制运行方面而言，您也谈到具有浓重的行政化色彩，主要指的是哪些情况呢？

贺小电： 司法体制尤其是刑事司法体制的运行方面，就侦查职能的行使来说，除军队保卫部门对军队内部发生的刑事案件进行侦查，监察机关对职务犯罪的调查，检察机关对诉讼活动实行法律监督中发现的司法工作人员利用职权实施的有关犯罪等进行侦查的外，其他均由公安机关、国家安全机关、海关、中国海警局、监狱等行政机关进行侦查。这些行政机关行使侦查权时，基于内设机构的职务、级别的设置加上整个机关行政运行的习惯，侦查过程及其结论的作出，具有行政色彩乃无法避免。监察机关的调查、检察机关的侦查，同样如此。

公诉（审查起诉）职能、审判职能的行使，也是按照内设的行政机构，层层审批，根据案件的不同性质、影响大小等因素，主诉检察官、处（部）长、主管副检察长、检察长批准或者同意，或者经检察委员会、审判委员会讨论决定。人民法院在审判案件的过程中，先由承办人看卷、合议庭开庭合议，再通过副庭长、庭长、协管审委会专职委员、主管副院长、院长审查同意，审委会讨论决定等。在此过程中，决定审判结果的按照法律规定只有独任审判员、合议庭、审委会，正副庭长、正副院长都不能直接否定独任审判员、合议庭的结论。在具体操作中，正副庭长、正副院长如对独任审判员、合议庭的结论有不同看法，则在提出自己看法的同时，要求独任审判员重新考虑，合议庭重新评议。此种情况，基于官本位等传统观念及其习惯的影响，除非独任审判员、合议庭成员快退休等特别因素会坚持自己原来的意见外，绝大多数都会按照领导的要求意图重新考虑或者进行复议，尤其是一些为社会关注、具有相当敏感性、按照程序进行平衡协调等的案件，更是如此。这样，与行政机关在决定案件最终结果上，法律规定方面虽然具有一定区别，可在具体运行方面基于某些因素而实际又回到了由正副庭长、正副院长决定的行政化色彩的老路上。至于需要审委会讨论的案件，审委会人数众多，可谙熟刑事审判、民事审判及行政审判所需要的知识、裁判规则的委员并不多，通常都由某类型案件的承办人员、合议庭、正副庭长、正副院长的意见为准。有时候，审委会一天讨论数个甚或数十个案件，要想案件讨论得很深入，一般也不可能。倘若院长平时作风霸道、工作实行一言堂，其意见更会左右着审委会的结论。所以，审委会在一定的时候，其行政化的弊端亦会显现，合议制度、审委会设置的目的及其功能乃就无法至少是无法彻底地实现与发挥，依旧在按照行政化的模式进行运作。

另外，对于一些案件，如涉及一定领导级别的职务犯罪要由上级法院予以平衡；一定时期内的涉黑涉恶案件、危害国家安全案件等重大敏感案件要统一请示。政法委对具体案件的协调，也是案件行政化方式的另外一种体现与反映。

谭君：行政化司法体制及其行政化色彩较浓的运行模式，在案件处理的过程中，主要有些什么问题？

贺小电：行政化体制及其司法运行方式，其主要问题具体表现在程序与实体两个方面。程序方面，像回避制度在有关案件中无法贯彻到底，如侦查人员、检察人员、审判人员及其书记员都要依法回避。而按行政化模式运行，并没有参与直接审理的独任审判员、合议庭成员外的正副庭长、审委会专职委员、正副院长以及审委会成员，就难以或者无法落实回避制度。行政机关的侦查工作，检察机关的侦查、公诉职能的行使，也是这样。另外，人民法院审判案件，"审者不判，判者不审"这一长期困扰并为理论界一直批评的做法，在一些特殊案件中，很难改变。在一些案件较少或者行政化更为浓厚的基层法院，尤其如此。还有，案件由上级法院平衡协调、请示汇报制度，实际使得一审、二审合二为一，二审制度在这种经过平衡协调、请示汇报过的案件中已没有其存在的实质意义，等等。

谭君：除了上面程序上的问题外，行政化运行方式在实体上又有什么表现呢？

贺小电：在实体上，我一开始就讲了，在一些极端的背景下，基于官本位、民主集中制异化为"一言堂"等因素的合力作用，层层把关的功能丧失并走向反面而造成冤假错案的发生，这也是行政化运行模式最大的弊端，发生的冤假错案也说明了这一点。

谭君：既然行政化司法体制及其运行模式，具有您上面所讲的各种各样的弊端，为什么会有其生命力而继续存在呢？

贺小电：一种体制的形成既有着历史的原因，又有着现实的基础，否则就不可能具有生命力。我国的司法体制虽然具有浓厚的行政化色彩，也具有上面所讲的这样或那样的弊端，但也有着自身的优势。

首先，相对于外国刑事司法体制来说，具有惩治犯罪效率较高的特点。我国现阶段犯罪率还较高，一些犯罪如带有黑恶性质的犯罪、国家工作人员的贪污贿赂犯罪等，广大民众深恶痛绝，严厉惩治犯罪更是人们心中的普遍希求，相对于人权保障、程序公平正义等价值，实现实体的公平正义更能为人民群众所接受。

其次，层层审批把关的行政化模式，在现实司法活动中，也有着防止冤假错案发生、统一法律适用保障案件质量的积极一面。在我国，法官队伍庞大，而法律适用于具体案件中，乃是法官经过主观认识后转化的法律，每个法官对于法律的理解不尽相同。正因为这样，经常出现同案不同判的现象，在同一法院都有这种现象发生。如此，通过层层审批，由少数领导把关，无疑有利于法律适用的相对统一与平衡，从某种意义上讲还有利于监督。

另外，一个客观的事实是，庭长、院长等领导相对来说，上进心较强，水平也较高，除非某些特别的情况，也确能在实体上起到把关作用，这也是我国刑事案件结案数量庞大，但真正发现为冤假错案的比率并不高的原因。

最后，以前，我国法官的入职门槛并不高，通过公务员考试就可以当法官，而这些人工资低，不少人家里并不富裕甚至还穷，要在城市买房，成家生子确实是一件不易的事。倘若长期面临较大的经济压力，有的便会铤而走险。我就经历过这样的事情，年轻法官介绍案件，希望得到介绍费；一个反贪局副局长给我介绍案件，并在案件中留"案眼"即漏洞，可以利于辩护，我当然拒绝。还有的，当法官不久就有这样或那样的不当行为，但随着地位的上升，为了上进，反而一改过去的某些寻租做法。从这个角度来看，层层把关审批的做法，也对一些违法违纪的行为有着一定的防范作用。当然，我不是说年轻人就容易寻租，而领导就不会寻租。领导级别越高，官位越大，地位越高，一般情况下小租他不会去寻，可寻起租来就是大租，危害性更大，这又是这种行政化运行的另一弊端。任何体制都有其利弊，在分析之利弊时，不能一律肯定，也不能一律否定。既然这种运行模式能够存在，在一定时间内就有其存在的合理性，就要承认其合理性，发挥其合理性的一面，而否定其非合理性的一面。

二、司法行政化之解

谭君：多年来，我国一直在进行司法改革，从领导体制、机构设置、物资经费供应到人员调配流动等方面，都在不断完善。其中，行政化运行模式方面，有些什么变化呢?

贺小电：行政化运行模式，除内部纵向的行政化运行外，还包括横向的运行，如行政干预、领导对具体案件如何办理的要求等。行政干预，当下还无法彻底根除，只能尽量减少防范外。但是，物资经费供给方面的改革，非常彻底。过去，法院、检察院工作人员的工资、办公经费都由同级政府供给，经济发达的地区没有问题；经济不发达、财政困难的地方，检察院、法院工作人员的工资、办案经费无法保障，政府财政只提供一部分，缺口部分由检察院、法院自己想办法解决。检察院、法院又不是生产经营单位，如何解决，只有"靠山吃山，靠水吃水"，即在案件上想办法。刑事案件就是强调追缴赃款赃物，公检法机关按照一定比例获取。对于罚金、财产刑，当事人或者亲属主动交过来或者交得多些，在自由刑方面自然会从宽些，从而就被打上"花钱买刑"的烙印。由于基本经费、物资装备有赖于政府供给，也易受到当地一些领导的干预。现在，检察院、法院的物资经费供应改革后统一由省级政府保障，检察院、法院不再为物资经费供应发愁，希望当事人主动并多缴纳"罚金"以换取被告人较轻处理的现象就自然消失，即使存在当地领导干预，检察院、法院抗压的能力亦不断增强，无疑有利于案件的公平公正处理。另外，检察官、法官员额制改革，控制检察官、法官数量，推动领导层层审批的行政化方式向亲自承办案件、参加开庭，强调司法的亲历性，通过检察官、法官遴选制度遴选法官、检察官等诸多改革措施，方向无疑是正确的，有利于克服行政化模式的缺陷，有利于保障人民检察院、人民法院依法独立行使检察权、审判权。

谭君： 现在进行的诸如检察官、法官员额制，法官遴选制改革，您认为对减少行政化模式的负面影响，效果如何？

贺小电： 这种改革，刚才说过，方向是对的，对于推动领导办案、亲审也有一定效果。以前从来没有看到过的院长担任审判长审理案件、检察长出庭公诉，现在则常见于电视、报纸、网络等媒体。各级法院，正副庭长、主管院长都有一定的办案数量要求，正副庭长、正副院长层层审批的案件范围不断缩小，固然是对层层审批以及"审者不判，判者不审"的行政化审判模式一定程度上的否定。当然，也应看到，我国现行的司法体制是经过数十年逐步形成的，有着自身的特色，在运行方面具有惯性，尽管存在行政化运行模式等缺陷，尤其是几年来发现的冤假错案凸现其弊端而具有改革的现实性、必要性，然这涉及司法体制的运行，不能一下全部推倒重来，改革完善必须循序渐进，并适应我国的经济水平、文化水平、科技水平、人员素质水平、社会发展水平，而不能不切实际，缺乏操作性。不能只看到西方法治的文明，看不到中国社会的现状，不能离开中国的传统和国情谈中国的司法体制，不能看人家有什么，咱就引进移植什么，人家没有什么，咱就批评甚至取消什么。这种脱离中国国情和社会主义制度，照搬照抄国外司法模式的主张，在实践中是极其有害的。司法体制改革必须从中国的社会主义制度和国情出发，立足于中国的司法实践，立足于改革和完善中国特色的司法制度，探索司法工作发展的规律，走出一条符合中国国情的司法体制改革的渐进变革之路。

而且，任何一种改革，都涉及相关利益者的重大调整，加上检察官、法官员额制等改革，有的尚属首次，完全基于顶层设计，有的存在不彻底现象乃属自然。

还有，此次改革，由于员额的限制，而领导乃是资源的分配者，故除政治部主任、纪检组长等明确不能入额的外，一般都要入额，这样，就占了大部分指标；而领导以前一般没有办案，便造成了办案的入额法官大量减少，特别是城市案多法官少的矛盾更为突出，甚至出现一人一年办案数以百计的现象。这种现象，也不是问题，关键在于法官助理、书记员的配备及其职责不明确，功能未能发挥。有的法院，甚至不让法官助理阅卷办案，一些法官助理从原来的助理审判员可以办案一下变成不能办案也不适应，尤其是一些年纪较大的法官更是如此。加之，法官助理的管理，法官对之没有管理权，即使配备也不按法官的要求从事有关工作，有的法官本身水平有限，而法官助理水平高的现象更是这样。如此一来，一些没有入额的助理审判员特别是年轻法官，辞职的或者想辞职的比原来大大增加。书记员数量则严重不足，而且一般是临时招聘，将一项本来属于司法工作的一部分，并有可能涉及一些国家秘密的工作让临时工作人员实施极不严肃。由于临时性，工作责任心自然有限，如案卷材料不齐全、合议笔录不让成员及时签字等现象时有发生。有的法官，出于各种因素，为此不仅要审案，而且要承担法官助理、书记员所应负责的工作，如装订案卷、给领导报送案卷材料等，致使工作效率遭受影响。

不过，这只是员额制改革过渡过程中的现象，只要注意且引起重视并不难解决。至于员额制且领导入额的比较多造成案多办案人员少的现象，一定要充分发挥法官助理、书记员的作用，也可以让原来属于审判员的法官审理案件，做好过渡。然检察官、法官员额制，严格控制检察官、法官数量的原则不能改变。检察官、法官因为退休等原因出现缺额时才能替补，这样经过一段时间，由法官助理成长起来的法官，不会像原来的正副庭长、主管院长那样办案经验少甚至不办案。久而久之，入额检察官、法官办案就会成为常态。再到一定的时候，不再保留正副庭长甚至主管副院长的职位，行政化运行模式在内部就不再有存在的空间。如此，一项制度的改革，特别是像司法运行制度的改革，不可能"毕其功于一役"，是需要时间不断扩大完善其符合改革趋势的一面，同时日益缩小挤压不符合改革趋势的另一面。

再有，严格检察官、法官的员额，待缺员时予以替补，由于现任法官一般年纪较大，替补上来的法官年纪相对较大，不像过去那样，年纪轻轻二三十岁就可以当检察官、法官，等到由法官助理升为法官时，也接近四十岁了，从而对检察权威、审判权威的树立，也有一定好处。在我国，历来就有"我过的桥比你走的路还多""我吃的盐比你吃过的饭还多"等俗话，说的就是年纪就代表着阅历、代表着经验，乡村及其家族之所以由年纪大而公平的"村老""族老"处理村民之间的纠纷，定息止纷，自有其道理。国外的法官，除经过严格的考试，尚需要有律师、大学教授等职业的磨炼，到当法官时往往已经年岁不小，我想也是出于同一道理。

谭君：刚才，您谈到现有的检察官、法官员额制、遴选制等有关司法制度方面的改革，其目标就是朝着司法及其运行去行政化方式进行，以保障检察院、法院独立行使检察权、审判权，目前也取得了较好的效果。但由于过去司法体制及其运行的惯性等各方面的影响，不可能"毕其功于一役"，即司法体制及其运行模式的行政化尚未能完全根除，这方面有什么表现吗？

贺小电：司法及其运行的行政化运作，已经经过了几十年，不可能一喊去行政化就可以完全彻底去掉所有行政化的。从体制上来说，司法人员的正副庭（处）长、正副检察长、院长等与行政机关的级别相对应，其行政化的运行模式就很难消亡。司法包括刑事司法的行政化主要表现在独任审判员、合议庭所提出的处理意见还需正副庭长、正副院长的层层审批，而这种审批的权力来源就是独任审判员与合议庭成员的行政级别比正副庭长、正副院长要低，否则就不可能要前者听后者的。这样，只要法律还保留法官、正副庭长、主管副院长等的行政职位、级别，层层审批的行政化办案方式就不可能完全取消。然而，如前所述，基于目前我国的司法现状及其环境，现有的司法体制及其行政化运行模式还自有其存在的价值，只能通过检察官、法官员额制、遴选制改革慢慢逐渐地缩小挤压其空间，待条件成熟时，再完全彻底取消检察官、法官的行政级别，纵向的行政化司法模式自然就会消失。另外，一些社会广为关注的案件、危害国家安全案件、重特大刑事案件，或具有政治敏感性的案件，等等，真正让合议庭来独立处理也难以承受相应的压力。另外，判处极刑的案件，事关人命，亦需要严控平衡，为此，适度的请示平衡制度，在一定时期内难以消除。从横向上看，基于行政化的体制，政法委不具体协调平衡制度设置已经提了出来，但在一些经济不那么发达，观念比较落后的地区，有的性格比较强势的领导还主持协调平衡具体案件的现象依旧存在。目前，基于反腐形势还较为严峻的现实，重大贿赂案件横向平衡制度的存在，在一定时期内恐难有所改变。这些做法，是司法体制及其运行行政化尚未能彻底否定的一面，有待于在今后的司法改革中加以修正完善。

三、违法取证之患

谭君：上面您谈到了司法体制及运行的行政化在特定条件下会成为产生冤假错案

的原因，那么，在具体的刑事司法过程中，产生冤假错案的客观因素主要有哪些呢？

贺小电：从具体的刑事司法过程，也就是具体的司法行为来讲，造成或者未能有效防范冤假错案产生的原因各种各样，然从主要方面来讲，包括侦查、公诉、审判3个环节，下面就这3个环节具体谈谈。

从调查、侦查环节来讲，造成冤假错案的最为根本的客观因素，乃为违法取证，特别是违法获取被告人口供等言词证据，不重视物证、书证等客观证据的收集。非法取证，最被广为关注的乃是刑讯逼供，犯罪嫌疑人在无法忍受的情况下不得不说。可没有实施犯罪行为，又怎么说呢？只有编。如受贿案件，送钱人确实找过某国家工作人员办事，那收钱的事，无非是在办公室、家里、宾馆、车库等地方，说一常见的地方，一般是家里或办公室等。要是已经先找送钱人谈过话，送钱人先讲了，收钱人讲的不对，则就可以提示要他再想，或者暗示，这种情节说假并不难。若收钱人先讲，找送钱人（通常已被作为犯罪嫌疑人控制）问话，也是一样。这样，两边交代，大致吻合，通常情况下很难知道是否是真的。讲的出入假如比较大，则通过下次讯问进行修正等。法官审起案件来，也是收钱人一直称收了，至于地点、过程等因时间久远不可能记得完全清楚，可以解释得通。要是有客观证据，如被害者尸体衣着、凶器等，则可以通过指名问供的方式等形成。有的甚至将有关材料让对方看或者按照自己思路整理对方的回答。事实上，案件笔录的内容，也不可能完全是被讯问人所讲的，被告人讲什么就记什么，记录者很难有这种水平。随着科学技术的进步，实行录音录像等音像记录，能够反映讯问的整个过程，但效率又会存在问题。如讯问一次数小时，通过音像笔录看之前交代的情况，就得看数小时，这又是另外方面的问题。

谭君：对于犯罪嫌疑人、被调查人员的讯问，按照法律或者有关司法解释的规定，不都要求全程录音录像吗？这样，调查人员或者侦查人员，还能够以不当甚至非法方式讯问获取口供吗？

贺小电：法律或者有关司法解释的规定，只是一种制度性的设计与规范。但这种规定能否得到执行乃至有效的执行，则是另一回事，"徒法不能自行"啊！任何法律或者司法解释，都需要人去执行，执行人若不带着忠诚于法律的信仰诚实地执行法律，总有办法变通。有一次，听到一位法官谈起一个运输毒品案件，真是感觉不可思议。乙在宾馆门口看见开车的朋友甲要求送自己一程，甲让乙上车，不想乙携带着毒品，两人被抓后，口供笔录均称甲知道乙身上带着毒品。经过审查起诉、一审，甲都加以否认，并称不信可以查录像。然而，没人相信，一审还是判处甲有期徒刑12年。二审中，辩护律师看完审讯录像确证后要求法官审查一下录像。经过审查，律师所称果然属实，于是发回重审，才避免了一起冤案的发生。可见，有些人就有这么胆大妄为。冤案避免了，但没有任何人得到追究。这样，有关违法行为没有任何法律后果，难以防止诸如此类行为的再次发生。如上所述，按照司法解释，只有可能被判处无期徒刑或者死刑等重大案件，讯问才一定全程录音录像，这就意味着并不是所有的案件都会录音录像。而在此之前，尚没有录音录像，被发现的冤假错案也都是过去没有录音录像的时候发生的。还有，即使存在录音录像，我经历的案件中，有的就是拒绝提供；有的提供了，发现诸如犯罪嫌疑人脸朝下看着什么东西，讯问人手放在电脑上，并没有敲打键盘的动作，辩护人称犯罪嫌疑人是在看着有关材料回答问题，可引起不了重视；有的中间突然影像消失，称是停电或者其他原因所致，如此等等，都有一定理由解释。还有，法律或者司法解释并没有明确规定没有录音录像或者诸如存在上述问题会有什么后果。

谭君：对于侦查过程中违法获取证据，我国的法律规定是怎么样的，从制度上来讲，您认为是比较完善的吗？

贺小电：对于违法取证，我国法律一直都是加以否定的。随着法律的不断完善，法治观念的形成、发展乃至法治环境的日益成熟等，相关制度设计也越来越全面、完善。尤其是对刑讯逼供，我党历来都是旗帜鲜明地加以反对的。

新中国成立之初，针对公安部一份反映的2个县公安局长刑讯逼供、违法乱纪的情况简报，共和国缔造者毛泽东在1953年1月30日亲作批示："像湖南桃江县公安局长×××，甘肃通渭县公安局长××这一类根本不像样子的公安局长，可能还有一些，以前也有湖南邵阳某区乱杀多人、平原内黄公安局违法乱纪等重大事件发生。请你考虑收集这些生动例证，加上一篇导言，印成一本小册子，发给各省市公安局长阅读，并于各省召开公安局长会议时当作教材，对全国所有公安局长进行一次教育，使他们具有作为一个公安局长的起码常识，以免再有这样毫无常识的人当公安局长。"接到批示后，时任公安部长的罗瑞卿和公安部党组立即在公安系统内部署并开展了一场全面反对刑讯逼供、反对违法乱纪的检查和斗争，坚决克服错误，并经过10个月的努力，收集了16个有关刑讯逼供的案例，编印成册——《反对刑讯逼供，反对违法乱纪》印发全国。

1956年，彭真在全国公安厅局长会议上再次强调反对刑讯逼供，禁止肉刑。

1958年，按照周恩来总理的指示，《公安人员八大纪律十项注意》明确把"不准刑讯逼供"列为纪律之一，要求严格遵守。

1979年，新中国成立后通过的第一部刑法规定的100多个罪名中，就有刑讯逼供罪。同时通过施行的《刑事诉讼法》第32条也明确规定："严禁刑讯逼供和以威胁、引诱、欺骗以及其他非法的方法收集证据。"

2017年6月20日，最高人民法院、最高人民检察院、公安部、国家安全部、司法部发布、同月27日起施行的《关于办理刑事案件严格排除非法证据若干问题的规定》（法发〔2017〕15号）第3条明确规定："采用以暴力或者严重损害本人及其近亲属合法权益等进行威胁的方法，使犯罪嫌疑人、被告人遭受难以忍受的痛苦而违背意愿作出的供述，应当予以排除。"

2012年，修正后的《刑事诉讼法》第54~58条专门规定了非法证据排除制度；对于侦查人员非法收集证据的行为要依法调查核实，构成犯罪的，则应依法追究刑事责任。

如此等等，加上上述诸如讯问重大刑事案件的被告人，要求全程录音录像，除危害国家安全、恐怖犯罪活动案件以外，其他案件律师都可以会见被告人，对司法人员刑讯逼供等违法取证的行为，当事人及其辩护人有权提出控告，有关部门应当依法查处等的规定，都有利于减少、防止刑讯逼供等不法取证行为的发生。

谭君：按您上面所说，对于刑讯逼供等非法取证行为，从法律禁止到非法证据的排除，有关行为的监督、控告、查处及其责任都有相关规定，形成了比较完善的制度，难道就无法有效遏制这些非法取证行为吗？

贺小电：前面已经说过，法律规定只是一种制度设计，不能有了法律规定或者完善的法律规定，就可以完全消除一些不当违法行为。不然，就不会存在什么违法犯罪了。当然，完善的法律，可以防止一些行为发生，或者发生了也可以及时发现。可是，出于各种各样的原因，有的尽管明知违法或者会被发现，却还是会故意为之。如讯问重大刑事案件犯罪嫌疑人，要求全程录音录像，自然会减少一些非法审讯行为，然因上面讲的倘若出现非法取证而以停电等为由而不录音录像，后来加以解释，公诉机关、审判机关听之任之，就会促使这种不当行为发生。又如，你说要录音录像，那就在先前采取某些方式让犯罪嫌疑人感到恐惧，在其"甘心情愿配合"的情况下再录音录像，这种录音录像还会有之应有的意义吗？像魏清安强奸、抢劫案，公安民警刘某将案发现场的皮鞋痕画好后交给在看守所的耳目杨某诱使魏清安照画；张氏叔侄强奸杀人案，"神探"借助与犯罪嫌疑人处于同监室的耳目通过暴力方式对张氏叔侄取证，就已经超出了录音录像所能监控的范围。另外，律师通过会见当事人，自然对防止明显的刑讯逼供等行为有好处，但现在的刑讯方式有的很"文明"，并不会造成明显的伤害，犯罪嫌疑人跟律师说有刑讯等行为，律师举报，又拿不出证据，很多举报就这样不了了之。在司法实践中，经常可以看到犯罪嫌疑人、律师在法庭上讲侦查人员违法取证，又有几人真会被调查查处的呢，哪怕是走一下程序，做一下样子？进行非法证据排查，又有几例因此将证据排除，更不要讲因非法证据排除而宣告无罪啦！即使出了那么多冤假错案，被告人都有入罪供述，倘若没有刑讯等不法取证，被告人又怎么会做入罪供述？既然如此，就应该有许多相关的侦查人员因刑讯逼供等被绳之以法的案例。然而，在网上却很难看到这方面的信息。

这里，顺便提一下，2012年修正的《刑事诉讼法》将犯罪嫌疑人聘请律师为之辩护的权利提前到侦查阶段，并将过去辩护律师会见犯罪嫌疑人在侦查阶段要经过侦查机关批准的规定，修改为除危害国家安全、恐怖活动犯罪及特别重大贿赂案件在侦查阶段会见需要许可外，其他案件的辩护律师都可以不经侦查机关许可就可会见当事人。一开始，大家总认为律师会见可能会存在告诉犯罪嫌疑人对抗侦查、进行串供等不法行为，从而影响刑事侦查乃至打击犯罪的效率，并会有律师铤而走险，进行不法行为甚或犯罪。然多年来，这种担心完全多余，公安机关的侦查职能并未因为律师在侦查阶段会见犯罪嫌疑人而受到任何影响。不仅如此，相反还促使侦查人员更依法作为，注重收集物证、书证等客观证据。令人遗憾的是，在一些具体的普通刑事犯罪案件中，一些地方对诸如涉嫌诈骗、虚假诉讼的普通刑事案件，也以"监察委不同意"等名义，不允许律师会见，有的甚至在审查起诉阶段都不让律师会见。由此可见，要真正保障所有犯罪嫌疑人、被告人的权利，在片面强调惩治犯罪尚占主流并易为人们所认同的司法现实及其环境中，任重而道远。

其实，一个人行为时，不仅会考虑到法律的规定及其后果，而且还会涉及各个方面的因素：在遇到刑事案件尤其是重大刑事案件中，侦查人员是否有压力，是否有必要采取不当方式甚至非法方式获取证据，而这往往又是一个相互关联的过程；采取非法取证行为，能否被发现，被发现时后果如何，等都会加以考虑。刑讯逼供等非法取证，只要不造成冤假错案，不出现重大伤害，不会有什么问题；即使可能造成，发现的机会有多大，假使概率很小，而当前的压力很大或者会给自己带来很大的利益如立功受奖、加官晋爵，就可能促使侦查人员冒险为之。一个人并非天生就是一个坏人或者好人，好与坏都是相对的，人人都有善的一面与恶的一面，只是在不同的环境中会有所表现。所以，不能仅仅认为有法律规定及其严重的后果，就可以对一些违法犯罪行为予以遏制。

当然，完善的法律规定可以有效遏制一些违法行为的发生，如对刑讯逼供等非法取证行为，从程序上而言，若能设立犯罪嫌疑人有权沉默、没有律师在场的讯问除非被告人同意不能作为证据采纳、遇有不法取证的控告就认真切实予以查处等，就会大大减少不法取证行为的发生。因为，侦查人员不法取证所产生的"成就"得不到任何承认，其也就没有必要去非法取证了。在我国，基于人口众多、犯罪数量还较大，人们对违法犯罪实体惩治的希求远远高于对被怀疑为犯罪的犯罪嫌疑人权利的保护。假如因为后者而大大降低对违法犯罪的惩治效率，就难以让人接受与认同。也正是如此，我国在《刑事诉讼法》的修正过程中，大大扩大了犯罪嫌疑人、被告人的权利，如上述的非法证据排除申请权，重大刑事案件犯罪嫌疑人的讯问要全程录音录像，辩护律师会见当事人由审查起诉阶段延伸至侦查阶段，所有案件会见犯罪嫌疑人除危害国家安全案件、恐怖活动犯罪案件要经过许可的外都可以自行会见，如此等等，都是对非法取证行为得以滋生空间的挤压，然源于上述各种各样的原因，盛行于整个封建社会2000多年的刑讯逼供、骗供诱供、指名问供等非法获取证据，还不时发生。

从程序上讲，我们要否定不法取证行为，在实体上也可以考虑通过修改刑罚力度来加以防范。如受贿行贿犯罪，需要确实充分的证据加以证明，而这种证据基本靠送钱人与收钱人的口供来认定。要是一方不说，就无法认定，从而就容易导致对不愿意交代而又被认为犯了罪的人进行刑讯逼供等不法行为的产生。但若将巨额财产来源不明罪的法定刑幅度设为"3年以下有期徒刑，或者拘役，并处罚金""3年以上10年以下有期徒刑，并处罚金""10年以上有期徒刑或者无期徒刑，并处罚金或者没收财产"，并将定罪情节与重罪情节比受贿犯罪稍高些，如巨额财产来源不明20万元，可以入罪，巨额财产来源不明50万元以上对应"3年以上10年以下有期徒刑"，巨额财产来源不明500万元对应"10年以上有期徒刑或者无期徒刑"。这样，处罚与受贿犯罪差不多。调查人员对之调查，不一定需要其口供，只需要通过大数据搞清楚其财产状况，让被调查人员说明来源，说明不了的就予以定罪处罚。既然不一定要其口供，就没有必要对之刑讯等非法获取口供。现在，虽有巨额财产来源不明罪，但其量刑与受贿犯罪相差太远，如有的巨额财产来源不明五六千万元，也就是判个几年，使人感到罪刑明显不相适应。

四、起诉审查走过场之诟

谭君：在侦查阶段，按您所说，刑讯逼供等不法取证行为是造成冤假错案的主要原因，那在审查起诉阶段，主要有哪些因素与冤假错案相关呢？

贺小电：说明一下，我们说刑讯逼供等不法取证行为是造成冤假错案的主要原因，但不能说这是唯一原因，更不能说一有刑讯逼供等不法取证行为就一定会造成冤假错案的发生。有的确实是犯罪嫌疑人所为，他又不说，侦查人员为此采取一些特别手段让之开口，讲的为真话，如此，虽在程序上不法，但实体上并不一定会造成冤案。而司法实践中真正发现为冤案的比率乃非常低，可能也是一些侦查人员主观认为进行刑讯逼供等不法取证不致凑巧就会产生冤案的原因之一！

具体在审查起诉阶段，与冤假错案有关的因素，主要有：

——一些检察人员未能依法行使公诉机关的审查、举证职能。按照《刑事诉讼法》的有关规定，人民检察院对公诉案件被告人的犯罪事实负有举证责任；在审查起诉阶段，应当查明被告人所涉嫌的犯罪事实、情节是否清楚，相应的证据是否确实、充分，所涉犯罪的性质和罪名认定是否正确；侦查人员的侦查活动是否合法等。换言之，与被告人罪与非罪、罪重与罪轻，以及定罪量刑等所有与案件相关的事实及其情节，都要查清无误。只有犯罪嫌疑人的犯罪事实已经完全查清，证据确实、充分，应当追究刑事责任的，才能作出起诉决定，并依法向人民法院提起公诉。而所有冤假错案，都经过了检察人员的审查并认为证据确实充分且极力证明被告人有罪的，这无疑说明有关检察人员没有切实地履行自己的公诉职责：或认为属于证据不足无法定案却不坚持履行职责而仍予以起诉；或者过分相信侦查人员没有违法取证的情况或者虽然认为侦查人员具有不法取证行为可源于种种因素而不坚持原则将本来证据不确实充分的案件提起公诉，以卸自己的压力；或者基于其他原因。倘若出于压力而将不符合起诉条件的案件起诉，往后纠正的压力就更大，无论是关注案件的领导还是受害人等人，都更加会认为被告人实施了所控的犯罪事实，纠正的可能性就越小。何况检察机关还具有法律监督职能，过去还设有反贪污贿赂局、反渎职侵权局对所有国家工作人员职务犯罪进行侦查的职能，在人们的心里，其地位远远比法院高，要是检察机关都顶不住压力，要人民法院单独顶住压力，在法院权威远远不足的情况下，自是难有可能。

——在人们心中，尤其是在司法机关大多数人的心中，打击犯罪乃是远远高于保障犯罪嫌疑人、被告人权利的第一要务，所有会议都是以此为重心强调，就是要求提高案件质量，把案件办成铁案，也是从打击犯罪角度方面讲的。保障无辜的人不受追究，至多是附加提上一句或者几句，两者的轻重，谁都能感受体会得到。公诉机关及其有关公诉人员，拿着一个案件，所想到的首先是如何做到用以证明犯罪嫌疑人犯罪事实的证据确实充分。犯罪嫌疑人的说法与侦查结果若有不同，通常第一反应是其在翻供，而不会考虑其为什么翻供。发现证据存在问题，乃是通过提出问题，将案件退回侦查机关补充侦查的方式尽量补证；补证不了的，则由侦查人员加以说明。这在一些特别重大案件或者敏感性的案件、领导关注批示的案件、由检察机关侦查的案件等更是这样，相互配合的职能得到充分发挥，可相互制约的要求则常被置于脑后。

——《宪法》明确规定，人民检察院乃是国家的法律监督机关。《刑事诉讼法》更是具体规定，人民检察院对刑事诉讼活动包括侦查、审判活动进行监督，过去对于贪污贿赂犯罪、渎职等所有职务犯罪都有侦查权；即使是现在，也对在诉讼活动实行法律监督中发现的司法工作人员利用职权实施的非法拘禁、刑讯逼供、非法搜查等侵犯公民权利、损害司法公正的犯罪具有侦查权。假如对司法人员刑讯逼供的违法犯罪能够像对贪污贿赂犯罪那样重视，我认为，是不可能查不出有关人员的违法犯罪行为的。冤假错案尤其是强奸杀人等重案，一旦认定就面临着无期或者死刑等重刑，要是没有刑讯逼供等非法行为，没有犯罪的人怎么会承认呢？可经过审查起诉、一审、二审等，就是发现不了。不仅在确定为冤假错案前发现不了，即使确定为冤假错案宣告无罪后，被认为无辜的原被告人都说有刑讯逼供的情况下，也少有被依法侦查发现而被追究刑事责任的，可见，人民检察院在刑讯逼供等非法取证的侦查活动上几乎缺位，不能通过及时发现非法取证行为防止冤假错案的发生。还有，对于侦查过程中的一些重大刑事案件的犯罪嫌疑人、被告人超期羁押现象长期得不到纠正，也与之未能切实履行法律监督职能相关。超期羁押这种明显违法的情况得不到纠正，无论是否有罪，羁押得越久，就越难处理，发现为冤假错案时，危害性也就越大。

——如前所述，人民检察院对于经过审查认为证据确实充分的刑事案件才能依法提起公诉，然有些案件，公诉人员不是不知道案件事实的证据并不确实充分，而是基于压力等各种原因出于"卸担子"的想法将之推到法院：法院若顶不住压力判了被告人，即使发现为冤假错案，"背锅"的也是法院，检察院虽有一定责任，但已经退居其后，前面有法院挡着。法院要是能顶住压力，认定被告人无罪，往往也可以通过协调，自己将案件撤回，然后再决定不起诉。我就几次经历过这种情况。如廖某强奸案，一位年仅14岁的女孩被2人强奸，智力不全的邓某承认自己犯罪并指认廖某一起强奸。侦查人员为此找受害女孩问话，邓某与受害女孩的所述不仅各自前后矛盾，而且相互矛盾，并且没有任何物证等相印证。邓某因为承认犯罪而被判处刑罚。廖某在外地打工，听说自己被通缉，不知是什么原因不敢回家，被抓获后始终不承认对女孩进行强奸犯罪。且邓某所称廖某的真名与其户口登记名字不符，侦查人员强迫廖某的初中同学作假证说廖某在初中时使用的名字就是邓某所讲的名字，之后找到廖某的初中毕业证发现并非如此。此外，案发时也未让受害女孩辨认廖某的照片。开庭时，受害女孩见到廖某明确称其个头太矮而与施暴人身材不符，在没有任何物证的情况下，一审仍然不顾本案的受害女孩、邓某重重矛盾所谓"确实充分"的陈述、口供，认定廖某犯强奸罪，并判处有期徒刑1年。二审经过审理认为证据不足发回重审。重审一审中，经过开庭审理，审委会讨论认为廖某强奸的犯罪事实不清，证据不足，检察院要求撤回起诉，然后再作不起诉处理。这样，既没有来自受害方、社会环境等的压力，最终还是人民检察院依法纠错而以证据不足作出不起诉决定，并依法防范了一起冤假错案的发生。

在与朋友聊天中，听说检察机关内部有一种风险批捕、风险起诉的说法。这两种说法，我在网上、书上找不到任何踪迹。何谓风险批捕、风险起诉，也没有明确的定义。大概是说，对于一些因证据存在问题导致事实不清具有争议，或者罪与非罪难以把握的案件，都予以批捕或者起诉，要是批捕、起诉错了，有关人员也无须承担任何责任。要是法院认定构成犯罪，更与有关人员无关。这种做法，自然与《刑事诉讼法》要求起诉案件必须犯罪事实清楚，证据确实充分的标准相悖，是一种不切实履行自身公诉职责的表现。如果要说冤假错案发生，通常也就会发生在这种风险批捕、风险起诉的案件中间。既然，有关公诉人员都认为批捕、起诉具有风险，也就是被告人的犯罪事实或者所犯之罪都存在着不成立的风险，又怎么会构成证据确实充分的犯罪事实呢？

五、案卷中心主义之困

谭君：一个冤假错案的形成，与侦查阶段、审查起诉阶段及审判阶段都有联系。假如有一个环节能够依法完全切实履行自己的职责，就很难铸成冤假错案。在侦查、审查起诉环节，您讲了一些可能造成冤假错案的具体原因。就审判环节而言，您认为有哪些原因与冤假错案有关呢？

贺小电：就审判阶段，与冤假错案相关的主要因素，简单地说就是庭审形式化，其功能得不到有效发挥。具体又表现在：

——除那些简单的一般实行独任审判的案件外，以案卷审查为中心的办案模式没有得到根本性的改变。1996年修正的《刑事诉讼法》施行前，一审审判，公诉机关起诉后随即移送案卷，法官审阅案卷后再根据审阅案卷的情况，设置问话等进行开庭审理，由法官讯问被告人，宣读受害人陈述、证人证言、物证、书证等证据以质证，即由法官承担举证职能。二审通常实行书面审，即不开庭审理。1996年修正的《刑事诉讼法》欲改变这种现状，强化庭审功能，并提出庭审为中心，有关讯问被告人，宣读受害人陈述、证人证言、物证等证据，也由承担举证责任的公诉机关进行。开庭前，则不移送证据，防止法官先入为主，以真正达到审判方式改革的目的。一开始担心，法官会不适应，甚至没有能力、水平驾驭庭审。这种担心，乃是建立在基于庭审就要得出结论的基础上的。假如案件开庭审理后，要当庭宣判，法官不仅要有庭审把控能力，而且要根据公诉人、辩护人在法庭上所举证据在有限的时间内，经过分析、判断等得出被告人的犯罪事实是否成立，情节如何，并根据法律作出罪与非罪，此罪与彼罪，罪轻与罪重，以及具体定罪量刑的结论决定。这对简单的案件，并无多大问题，可对复杂疑难案件则不是易事。当然，您也许会说，一次法庭开庭，无法确定的，可以通过多次反复开庭解决。可是，案件那么多，法官本来人手不够，能像影视剧中的那样反复开庭或者事实查不清就保释吗？答案可想而知，根本不可能。其实这种担心是多余的，那些没有在法院干过刑事审判按照法律规定想象法庭开庭应当怎么做，而根据当时法官的整体素质、水平及其传统做法作出的推想，实在是杞人忧天！因为，法官尤其是基层人民法院的审判人员，只要工作几年，就要办上几十件案件。这在1996年，可不得了。那时，所有法律文书，包括阅卷、审理报告、判决书等都靠手写。有的写好后需要多份的，则给打印室打印，那时打印开始都是油印，而不是电脑打印。打印后还要反复核对，哪像电脑使用起来简单方便、快速高效！几十件案件，可都是要开庭的，并且在法庭上的举证工作要法官来做。修正后的刑事审判开庭模式，将举证职能回归于公诉机关，法官的工作量大大减轻，并且可以不讯问被告人、被害人，只是主持庭审过程，居中裁判。除审判长按照法定的程序主导庭审过程外，可以一言不发。我们常常看到，审判长或审判员甚至整个庭审不说一句话，就是如此。是以，法庭开庭能够正常进行，是没有任何可以担心的。

谭君：那会担心什么呢？

贺小电：那担心的是，法庭开庭审理后，要简单地休庭合议当庭作出宣判。这种担心显然还是多余的。因为，法律并没有规定法庭开庭后一定要当庭宣判呵，而是可以休庭择期宣判。而且，择期宣判并没有任何期限的限制。

谭君：审判怎么会没有期限的限制呢？案件审理不是有期限的限制吗？总不可能超过案件审理期限吧？

贺小电：您说得对，上面讲的择期宣判没有任何期限限制的说法，是不对的，至少是不严谨的。我的意思是法律并没有对在开庭审理后什么时间内宣判作出明确的规定。当然，这种择期宣判要受到审理期限的限制。这虽然与择期宣判有关系，择期宣判要受到审理期限的限制，可就是不择期宣判而是当庭宣判的，也要受到案件审理期限的限制。这样，择期宣判只要控制在审判期限内并没有其他特别的限制。可是，审判期限又可以通过让公诉机关以需要补充侦查为由提出延期审理的建议等途径实际予以延长，并非像法律规定那样，完全是一个不能变化的期限。

谭君：这里，顺便问一个问题：案件发生后，无论是案件侦查阶段还是审查起诉阶段以及一审、二审等审判阶段，都有着期限的限制，那司法实践中超期羁押的现象为什么会时常发生呢?

贺小电:这其实是一个老生常谈的话题。前面说过,任何法律的实施都需要带着诚实忠诚法律的信念善良地执行法律,才能够使得法律的规定按照其原设定的意图与轨道施行。不然的话,总会有办法规避。在刑事诉讼中,只有死刑复核程序没有期限的规定,其他程序,无论是侦查、审查起诉还是一审、二审、审判监督程序都有具体期限的要求。就羁押期限而言,拘留期限,自拘留之日起开始计算,最短为10日、最长为37日。侦查期限,自逮捕之日(身份不明的,自身份查清之日起)最长为7个月。审查起诉期限,最长为1个月15天。一审审理期限,一般为2个月内,最长不超过3个月,特殊案件经过批准可以再延长3个月。二审审理期限,为2个月,特殊案件经过批准可以延长2个月。上述期限,尚不包括对犯罪嫌疑人、被告人做精神病鉴定的期间、补充侦查期间、上诉期限、二审人民检察院阅卷的时间,及因发现新的重要犯罪事实、改变管辖、二审发回重审重新计算的有关期限,因特殊原因报最高人民检察院批准延长一审、二审审理的期限,以及因为特殊原因,在较长时间内不宜交付审判的特别重大复杂的案件,由最高人民检察院报请全国人大常委会批准延期审理等导致侦查、审查起诉、一审、二审等期限改变进而导致羁押期限的改变。您算算看,一个案件从案发到生效裁判文书出来,正常情况就是两三年。要是改变管辖、发回重审、因延期审理而补充侦查等,就是数年,还有判处死刑需要复核的更是没有期限限制,被告人羁押期限可能更长。加之,这些重大案件,即使证据存在问题,出于各种各样的原因,谁也不敢让被告人取保候审或者监视居住,只有利用法律规定的期限及其延长、重新计算等方法加以顺延,通常要在穷尽一切延长期限的手段后,才不得不作出结论。而从形式上讲,都没有违反法律规定,但实质上使得办案期限在这些特殊案件中失去了其应有的作用。

另外,在司法实践中,还有通过收案后不及时登记立案、中止审理等做法来规避诉讼期限的限制,以至于案件不论过了多久,都不会有所谓违法超期审判的发生。我曾经办了一个案件,从2009年开始立案侦查,直至2018年才二审结案,之间就是通过各种方法来延长审限的。

还有,有的案件便通过向上级法院请求来规避期限。案件请示在法律上没有规定,但在司法实践中司空见惯,重大疑难案件常常都会向上一级法院请示,有的甚至层层请示到最高人民法院。这些请示的时间肯定难以计算在审判期限之内。人若是在羁押状态，在上级法院未作出结论前，又有谁会改变强制措施而取保候审或监视居住呢？这样，即使存在超期羁押，也是听之任之，谁也不会去触碰这一烫手山芋的。

谭君： 我们再回到庭审改革的话题上。您谈到，法庭开庭审理后，对于择期宣判的，没有明确期限，所以不要有庭审法官不能审理清楚事实而无法在庭审后得出结论的担心。那在庭审后择期宣判这段时间，法官可以做些什么呢？

贺小电： 一开始，公诉机关不移送案卷，待开庭后移送案卷，法官在法庭只要按照程序开好庭就行。至于对证据事实等实体问题能否审理清楚，虽然庭审的主要目的就是查清案件事实，然又是另一回事，这与案件本身的事实、证据是否复杂，被告人的态度及表达能力、方式，以及公诉人、辩护人乃至法官的能力、水平都有一定关系。事实上，法官的能力水平即使再高，可有一些案件被告人数十人、罪名数十个，案卷数十乃数百本，并且重着于事实的查清，有的也根本无法按照程序的规定简单地作出结论，如认为证据不足当庭就决定取保候审等。如此，在庭审休庭等到公诉机关将案卷移送过来后，便可以通过阅卷的方式再次了解、分析证据，并在此基础上讨论、认定案件事实，确定罪名与刑罚后再择期宣判，从而又回到重点在于案卷本身审查的老路上，以庭审为中心的审判方式改革的目的及其功能的充分发挥大打折扣。由于庭审后才开始阅卷的做法还是会影响庭审的效率，特别是一些重大复杂疑难的案件，当时法官大多没有经过法律专业训练，从实体上讲认真负责将案件办好没有多大问题，可从程序上要求有的还真不适应，故慢慢又变成案卷在开庭移送，并逐步提前至案卷与起诉书同时移送，法官在庭前就可以阅卷。有的可以说是了解了案件的全部材料后再开庭，遇到一些证据有问题的，还相互配合要求公诉机关事先准备好；对于一些带有某些特殊因素的案件，公诉人员甚至审判人员则提前介入，意在确立以庭审为中心的审判方式改革再次回归到以案卷为中心的审理方式。案卷材料里面有的，只是经过庭审确认一下；没有的再进行补充又形成补充卷，庭审形式化，你辩你的，我判我的，没有得到实质改变。因为，有罪也好，无罪也好，案卷材料已经定了，只不过是怎么看待的问题。你律师说证据存在矛盾，证据不足，我法官通过审阅案卷认为证据并不存在问题，即使认为存在问题，经过协调配合等需要认定的还是要认定，请示汇报等都以阅卷审理的证据为准，法庭上出现的问题当然会提出来研究，可这已经不是主要问题，以庭审为中心的审判方式就很难确立。我们经常批评"审者不判""判者不审"，其实除了承办人阅卷外，有的可能合议庭成员都会阅卷，另外合议庭成员只不过是坐下庭而已。这种坐庭审判与没有坐庭审判的通过听取汇报对案件提出处理意见的正副庭长、审委会委员又有多大的本质区别呢？要我说，以前以案卷审查为中心的案件审理方式并没有得到根本性的改变。换言之，以庭审为中心的案件审理方式尚未真正形成。

庭审为中心的案件审理方式不能形成，这样，"一个刑事案件一旦被侦查机关作出移送审查起诉的决定后，此案最终就极有可能被定罪。在侦查终结环节，案件的最终命运几乎就已经决定。因此，一旦侦查程序通过案卷笔录对法庭审判的绝对影响，成为整个刑事诉讼的中心，法庭审判在一定程度上变成对侦查结论的审查和确认过程，而失去了独立自主的审查证据、认定案件事实的能力。这种'流水作业式'诉讼中，面对冤假错案唯一可行的方法，就是利用退回补充侦查、发回重审，再通过内部提出司法建议，希望他们自己处理内部消化。然而一旦中间有外力干预，基于趋利避害的生存法则，法官就会放弃正当程序的理念和原则，错误地迁就警官、检察官原本的意愿，认可其错误追诉主张，同时对被告方有关刑讯逼供的辩护意见不予重视，'疑罪从有'的思想在博弈中占据上风，并最终成为案件裁判的指导思想。严格的错案责任追究制度进一步加剧了公检法三机关的配合，当后一程序的决定机关需要对前一程序的决定作出更改时，就需要估计到错案追究制度对相关责任人的负面评价。另一方面，这一制度也会促使前一程序的决定者在作出决定前往往会通过请示、咨询等方式征求后一程序决定者的意见。在这个过程中，各级司法单位惧怕出现所谓'错案'而不敢承担责任，稍有疑问就向上级单位请示，待上面有确定的'意见'或'指示'后才定案，最终使得整个上诉制度和审判独立都失去意义"。[①]

六、证人出庭作证之难

谭君：就法庭审理案件而言，您认为以案卷为中心的审理方式不利于庭审功能的充分发挥，甚至导致庭审流于形式。那么，庭审流于形式有什么具体的表现呢？

贺小电：庭审流于形式的具体表现很多，比较明显的也是记者采访经常可能看到

---

① 泽青：《国外司法程序如何减少冤假错案》，载中国青年网，2013 年 1 月 23 日。

的被告人、辩护人要求证人出庭作证而根本得不到支持。在现实的法庭开庭中，您看到过证人出庭作证吗？我想，很难看到吧？！

谭君：您说得没错，在我采访旁听的案件中，确实很少看到过证人出庭，那是为什么呢？

贺小电：证人出庭作证，在法庭上接受公诉人、被告人及其辩护人、法官等的依法询问，乃是对之前所做的证言予以质证而确定真假的主要手段，可以说，这是法庭功能得以充分发挥的重要方式，尤其是在我国以言词证据为主要证据形式的情况下，更是这样。另外，对于共同犯罪，实施贿赂、非法买卖毒品等对合性犯罪行为等而分案处理的被告人，其实都是被告人，然在程序上分案处理时所做供述都是作为证人证言处理的。证人出庭作证，基于人的天性，除非骗子或者经过职业训练如间谍等外，当面说谎都会有所反应，基于法庭严肃的气氛、假话通过询问等被揭穿或者相互矛盾无法自圆其说等各个方面，有利于发挥法庭就言词证据通过亲审感受、分析判断其之前或者在法庭上所证是否为真的功能与作用。

谭君：那法庭为什么不让证人出庭作证呢？是法律规定的问题还是司法实践中不予严格遵守的问题？

贺小电：法律的规定没有问题。我国《刑事诉讼法》对证人的范围、义务，证人的安全保障、作证补助，出庭作证的义务、不出庭作证的后果、强制出庭作证，被告人及其辩护人申请证人出庭作证等，均作了全面而明确的规范。倘若能够得到严格遵守，就不会有证人很少甚至可以说是几乎没有证人出庭作证的现象发生。所以，证人不出庭的问题，不是法律规定的问题，而是法律不能得到遵守执行的问题。

谭君：法律对证人及其出庭的各个方面都有明确的规定，为什么会得不到执行呢？

贺小电：这里面可不是一两句话就能讲清楚的。先从大环境方面说，法律规定，知道案件情况的人虽有作证的义务，并且在应当出庭而不出庭作证时，可以强制出庭作证或者可以依法训诫乃至进行拘留。可证人毕竟没有实施违法犯罪行为，在我国，不少人都事不关己、高高挂起，只愿当看客观众的情况下，知道案情已经让之作证就不容易，要是他们不出庭作证且仅仅因此就要受到强制或者拘留的处罚，更难以让人作证。另外，在证人确实不愿意出庭作证时，他有的是办法回避，让你找不着他，或者找出个正当理由来，法庭也不会去与之较真，非要他出庭作证不可。他已经作了证了，直接拿出来质证就是了，采不采信法官自己定就行了。可以说，无论是证人本人还是社会大众，乃至法官，谁也没有把证人不出庭作证就要强制甚至训诫或者拘留的规定真正置于心里，并真的予以实施。被告人及其辩护人要是对证人证言有意见，你有什么意见说就是了，我法官可是听见的。要是申请证人出庭作证，则以一个理由或者干脆说，他不出庭作证我有什么办法，你自己想办法吧？于是，证人不出庭在法律上的强制规定实施起来就是一句空话。

从证人个人方面讲，有的与被告人很熟或者要好或者是自己的亲戚朋友，担心当面对之作出不利证词，不太好说：讲假话不行，违反法律规定；讲真话，"抬头不见低头见"，今后见面不好说。有的被告人本身很恶，如某些涉黑涉恶的被告人或者家里很有势力的被告人，证人在法庭上当面指证，怕打击报复，法律规定的证人保护制度，能保一时，可证人想，这能保一世吗？尤其是一些胆小怕事的证人，根本就不愿意出庭作证。有的证人基于各种各样的原因，作证时夸大其词，但要在法庭上作证，那就不同了，即使讲的是真的，他再也没有任何说辞，更不要讲是说假话了。还有的证人担心自己的表达能力，怕出丑出洋相，如此等等，基于这样或那样的心态，就是不肯出庭，在大家都不愿意出庭的情况下，也就是人们普遍没有这种意识的情况下，通过强制的手段来强制证人出庭，并不是一种有效的办法。

从公诉人的角度来说，他总担心证人出庭作证，由于不适应法庭的环境、证人表达能力等各方面的原因，将本来可以说清楚的问题，因为面对被告人或者辩护人的问话而紧张等原因而无法说清，特别是在诸如受贿等犯罪只有被告人口供与证人（送钱人）证言才能定案，而被告人又改变原来的陈述时，公诉人也不愿意这样的证人出庭作证，有的甚至事先打招呼甚至警告、威胁而让之不出庭作证。这种证人出庭作证，其实即使完全否定原来对被告人不利的证词，也没有多大作用，我们实行的不是案卷中心主义吗？否则，他原来承认了，有的也承认了多次，就凭他在法庭上否定就否定啦？倘若这样的话，法庭上可是绝大多数被告人都翻供的，案件就都不办了。可是不仅办了，而且宣告无罪比率是非常非常的低。真是在法庭上，送钱人等证人改变了证词，很大程度上也改变不了案卷里已经蕴含的结论：是有罪的，一定会有罪；是无罪的，一定是无罪；证据上存在问题，是否确实充分，无论是公诉人、辩护人还是法官，心里都有数。不要怀疑这些人天天在案件中打滚摸爬磨炼出来的能力，何况他们中不乏是在北大、人大、武大、西南政法等著名学府经受过法律专业多年训练的资深法官，对于后者这种证据存疑的案件如何处理，也非常清楚：坚持无罪推定、疑罪从无，就得宣告无罪；无法坚持的，或者具有有罪推定、疑罪从轻观念的，则作有罪裁判，有罪该杀的则实行"刀下留人"，在某种特定的背景下，甚至连疑罪从轻都不坚持而实行顶格处罚。在极个别案件中，基于"官本位"的观念及其司法实践中存在的案件协调平衡机制，不严格按照法律规则来办事，以致造成某些案件与客观事实真相不符。这样，证人出庭作证，在案卷中心主义下以及一些特别案件中，其作用在我看来，本身就不大甚至根本就没有任何实质意义。

从被告人及其辩护人的角度来讲，固然希望证人出庭作证，希求证人在严肃的法庭上因不敢说假话，甚至良心发现来改变过去所说不实的证词来说出真相。不少律师都有像林肯在阿姆斯特朗·威廉涉嫌谋杀案中当庭通过盘问揭穿证人查尔斯·艾伦不实之词那样在法庭能够发现证人证言的漏洞矛盾以推翻证人之前对被告人不利证词的美好情怀，那么，现有的证人出庭制度，能够达到目的吗？依我的经历所见，是难以达到这样的目的的。

《刑事诉讼法》虽然规定，公诉人、被告人及其辩护人，以及法官都可以询问证人，对于询问的内容与方式，没有也不可能作出规定，只要与案件有关就行。而在询问时，有的需要从外围逐步入手，听起来似乎与案件不是直接相关，便被公诉人反对，法官制止；询问只能单刀直入地问，如问送钱了，送了还是没送，证人也只能直接回答，不需要解释。这种询问，没有客观比较，我认为是难以问出个真假来的。另外，证人的品格及其与案件被告人是否存在利害关系的询问，很难得到法庭的许可。是以，证人出庭往往难以达到被告人及其辩护人要求证人出庭作证的目的。如在受贿案件等一些没有直接客观证据能够印证送钱收钱的事实是否发生，只有送钱人与收钱人两人知情时，仅是简单地问送了没有，送了又是如何送的，能够问出个真假来？如果说，在20世纪80年代初，送钱人称一次就送给收钱人10万元，法官会很难相信。为什么呢？因为那个时代有万元就不得了啦，一下能够拿出10万元可谓难如登天，于是让人难以相信。可要放到现在，一个人说一次给某人送了50万元、100万元现金，也不是什么问题，就是换成美元、港币送上1000万元，对一些获取巨大利益的人送给为之提供过帮助的被告人，也有可能，我辩护的一个受贿案件，当事人一次就收了1000多万元的港币。

相反，在一些没有客观证据直接印证的案件让之直接出庭作证，不仅不能达到被告人及其辩护人需要证人出庭作证的目的，可能还会起到对被告人不利的作用。证人如送钱人既然已经作出了对被告人不利的证词，要想其改变，是很困难的：要是他送了，又改变陈述，本身就难。加上一些侦查人员或者公诉人，有的在之前还对要出庭的证人作了警告。要是说法不同，总有一次说了假话，便是作伪证。加上，送钱人往往是一些企业家，有的还是整个家族企业的核心人物，原来也是在承认送了钱之后才被解除强制措施的，在此情况下，也很难改变原来过去作过的哪怕是虚假的证言。要是原来的作证为假，面对被告人尽管可能感到不好意思，深怀歉意。然基于自己被加以追究等担心而选择保持原来的陈述，而按上述只简单地问他送了没有、怎么送的并直接作答，根本无法判断他所说的是真还是假。

在我国以案卷为中心的刑事案件办理模式下，要面对证人出庭得不到有效保障的现实。为了维护被告人的合法权利，在证人不出庭的情况下我们要认真仔细阅卷，弄清楚案件事实的情节，必要时核对案发现场，尽量找出虚假的证人证言，以还原事实真相。

谭君：被告人或者辩护人要求证人出庭的目的，无非是想揭示证人以前所作的不利于被告人的证词不实，难道证人证言都会有问题吗？

贺小电：当然，我们不能说，所有的证言都会有问题，甚至是虚假的不实之词，可出于各种各样的原因，存在虚假不实之词在所难免：有的因为感受、记忆、表达等不全面或者失去记忆等原因，致使证言与事实真相不符；有的与被告人有着亲戚朋友等关系，一般都会作出有利于被告人的证词，当然也不排除此时为了划清界限、平时出于嫉妒等原因而落井下石；有的本身与被告人存在嫌隙甚至仇怨，故意夸大作出不利于被告人的证词；有的可能自己是犯罪之人，以虚假作证以转移视线；有的可能与自己有关，故意避重就轻；有的基于办案人员的威胁、利诱，等等，都可能作出不实证言，有的可能有利于被告人，有的可能不利于被告人，但都是不能反映案件的事实真相，与通过刑事诉讼程序依法发现同客观相一致的事实以对被告人作出公平公正处置奠定基础的目的不相符。

谭君：从理论上讲，您所讲的造成证人证言虚假不实的原因确实有一定道理，但理论归理论，您讲的上述原因是实际案例能够证明吗？

贺小电：这样的事情，无论是国内还是国外，都可以说是不乏其例：

——约翰·杰里米·怀特，被指控在1979年8月11日闯入1位年老妇女的家中，对她殴打并进行了性侵犯，之后还抢走了她钱包里的70美元现金，然后扯断她家的电话线从后门逃离了现场。对此，怀特自始至终加以否认。

案件发生6个星期后，警察将有5个人的照片让受害人辨认。怀特站在照片中间，他穿着牛仔短装和白色T恤衫，骨瘦如柴，双腿并拢，双臂收起，对准照相机规规矩矩地站着，一幅很轻松的样子，但有点女性化的样子。受害人看了一下，尽管眼前的怀特"骨瘦如柴""长脸""头发很长""留着胡须"与她最初有关凶手描述的诸如"作案人矮壮魁梧，圆脸，短发，胡须刮得很干净"在外貌形象特征上完全不符，还是"几乎可以肯定"站在照片中间的第3号人就是"侵害"过她的人，与警方重点怀疑的对象完全相符。

事情很巧，詹姆斯·爱德华·帕尔姆恰好因其他罪行被抓，为了凑足被辨认的人数，被临时叫过来作为"陪衬"。他圆脸，穿着牛仔裤、条纹衬衫，与怀特脸面、身材特征完全不符，站在照片的最右边，为第5号，是真正的而警方却根本没有将之列为强奸、抢劫老人嫌疑人的凶手。虽在照片中偶然出现，受害人并未指认他为凶手。

此外，警方还从现场获取了一些毛发。对此，鉴定人员出庭作证称，这些毛发与怀特的毛发具有"足够的相似性"，但不能完全确定来源于怀特，只是可能来源于怀特。

在法庭外，受害人已经分别做过照片、列队两次辨认，在不同人员为背景的情况下均指认怀特为凶手。在法庭上，受害人再次在证人席上当面指认怀特系侵害过自己的真凶。就是在美国那样强调无罪推定、要排除一切合理的怀疑、严格刑事证据体系的环境中，作为联邦最高法院大法官的威廉·布伦南也指出："如果目击证人站在证人席上，用手指着被告人说'就是他！'那么，几乎没有什么其他东西比这个证据更有说服力了。"于是，陪审团在该案物证并不多也未对现场提取的毛发作DNA鉴定确定是否来源于怀特的情况下，便认定怀特有罪，法官对之判处终身监禁。

在受害人指认为怀特为作案人后，警方自然不会再追查真正的凶手，也根本没有想到他们当年就与真凶帕尔姆擦肩而过。直至几十年后，帕尔姆又强奸了维利威瑟县的另一妇女时才被绳之以法。[①]

时间一年一年地缓慢过去。至2007年，办案机关对怀特案提取的毛发进行DNA鉴定，结果与怀特没有任何关系，现场获得的毛发系帕尔姆的，案件真相才逐步揭开。怀特于2007年12月才跨出了麦肯州立监狱的大门，可他在这监狱里面已经度过了近30年的一生中最为宝贵的时光。

——罗纳德·考顿强奸案中，考顿被指控持刀威逼强奸了一个22岁的女大学生詹妮弗·汤普森。同样是经过照片、列队辨认及当庭指认，受害人汤普森均非常确信地称考顿为作案人。于是，考顿被判处终身监禁。在服刑期间，同监狱的一个叫鲍比·普尔的人声称自己就是侵犯汤普森的人。考顿案重审期间，警方还将普尔带到法庭让汤普森辨认。法官问："汤普森女士，你见过这个人吗？"汤普森毫不犹豫地回答："我从没有见过他。我不知道他是谁。"考顿重审无罪被驳回。后来，经过对现场提取的物证进行DNA检验，结果证实真正强奸汤普森的凶手就是普尔，而非考顿。[②]

——苏甲文涉嫌诈骗案。苏为某高级人民法院法官，通过朋友赵丙认识赵之弟赵庚宇，两人相处一段时间后成为"朋友"。赵庚宇以能够低价购买海关罚没品成品油为由要求苏借款给其做生意，苏为此让家人想办法筹款370万元借给赵。后来，赵庚宇又称能够低价从海关购买罚没走私车，苏为此介绍一些朋友购买。为保险起见，一些购车人将车款先付至苏处，苏再付给赵或赵指定的人。款付后，购车人不能按时得到所购之车或者收到退款，苏也催促赵尽快交车，赵为此从深圳、东莞等地购车交给购车人应付，并退还了部分款项，后有8人经过苏手300余万元的款项不能归还。另赵还以同样的手段让朋友介绍他人购买罚没走私车诈骗他人222万余元，被一审法院以诈骗罪判处有期徒刑14年4个月，并处罚金50万元，剥夺政治权利3年。由于赵称他是受苏安排做的，苏知道他无法购买走私车，加之8位未能得到车的购车人举报称苏在其中以各种理由推延交车时间，系与赵合谋骗取，故苏被涉嫌诈骗立案。显然，苏倘若知道赵是从4S车行购车应付购车人的事情，系明知赵谎称能够购买罚没走私车骗取购车人款项而仍介绍朋

---

① ［美］亚当·本福拉多：《公正何以难行：阻碍正义的心理之源》，刘静坤译，中国民主法制出版社2019年版，第133~136页、第150页。

② ［美］亚当·本福拉多：《公正何以难行：阻碍正义的心理之源》，刘静坤译，中国民主法制出版社2019年版，第136~137页。

友购车，尽管将购车人付至他账上的钱转给了赵或赵指定的人，仍然构成诈骗共犯。对于这一关键的事实，涉及赵曾以苏的身份证复印件从长沙某4S店购买了1辆车应付购车人的事实。购车合同以及提车人都有"苏甲文"的签名。侦查人员找到4S店的销售人员，销售人员一口咬定，按照4S店的要求，签订合同与购车人提车时都要核对购车人的身份，签订合同与提车人乃是苏甲文无疑。但合同的购车人留下的联系方式却不是苏甲文的，而是他人的。对此，苏称自己根本没有从4S店购过什么车，也不知道这回事。以他名义与4S店签订的购车合同及提车时的"苏甲文"的签字绝对不是他签的。与苏的平时签名笔迹比较，两者有着明显的区别。苏及其辩护人均申请进行鉴定，侦查人员置之不理，后在审查起诉阶段公诉机关将案件退回补充侦查并要求进行鉴定。侦查人员聘请专业人员进行笔迹鉴定，结果对以苏名义与4S店签订的购车合同及提车单上的苏的签名是苏所为作了排除，于是确定4S店销售人员所作的证词为假。

还是苏案，苏介绍的购车人得不到车又得不到购车款后，苏便与购车人肖丁多多次找赵协商。其中一次在宾馆里堵住赵，肖将赵的1个公文包拿了过来。赵的司机赵一桥称系苏所为，并称包里有电脑、手机等物品。手机里有相关购车等资料，苏为了毁灭证据便把包抢走了。苏称该包系赵当时不承认自己在骗取钱财，肖丁多拿了赵的1个包，这包里有什么东西自己没有看，后来自己与肖等人向派出所报案称赵诈骗自己与他人财物时将包交给了公安机关。肖原作证称，包自己拿了放在车上，后来看见包里有赵伪造海关有关扣押走私车辆处理的批文，在报案时将包交给了派出所。然在苏因涉嫌诈骗被立案后，该公文包不知去向，再找肖丁多问话，肖便称自己原来所作的包放在自己车上并在报案时交给了派出所的证言是假的，是苏及其妻子叫他这样说的，该包的下落他不清楚，具体苏及其妻子是知道的。好在后来，派出所又找到了该包，不然又多了一个不利于苏的证人证言。

其实，"大量证据表明，目击证人的辨认结论经常是不准确的。当真正的罪犯和无辜的陪衬者一同接受列队辨认时，有1/3的证人不能指认出嫌疑对象；而在那些指认出嫌疑对象的证人中，又有约1/3的证人错误指认了错误对象。""如果真正的罪犯并没有出现在辨认的列队中，证人错误指认出陪衬者的概率竟然达到50%左右。"这还是正常的辨认。一些辨认，当受害人指认的对象与警方认可的人不符时，警方还可能提示他（她）认错了，这时他（她）往往又会重新指认他人，或者暗示"你再看看，你确定不要搞错了",或者将他们认同的嫌疑人的照片有意地让受害人事先看见甚至多次看见,或者"很好,你认出的这个家伙就是我们要抓的人"等,那么,都可能影响受害人指认的准确性。

著名心理学家雨果·穆恩斯特柏格在之1908年所著的《证人席上》这一经典著作中,对德国科学协会举办的一次包括法学家、心理学家、医生等专业人士在内的会议作了记录。会议当晚,大街上举行了一场公共庆典。庆典过程中,"大厅的门被人撞开,'一个穿着五彩斑斓戏装的小丑'闯了进来,后面跟着一个手持转轮手枪的男子。2人发生争吵并开始厮打,就在这时,枪声响了。随后,不速之客逃离了现场。考虑到警方肯定要对案件进行侦查,科学协会主席要求在场的40余人分别认真记下他们所看见的事情。大家不知道的是,整个事件都是科学主席事先安排的一个实验,目的是研究证人的观察和记忆能力。""实验结果令人沮丧:现场人员对事件的描述包含许多失真的细节,并且遗漏了大量关键事实。"这次实验中大家糟糕的表现可以"告诫人们不要对普通人的观察能力盲目自信……世界各地的法院系统,每天都有许多证人宣誓作证,他们的证言掺杂着真相和谎言、记忆和幻想、知识和暗示、实践经验和错误结论"。[①]

七、司法绩效与宏观考核

谭君: 在我与您的聊天中,我记得您还讲过,现在司法实践中的一些绩效考评、责任追究制度等也与冤假错案有着一定的关系,又是怎么回事?

贺小电: 在司法实践中,一些考核非常多,这些考核无疑具有促使司法人员依法积极作为的一面,然不顾实际或者流于形式时,又有其消极的一面,这消极的一面有的就与冤假错案的形成及其不能及时纠正存在一定关系。如公安机关的破案率,"命案必破"就是要求破案率达到100%;检察机关的批捕率、起诉率,以及法院的定罪率、重刑率、缓免率、二审维持率、改判率、发回重审率、结案率等的考察,强调有关比率越高,工作质量就越高,就越能体现政法机关打击犯罪保护人民的"刀把子"职能,进而

---

① [美]亚当·本福拉多:《公正何以难行:阻碍正义心理之源》,刘静坤译,中国民主法制出版社2019年版,第138页、第150~153页、第155~156页。

越易获得表扬、立功、受奖甚至晋升晋级，就可能将一些因为证据消失而无法破案一旦被怀疑有某种动机的所谓嫌疑人抓捕，在抓捕之后获得不了口供的情况下便采取不法方式取得，以完成"命案必破"的100%的破案率，才不致受到白眼、批评，反而还可能立功受奖。至于发现冤假错案的概率毕竟很小，一旦出现"亡者归来""真凶出现"，也是命中注定；批捕率、起诉率、定罪率、重刑率过低，不但无法体现工作成绩，还可能被认为对于犯罪分子过于仁慈，在某些特别环境或者特别案件中，会遭受严厉批评，对于犯罪分子打击不力。

上面这种考核指标本身就不是从案件实际出发，从而容易促使一些司法人员脱离实际为追求政绩而违背规律及诉讼程序办事的现象发生。正确的做法，案件能破的要尽力破，不能破的不能人为地一定要破，否则就可能案件没有破，还可能造成新的冤假错案；该批捕的批捕，该起诉的起诉，该定罪的定罪，不能追求指标甚至设定指标来考核工作，不然达不到这一指标，就可能降低办案质量以迎合某种考核的要求而产生冤假错案。

谭君：对于上述考核指标，有人认为，纵观已发现和披露的案件，冤假错案的形成主要与司法作风不正、工作马虎、责任心不强以及追求不正确的政绩观包括破案率、批捕率、起诉率、定罪率等有很大关系。除此之外，您认为还有哪些考核指标及其方式与冤假错案存在某种关联呢？

贺小电：对此，有的考核与冤假错案似无多大联系，但仔细究来，还是有着一定联系，只不过不是直接联系罢了。

如，结案率的考察，乃是法院系统一项重要的考核内容。这种考核以年为单位，某年接了多少案件，结了多少案件，两者相比，就是结案率。在考核者看来，结案率越高，工作成绩越大。毫无疑问，这种考核并不符合实际。有的法院尤其是经济不发达的偏远地区，案件少，其结案率自然越高；经济发达的，现在一些城区法院，法官办案数以百计。由于案件多，法官少，无法承办完毕，结案率自然就低。为了追求结案率，为此有的法院在每年11月中旬就开始不再受理民事、行政案件。为了追求结案率，有的还可能马虎了事，特别是在案多人少的情况下更是如此。其实，案件审理法律有明确的期限限制，只要在法律规定的期限内结案都属合法。既然合法，就没有必要为追求所谓的结案率来显示自己的工作绩效。

另外，在结案率奇高的情况下，对一些严重超期的案件又通过让检察机关申请延期，请示案件期间不计算期限、受案不及时登记、中止审理等规避法律规定期限的做法等加以掩盖。有的案件从侦查至起诉再到审判，长达八九年。此时，无论被告人是否有罪，由于长期超期羁押而会造成其应有的权利受到损害，如减刑要到监狱执行刑罚一段时间后才能进行，被告人若能在法定期限内被判处刑罚，就可以早已执行而获得减刑机会，而案件长期不结，固然就会失去自己应有的减刑机会。又如，判处无期、死缓减为有期徒刑的，均从裁定减刑之日起计算，在案件办理期间的羁押，不能像判处有期徒刑的那样能够折抵刑期，办案期限越长，自然就越不利；减刑后需要实际执行的刑期，判处有期、管制及拘役的，不能少于原判1/2；判处无期的，不能少于13年；判处限制减刑的死缓后减为无期的不能少于25年，减为有期25年的，不能少于20年；假释、有期徒刑实际执行要达到原判的1/2；无期实际执行要达到13年以上。这样，办案期间长的，不仅会造成定罪的被告人实际执行刑罚时减刑次数的机会减少，而且会造成被定罪的被告人在依法减刑、假释后的实际羁押期限（办案期间的羁押+减刑后实际执行的最低羁押或假释前的最短羁押期限）要比办案期间短的要长。若被告人本身是无辜的，即使最终得以纠正，然因办案期间较长也会失去更多的自由。因此，对于案件办案的考核，不应追求结案率这种宏观上的形式上的考察，而应着重案件是否在法定期限内结案的实质上的考察。

这里，还讲一个考核的事情，有的法院、检察院完全以后面程序结果作为标准来考察法官、检察官的办案质量。本来，后面的程序就是为了监督、纠正前面程序的违法而设置的，后面程序改变前面程序的结论乃是极为正常的事。以后面程序的结论为标准来考核前面程序法官、检察官办案的质量，我想目的在于促使前面程序的法官、检察官依法而为。可是，这种标准的设置正常吗？我认为不正常。案件的处理结果，不同的法官、检察官有不同看法乃极为正常，只要不是故意寻租或者存在重大过错，就不应因此承担什么不利后果。显然，仅仅以后面程序的结论为标准来考核前面程序法官、检察官的办案质量，并且以改判率、发回重审率、撤诉率等来确定法院、检察院工作的质量，这种做法是达不到考核的目的的。相反，在此种考核与立功受奖、晋升晋级、工资福利挂钩时，前面程序的法官、检察官一听到后面程序要改变结论时，不少会出面说情，导致一些可以纠正的反而得不到纠正。

还记得，我当法官时在一次法官培训班上，就讲过这种现象。某中院，只要高院的结果有所改变，如无期改判有期15年，死缓改无期，便认为是质量不高或者存在问题的不当案件，相应法官在年底的福利就要受到影响。我说，法官认识就这么准确？二审之所以能够改变，乃是基于法院体制及其权力，而不一定是基于法官的水平、能力及品德。倘若将一审、二审法院的法官调换，各自所作的结论不变，那结论就不是二审法官的结论不当了吗？案件结论不像数学计算那样，是一就不可能是二。对被告人量刑，不仅与案件所涉犯罪行为的性质及其手段、方式、结果，主观目的、动机、故意与过失，犯罪人的年龄、是否为限制责任能力，是否怀孕，以及犯罪的环境、是否引起民愤等许许多多的因素相关，而且与法官的认识、能力、水平、价值取向等相联系，故，对同一案件罪与非罪的看法，尤其是具体量刑的看法不同乃是非常正常的事。也正是如此，对某种犯罪行为及其相应的罪重、罪轻情节的量刑，法律罕见采用绝对法定刑，而是采取相对法定刑。前者，即绝对确定的法定刑，乃对某种犯罪或某种犯罪的某种情形只规定单一的刑种和固定的刑罚，法官只能依据法律条文的规定执行，没有任何选择和裁量的余地。后者也就是相对法定刑，则规定1个或2个乃至多个法定刑量刑幅度，而且这一量刑幅度还有一定宽度，如3~10年有期，10年以上有期或无期等。法官只要选择正确的法定量刑幅度而在该幅度内量刑，就都不属于畸轻或畸重而导致罪刑不相适应的情形。事实上，法官也很少会滥用这种幅度，如受贿300万元应判10年以上，受贿299万元，即使被告人有自首，也通常不会判处3年，而是会判处5~7年，与受贿300万元有自首情节的相差不会很大。以是，上述的完全以后面程序结论作为标准考核前面程序办案人员办案质量的做法，乃是一种脱离实际的考察方式。

还是这个中院，其院长曾任某县县委书记，重打击，判重刑乃是其处理刑事案件的主要原则。尤其是死刑案件，按照我国历来的刑事政策，"可杀可不杀的坚决不杀"，但在该院，只要符合可杀的条件，在一段时间内，都一律判处死刑，还说要改让高院改去，改过来不死也要吓罪犯一下。致使有一年，该院判处死刑的数额几乎占到了全省14个地市中院所判死刑的一半，高院为此大量改判，对于这种改判，则明确不列入法官的考核范围。有时候，人的命运就是如此，遇上一个重刑主义者，本来可以保全的性命就保全不了。尽管这不能以错案论处，然与党和国家的死刑适用政策还是相悖的。

谭君： 您上述所讲的，是对侦查机关、公诉机关、审判机关工作效能等通过各种比率所作的宏观考察，有的可能形成一定的负面作用。从微观上来说，具体到对侦查人员、公诉人员、审判人员的考核评价，司法机关是怎样进行的？

贺小电：这种具体考核评价多种多样，如办案数量等的考核，先进、奖金的评定，以及因重大案件办理的专项立功奖励，具体冤假错案的追责等。因重大案件办理的立功奖励，在证据确凿无疑时没有问题，可要是证据存在疑问就认为案件告破、立功奖励，或者召开公宣公判大会大肆进行宣传，则没有必要，待到确定是冤假错案时，无疑是一种极大的讽刺。可在司法实践中，就是因为这种证据存在问题属于疑难案件得以告破而更能够受到领导的肯定与赞扬，并由此立功受奖，有的还为此加官晋爵。如1996年发生在内蒙古的故意杀人案，时任呼和浩特市新城区公安分局副局长并担任该专案组长的冯志明及其他多位警官，就因"迅速破获大案"获集体二等功，次年调任呼和浩特市公安局缉毒缉私支队支队长，就是如此。

其实，是否属于证据存疑案件，司法人员不是不清楚。既然清楚，在某种无奈之下不能坚持疑罪从无时，在确定为冤假错案前，至少不能因此而获得肯定与奖励，以免引起后来"亡者归来""真凶出现"等笑话。真正值得肯定赞扬者，仍是那些坚持疑罪从无原则而宣告无罪的法官。这种宣告无罪，可以促使侦查机关进一步查找证据，若能证明被告人确实无罪，固然是好事；即使后面发现新的证据证实系因证据不足而宣告无罪的被告人所为，还是可以依法追究。这样，至少不会冤枉无辜，与刑事诉讼的不枉不纵的目的完全吻合；若发现系他人所为，就避免了一起冤假错案的发生。要想到，一起冤假错案不仅使得无辜之人丧失自由甚至生命，而且还让真凶逍遥法外对司法人员予以嘲笑，更使得被害人得不到真正的抚慰，被枉无辜之人整个家庭都身陷不幸的痛苦之中。待确定为冤假错案时，国家要为此埋单，并给司法公信力或者权威造成莫大的伤害，故，对于疑案的奖励应肯定坚持疑罪从无原则的司法人员，而不应给予那些实行疑罪从轻的司法人员，即使在疑案没有确实为冤假错案时，也应如此。

2012年，遵义市中级人民法院张海波及其有关法官对一起杀人疑案坚持疑罪从无宣告被告人无罪，2年后真凶出现证实他们原来坚持的正确，真难能可贵，值得钦佩。

2011年4月6日早上6时30分左右，家住湄潭县湄江镇某小区的冉甲波被发现受害于卧室中。

警方通过小区监控视频查明，冉甲波与陶某案发当日凌晨2时许进入小区，早上6时左右陶某衣衫不整地离开小区。此段时间，监控视频未出现可疑第三人。当天下午，警方布控将陶某抓获。

在侦查阶段，陶某共有13次供述，其中9次作了有罪供述，承认2008年起她与冉甲波保持不正当男女关系，因冉长期不愿给自己名分，加之当天她从龙里县专程赶往思南县与冉会面时，冉仍只顾打麻将而不下楼接自己，心里感到愤恨，半夜临时起了杀心，趁着冉睡着之后，拿起放在沙发上的1把羊角刀，骑在他身上将其杀害后逃走。4次无罪辩解则称有小偷入室盗窃，被发现后先向其（陶某）嘴角划了1刀，又向坐起来查看情况的冉胸口刺了1刀，随之与冉扭打在一起，扭打中小偷拿着刀多次刺向冉，使得冉逐渐失去意识，在陶某承诺不再喊叫之后，才放开冉，并拿着冉的皮衣和陶的手提包逃走。

4月8日，警方对案发现场进行复勘，确认现场无第三人痕迹，于是根据收集到的证据，认为陶某具有杀人动机，有罪供述与现场勘查基本吻合，乃为杀害冉甲波的犯罪嫌疑人。

案件移送审查起诉后，陶某再次承认冉系自己所杀。遵义市人民检察院2011年12月对陶以故意杀人罪提起公诉。

审判阶段，承办法官张海波与合议庭成员查勘现场发现："房内四处都是喷溅的血迹，这意味着当时一定发生了打斗，但是身材瘦弱的陶某显然难以与五大三粗的罐车司机冉甲波对抗；案发现场厕所的水龙头没有动过，案发后陶某去过的小旅店老板证明，陶某只在房间里待了几分钟，没有时间和条件进行淋浴冲洗，身上衣物并未换过，而陶某除脚上的皮靴上之外，身上、内外层衣物上均无冉甲波血迹，与其供述近距离刺杀冉甲波的情形不相吻合；该小区监控死角发现一处低矮围墙，翻过去就是一条大马路。若是凶手从这里逃离案发现场，监控无法发现。同时，现场提取的证物——刀并没有陶某的DNA和指纹，间接证据无法形成证据链。"

案件开庭前，听说法院启动了非法证据排除程序，"被害人70岁的老母亲到张海波的办公室，一见到她就'扑通'一声跪下了，一边磕头一边对张海波说：'法官，坏人已经被抓起来了，你要是把坏人放出来，可是要遭天谴的！'"

"如果陶某是真凶，为什么在案发的第一时间没有立刻逃跑，而是打电话给其姐，并去找被害人的朋友张某说明情况？为什么要将冉甲波的皮外套和自己的手提包带离现场，却不拿走凶器？为什么凶器会是一把冉甲波家人从未见过的羊角刀？""如果陶某不是真凶，为什么她没有第一时间报警，还准备逃往余庆县？为什么公安机关在现场勘验中没有发现第三人痕迹？为什么陶某多次承认冉甲波就是自己所杀？"这些问题，一直在法官张海波脑海里萦绕……

"法庭调查阶段，陶某表示，最初不敢报警是因为冉甲波亲属在楼上楼下住着，担心他们知道冉甲波被杀时与自己在一起会有极端行为，另外自己的家人并不知道她和冉甲波的关系，所以担心报警后会让事情败露导致自己的家庭破碎。作有罪供述时，想到反正冉甲波都已经死了，自己也不想活了。警方表示，案发时陶某和冉甲波在一起，案发后陶某不报警、不救治，反而要逃跑，行为极为可疑。"

"由于案情重大，遵义市中级人民法院先后于2012年5月7日和7月26日2次召开审判委员会对该案进行讨论，公诉机关的相关领导和承办人列席了讨论。审判委员会秉持'以事实为根据，以法律为准绳'的原则，对案件几个焦点问题进行讨论：案发之前陶某应冉甲波电话之邀，专程从龙里赶往思南，并与冉甲波一起前往湄潭，当晚一起与朋友吃饭期间并未吵架，半夜睡醒之后陶某因情生恨，临时动杀心，犯罪动机牵强。若是陶某因其他原因预谋杀害冉甲波，应该不会在案发前张扬地与冉甲波等5人一起吃饭。"

"案发当晚，冉甲波与陶某所住的房屋门锁被毁，有第三人入室的可能。根据现场勘验、尸检报告以及现场血迹分布动态，现场发生过搏斗，但陶某与冉甲波力量悬殊较大，应该不会形成这样的案发现场，且若陶某与冉甲波有过近距离搏斗，无法解释为何陶某身上无冉甲波血迹；视频监控显示，案发后陶某衣衫不整地从小区慌乱离开，还分别告诉了其姐和张某，冉甲波被入室盗窃的小偷杀害，其种种表现不像刚刚杀人并消灭作案痕迹后的状态；陶某在逃离现场时没有带走凶器而是带走了自己的手提包和被害人的皮外套不合逻辑，而在无罪辩解中称包与皮外套被小偷拿走，与公安机关一直未找到包以及被害人的皮外套相吻合。"

"案发当日12时，湄潭县公安局勘验现场结束后，被害人亲属将被害人尸体运至殡仪馆，案发现场实际已被破坏，不能完全排除第三人作案的可能；陶某有罪供述中称凶器是在沙发上拿的，但是据被害人家属回忆，从未见过那把羊角刀，而且普通家庭一般很少会出现羊角刀。经过检测，羊角刀上也没有陶某的指纹；该案疑点重重，无法得到合理解释，不排除有第三人作案的可能性，没有直接证据证明陶某作案，现有证据无法形成证据锁链。"

宣判时，"被害人妻子听到宣判结果后，马上冲上前，准备抓扯陶某。法警赶紧维持现场秩序，确保所有人从法庭安全撤离。张海波记得，他们离开现场时，被害人家属此起彼伏的咒骂声不绝于耳，'徇私枉法''滥用职权''收受好处'这些言语格外刺耳。"

2年后的"2014年2月，娄某向管教民警反映，与其同一监室的黎某在与其聊天时透露，自己曾在湄江镇某小区杀死1个人，连刀都没有带离现场"。经讯问："黎某供认，2011年4月6日凌晨2时许，他在湄江镇携带1把羊角刀行至某小区，发现一对男女进入了一个没有门锁的房屋，于是走到楼顶休息，决定等他们入睡后实施盗窃。在盗抢过程中，将男子杀害，并逃离现场。随后，公安机关在黎某遗弃的电动摩托车后备箱内发现了冉甲波当年'失踪'的皮外套。同时，鉴定机构出具了从作案凶器羊角刀刃部的一处擦拭物中检出混合基因型，以及冉甲波的基因型与黎某的基因型合并后可形成的生物物证鉴定意见书。"

"2015年12月21日，遵义市中级人民法院对黎某案作出判决，认定被告人黎某犯抢劫罪、故意杀人罪、强奸罪、盗窃罪，数罪并罚，决定执行死刑，剥夺政治权利终身，并处没收个人全部财产。黎某没有上诉。2018年7月19日，遵义市中级人民法院根据最高人民法院执行死刑命令，对黎某验明正身后，执行了死刑。"

2019年3月8日，贵州省高级人民法院给陶某故意杀人案件的承办法官张海波及合议庭记二等功。[①]

谭君：您上面所谈的是考评制度中的奖励方面，考评制度的另一方面，即出现冤假错案后，如何追究有关人员的责任？在司法实践中，我们已经发现了许多冤假错案，但被追究责任而予以公开的情况很少见到，这是什么原因呢？

贺小电：对于冤假错案，毫无疑问，应当追究相关人员的责任，以促使刑事司法人员依法认真履行自己的职责，可在我看来，要注意以下几个方面的问题：

——冤假错案主要应当限制在犯罪事实的认定上。当然，一些行为成立但明显不

---

① 参见《"杀人犯"被宣告无罪后真凶现身——案件承办人贵州遵义中院法官张海波荣记二等功》，载中国法院网，2019年3月10日；《重压下作无罪判决，一年后真凶落网》，载澎湃新闻，2019年3月10日。

构成犯罪，以及根据《刑事诉讼法》规定不应追究刑事责任的行为予以定罪追究刑事责任造成冤假错案的，也应追究相关人员的责任。有的事实成立，但在行为结果的量上认识存在错误致使量刑畸轻畸重，并造成严重后果的，如在20世纪90年代严打期间，对于盗窃他人财物2万元以上的就可以判处死刑。一被告人被控盗窃纽扣价值2万多元，被一审、二审并经被授权的高院核准死刑后执行枪决，后来发现，被盗纽扣价值严重高估，只有6000元，像这样定罪没有错误可因犯罪行为在量上的认识错误造成量刑畸重并产生了将被告人错杀的重大后果，也要依法追究相关人员的责任。

——对于冤假错案的造成在主观上必须存在故意或者重大过失。假使刑事司法人员在主观上对冤假错案的形成既不是出于故意，也不存在过失，就不应对之追究责任。如主动为他人顶罪，或者在场证人都指证所认识的被告人犯罪，被告人也予以承认，被告人口供、证人证言及物证之间并不存在重大且难以解释的矛盾而产生冤假错案的，乃是被告人及其有关证人伪证所为，刑事司法人员主观上并不存在故意或者过失，不能对之追究产生冤假错案的所谓责任。

——刑事司法人员必须具有违反刑事诉讼法律规定，在证据收集、保管、认识等方面存在违反证据规律、规则等的不法行为。这种不法行为，既包括不应为而为如刑讯逼供等不法取证行为，又包括应为而不为，如对被告人及其辩护人的辩解、辩护置之不理，不认真审查核实等玩忽职守行为。完全依法办事，没有滥用职权、玩忽职守的行为，即使冤假错案客观存在，也不应追究有关人员的所谓责任。

——刑事司法人员的违法行为与冤假错案的形成必须存在因果关系，如刑讯逼供致使被告人违背自己意志作出了与客观事实不符的入罪供述，并由此造成冤假错案的，就应追究刑讯逼供者造成冤假错案的责任。被告人遭受刑讯逼供作了入罪供述的同时，又作了无罪供述，也不能否定刑事司法人员刑讯逼供获取被告人有罪供述对冤假错案形成具有的原因力作用，于是也要对之追究冤假错案的责任。当然，刑事司法人员对被告人虽有刑讯逼供行为，但被告人一直否认，之所以定罪是出于其他方面的原因，如被告人与女子通奸，女子因被告人答应她的条件得不到满足便诬告被告人，并在女子内裤上检出精液，基于此认定被告人强奸，从而与刑讯逼供行为不存在因果关系，对刑讯逼供者虽然要依法追究责任包括刑事责任，可这不是追究冤假错案形成的责任，而是追究刑讯逼供者违反法律规定而实施的刑讯逼供犯罪的责任。

——对于冤假错案的直接责任人员，如有关侦查人员、审查起诉人员、承办法官、合议庭成员、正副庭长、正副院长、审委会委员，以及参与案件协商的其他人员等，都应依法追究责任。尤其是对造成冤假错案的始作俑者，如实施刑讯逼供、以权力要求有关刑事司法人员必须这么做而造成冤假错案的人员，更应严格追究责任，直至刑事责任。在司法实践中，已经发现了不少冤假错案，有的已经产生了严重后果，如被告人被冤杀或者长期失去人身自由，可被追究刑事责任的极少，我认为这是一种不正常的现象。破案对被告人定罪量刑了，我们说"法网恢恢，疏而不漏""正义也许会迟到，但绝不会缺席"，等等。但有人通过自己的职务行为却冤枉无辜，致使无辜者被冤杀或者长期失去人身自由，自身乃至家人的人生轨迹从此发生重大改变，国家为此还要赔偿，司法权威遭受重大损害，而真凶却逍遥法外，有的还继续为恶，代价不可谓不大，然而没有让相关人员付出起码的代价，仅仅以不是故意而为，而是以破案心切、打击犯罪等为由，轻轻地做一些记过、记大过、降职等不痛不痒的处分，难道能说"法网恢恢，疏而不漏""正义也许会迟到，但绝不会缺席"吗？我的答案是否定的。这种现象，与破案、办了重大案件的立功受奖、晋升晋级相比较，更显得不协调，从而不利于促使刑事司法人员形成既要惩治犯罪又要保障人权的刑事司法理念，不利于刑事司法人员从内心彻底摒弃有罪推定、疑罪从轻、重实体轻程序等不当观念，不利于实现既不放纵犯罪又不冤枉无辜的刑事诉讼的功能与目的。

——在对冤假错案形成具有故意或者过失的违法行为者严格追究责任包括刑事责任的同时，不能将这种责任泛化，避免牵连与冤假错案形成没有任何关系的其他司法人员。在司法实践中，一些法院、检察院等又搬出被事实反复证明已经过时的具有株连性质的过去那一套设立惩罚规则，如单位中有人一犯罪该单位所有工作人员的奖金就要被取消，领导不论是否有过错都要承担领导责任等，试图以此强化有关人员的责任，促使司法人员依法作为。这种做法，主观意图可能出于善意，以给违法犯罪者造成压力。他一旦违法犯罪，不仅要受到惩罚，而且还要连累到同事等无辜者，于是加强自律。然它是封建社会株连制度残余在现实生活中的反映，有悖于现代法治个人对自己行为负责、不牵连无辜的基本原则。不仅如此，如果得以滥用，还不利于冤假错案等违法犯罪行为的依法追究。既然一有违法犯罪整个单位及其工作人员都要受到牵连，那么，一些领导基于我国长期存在尚有一定市场的所谓"大事化小""小事化了"的好人主义做法，尽量不出现让本应追究的违法犯罪行为而予以追究的现象，而避免整个单位及其工作人员受到影响。就冤假错案产生的责任追究而言，若让所有无关的人尤其是一些领导在升迁的关键时刻让之承担责任，即使冤假错案被发现，出于本能都可能出现尽量隐瞒、拖延，甚至形成一种拒绝纠正的联盟，阻碍冤假错案的纠正。我想，有的冤假错案被发现后，长达多年甚至10余年得不到纠正，与这种责任的泛化追究或多或少存在一定关系，故需要引起充分的注意。

八、冤假错案与责任之究

谭君：在您看来，错案追究制并非防治冤假错案的良方。那么，冤假错案的出现，似乎是难以追责的。因为"结果领导定，责任大家担"，法不责众。但是，对于冤假错案的形成，每个环节的司法机关都有其责任。司法机关是抽象的，具体的行为都是具体的个人作出的。尽管司法体制的运行如此复杂，但是，我们难道不应当去追责吗？任由冤假错案层出不穷吗？

贺小电：我们需要搞清楚一个逻辑。冤假错案的出现和冤假错案的追究是两码事。冤假错案出现的原因有很多种，所以对应的追责，也要具体分析。什么叫错案，其内涵必须明确、外延必须周全，只有这样，才能分清责任，促使刑事司法人员谨慎行使司法权。

司法机关对案件的还原与判断，是基于证据和事实。这是一种基于人的主观认识的反推。人们只能依据现行的法理逻辑对一个事实进行法律事实上的还原。既然是主观的，就无法避免出现错误。也就是说，冤假错案，从某种程度上是无法避免的。我们可能抓错人，判错人，杀错人，甚至我们可能还不知道我们弄错了。因此，我们讲要进行错案责任的追究，其目的也是在于如何尽量减少冤假错案的出现。

谭君：冤假错案无法避免，这个观点乍一看挺令人气愤的，但确实又是客观情况。司法体制的运行离不开人的认识，人的认识是有局限性的。法律不能强人所难，社会也不应强司法人员所难。放纵一个坏人，抓错一个好人，都是广义上的冤假错案。但具体到司法实践中，冤假错案的冤和错，都是有层次的。有些冤和错，明明是人为的、故意的、极其恶劣的。您说的，是这个意思吗？

贺小电：是的。所以，从追责的角度来讲，应该考量，什么情况下才属错案，其责任追究的范围如何界定，不同的司法机关是否有不同的标准与做法。如果将后置程序对前置程序的否定，如减少或改变罪名，犯罪数额减少导致量刑幅度的改变等，不论是否具有主观上的过错，不论是否属于认识上的问题，不论是否属于滥用行为所致，如此等等，均以结果论"英雄"而就认为属于错案，这就不是实事求是的。

在分析、论证一个冤假错案形成的原因时，我们需要把司法程序分开考量。比如，国家赔偿法规定，作出最终错误结论的司法机关作为赔偿机关。但是，在错案追究过程中，不能仅以结果论，不能认为后面程序否定了前面程序，前面程序就是错误的。也就是说，根据前面程序作出的结论属于错误，但不一定属于实实在在的错案，因为有的本身属于罪与非罪的认识问题，不同人有不同看法。

有的案件，尤其是行为隐蔽且难以有物证、书证、视听资料等客观性证据的受贿案件，将案件证据通过骗供诱供、指名问供、证据比对等方式搞得非常扎实，在审查判断仍然严重依赖口供，审判模式又尚未摆脱侦查案卷中心主义，以庭审为中心的审判方式远未确立的情况下，加上对于犯罪绝对不能放纵的传统观念及司法实践中的反复强调，无疑使得法官只能作出有罪/错案的结论。这时，法官虽然办了错案，但我认为，他对应的责任也应当是有限的。

谭君：所以，这也好理解，为何官方对于错案追究的态度，并不显得"热烈"。聂树斌案再审审判长、最高人民法院第二巡回法庭庭长胡云腾说："讲错案责任追究是为了防范错案，是为了减少错案，但是如果弄得不好，它可能既防范不了错案，又很难纠正错案。"

贺小电：胡云腾法官的观点很有道理。简单说，如果要追责，不是简单追某个人的责，因为这个责任在权力的运转过程中，发生了流变，并不固定。如果将司法环节上的司法人员都进行惩罚，有的甚至牵连到整个司法单位，这种牵连性惩罚不仅会弱化真正责任人的责任，而且会将无责任人牵连其中，并使他们形成广泛的利益联盟，一起对错案纠正进行抵制与对抗。

谭君：冤假错案发现后，不仅需要及时纠正，而且必须进行错案责任追究，否则就不可能有效防范刑事司法过程中一些玩忽职守甚至滥用职权以致冤假错案的行为发生，这点会有疑问吗？

贺小电：从理论上讲，这没有任何疑问。可是，如上面所说，按照我国现有的刑事司法体制，涉及众多人，必须分清主要责任，将那些直接造成冤假错案的始作俑者，如故意以刑讯逼供等方法获取证据，故意隐瞒、藏匿、毁灭证据，故意栽赃陷害，完全能够发现为冤假错案却因玩忽职守、滥用职权造成冤假错案的人绳之以法，让之承担相应的法律责任直至刑事责任；其他有关人员，包括案件研究、处理的人员，则分清层次给予必要的行政责任。对于无关的人员，不能因为有关人员受到追究而让法院及其其他工作人员的立功受奖、奖金福利遭受影响，将无辜之人牵连其中，以避免无责任人员基于自己的利益而阻碍发现并及时纠正冤假错案。

九、不认罪悔罪与减刑假释

谭君：按您所说，以纠正冤假错案为目的的再审程序，其及时发现并依法启动再审程序的功能没有充分得以发挥，除了错案追究制本身的问题外，在制度上，我曾听您说过，现有的减刑、假释制度也与之有一定关系，是怎么回事呢？

贺小电：对于错案责任追究，在这里我想再补充说明一下，若不严格追究有关人员包括故意拖延、阻碍错案纠正的违法犯罪行为，乃不足以通过严厉的惩罚让人得到教训，严格司法、防范错案发生的目标也难以达成。另一方面，如果责任追究过于泛化，又容易造成有关人员集体对抗甚至形成联盟为及时发现并纠正错案设置障碍。对此，要避免走向两个极端。但从发现冤假错案后的责任追究来看，很少看到对有刑讯逼供、故意隐匿证据等非法行为的司法工作人员进行刑事责任的追究，这是一种不正常的现象，需要引起注意与重视。

就减刑、假释制度而言，按照法律规定，判处一定刑罚的罪犯在服刑期间，倘若认真遵守监规，接受教育改造，确有悔改表现的，可以依法减刑、假释。那么，什么叫"确有悔改表现"呢？有关司法解释则规定必须同时满足"认罪悔罪""遵守法律法规及监规，接受教育改造""积极参加思想、文化、职业技术教育""积极参加劳动，努力完成劳动任务"等4个方面，缺一不可，而且"认罪悔罪"乃是"确有悔改表现"的首要条件。如此，罪犯不"认罪悔罪"就不能得到减刑、假释。那么，即使为本来无罪而被冤定枉判的"罪犯"，不"认罪悔罪"也不得减刑、假释。这时，他们只有2种选择，要么不认罪悔罪，不能得到减刑、假释，从而使得冤假错案一错再错，使得受冤枉之人失去更多的自由；要么为了减刑、假释，"认罪悔罪"，以致冤假错案不能及时发现。即使为前者，罪犯本人及其亲属依法提出申诉，通常也很难得到重视。现在发现的冤假错案，不少都是反复申诉，少的几年，多的10多年，但有关司法机关都认为原裁判并无错误，待"亡者归来""真凶出现"时才知道真的是冤假错案。

其实，认罪悔罪的前提是生效裁判乃正确无误。然而，如前所述，由于各种各样的主客观因素，生效裁判出现错误在所难免。倘使生效裁判确有错误，当事人往往最为清楚，尤其是生效裁判对事实认定存在错误的情况下，更是如此。是以，在生效裁判存在错误甚至属于冤案的可能性无法绝对排除的情况下，自然需要也应当允许当事人认为裁判存在错误不予"认罪悔罪"。既然他根本没有实施过生效裁判所认定的犯罪事实，或者虽然实施过所认定的行为但在法律上不属于犯罪的，又怎么让之"认罪悔罪"呢？这时，他不仅可以不认罪悔罪，还可以通过法定的途径申诉，对之前认定自己犯罪的裁判要求纠正，从而给错误的生效裁判得以及时纠正留下畅通的渠道。事实上，要是真正重视当事人及其近亲属等的申诉，许多冤假错案就能够得到纠正，不至于要待多年或者10多年甚至数十年后才能发现并加以纠正。还有，当事人对生效裁判的申诉，也是《刑事诉讼法》明文规定的权利。这样，在司法实践中，对执行刑罚的当事人减刑、假释的过程中一定要求其认罪，不能申诉，否则就不予减刑、假释的做法无疑值得商榷。一些人为了早获自由，求得减刑、假释，不得不出具认罪书，然内心却并不真正认罪，从而达不到减刑、假释适用的目的。一些当事人不认罪，坚持申诉，于是不能获得减刑、假释，进而导致基于一些错误裁判的羁押得不到及时纠正，这也是一些后来被发现系冤案却已经被羁押了数年甚至10多年的原因。

其实，认罪悔罪与对生效裁判的尊重乃是两码事。表面认罪可内心不认罪的现象经常存在，故当事人一口头或书面表示认罪悔罪，并非在内心里就真的认罪悔罪，更不意味着他就一定会尊重生效裁判；反之，不认罪悔罪也并不意味着就不尊重生效裁判。尊重生效裁判，乃是服从生效裁判对当事人确定的义务内容。当事人被判处刑罚，在对之执行刑罚的过程中无疑要求他在行为上应当严格遵守国家法律、法规等的有关规定，但这不是要求他一定对生效裁判确定的事实或罪名在主观上表示认可，更不能认为当事人不认罪悔罪有的甚至提出申诉就是对生效裁判的不尊重而对之依法申诉加以限制。假若生效裁判确有错误，又怎么能要求当事人表示认可呢？当然，即使不认可，在错误生效裁判通过正当程序得以纠正前，仍然需要服从。故，尊重生效裁判，对当事人来说，乃是服从生效裁判对之确定的义务，按照生效裁判接受法律的制裁。只要尊重生效裁判，履行裁判确定的义务，并"遵守法律法规及监规""积极参加思想、文化、职业技术教育""积极参加劳动，努力完成劳动任务"，就应当依法给予减刑、假释，而不应以"认罪悔罪"为条件，更不得限制当事人及其家人依法申诉的权利。不然，当事人的申诉权利就得不到充分的保障，错误的生效裁判就有可能得不到及时发现纠正而给当事人带来更大的损害。

当然，也许有人会说，司法解释不是在规定"认罪悔罪"乃为减刑、假释条件"确有悔改表现"的表现之一的同时，又规定了"罪犯在刑罚执行期间的申诉权利应当依法保护，对其正当申诉不能不加分析地认为是不认罪悔罪"的吗？问题是，既然是申诉，起码就是对裁判确定的定罪或者量刑不服，自不属于"认罪悔罪"的表现。倘若"认罪悔罪"就不会再予以申诉。司法解释之所以又作出补充规定，也是承认这一点，意图保护当事人申诉的权利。然而，这种补充规定根本不可能达到这一目的：一方面，当事人要认罪悔罪，并且写出认罪悔罪书，又有什么理由不服裁判而申诉呢？还有，对于申诉不能不加分析地认为是不认罪悔罪，那么，又怎么能够加以分析地认为哪些申诉是认罪悔罪，哪些申诉又不是认罪悔罪。对于这种表现矛盾的"认罪悔罪"与"申诉"，我想不是非凡之人是很难分清的。所以，监狱工作人员的做法就是，只要申诉就认为不属于"认罪悔罪"，从而不予启动减刑、假释程序。

十、孙小果案和邓世平失踪案

谭君：冤假错案，您前面讲过，在特定环境下主要指将无罪判有罪、轻罪判重罪的致使被告人遭受冤枉冤屈以及疑罪从有从轻的情形。同时，您也讲过，冤假错案中的冤案、假案、错案，让被告人遭受冤枉，乃属将无罪判有罪以及疑罪从有从轻的情形。

但其中的错案，从文义的本义上讲，不仅指将无辜之人入罪的冤假案、疑罪从有从轻不重判的错案，而且包括轻罪重判的错案，以及将有罪判无罪、重罪轻判的错案。为社会广为关注的云南孙小果强奸、故意伤害等案件，湖南新晃杜少平故意杀人案，司法机关原来的裁判或者所作出的结论，已证明为错案，并启动再审或者重新依法追诉，孙小果、杜少平依法被判处死刑并予执行，迟到的正义终于得到伸张。在您看来，司法机关原来对孙小果、杜少平的错误处理，主要体现在哪些方面呢？

贺小电：据媒体报道：孙小果，因1994年强奸他人被昆明市盘龙区人民法院1995年12月判处有期徒刑3年，二审裁定驳回上诉，维持原判。案件办理期间，其父母通过伪造病历帮助孙小果非法取保候审、保外就医，致使未执行刑期2年4个月又12天。在未收监的监外执行期间，孙1997年4~6月又以暴力或胁迫手段对1名17岁和2名15岁、1名未满14岁的幼女共4名未成年少女实施强奸。其中强奸幼女（未遂），并具有强奸妇女多人和在公共场所劫持妇女强奸等特别严重情节，且同时具有非法限制被害人人身自由、当众强奸、强奸未成年人、刑罚执行期间又犯罪、强奸再犯等多个法定或酌定从重处罚情节。另于1997年11月7日，孙小果及同伙在公共场所挟持2名17岁少女，对2人进行暴力伤害和凌辱摧残，致1名被害人重伤，犯罪手段极其凶残；1997年7月13日、10月22日，还伙同他人肆意在公共场所追逐、拦截、殴打他人致3名被害人受伤，破坏社会秩序，情节恶劣。

据上，昆明市中级人民法院1998年2月18日一审以孙小果犯强奸罪判处死刑，以强制侮辱妇女罪判处有期徒刑15年，以故意伤害罪判处有期徒刑7年，以寻衅滋事罪判处有期徒刑3年，并与因1994年犯强奸罪被判处有期3年尚未执行的刑期2年4个月又12天，数罪并罚，决定执行死刑。

孙小果上诉后，云南省高级人民法院二审期间，对孙强奸幼女的事实未加认定，并于1999年3月9日作出二审判决改判孙强奸罪死缓，合并一审所判他罪刑罚及尚未执行完毕的刑罚，决定执行死缓。

8年后，云南省高级人民法院又对孙小果强奸等案进行再审，并于2007年9月27日作出（2006）云高刑再终字第12号刑事判决（即原再审判决），改判孙强奸罪有期徒刑，并合并他罪所判刑罚及尚未执行完毕的刑罚，决定执行有期徒刑20年。

之后的服刑期间，孙小果及其父母通过贿赂监狱、法院等工作人员，以发明"联动锁紧式防盗窨井盖"国家专利等立功方式减刑，最终于2010年4月11日释放出狱，实际服刑约12年零5个月。

出狱后，孙小果以"李林宸"之名注册成立多家娱乐、餐饮、投资等公司。2018年7月21日，孙应李某之邀，先后伙同杨某、冯某等7人到昆明市官渡区金汁路温莎KTV，殴打王某多人，并致王重伤2级，其他人不同程度受伤。2018年7月30日，昆明市公安局官渡分局对之所犯故意伤害罪立案侦查，1个月后的8月30日对孙取保候审。2019年1月3日，案件移送昆明市官渡区人民法院审理后，被发现孙原系1998年一审被判处死刑的罪犯。昆明市委获悉后遂向云南省委报告，省委要求对该案深挖彻查，依法办理。2019年3月18日，官渡区人民法院对孙决定逮捕，侦查机关对之所涉嫌犯罪则全面进行侦查，中央扫黑除恶督导组、全国扫黑办4月开始对孙案进行督办。

在对孙小果涉嫌组织、领导黑社会性质组织，开设赌场，寻衅滋事，非法拘禁，故意伤害，妨害作证，行贿等犯罪进行查处的同时，云南省高级人民法院原二审、原再审及有关减刑案件的违法犯罪活动也一一进入司法机关及社会的视野。

2019年11月6~8日，玉溪市中级人民法院对被告人孙小果等13人组织、领导、参加黑社会性质组织等犯罪一案公开开庭审理，并当庭宣告一审判决，以被告人孙小果犯组织、领导黑社会性质组织罪，开设赌场罪，寻衅滋事罪，非法拘禁罪，故意伤害罪，妨害作证罪，行贿罪等分别判处有期徒刑后，数罪并罚，决定执行有期徒刑25年，剥夺政治权利5年，并处没收个人全部财产；以被告人顾宏斌、杨朝光等12人犯参加黑社会性质组织罪等罪分别判处刑罚，数罪并罚，决定执行15年到2年零6个月不等的有期徒刑，并处罚金。孙等人上诉后，云南省高级人民法院经过二审审理于2019年12月17日公开宣判，对上诉人孙小果等4人驳回上诉，维持原判；上诉人杨朝光等4人二审期间自愿认罪认罚，法院依法改判。

在对孙小果出狱后所涉嫌组织、领导黑社会性质组织犯罪等案件进行侦查、审查起诉、一审、二审的同时，云南省高级人民法院2019年7月18日以孙强奸、强制猥亵妇女、故意伤害、寻衅滋事一案所作的二审、再审判决确有错误为由决定启动再审；同年10月14日进行再审开庭审理，2个月后的12月23日，云南省高级人民法院再审公开宣判，认为本院2007年9月作出的原再审判决以及1999年3月作出的二审判决对孙小果的定罪量刑确有错误，依法予以撤销，维持昆明市中级人民法院1998年2月对孙小果以强奸罪判处死刑等所作的一审判决，并与其出狱后所犯组织、领导黑社会性质组织等罪被判处有期徒刑25年的终审判决合并，数罪并罚，决定执行死刑，剥夺政治权利终身，并处没收个人全部财产。最高人民法院经过复核于2020年2月12日作出裁定，核准孙小果死刑。遵照最高人民法院下达的执行死刑命令，昆明市中级人民法院2020年2月20日对孙小果执行死刑。

此外，孙小果母亲、继父，以及云南省高级人民法院审委会原专职委员梁子安、田波，云南省司法厅原巡视员罗正云、云南省监狱管理局原副巡视员刘思源等19人在孙小果二审、再审、减刑等案件中行贿、受贿、徇私枉法、徇私舞弊减刑等的犯罪行为，也被查处并被追究刑事责任。

云南省高级人民法院原党组书记、院长赵仕杰在孙小果案申诉再审过程中，违背事实和法律规定，利用担任云南省高级人民法院院长的职权，徇私舞弊，授意和要求审判人员枉法裁判，致使孙小果由死缓改判有期徒刑20年，造成恶劣影响和严重后果，经中央批准，由中央纪委给予留党察看1年处分，按二级巡视员确定其退休待遇。对涉及孙小果案的云南省人民检察院党组副书记、副检察长许绍政，云南省审计厅原党组书记、厅长刘明，云南省人民政府原参事郑蜀饶，云南省人大常委会原委员、内务司法委员会原主任冯家聪，云南省高级人民法院原院长孙小虹（正厅级）等5名省管干部违纪问题，云南省纪委报经云南省委批准后也分别给予相关人员党纪处分。

由上所述，云南省高级人民法院对孙小果强奸等案的再审判决，是对该院原二审、原再审判决的再审。原二审判决，本身在对孙强奸事实的认定上，否定了昆明市中级人民法院一审认定的强奸幼女的事实，并在孙具有强奸妇女多人和在公共场所劫持妇女强奸等特别严重情节，且同时具有非法限制被害人人身自由、当众强奸、强奸未成年人、刑罚执行期间又犯罪、强奸再犯等多个法定或酌定从重处罚情节，又无其他从轻情节，尚犯有多罪而说明其主观恶性强、人身危险性高，当时还属于"严打"期间，昆明市中级人民法院对之处以极刑，量刑乃没有任何问题。原二审将之强奸幼女未遂的事实未加认定，并改判死缓，属于认定事实确有错误并导致量刑不当。原再审在原二审的基础上，基于原院长的过问，在孙母亲、继父向一些法官行贿，在原有犯罪事实及情形没有任何变动的情况下，又将原二审所判强奸死缓改为有期徒刑，合并其他犯罪决定执行有期20年，量刑发生重大的变化，不仅在实体事实认定、量刑上确实存在错误，而且在程序中一些司法人员受贿而徇私枉法，云南省高级人民法院于是根据《刑事诉讼法》第254条第1款关于"各级人民法院院长对本院已经发生法律效力的判决和裁定，如果发现在认定事实上或者在适用法律上确有错误，必须提交审判委员会处理"的规定，由院审判委员会讨论决定对孙小果原二审、原再审所作错误判决案再次进行再审，并纠正原再审判决、二审判决未对孙强奸幼女的事实错误，根据法律规定撤销原再审、二审判决，并维持昆明市中级人民法院的一审判决，无论是在程序上还是在实体上，都是正确的。

谭君： 新晃操场埋尸案，侦查机关在被害人邓世平妻子报案后，有关领导、司法人员接受为使杜逃避法律制裁的新晃一中原校长黄柄松等的请托，不认真履行职责，故意包庇而将邓被害案定性为一般的失踪案，不立案侦查，致使杀害邓世平的凶手杜少平等长期逍遥法外。尽管如此，该案未被立案侦查，并未形成刑事案件，能认定为错案吗？

贺小电： 首先我们来看看案件的有关事实及其司法过程。

2001年12月，杜少平承揽了新晃侗族自治县一中400米操场土建工程，聘请被告人罗光忠等人管理。新晃一中委派总务处邓世平、姚本英（病故）2人监督工程质量。在施工过程中，杜少平因工程质量等问题与邓世平产生矛盾，杜对邓怀恨在心。2003年1月22日，杜伙同罗光忠在工程指挥部办公室将邓杀害，当晚2人将尸体掩埋于操场一土坑内，次日罗光忠指挥铲车将土坑填平。

2003年1月25日、2月11日，邓世平的妻子及弟弟先后向新晃侗族自治县公安局报案。新晃县、怀化市公安机关都先后介入调查，但都没有结果。

直至16年后的2019年4月，杜少平因涉嫌故意伤害、非法拘禁、聚众斗殴等犯罪被立案侦查。5月，怀化市公安局在核查中央扫黑除恶第16督导组交办的邓世平被杀案线索时发现杜少平关联极大。经审讯，杜少平、罗光忠交代了自己合谋杀害邓并埋入新晃一中操场的犯罪事实。根据2人指认，2019年6月20日从操场挖出1具尸骸。6月23日，怀化市公安局刑事科学技术研究所经DNA检验鉴定，确认尸骸为2003年失踪人员邓世平的遗骸。

同日，新晃县纪委监委对新晃一中原校长、杜少平舅舅黄炳松立案审查和监察调查，同时对杜少平有关犯罪及邓世平被害案的相关徇私枉法、玩忽职守人员分别立案调查。

案发后，时任新晃一中校长黄炳松（杜少平舅舅）为掩盖杜少平的杀人犯罪事实，自己或者指使新晃一中办公室主任杨荣安多方请托、拉拢腐蚀相关公职人员，帮助杜逃避法律追究；时任新晃县公安局党委副书记、政委杨军（杜少平同学）明知杜少平是杀害邓世平的凶手，相互勾结，共同故意对杜予以包庇；时任怀化市公安局刑侦支队正科级侦查员、副主任法医邓水生，时任新晃县公安局党委委员、副局长刘洪波，时任新晃县公安局刑侦大队大队长曹日铨，时任新晃县公安局刑侦大队副大队长陈守钿，时任新晃县公安局刑侦大队民警陈领等5人，在参与办理邓世平被害案的过程中，接受黄炳松的请吃或钱物，明知杜少平有杀害邓世平的重大犯罪嫌疑，故意延迟对现场提取血迹的送检，未按上级要求对疑似埋尸的2个土坑深挖清查，对相关证据不及时勘验、送检、查证，向上级汇报时隐瞒重要证据和线索，将案件定性为失踪案，不予立案；时任怀化市公安局副局长杨学文、新晃县公安局局长蒋爱国在办案过程中接受黄炳松及他人安排的请吃后，玩忽职守，不认真落实上级要求，轻信邓水生、刘洪波等人的汇报，同意将邓世平被害案以失踪案处理，导致该案长期未被刑事立案侦查，杀害邓的凶手杜少平、罗光忠长达16年未受追诉。后来，这些人员均以涉嫌徇私枉法或玩忽职守受到立案调查、审判。其中，杨军、黄炳松被以徇私枉法罪判处有期徒刑15年；邓水生被以徇私枉法罪判处有期徒刑14年；刘洪波、陈守钿、曹日铨、陈领、杨荣安被以徇私枉法罪分别判处有期13年至10年不等徒刑；杨学文、蒋爱国被以玩忽职守罪分别判处有期徒刑9年、7年。

另外，时任怀化市公安局刑侦支队办案指导大队大队长徐勇，时任怀化市公安局刑侦支队支队长黄均平，时任新晃县副县长龙胜兰，时任新晃县委常委、政法委书记杨清林，时任新晃县委副书记张家茂，时任新晃县委书记王行水，时任怀化市人民检察院党组书记、检察长伍绍昆，时任怀化市公安局党委书记、局长汪华，时任湖南省民委党组成员、副主任田代武（曾任新晃县委书记）等9人，在办理邓世平被杀案中存在失职渎职或其他违纪违法问题，分别受到开除党籍、党内严重警告、党内警告、政务撤职等党纪政务处分。

2019年12月7~18日，怀化市中级人民法院对杜少平故意杀人等一案开庭审理，查明杜少平伙同被告人罗光忠故意非法剥夺他人生命，致1人死亡，故意伤害他人身体，致1人轻伤，组织、领导恶势力犯罪集团实施寻衅滋事、非法拘禁、聚众斗殴、强迫交易等犯罪活动。认定杜少平行为分别构成故意杀人罪、故意伤害罪、寻衅滋事罪、非法拘禁罪、聚众斗殴罪、强迫交易罪，并分别判处刑罚后，数罪并罚，决定执行死刑，剥夺政治权利终身，并处罚金50万元；认定罗光忠犯故意杀人罪，判处死刑，缓期2年执行，剥夺政治权利终身。

杜少平、罗光忠等人提起上诉，湖南高级人民法院二审审理后于2020年1月10日宣判，裁定驳回杜少平、罗光忠等8名被告人的上诉，全案维持原判，核准罗光忠的死缓，并对杜少平的死刑依法报请最高人民法院核准。

2020年1月16日，最高人民法院依法复核后对杜少平的死刑裁定核准。

4天后的20日，遵照最高人民法院下达的执行死刑命令，怀化市中级人民法院对"操场埋尸案"主角杜少平依法执行死刑。

由上可知，邓世平被害后，有关司法机关立案侦查，可作为公职人员的新晃一中时任校长的黄柄松，明知邓世平为外甥杜少平杀害，指使办公室主任杨荣安向有关人员请托，以让杜逃避法律制裁。有关领导或者司法人员，接受杜少平舅舅的请托，或明知杜为凶手，共同串通，出于直接故意干扰、阻挠案件调查，或者明知杜有故意杀害邓世平的重大嫌疑，故意包庇，延迟对现场提取血迹的送检，不按上级要求对疑似埋尸的2个土坑深挖清查，对相关证据不及时勘验、送检、查证，向上级汇报时隐瞒重要证据和线索，将案件定性为失踪案，不予立案；杨学文、蒋爱国在办案过程中接受黄炳松及他人安排的请吃后，应当意识到杜有杀害邓世平的重大嫌疑，却玩忽职守，不认真落实上级要求，轻信邓水生、刘洪波等人的汇报，同意将邓世平被害案以失踪案处理，导致该案长期未被刑事立案侦查。如此，将本来为故意杀人案的重大刑事案件定性为普通民事失踪案件，不进行刑事立案侦查，我认为属于案件定性错误，应以错案论处。

谭君：故意将犯罪嫌疑人、被告人脱罪或者重罪轻判致量刑畸轻的错案，与前面所讲的故意将当事人入罪或者轻罪重判的冤假错案，均与客观事实或者法律规定不符，属于两个不同方向的错案，两者在具体形成的原因上，有什么区别吗？

贺小电：两者虽然表现为两个极端，从原因上来讲，表现形式也可能不同，可其本质都是一样的：有的是徇人情，如孙小果母亲、继父为之重罪轻判行贿、请托，杜少平舅舅黄柄松为杜请客说情，就是因为孙是其儿子、杜是之外甥而生包庇之情的；有的是徇私情私利，杜少平的同学杨军接受黄的请托；有的是徇私利，如孙小果案中的云南省高级人民法院审委会原专职委员梁子安、田波接受贿赂，杜少平案中邓水生、刘洪波、陈守钿、曹日铨、陈领、杨荣安等侦查人员接受请吃或者财物，不惜徇私徇情枉法；有的是基于上下级关系，听从上级安排，违法乱纪，如孙小果案中，作为云南省高级人民法院院长的赵仕杰指使、要求审判人员枉法裁判，有关审判人员也不坚持原则而唯上唯命是从，杜少平案中，作为新晃县公安局党委原副书记、政委的杨军干预、阻挠对杜的立案侦查，怀化市公安局原副局长杨学文、新晃县公安局原局长蒋爱国接受请吃后，玩忽职守，如此等等。这些都是为了私情私利而置法律及其应有的公平与正义、人民群众的利益于不顾的官僚主义体现，背后或直接或间接都有着"官本位"意识作怪。

十一、冤假错案得以减少、避免的种种因素

谭君：上面您详细分析了冤假错案形成的主要原因，同时认为冤假错案的发生无法完全避免，那么，怎么能够尽量防范、减少冤假错案的发生呢？

贺小电：这是一个异常复杂的系统性问题，不是解决某一方面的问题就可以达到的。刑事司法程序有如一台运行的机器，机器中的一个能够引起其停止运行的部件出了问题，不能发挥其功能，都可能导致机器不能正常运行，功能于是不能得到发挥。尽管如此，对于刑事司法过程中的一些主要环节、关键阶段把握好，让之功能得到正常充分发挥，则冤假错案发生的概率就会大大降低。

谭君：在您看来，尽量减少防范冤假错案发生的关键方面有哪些呢？

贺小电：依我看，这些主要关键环节在于以下方面：

——应当从小对公民进行法治教育。若能从小强化法治信仰的培育，使大家相信法治，形成只有法治才能实现社会的长治久安的共识，并自觉将依法办事作为行动的基本规则、习惯，相应地，成为司法人员后，严格依法办事，必将大大减少冤假错案的发生。

进行法治教育，从小抓起，从娃娃抓起，要注意小孩的接受能力特点，通过与身边相关的事例进行通俗化的教育。如在马路上，行人靠右；横过马路要走斑马线；过十

字路口，要红灯停、绿灯行，等等，这些都是规则，都是法律（有的是习惯法），都必须遵守。否则，就会大大增加交通事故，轻则车损人伤，重则车毁人亡。

进行法治教育，要让人知道，在党领导下制定的法律，乃是党和人民根本意志的集中反映，与自身息息相关。只有严格遵守法律，才能保证党的领导，社会主义制度才能巩固发展，在坚持法治的基础上，坚持党的领导，坚持社会主义制度，使国家和谐稳定，经济繁荣富强，中华民族才能屹立于世界民族之林。

——在坚持党的领导下完善与司法行为规律更相符合的司法体制及运行制度。现在的司法体制，总体上来讲符合我国的司法规律，然行政化的司法体制及其运行模式尚需要改革与完善。检察官、法官员额制改革已为去行政化建立了一定基础，继续深化有关改革还有相当长的路要走。去行政化，取消法官的行政职制级别，在官本位意识还有一定背景的情况下还很难一下完成，但我认为这是必须完成的，不然其司法运行的行政化模式就难以彻底改变。

在对司法体制去行政化的同时，于检察院、法院内部真正建立以检察职能、审判职能为中心的运行机制，除检察官、法官之外的工作人员，应当为检察职能、审判职能服务，而不是对检察官和法官进行管理与制约。这种服务，应当制度化，按部就班地进行，而不是围绕检察官、法官进行各种各样的评比、考察等让他们卷入更多的非审判、检察事务，进行检察、审判等司法事务还要与法官助理、书记员、司法警察、车队等协商甚至反复协调。只有这样，检察官、法官虽然没有行政职制及级别的支持，但书记员、行政人员乃可以是处级、厅级，还是为之服务，其地位、权威久而久之自然就会形成。这使我想起，美国联邦最高法院曾有一位将军级书记官威廉·苏特。这位曾在美国陆军担任过职业军官和军中律师、参加过越战、拥有少将军衔的将军，在1991年成为美国联邦最高法院第19任书记官，后在接受记者采访时说："这个差事不麻烦，却非常了不起。能在最高法院工作，是非常光荣的事。许多年前，我还在部队任军法官时，就因为留恋那里尽忠报国的忠泽之谊，才会依依不舍。但我现在发现，这里与军队差不多，它规模不大，远离政治，大法官们终身任职。这里没有专门的行政系统。受雇于此的人们非常称职，大家都认为自己是在履行宪法赋予法院的使命。所有人都没有把这仅仅看作一份工作。我在这里很快乐，并以在此工作为荣，所以没觉得有什么麻烦的。大法官需要什么，我们就尽可能满足他们的要求。"将军担任书记员的自然罕见，但足以衬托于最高法院法官的地位与尊严。①

对法官职制级别去行政化，还要完善党对司法体制及其职能运行的领导。党的领导，主要体现在人事推荐、任命、管理、监督，以及刑事司法方针、政策等的宏观领导，而不是对案件处理的过问。对检察官、法官的推荐、任命，在坚持党组织部门考察、民主推荐、组织研究的同时，还需要引入适度的新闻监督、社会监督。毕竟，前面是组织内部的考核任命，容易产生只对上负责、唯上是从的问题。碰到一些作风霸道、独断专行、喜好"一言堂"的领导，组织部门考察、民主推荐往往变成这些领导专权推荐、任命法官的"合法"形式。

——在司法职能的运行上，应当尽量减少行政化的做法。需要尽量减少行政化的审批案件范围及层次。行政化的审批，易为上级所左右，这与司法行为的本质特征及其运行规律不相符合。检察职能、审判职能的运行，要通过检察官、法官办理案件来实现。办理案件乃属于事权，在保证检察官、法官为党推荐、任命而能够按照党的政策、法律原则严格司法，保证党的方针、政策在司法领域能够实现的情况下，单纯的事权应当交由并充分信任检察官、法官予以处理，平时只要加强监督就是，而不是对检察官、法官具体案件的处理不予信任，并借助层层审批、多重监督的方式进行处理。这种行政化的方式，虽有防范检察官、法官独断专行、徇私徇情枉法、玩忽职守的积极一面，但同样易产生上级独断、下级唯命是从的消极一面。除此之外，还易产生下级基于反正有上级把关，要听从上级的，从而不认真负责或者轻易给上级扔包袱的负面效果。而且，案件经过层层审批，涉及人员众多，出了问题说是集体负责，其实是大家都不负责，还不利于促使检察官、法官严格司法，维护司法的公平与正义。

此外，检察委员会、审判委员会讨论案件，如果不改变不同委员之间的行政职制及级别的现象，表面上是按照少数服从多数的原则确定案件的处理结果，在一些有争议案件尤其是重大的具有敏感性的案件确定处理结果时，仍不能避免行政化决定的影响，特别是自认为水平高、能力强而平时作风霸道，实行"一言堂"的院长其意见更容易影响其他审委会的意见与看法。假如副院长及其他审委会成员都是他提拔的，更会影响其

---

① ［美］布莱恩·拉姆、苏珊·斯温、马克·法卡斯编：《谁来守护公正：美国最高法院大法官访谈录》，何帆译，北京大学出版社 2013 年版，第 340~341 页。

至左右检委会、审委会对案件讨论处理的结论。事实上，新出现的冤假错案，都经过了正副庭长、正副院长、审委会讨论的层层把关，说明层层审批、审委会讨论并未能起到有效避免冤假错案发生的作用。重要原因之一，就是整个司法职能运行包括审委会讨论案件的行政化很严重，并由此造成权责不分，出了问题众人有责以致最终无人实际承责。其实，位高权重者，若徇私徇情，比起一般的法官胆子更大，能力更强，如孙小果从一审死刑到二审死缓再到再审有期20年，也只有院长等出面才能轻易让原审委会讨论的结论重新推翻，一般的法官根本没有这种能力。

——通过多途径监督的方式促使检察官、法官严格司法。冤假错案的形成，其直接原因自然与检察官、法官不能坚持原则、未能严格司法有关。"有法可依，有法必依，执法必严，违法必究"，乃是依法治国的基本要求。自1979年7月6日通过刑法、刑事诉讼法等7部法律开始，历经40余年的大量立法，社会主义法律体系已经形成，"无法可依"的现象已经成为过去，"有法可依"已不存在任何疑问。然而，基于这样或那样的原因，"有法必依""执法必严""违法必究"在特定情况下、某些案件中还未能全面彻底落实。我认为，有法倘若不依，法律就如一纸空文而没有任何意义。毕竟，法律的生命在于实施，"徒善不足以为政，徒法不足以自行"。不仅如此，有法不依比无法可依更可怕。因为，它易促使人产生藐视法律的恶习。既然有法可以不依，执行也不一定严格，违法可以不究，那么，法律在人们心中的地位就会大打折扣，尊法崇法、尊法守法的观念及习惯就不可能至少是难以形成。

当然，要让检察官、法官能够"有法必依，执法必严"，必须强化监督。1945年7月，在与著名教育家、爱国主义者黄炎培就"历史周期率对话"这一著名的"窑洞对"中，毛泽东对如何跳出历朝历代出现的"其兴也勃焉""其亡也忽焉"这一周期率时指出了一条"新路"。这条新路"就是民主，只有让人民来监督政府，政府才不敢松懈。只有人人起来负责，才不会人亡政息"。习近平总书记亦指出："没有监督的权力必然导致腐败，这是一条铁律。""对我们党来说，外部监督是必要的，但从根本上讲，还在于强化自身监督。我们要总结经验教训，创新管理制度，切实强化党内监督。""强化党内监督是为了保证党立党为公、执政为民，强化国家监察是为了保证国家机器依法履职、秉公用权，强化群众监督是为了保证权力来自人民、服务人民。要把党内监督同国家监察、群众监督结合起来，同法律监督、民主监督、审计监督、司法监督、舆论监督等协调起来，形成监督合力，推进国家治理体系和治理能力现代化。"以是，在强化党的巡视制度、派驻监督等党内监督的同时，要注意引入新闻媒体监督，将检察官、法官的司法行为置于阳光之下，以防范有关非法司法行为的出现而导致冤假错案的发生。

——在严格确定职权职责的基础上，违法必究，让有关司法人员依法承担其相应的责任。对此，如前所述，要分清故意与重大过失，主要责任、次要责任，分层次加以处理。既要克服出现冤假错案无人负责，或者都仅仅免予刑事处罚，给予党政处分的现象，又要注意避免出现不分主次或者有无过失，都加以追究甚至牵连整个单位工作人员的现象。

十二、冤假错案与平反昭雪

谭君：我注意到，自21世纪以来尤其是党的十八大以来，我国对数十件判处重刑甚至极刑的刑事案件的当事人平反昭雪，实行国家赔偿，有的发现系错案后纠正得很快，有的则很慢，如佘祥林杀妻案，其妻2005年3月28日回家，2天后的3月30日，荆门市中级人民法院便撤销一审判决和二审裁定，要求京山县人民法院重审此案，并将正在服刑的佘释放而取保候审。

又如，呼格吉勒图故意杀人案（"4·9女尸案"），呼1996年6月10日被执行死刑，9年多后的2005年，系列强奸杀人案嫌犯赵志红落网后主动交代自己曾经强奸杀害已被法院认定为呼杀害的杨某，即为"4·9女尸案"的真凶，引发媒体和社会的广泛关注。呼母尚爱云经过多年的不懈努力，内蒙古自治区高级人民法院2014年11月20日启动再审程序；1个月后的12月15日，再审判决宣告原审被告人呼格吉勒图无罪。

再如，聂树斌故意杀人案，聂1995年4月27日被枪决执行死刑。9年多后的2005年，涉嫌多起强奸杀人案的王书金落网，并主动交代自己在石家庄市西郊孔寨村附近一块玉米地里强奸杀害康某的事实，而聂正是因为这一事实早在9年前就付出了生命的代价。一案两凶出现后，与呼格吉勒图故意杀人案一样，同样为媒体、社会广为关注，甚至有过之而无不及。《河南商报》作出的《一案两凶，谁是真凶》的新闻报道，全国200多家报纸转载，致使聂案一下再次回到人们的视野。

自此，聂母开始为儿子奔波申诉。最终，最高人民法院2014年12月12日指令山东省高级人民法院对聂案复查，由此开启了刑事案件申诉异地复查的先例，并于2016年6

月6日决定提审；同年12月2日，该院第二巡回法庭对该案再审公开宣判，宣告撤销原审判决，改判聂树斌无罪。尽管呼、聂两人的平反昭雪来之不易，但还是成了"正义从来不会缺席，只会迟到"这一经典名言的注脚，给蒙受冤屈的呼、聂及其家人，以及所有善良、希冀公平正义的人一些慰藉……

毫无疑问，冤假错案被发现后，无疑要及时纠正。可是，一些冤假错案被发现后，仍然得不到甚至难以得到及时的纠正，其主要原因是什么呢？

贺小电： 如果人心一直向善，如果法律能够完善并严格得以执行，如果能够不忘初心，真正将人民群众的利益放在首位，全心全意为人民服务，那么，一发现冤假错案，就会及时予以纠正。然而，人基于趋利避害的本性，在涉及自己的利益取舍时，常常将自己的私利置于他人的痛苦不幸之上，或者有法不依，或者该为不为而玩忽职守，或者不该为却又滥用职权为之，从而造成一些冤假错案本应及时发现并予以纠正却无法及时发现纠正，甚至在发现后也得不到及时纠正现象的发生。前面所讲的聂树斌申诉案，提到了两个方面：一是基于权力在没有有效监督制约时一些利欲熏心的人容易任性而为，阻碍冤假错案的及时平反；二是下级不敢坚持原则、依法办事，在上级为所欲为甚至霸道独裁的"一言堂"的异化权力面前，软弱屈从，不想不敢不能有所作为，致使冤假错案沉而不申，公平正义的阳光无法及时抚慰已经遭受冤屈而内心痛苦之人。

除了上述人为的因素外，不能及时发现冤假错案并予以纠正的原因还有法律规定及其有关制度的因素。我们知道，基于各种各样的原因，刑事司法实践出现冤假错案在所难免，关键在于通过完善的法律制度、合理正常的司法体制及其严格司法的工作人员依法按照法律规定的途径办理案件，尽量减少、防范冤假错案的发生；在酿成冤假错案后，能通过一定渠道尽早发现并及时纠正。对于后者，《刑事诉讼法》专章规定了审判监督程序，就申诉制度、再审启动及再审程序作了具体规定。申诉制度，明确当事人及其法定代理人、近亲属，对已经发生法律效力的判决、裁定，可以向法院或者检察院提出申诉。再审启动的情形：对于申诉人依法提出的申诉发现新的证据证明原裁判确有错误，可能影响定罪量刑；原裁判据以定罪量刑的证据不足或者适用法律错误等法定情形应当重新审判；各级法院院长发现本院生效裁判确有错误，必须提交审委会讨论决定依法处理；最高人民法院对各级法院、上级法院对下级法院的生效裁判发现确有错误，有权提审或者指令下级法院再审；最高人民检察院对各级法院、上级检察院对下级法院的生效裁判发现确有错误，有权按照审判监督程序向同级法院提出抗诉，接受抗诉的法院应当重新审理或者指令下级法院再审。再审启动后的刑事案件，应当按照审判监督程序重新审判，原裁判为一审所作的生效裁判，按一审程序审理；原裁判为二审所作的生效裁判，按二审程序审理。无论是按一审程序还是按二审程序再审，由原审法院审理的，均应另行组成合议庭进行；再审期限为3个月，最长不得超过6个月。

此外，法院内部还设立了案件审判管理办公室，对案件质量进行评查。虽然不是为发现冤假错案而设，但要是能够充分发挥其职能，也不失发现冤假错案的一种途径。

还有，纪委、政法委、人大等机关在工作中，倘若发现冤假错案的线索移送给法院、检察院处理；新闻媒体发现线索，也可以发挥社会监督的职能，让检察院、法院主动查核等。

谭君：按照法律规定，发现冤假错案的途径非常广泛：有当事人及其法定代理人、近亲属的申诉；法院、检察院自身的发现及纪委、政法委、人大等机关，新闻媒体、人民群众等都可以将冤假错案的线索依法移送或提出，并由法院、检察院依法启动再审程序。然而，从现有发现的冤假错案来看，通过检察院、法院自身发现，纪委、政法委、人大等机关移送而发现冤假错案的，并不多见。大多都是"亡者归来""真凶出现"之后才导致冤假错案呈现于大庭广众的面前。尽管如此，有的还是遮遮掩掩甚至阻止案件再审。这又是什么原因呢？

贺小电：我想这里涉及的是人性问题。按照法律规定，发现冤假错案，要由检察院、法院决定启动再审程序，可检察院、法院乃是案件的承办者，要是出现冤假错案，说起责任来，固然与之有关。即与冤假错案的形成关系来看，法院、检察院实际都是当事者，要他们自身主动发现并启动，缺乏动力。还有，我国历来是一个熟人社会，讲究人情世故，系统内部及其相近系统之间的人与人之间更容易同病相怜，相互照顾甚至对违法犯罪行为予以纵容、包庇。对此，国外的一些做法可以借鉴。如"英美法系多数国家和地方建立了'挽救无辜者委员会'或'错案复议委员会'或'刑事案件复核委员会'。以英国为例，1995年英国成立了'错案复议委员会'，并在1997年4月1日，还根据1995年刑事上诉法案（Criminal Cases Review Commission），成立了'刑事案件复查委员会'。该委员会是一个从行政部门和司法部门分离出来的独立机构，并不代表控方、辩方、警察或法院。其职责是复核过去可能误判的上诉请求，但并不直接宣告行为人'有罪''无罪'，或直接审判案件，而是负责复查在适当的时候将案件移交给法庭。迄今为止，该委员会已经请求上诉法院审查并推翻了100个多案件的原审判决。2005年4月1日至2006年3月31日这一年度中，该委员会共审查了1012起案件，并将其中的46起案件提交上诉法院复审，其中，32起案件（约占70%）的定罪量刑被撤销或改判。"①即司法系统外成立专门机构，对被告人及其法代理人、近亲属的申诉所涉及的事实、理由进行查实，发现问题则提出意见再移送法院处理。

又如，司法实践中经常所讲的错案追究制，有的认为这是防治冤假错案的一方良剂。可是，一个冤假错案尤其是重大冤假错案的酿成，从侦查、审查起诉、一审、二审乃至再审，涉及此事的少则数十人，多则上百人，范围极广，有的不分责任，想一律加以追究，实则不可能。我想，不分实际情况的泛化责任追究也是冤假错案通常来往反复、时间拖得很长的原因。决定是集体多人决定，责任似也要大家负责，这样，集体负责，实很难负责，而有的还采取牵连扩大的方式让一些没有责任的人涉入事中，致使产生冤假错案的发现乃至发现后难以纠正的心理障碍。这种心理障碍不解决，司法机关自我发现并自我纠正的职能就无法充分实现。

谭君：我注意到，王书金虽然主动承认了自己强奸杀害康某的事实，检方也没有起诉这一事实，法院从而没有认定。在聂案申诉审查的过程中，检方也想证明康某被强奸杀害的事实并非王所为，某大领导在王案二审期间试图让王翻供否认自己强奸杀害康某的事实，其意图都是为了说明不是王所为，原来认定的聂树斌强奸杀害康某的事实就不属错误，聂案便不属冤案，从而不能进行再审。可是，聂案最后再审既没有以王书金承认自己为强奸杀害康某的"真凶"为根据，又没有在否认王所供为假的情况下而宣告聂无罪。还有，呼格吉勒图故意杀人案，赵志红承认自己强奸杀害杨某后被提起公诉，一审、二审均认定为赵强奸杀害杨某事实成立。然在对赵进行死刑复核时，最高人民法院则未对赵强奸杀害杨某的事实加以认定，呼同样被宣告无罪。如此，聂、呼被宣告无罪实际与王、赵分别承认自己承认强奸杀害康某、杨某的事实并无直接联系，那么，强奸杀害康某、杨某的真凶在法律上实际上并没有定论，这又是怎么回事呢？

贺小电：这种认定，是无罪推定原则在刑事案件中得以完全贯彻落实的典型体

---

① 泽青：《国外司法程序如何减少冤假错案》，载中国青年网，2013年1月23日。

现。就客观发生的事实来讲，聂、呼要么是凶手，要么是无辜，两者必居其一。如果真的不是凶手而认定其为凶手则无疑属于冤假错案。那么，能否认为，聂、呼涉案后，基于各种各样的原因承认过自己是凶手甚至还有一些其他有罪证据证明其"有罪"，在其否认无罪而又无法找到真凶的情况下，就能够一定肯定就是聂、呼所为而将之定罪呢？答案无疑是否定的。没找到真凶，有各方面的原因，自然不能因为没有找到真凶就一定认为已经涉案的聂、呼为真正的凶手。聂、呼是否为凶手，不以是否能够找到案件的真凶为标准，而是要以案件的证据本身能否达到确实充分而能够排除其他一切可能于是只能得出聂、呼系真凶的唯一性结论为标准。否则，就因证据不足而不能认定聂、呼为真凶要以证据不足宣告他们无罪。如此，在法律上，还存在根据现有证据而无法确定聂、呼为真凶又无法找到真凶而应根据无罪推定、疑罪从无原则宣告无罪却违反两原则认定有罪的冤假错案。这种冤假错案，是一种法律上的推定，可能没有反映事实真相，也就是即使是被告人为真凶也因证据不足不能认定其有罪。既然是证据不足，就有可能不是被告人所为，一旦实行疑罪从有从轻对之定罪就可能会冤枉无辜。前者在被告人为真凶而证据不足的情况下，认定有罪，与客观事实相符，不会放纵犯罪；但若不是被告人所为，就会冤枉无辜，在证据不足两种可能性都存在的情况下，是不放纵犯罪还是不冤枉无辜必须在其中作出选择。权衡两者的利弊，无疑是后者的利大于弊，故要坚持疑罪从无而宣告无罪。在证据不足应当按照疑罪从无原则而不依法宣告无罪的，仍然要做冤假错案处理。对这种冤假错案的纠正，乃是证据不足时按照疑罪从无原则所作的无罪宣告，依旧是一种基于法律上的假定；前面在证据存疑实行疑罪从有从轻作出有罪认定，也是一种推定，只不过是这种推定是不法的。从客观事实真相来讲，两者都可能与事实不符。可是，这种不符并不是一种最终的结论。在刑事理论上，对于某一确定的犯罪事实不得重复进行追诉，也就是只能追诉1次，而不能2次甚至多次反复进行追诉，以动摇生效判决的权威与基础。但对于因证据不足而宣告无罪的，公安机关仍可以依法进行侦查。经过侦查若能获得确实充分的证据乃系被宣告无罪的被告人所为，还可以依法对之所犯罪行提起公诉、定罪量刑。这并不涉及重复追诉的问题。因为，前者虽然对之所涉嫌犯罪事实进行过侦查、起诉、审判等追诉行为，但最终因为证据不足而宣告无罪而实际没有对之所犯罪行进行处罚。

回到聂案、呼案上，两者是否宣告无罪分别与王书金、赵志红是否承认强奸杀害康某、杨某没有必然的联系。两者之所以能够宣告无罪，乃是因为两案的证据本来不足，然一审、二审却违反无罪推定、疑罪从无原则而认定聂、呼强奸杀人并处以极刑致使两人遭受错杀。当然，如果没有王书金、赵志红在涉嫌系列强奸杀人案中主动供述自己强奸杀害康某、杨某的事实，聂、呼因证据不足而本应宣告无罪却被疑罪从有而处以极刑的冤案，则更难得以昭雪。王、赵自己主动供认强奸杀害康某、杨某的事实后，使得一案出现"两凶"，让所有人都明白，聂、呼案可能存在问题，加之王、赵是自己主动坦白，更让人感受到聂、呼的冤情，致使社会广为关注，重新复查该案。加之法治环境的不断改善，人们权利意识的觉醒，对无辜遭受冤枉与放纵犯罪有了新的思考，担心无辜者因司法权力的滥用而身陷囹圄宁愿选择疑罪从无，尤其是在经济繁荣、社会稳定，人们生活日益改善时更是如此；后者则基于维稳的需要不想放纵犯罪而实行疑罪从有从轻，即使是他人无辜涉案也希望如此。于是，无罪推定、疑罪从无原则得到认同支持的社会背景、民意基础日益普遍而成熟。也正是在这样的司法环境下，并随着全面依法治国方略的确立，聂、呼在王书金、赵志红虽然承认强奸杀人但因证据不足而未被司法机关认定的情况下，聂、呼也因证据不足而宣告无罪。故，王书金、赵志红主动承认强奸杀害康某、杨某仅是推动聂、呼得以立案再审的非本质外因，并非聂、呼宣告无罪的本质内因。聂、呼之所以能够宣告无罪的根本内因，还是在于两案的证据本身不足以排除强奸杀害康某、杨某的事实可能为他人所为，而得出一定为聂、呼所为的唯一结论。王书金、赵志红所承认的强奸杀害康某、杨某的事实之所以被司法机关否定，也是由于王案、赵案中有关王、赵强奸杀害康某、杨某事实的证据，不足以排除可能系他人所为从而无法得出系王、赵所为的唯一结论。对此，最高人民法院有关聂案改判的再审判决书、赵案死刑复核的刑事裁定书，都分别未提到王书金强奸杀害康某、赵强奸杀害杨某的事实就足以说明这一点。也就是，王书金、赵志红是否被认定为强奸杀害康某、杨某的事实，以及王、赵自己承认强奸杀害康某、杨某的事实被否定，与聂、呼两人宣告无罪之间并没有直接的必然联系。聂、呼因不能分别认定为强奸杀害康某、杨某的凶手而被宣告无罪，王、赵分别供认系强奸杀害康某、杨某的事实被加以否定，均是按照疑罪从无原则而依法作出的结论。

如聂案的再审判决书认为：

——聂树斌被抓获之时无任何证据或线索指向其与康某被害案存在关联：1. 原审

卷宗内没有群众反映聂树斌涉嫌实施本案犯罪的证据或线索。2. 原审卷宗内无证据证实聂树斌系群众反映的男青年。综上，侦查机关抓获聂树斌时并未掌握其任何犯罪事实和犯罪线索。

——聂树斌被抓获之后前5天的讯问笔录缺失，严重影响在卷讯问笔录的完整性和真实性：（1）聂树斌被抓获之后前5天办案机关曾对其讯问且有笔录：一是聂树斌在卷供述证明有讯问笔录。二是原办案人员证明有讯问笔录。此外，据原办案机关干警撰写并发表在1994年10月26日《石家庄日报》上的《青纱帐迷案》一文反映，聂树斌被抓获并被关进派出所后的一个星期内，办案机关一直在对其"突审"。（2）聂树斌在该5天内，既有有罪供述，也有无罪辩解。（3）对原审卷宗内缺失该5天的讯问笔录，原办案人员没有作出合理解释：有的称是聂树斌的供述断断续续，笔录不完整；有的称是这些笔录可能入了副卷，但由于搬家或时间长，副卷找不到了；有的称是当时存在对完整的讯问笔录入卷移送，不完整的讯问笔录不入卷移送的习惯做法等。因此，聂树斌被抓获之后前5天的讯问笔录没有入卷，既与当时的法律及公安机关的相关规定不符，也与原办案机关当时办案的情况不符。由于上述讯问笔录缺失，导致聂树斌讯问笔录的完整性、真实性受到严重影响。

——聂树斌有罪供述的真实性存疑，且不能排除指供、诱供可能：（1）聂树斌对关键事实的供述前后矛盾、反复不定。关于作案时间，先后有被车间主任葛某某批评后的第二天、当天、记不清和8月5日等说法；关于偷花上衣的具体地点，先后有三轮车上、破烂堆上等说法；关于脱去被害人内裤的时间，先后有将内裤脱下后实施强奸再捡起内裤带走、将内裤脱到膝盖下面即实施强奸再将内裤脱下带走等说法；关于被害人的自行车，先后有二六型、二四型等说法。此外，关于作案动机、被害人年龄和所穿连衣裙特征等事实和情节，聂树斌的供述也前后不一。在卷供述中，聂树斌一方面始终认罪，另一方面又供不清楚作案的基本事实，特别是对关键事实的供述前后矛盾、反复不定，不合常理。（2）供证一致的真实性、可靠性存疑。聂树斌供述的作案地点、藏衣地点、尸体上的白背心、颈部的花上衣及被害人凉鞋、自行车的位置等，虽然与现场勘查笔录、尸体检验报告等内容基本一致，但由于以上事实都是先证后供，且现场勘查没有邀请见证人参与，指认、辨认工作不规范，证明力明显不足，致使本案供证一致的真实性、可靠性存在疑问。（3）不能排除指供、诱供可能。对办案机关是否存在刑讯逼供、指供、诱供等非法取证行为，经审查原审检察人员和审判人员讯问聂树斌的材料、一审开庭笔录、原审辩护人的有关证言以及原办案人员的解释，没有发现原办案人员在制作这些笔录时实施刑讯逼供的证据。但是，聂树斌曾经供述自己本来想不说，后在办案人员"劝说和帮助下说清整个过程"；聂树斌供述偷花上衣的地点存在随证而变的情形；一些笔录显示讯问内容指向明确；参与现场勘查的办案人员曾称被安排到讯问场所与聂树斌核对案发现场情况等，故不能排除存在指供、诱供的可能。综上，对申诉人及其代理人提出聂树斌有罪供述的真实性、合法性存疑，不能排除指供、诱供可能。

——原审卷宗内案发之后前50天内证明被害人遇害前后情况的证人证言缺失，严重影响在案证人证言的证明力：（1）多名证人证明案发之后50天内，办案人员对其进行过询问并制作了笔录。（2）多名原办案人员证实案发之后即作了询问证人笔录。（3）原办案人员对案发之后前50天内相关证人证言缺失原因没有作出合理解释。有的称是当时摸排大多用笔记本记录，破案需要的材料才会整理，不需要就不整理，没有入卷可能是这个原因造成的；有的称是当时的办案习惯是侦查卷宗不装订，先送给预审科去挑，没有用的预审科就剔出去，这些证人证言可能被预审科当作没有用的剔除了，入了副卷，副卷后来搬家时丢失。综上，案发之后前50天内多名重要证人证言全部缺失不合常理，且关键证人侯某某后来对与康某最后见面时间的证言作出重大改变，直接影响对康某死亡时间和聂树斌作案时间等基本事实的认定，导致在案证人证言的真实性和证明力受到严重影响。原办案人员对有关证人证言缺失的原因没有作出合理解释。

——聂树斌所在车间案发当月的考勤表缺失，导致认定聂树斌有无作案时间失去重要原始书证：（1）有证据证明考勤表确实存在且已被公安机关调取。（2）考勤表对证明聂树斌有无作案时间具有重要证明价值。（3）原办案人员对考勤表未入卷没有作出合理解释。综上，考勤表的缺失，导致认定聂树斌有无作案时间失去原始书证支持。

——原审认定的聂树斌作案时间存在重大疑问，不能确认：（1）聂树斌的供述不能证实系1994年8月5日作案。（2）聂树斌被葛某某批评的日期不能确定是1994年8月5日。（3）证人侯某某后来的证言对与被害人最后见面时间作出重大改变。综上，原审认定聂树斌于1994年8月5日作案的证据不确实、不充分。

——原审认定的作案工具存在重大疑问：（1）聂树斌供述偷取一件破旧短小的女式

花上衣自穿不合常理。无任何证据证明聂树斌此前有过偷盗等劣迹，也无任何证据表明其对女士衣物感兴趣，而涉案上衣是一件长仅61.5厘米且破口缝补的女式花上衣，显然不适合聂树斌穿着，故聂树斌所供偷拿该花上衣自穿，不合常理。（2）花上衣的来源不清：一是花上衣是否系梁某所丢，没有得到梁某证言的证实。二是聂树斌所供偷取花上衣的具体地点前后不一，有多种说法，不能确定，甚至在改变了此前所供的偷衣地点并作出解释之后，再次供述又出现反复，不合常理。三是聂树斌所供偷衣地点与梁某证言存在矛盾。（3）对花上衣的辨认笔录缺乏证明力。综上，侦查机关提取的花上衣来源不清。

——原审认定康某死亡时间和死亡原因的证据不确实、不充分：（1）尸体检验报告对康某死亡的时间没有作出推断。（2）在案证言不能证实康某死亡的时间。（3）尸体检验报告关于康某死亡原因的意见不具有确定性。

——原办案程序存在明显缺陷，严重影响相关证据的证明力：（1）对聂树斌监视居住违反规定。（2）现场勘查无见证人违反规定。（3）辨认、指认不规范。原审卷宗显示，办案机关组织聂树斌对现场提取的花上衣、自行车和康某照片进行了辨认，对强奸杀人现场、藏匿康某衣物的现场进行了指认，并制作了5份笔录，但所有辨认、指认均无照片附卷；对现场提取的连衣裙、内裤和凉鞋，未组织混杂辨认，只是在讯问过程中向聂树斌出示；对花上衣、自行车虽然组织了混杂辨认，但陪衬物与辨认对象差异明显；对康某照片的混杂辨认，卷内既未见康某照片，也未见两张陪衬照片。上述问题，致使辨认、指认笔录证明力明显不足。

本院认为，原审认定原审被告人聂树斌犯故意杀人罪、强奸妇女罪的主要依据是聂树斌的有罪供述，以及聂树斌的有罪供述与在案其他证据印证一致。但综观全案，本案缺乏能够锁定聂树斌作案的客观证据，聂树斌作案时间不能确认，作案工具花上衣的来源不能确认，被害人死亡时间和死亡原因不能确认；聂树斌被抓获之后前5天的讯问笔录缺失，案发之后前50天内多名重要证人的询问笔录缺失，重要原始书证考勤表缺失；聂树斌有罪供述的真实性、合法性存疑，有罪供述与在卷其他证据供证一致的真实性、可靠性存疑，本案是否另有他人作案存疑；原判据以定案的证据没有形成完整锁链，没有达到证据确实、充分的法定证明标准，也没有达到基本事实清楚、基本证据确凿的定罪要求。原审认定聂树斌犯故意杀人罪、强奸妇女罪的事实不清、证据不足。于是，按照无罪推定原则，应当宣告其无罪。

第三章

辩护律师之为

一、北海 4 律师与头上的达摩克利斯利剑

"按照检方起诉书的描述，2009年11月14日凌晨2时许，被告人裴金德与被害人黄焕海、黄祖润和陈溢瑞3人发生口角而被追打。一名老乡看到后，遂叫来正在吃夜宵的裴贵、杨炳棋、黄子富等人帮忙，在一个小卖部门前将黄焕海打倒在地（第一现场）。裴金德指使裴贵等人将黄焕海抓住，乘出租车将其挟持到北海市水产码头，自己则乘摩托车随后赶到，一起对黄焕海拳打脚踢致死，抛尸海中后逃走。经法医鉴定，死因为重度颅脑损伤（第二现场）。"

2010年7月，杨忠汉、罗思方、杨在新和梁武成4名律师分别接受裴金德、裴贵、杨炳棋、黄子富等4被告人的委托而担任该案的辩护人。杨在新、杨忠汉2名律师各收费6000元，另2名律师各收费8000元，之后依法履行职责会见、阅卷，并到被告人老家进行了大量调查取证。

同年8月，北海市人民检察院以涉嫌故意伤害罪对裴金德、裴贵、杨炳棋、黄子富等4人提起公诉。之后，检方对起诉书进行过2次变更，并追加裴日红为被告人。

"2010年9月6日，杨在新会见被告人杨炳棋。会见笔录显示，杨炳棋认可了在三中路打架的事实，但表示'水产码头殴打人致死'没有做。相关案卷材料显示，裴金德等人多次提到没有去过水产码头，而是和宋启玲开房间过夜去了。但后来供词又改了回去，称是他们打死了人。"

"2010年9月中旬开庭前，杨在新和杨忠汉来到了炮台村，找到了宋启玲、潘凤和与杨炳燕，对她们做了取证笔录。"她们证明4被告人当晚在三中路打架后就与她们在一家旅舍开房住下，"没有作案时间。两位律师还做了录像。后来，在合浦县城，又做过一次取证。"

9月中旬，裴金德等故意伤害案一审开庭审理，被告人当庭翻供，宋启玲等3名证人出庭作证称："三中路殴打事件之后，裴金德和她，以及潘、杨两位姑娘，两位男同伴共6个人来到幸福街一家旅舍住下，并无杀人时间。她和裴金德同住一房，一直睡到第二天早上8点才起床。她手机没电了，还向老板借了充电器、押了10元钱。"辩方律师于中提出："假如宋启玲和裴金德在一起，裴根本没有作案时间，何来指使3人殴打黄焕海？""被告人先是供述用刀捅黄焕海，继而又称对其拳打脚踢，前后不一。更蹊跷的是，黄焕海的尸检报告却显示，黄为颅脑损伤死亡，身上既无刀伤，也无皮下组织挫伤。'综上所述，本案公安机关在侦查时没有全面客观公正地调查收集本案被告人有罪和无罪的材料是导致本案成为冤案的原因。'""4名被告人在做最后陈述时，均坚称：'不是我做的，还我清白。'"

据此，北海市人民检察院认为，被告人翻供、证人的证明，推翻了水产码头殴打致死情节，"致使案件审理工作陷入僵局"。6月22日，北海官方向新闻媒体通报此案时称，"检方认为3名证人证言明显与查明的事实不符，有作伪证的嫌疑……"

"2011年1月，北海检方书面建议北海市公安局启动伪证罪追究司法程序。证人宋启玲、潘凤和杨炳燕先后被以包庇罪传唤到案。5月份另一名故意伤害罪嫌疑人裴日红被抓获归案。"

"北海官方称：宋、杨、潘3人已经供述了包庇裴金德等人的事实；经审讯，裴日红承认水产码头殴打被害人致死情节；裴金德等4名犯罪嫌疑人承认了翻供系受杨在新等律师的教唆所为。4名律师遂被指涉嫌教唆、引诱当事人和证人作伪证，'妨碍司法机关的正常办案''已触犯刑法306条'，涉嫌辩护人妨害作证罪。"

"2011年6月13日，广西百举鸣律师事务所律师杨在新忽然被北海市公安局以'妨害作证'刑拘。和杨在新同时被抓的还有南宁市3名律师：中龙所主任罗思方、青湖祥所律师梁武成、通城所律师杨忠汉。4人均是2009年北海市的'11·17杀人抛尸案'4名被告人的律师。"

"4律师在同案中以涉嫌伪证被抓，在全国都极其罕见，在广西乃至全国律师界都引发了剧烈的震荡。许多外地律师相继抵达北海。律师团除关注被抓律师的命运外，亦介入裴金德故意伤害案。"

"2011年6月22日，北海官方向媒体通报称，3名证人'已承认律师教唆、引诱他们作伪证'。而证人现在仍关在看守所中。这3名证人中，只有宋启玲聘请了律师。律师张剑龙告诉南方周末记者，在仅有的1次律师会见中，宋启玲坚称自己在法庭上所做的证言完全是事实。"

"经历2年多博弈，2013年2月6日，北海市中级人民法院因证据不足宣告裴金德无罪；裴贵、杨炳棋、黄子富、裴日红因在第一现场殴打黄焕海倒地，以寻衅滋事罪判处2至3年不等有期徒刑。……但因该案发生在2009年11月，部分被告人已被超期羁押。其中，被判寻衅滋事罪的裴贵、黄子富和杨炳棋均已服刑期满昨日获释；裴金德被判无罪，当庭释放。被判3年有期徒刑的裴日红要服刑至2014年5月，其弟裴日亮目前仍在押。还有1名女证人宋启玲涉伪证罪被羁押，检方昨日亦撤销对其伪证罪的起诉。与此同时，杨在新等4名辩护律师也收到解除取保候审的通知。通知称，'因出现证据变化'，不再对其追究刑事责任。"

"至此，这场引发众多知名刑辩律师介入、堪称轰轰烈烈的律师'自卫战'告一段落。"不过，围绕《刑法》第306条"辩护人、诉讼代理人毁灭证据、伪造证据、妨害作证罪"的讨论仍未结束。[1]

二、讼师称法 2000 年

谭君：律师，在一个国家体系中，到底是一个怎样的存在？

贺小电：在我国，律师起源于讼师这一帮助他人书写状词而获取利益的职业群体，最早可以追溯至西周的民事代理制度，正式出现于春秋，但基于"无讼"境界的追求，及"讼则凶"的观念，讼师这一职业一直难以进步、发展。儒家始祖孔子就认为："听讼，吾犹人也，必也使无讼乎！"

据考证，现在知道的中国最早的律师——春秋战国时期的邓析子，因教人诉讼，并收取费用，被《荀子》称为"不法先王，不是礼义，而好治怪说，玩琦辞""甚察而不惠，辩而无用，多事而寡功，不可以为治纲纪，然而其持之有故，其言之成理，足以欺

---

① 参见《广西四律师被指控"妨害作证"始末》，载腾讯新闻，2011 年 6 月 24 日；《广西北海四律师伪证罪名得"洗脱"》，载凤凰网，2013 年 2 月 7 日。

惑愚众"，而惨遭杀害。

至秦朝，讼师几乎销声匿迹。

从汉代开始，对讼师职业有所包容，在一些典籍中曾出现过有关称谓。如东汉有人建议聘请散居的"三公"做朝廷的法律顾问，以备"朝有疑议及其刑狱大事"时进行咨访；魏明帝曾经采纳大夫卫觊提出设置"律博士"的主张。但职官犯法，历代律例中没有就是否可以由他人代理的问题作出规定，一般平民百姓，自然更不可能请他人代为出庭辩护。

隋唐盛世，讼师的身份得到了一定程度的认可，但基于讼师的行为乃为"挑词架讼""扰乱统治管理秩序""危及封建王朝的统治权威"等的认识，存在严厉惩戒讼师"教唆词讼"的规定，如唐律例明文禁止"为人作辞牒加增其状""教令人告事虚"。讼师仅仅限于代写状词等有限事务，不能出庭代理，法庭上从而没有讼师的身影。

自宋代开始，讼师这一职业趋于成熟，并在社会生活中逐渐占有一席之地，然对讼师的"为人作辞牒、教令人告事"的行为进行严厉打击。《名公书判清明集》的"惩恶门"就收录了"讼师鬼官""教唆与吏为市""士人教唆词讼把持县官""先治教唆之人"等10余则惩治讼师的材料。

元朝开始，承认家事诉讼代理制度。元律规定，官员以及年老疾患者的亲人、家属可在特定的家事诉讼中代理出庭诉讼。

明清时期，因袭了元朝的家事诉讼出庭代理制度，讼师的活动在明清时期进入高潮，但对"教唆词讼"等讼棍及其行为，无论是官员学者的观念，还是法律的规定，都明确加以否定，主张严厉打击。有人认为，"唆讼者最讼师，害民者最地棍。二者不去，善政无以及人。然去此二者，正复大难。盖若辈平日多与吏役关通（串通勾结）。若辈借吏役为护符，吏役借若辈为爪牙。遇有地棍讹诈、讼师播弄之案，彻底根究一二，使吏役违法，则若辈自知敛迹矣。"《明律》规定，为他人写诉状，状内稍有夸张不实，以致所控罪名有所出入，写状之人就犯了诬告反坐之罪。《大清律例》也对为他人代写诉状时夸张不实的行为承袭《明律》规定了极为严厉的刑罚。现实生活中，一些"讼师"或"刀笔吏"被送官治罪甚至处死的现象不时可见。清代乾、嘉时期的断案神速、颇得人心的一代名吏汪辉祖认为一旦查出唆讼者，即系于公堂之上，枷项示众，兼施杖责，备极屈辱之能事。

清朝末期，尽管还属于封建社会，但随着一些实行资本主义制度的西方列强不断侵入，某些含有民主因素的东西也传入中国。与此同时，官方也开始模仿制定与民主社会相适应的法律制度。作为民主社会制度之一的律师制度随着民主等在我国的萌芽发展也萌芽发展。1906年3月，修律大臣沈家本等人完成编定的《大清刑事民事诉讼法（草案）》就在中国历史上首次对律师制度作了规定。它在借鉴、吸收西方律师制度一些经验的基础上，对律师的资格、申请手续、宣誓手续、原被告律师的责任等都作了规范。不过，因辛亥革命爆发，清政府即告灭亡而未能实施。

以上在我国奴隶社会、封建社会中存在的为当事人提供诸如代写诉状等有限法律服务的讼师制度，它虽然有着现代律师制度的部分职能，但与现代律师制度有着本质区别。现代律师制度产生于资本主义社会，与政治、司法、诉讼民主相关联。在奴隶社会、封建社会中，根本不存在任何民主的观念及元素，从而也就不可能存在相应的律师制度之可能。

旨在推翻清朝专制帝制、建立共和政体的辛亥革命胜利后，成立了南京临时政府，临时大总统孙中山1911年10月曾命令法制局审核复呈《律师法（草案）》；北洋政府1912年9月16日公布实施的《律师暂行章程》，成为中国律师制度最终形成的标志；国民党南京政府1927年7月颁布《律师章程》，废止《律师暂行章程》；1935年正式起草《律师法》，1941年1月11日公布实行。同年，还颁布了《律师登录规定》，1945年又颁布了《律师检核办法》等，在形式上，律师制度已较为规范。然，当时军阀割据仍然严重，并且一直处于战争状态，尤其是日本帝国主义自发动九一八事变开始至1945年8月15日宣布无条件投降时已经对我国进行了长达14年的侵略战争，律师制度不可能得以有效的实施。

在社会主义社会中，民主较之于资本主义社会要求更高，以民主为基础的律师制度自应得到更高的更长足的发展。

三、律师：从国家本位到社会本位再到当事人本位

谭君：新的社会制度，给律师制度的建立打下良好的基础。但这个过程，走了哪些漫长的路，律师这个职业才真正步入普通人的生活？

贺小电： 新中国的律师制度源于刑事辩护制度，最早可以追溯到新民主主义革命第二次国内革命战争即土地革命战争时期。早在1932年6月9日，革命根据地政府中华苏维埃共和国执行委员会颁布的《裁判部暂行组织及裁判条例》第24条规定："被告人为本身利益，可派代表出庭辩护，但须得到法庭的许可。"1936年颁布的《川陕省革命法庭条例草案》，明确"必须是劳动者有公民权的人才有资格当选辩护人"。抗日战争时期，1943年9月颁行的《苏中区第二行政区诉讼暂行条例》等确定了公民担任代理人、辩护人或辅助人的范围。解放战争时期，东北解放区1948年2月制定的《法律顾问处组织简则》规定，在人民法庭设立法律顾问处，为诉讼当事人解答法律及诉讼制度中的疑难问题。

新中国成立前夕，中共中央1949年2月发布了《关于废除国民党的六法全书与确定解放区的司法原则的指示》。

新中国成立后，中央人民政府政务院1950年7月20日颁布的《人民法庭组织通则》第6条规定："县（市）人民法庭及其分庭审判时，应保障被告有辩护及请人辩护的权利，但被告所请之辩护人，须经法庭认可后，方得出庭辩护。"同年12月，中央人民政府司法部发出《关于取缔黑律师及讼棍事件的通报》，取缔国民党的旧律师。

1953年，上海市人民法院设立"公设辩护人室"，后不久将公设辩护人改称为律师。

1954年7月31日，司法部发布《关于试验法院组织制度中几个问题的通知》，决定在北京、上海、南京、武汉、沈阳、哈尔滨等26个城市开始试行律师制度，试办律师顾问处，共有律师81人。同年9月，新中国颁布施行的第一部《宪法》及《人民法院组织法》以法律形式确立了辩护制度。

1956年1月，国务院批准司法部的《关于建立我国的律师工作的请示报告》，决定通过国家立法确认律师制度。同年4月25日，全国人大常委会通过《关于处理在押日本侵略中国战争中犯罪分子的决定》；同年6月至8月，最高人民法院组成特别军事法庭，依照法律程序，对铃木启久、武部六藏等45名罪行严重的日本侵华战争罪犯进行审判，由28名律师组成的辩护团为战犯作了一次具有国际政治意义的辩护。

1957年上半年《律师暂行条例（草案）》完成起草。至此，全国已有19个省、自治区、直辖市成立了律师协会；建立法律顾问处820个，有专职律师2572人，兼职律师

350人。下半年起，遭受"左"的思想影响，许多人把律师出庭为刑事案件被告人辩护说成是"丧失阶级立场""替坏人说话"。之后，随着反右斗争的扩大化，大批律师被打成右派甚至被送去劳动教养或劳动改造，律师工作因此陷入停滞状态。

1959年4月28日，国务院向全国人民代表大会提请《关于撤销司法部的建议》，建议"撤销司法部，原司法部主管的工作，由最高人民法院管理"。随后，司法部及各地司法厅局均被撤销。

1975年《宪法》取消了有关被告人享有辩护权的规定。

"文革"结束后，时任最高人民法院院长的江华认为法院不宜兼行司法行政工作，率先提出恢复司法部。1979年6月15日，中央政法领导小组向中央报送《关于恢复司法部机构的建议》，获得中央批准。

1979年7月1日通过、1980年1月1日施行的《刑事诉讼法》和《人民法院组织法》均规定被告人有权自行辩护的同时可以委托律师进行辩护，前者就律师辩护制度专章作了规定。于是，全国各地开始陆续重建律师队伍。同年9月13日，全国人大常委会决定设立司法部。12月1日，北京市第一法律顾问处建立；司法部发布《关于律师工作的通知》明确宣布恢复律师制度。此时全国仅有212名律师，且大多数为兼职，主要来源于各地政法院校的老师，法院、司法行政机关工作人员以及部分被平反的20世纪50年代的老律师，如为林彪、江青反革命集团成员进行辩护的马克昌、苏惠渔分别是武汉大学法学院、北京大学法学院的教授，韩学章（女）曾是上海市高级法院的法官，张思之既是被平反的老律师又是北京市法院的原法官。

1980年8月26日，全国人大常委会通过《律师暂行条例》，律师终于迎来了有关自己的第一部法律，规定"律师为国家法律工作者""律师执行职务的工作机构是法律顾问处""法律顾问处的性质为事业单位"。

同年9月29日，全国人大常委会《关于成立最高人民检察院特别检察厅和最高人民法院特别法庭检察、审判林彪、江青反革命集团案主犯的决定》。该年11月20日至1981年1月25日，最高人民法院根据全国人大常委会的决定，组成特别法庭，依法公开审判了林彪、江青反革命集团10名主犯，18名律师参与诉讼，10名律师作为辩护人为其中的5被告人出庭辩护。其中，韩学章、张中为姚文元辩护，甘雨霈、傅志人为陈伯达辩护，马克昌、周亨元为吴法宪辩护，张思之、苏惠渔为李作鹏辩护，王舜华、周奎正为江腾蛟辩护，成为新中国律师继1956年审判日本侵华战犯以来的第二次、改革开放以来第一次以辩护人身份出现在特别法庭上。

1980年12月底，中国律师制度恢复以来的第一个省级律师协会——广东省律师协会成立。

1983年7月15日，我国第一家律师事务所深圳市蛇口工业区律师事务所正式诞生，首次以"律师事务所"取代"法律顾问处"，除了上级派来的行政人员外，只有姚峰1位律师。同年8月8日，中国第一家经司法部批准的办理涉外法律事务的律师执业机构——广东对外经济法律顾问处成立。10月，全国第一家从事涉外业务的律师事务所——深圳市对外经济律师事务所挂牌开业。

1984年8月，司法部决定将"法律顾问处"统一改为"律师事务所"。

1985年，徐建成立了深圳市经济贸易事务所，开始探索责任制承包，实行自负盈亏，每年向司法局上缴10万元利润。

1986年律师制度开始改革，除国办所外，已经出现了民营性质的合作律师事务所。同年，第一次全国律师大会在北京举行。此时，律师由司法行政机关和律师协会共同管理的体制初见端倪。

1987年，司法部向国务院提交了一份律师体制改革的方案，国务院批复可在地方作改革试点。

1988年2月22日，上海市司法局批准市属第六律师事务所进行改革试点。同年5月4日，由段毅、武伟文、刘雪坛3名律师组成的中国第一家私人合作制律师事务所——广东省段武刘律师事务所成立。5月10日，批准建立全国第一个以个人名义命名的上海市李国机律师事务所，进行合作制试点。

1988年6月3日，司法部颁布实施《合作制律师事务所试点方案》，规定"合作制律师事务所是由律师人员采用合作形式组成为国家机关、社会组织和公民提供法律服务的社会主义性质的事业法人组织""应有自己的名称、组织机构、办公场所和章程以及必要的经费，能够独立承担民事责任""实行独立核算，自负盈亏""律师采取效益浮动工资形式，使工资与业务数量、质量、社会效益与经济效益挂钩；律师事务所辅助人员采取固定工资形式"等，律师行业由此迈出了"改变国家包办律师事务所的重要一步"。同年，司法部发布了第一批实行合作制试点的律师事务所名单，包括：1988年创办的北京第一家合作制律师事务所——北京市经纬律师事务所、北京市北方律师事务所；1989年成立的北京市君合律师事务所、北京市大地律师事务所。

1992年1月18日至2月21日，邓小平视察武昌、深圳、珠海、上海等地并发表重要讲话，为走上中国特色社会主义市场经济发展道路奠定了思想基础；同年10月，党的十四大确定建立社会主义市场经济制度。与此相适应，司法部在总结有关合作制律师事务所试点经验的基础上，逐步放开了对律师事务所的管理，开始允许注册合作制律师事务所。同年，司法部还与原国家工商行政管理总局一同制定了《关于外国律师事务所在中国境内设立办事处有关事宜的暂行规定》，开始允许外国和香港律师事务所在中国大陆设立办事处。

1993年12月16日，国务院批准司法部提请的《关于深化律师工作改革的方案》明确指出："进一步解放思想，不再使用生产资料所有制模式和行政管理模式界定律师机构的性质，大力发展经过主管机关资格认定，不占国家编制和经费的自律性律师事务所；积极发展律师队伍，努力提高队伍素质，建立起适应社会主义市场经济体制和国际交往需要的，具有中国特色，实行自愿组合、自收自支、自我发展、自我约束的律师体制"；规定"律师事务所是由执业律师组成的具有法人地位的自律性机构"；鼓励"占用国家编制和经费的律师事务所逐步向不占国家编制和经费的方向转变"。同年，允许创办私人律师事务所；建立军队律师队伍，为军队内部提供法律服务。

1994年3月批准设立了第一家比合作所更具活力的合伙制律师事务所，并很快形成国办所、合作所、合伙所三足鼎立的局面。据统计，1994年，北京合作所61家、合伙所46家、国办所53家。

1996年3月17日，经全国人大常委会修正并于次年1月1日起施行的《刑事诉讼法》将律师参与刑事诉讼的时间由审查起诉阶段提前到侦查阶段，于96条规定："犯罪嫌疑人在被侦查机关第一次讯问后或者采取强制措施之日起，可以聘请律师为其提供法律咨询、代理申诉、控告。犯罪嫌疑人被逮捕的，聘请的律师可以为其申请取保候审。涉及国家秘密的案件，犯罪嫌疑人聘请律师，应当经侦查机关批准。"同年5月15日，《律师法》通过并于1997年1月1日起施行，标志着具有中国特色的社会主义律师制度的基本框架的初步形成，明文废止了"法律顾问处"，律师的定位也由"国家的法律工作者"变为"为社会提供法律服务的执业人员"。

1996年11月25日，司法部发布并于1997年1月1日实施的《合作律师事务所管理办法》进一步规定，合作律师事务所"由律师自愿组合，共同参与，其财产由合作人共有。合作律师事务所以其全部资产对债务承担有限责任""所有专职律师均为合作人""实行独立核算，自负盈亏""按照按劳分配的原则，实行效益浮动工资制。确定合作人工资标准、等级时，应当考虑合作人的所龄、资历、办理法律事务的质量和数量等因素"。

2001年6月30日，全国人大常委会修正的《法官法》《检察官法》规定，国家对初任法官、检察官和取得律师资格实行统一的司法考试制度。次年3月，首届国家统一司法考试进行，有志于法官、检察官和律师职业的人，除法律规定的特定情况外，都必须参加并通过国家统一的司法考试。

2001年12月11日，世界贸易组织（WTO）第四届部长级会议在卡塔尔首都多哈以全体协商一致的方式，审议并通过了我国加入WTO的决定，我国由此正式加入WTO，成为其中的第143个成员。于是，为我国律师进一步走向世界，在不同场合尤其是重大经济法律事务舞台上的身影频频出现提供了更为宽阔的通道。

2002年开始，开展个人律师事务所（个人所）试点。此外，司法部2002年10月12日下发《关于开展公司律师试点工作的意见》和《关于开展公职律师试点工作的意见》，启动了公司律师和公职律师试点工作，分别在企业内部专职从事法律事务工作，以及供职于政府职能部门或行使政府职能的部门或经招聘到上述部门专职从事法律事务。在实践中，还存在军队内部专职为军队服务的实际属于公职律师的"军队律师"。这样，构成"社会律师""公司律师""公职律师"三者并存、优势互补、结构合理的律师队伍正式开始。

在律师所的名称、所有制，律师的身份、定位等不断改革变化的同时，就分配管理模式，一些律师事务所也进行了深入的探索。1997年4月在重庆成立的中豪律师事务所，2002年开始进行公司化改革，按照"分步走"策略，分批次转型，摒弃提成制，但短期内允许工薪和提成制并存，3年全部过渡为工薪制，最终确立了律师不挂靠、分所不加盟，全员授薪、合伙人计点的管理机制。2004年，北京汉坤律师事务所的收入、支出、分配都由律所作为一个整体进行。合伙人、律师、行政人员都由律所统一招聘。律所人员的薪酬、福利、待遇、成长路径都由律所统一协调管理。有人预言，律师事务所公司化经营之路乃是21世纪发展的趋势。

2007年10月28日，全国人大常委会修订的《律师法》，明确律师乃是"依法取得律师执业证书，接受委托或者指定，为当事人提供法律服务的执业人员"；取消合作律师事务所；规定合伙律师事务所可以采用普通合伙或者特殊的普通合伙形式设立，合伙律师事务所的合伙人按照合伙形式对该律师事务所的债务依法承担责任；设立人承担无限连带责任的个人律师事务所依法成立。另外，国家出资设立的律师事务所，以该律师事务所的全部资产对其债务承担责任，承担填补法律服务盲区的角色。

随后，律师事务所再次迎来由普通合伙到特殊普通合伙的律师事务的改革。2009年11月，北京大成律师事务所成为北京首家特殊普通合伙所，至2012年底北京特殊普通合伙制律所又增加尚公、德恒、金诚同达、中伦等律所。至此，中国律所的制度改革告一段落，从1980年8月最初只有国家出资设立的法律顾问处、国办所到个人出资的合作所再到合伙所、个人律师事务所以及特殊的普通合伙律所，经过了近30年的历程。

2010年11月，中共中央办公厅、国务院办公厅转发《〈司法部关于进一步加强和改进律师工作的意见〉的通知》（中办发〔2010〕30号）明确要求："始终坚持律师是中国特色社会主义法律工作者的本质属性，引导广大律师忠诚履行中国特色社会主义法律工作者的职责使命，切实做到拥护党的领导、拥护社会主义制度，维护宪法和法律尊严，维护当事人合法权益，维护法律正确实施，维护社会公平正义。"

2014年10月23日，党的十八届四中全会审议通过的《中共中央关于全面推进依法治国若干重大问题的决定》明确要求："全面推进依法治国，必须大力提高法治工作队伍思想政治素质、业务工作能力、职业道德水准，着力建设一支忠于党、忠于国家、忠于人民、忠于法律的社会主义法治工作队伍。""加强法律服务队伍建设。加强律师队伍思想政治建设，把拥护中国共产党领导、拥护社会主义法治作为律师从业的基本要求，增强广大律师走中国特色社会主义法治道路的自觉性和坚定性。构建社会律师、公职律师、公司律师等优势互补、结构合理的律师队伍。提高律师队伍业务素质，完善执业保障机制。"

2014年1月27日，司法部批复同意上海市司法局提出的《关于在中国（上海）自由贸易试验区探索密切中外律师事务所业务合作方式和机制试点工作方案》，允许双方律师事务所可以协作、联营等方式开展业务合作。

2015年8月20日至21日，最高人民法院、最高人民检察院、公安部、司法部在京联合召开全国律师工作会议，这在中国司法史上乃属首次，标志着律师乃为法律职业共同体的一个重要元素，属于国家法治建设的不可或缺的力量在司法高层中得到了充分肯定与认同。

纵观我国律师发展尤其是1979年律师制度恢复以来40余年发展的历史，律师制度一直紧跟着时代经济、政治、法律、观念等的变化而变化，律师事务所不断增多，律师队伍不断壮大，从最初的200多人发展到2018年底的42.3万多人，律师事务所由70多家发展到3万多家，实现了县域以上律师服务全覆盖，律师业务从城市到乡村，从国内至国外，从诉讼到非诉，可以说，各行各业已无处不有律师的身影。

谭君： 根据您上述梳理，可以看出，我国律师制度在不断调整，以适应社会发展的需要。律师制度与国家的经济、政治以及法律之间，到底是怎样的关系？

贺小电： 经济的繁荣与发展，乃是律师队伍及其业务扩大的最为原始的动力。经济越发达，交易越多，涉及的法律事务就愈多，对法律服务的需要也就更多，并日益专业化，律师的人数乃至业务范围、素质、能力自然就会不断壮大、拓展、深化并提高。

经济的繁荣与发展，与所有制、分配制等社会主义经济制度密切相关。基于过去传统的认识，社会主义所有制只有公有制，并以国家所有制为主体，辅之以集体所有制；所有单位均为国有单位或者集体所有制单位；整个社会的生产经营、生产力及生产关系要素的配制、分配等均实行计划经济由国家统一进行管理、确定，从而造成经济活力不足，直到最后处于停滞不前的状态。随着改革开放逐步推进并日益深入，所有制由过去单一的公有制，发展成为坚持公有制为主体、多种所有制经济共同发展的基本经济制度，在法律规定范围内的个体经济、私营经济等非公有制经济，是社会主义市场经济的重要组成部分；分配制度亦由过去单一的按劳分配改变为坚持按劳分配为主体、多种分配方式并存的分配制度；经济体制也由计划经济到商品经济再到市场经济而发生了根本性的转变，确定生产经营主要由市场配置生产要素，调整生产经营规模、方向的竞争体制，从而激发了市场经济活动主体的积极性、主动性与创造性，充分释放了经济活动的活力。

与此相适应，作为法律服务提供者的律师组织及其管理制度，将最初由国家出资包办、统一经营管理分配的管理体制，通过将律所变为独立核算、自负盈亏实行效益浮动工资分配的本质上属于社会主义劳动群众集体所有制的合作所，再到完全私有的合伙所、个人所，除公职律师、公司律师外，将律师完全推向社会，由市场决定其命运，确定其发展规模，司法行政管理只是进行执业许可、费用收取标准、执业培训、违法行为查处等行政管理工作，具体的执业服务活动由律所及个人确定，从而为律师业的蓬勃发展奠定了基础。试想，要是实行国有，律师作为国家工作人员由国家统一包办，如此数十万人的规模，国家财政也是难以承受的。另外，每个律所实行统一的收案、收费、分配，吃大锅饭，也不利于律师的主动性、积极性、业务素质能力及其服务水平的提高。

当然，为了让人民群众于每一个案件中能够感受到公平与正义，在当事人因为经济困难等原因的情况下，则由国家法律援助事务中心安排公职律师或者社会律师为之提供法律服务，或因其他需要，国家仍然可以出资成立不以营利为目的的国有所。

政治的民主、文明乃是律师制度的基本保障。封建社会，在专制、独裁下的政治统治下，自无律师的地位、制度而言。随着改革开放的不断深入，国家政治制度包括司法制度不断改革完善，尤其是有关自由、平等、公正、法治、人权等观念日益深入各项政治制度及其生活中，政治制度日益民主、公正、文明、成熟，律师制度才得到了长期有效的制度保障，功能与作用才得到了进一步的发挥，律师的社会地位才得到了不断提高。

法律制度的不断完善，为整个律师制度提供了坚实的法律基础。律师根据法律为当事人提供各种法律服务，自然要以善良完善成熟的法律为前提。另外，律师的法律地位、职能定位、权利与义务、提供法律服务的程序，以及执业许可、管理、培训、违法行为的查处等所有有关律师的工作，都要由法律明确，让律师有法可依，有章可循。尤其是，律师制度随着国家、社会的经济、政治、文化等的改革发展而不断改革变化，这种改革变化本身需要一定的法律法规规章等指引，改革变化的成果也需要法律加以固定。40余年来的律师发展，其实就是有关律师制度的各个方面包括律师的身份、地位、律所的所有、经营、管理、服务体制等各个方面的发展与变化，这些都没有离开过有关法律法规规章的规范。可以说，律师制度的发展，从某种意义上来说，就是有关律师及其制度法律法规规章的不断改革与变化的结果。

谭君：我国是社会主义国家，我国的律师制度的建立从最初的国家政治需要，最后延伸到普通老百姓社会生活的需求，但仍然强调它的政治属性。为什么我国律师不干脆纳入国家公务员，像公安民警、检察官、法官一样进行统一管理，"按需分配"？

贺小电：社会观念的变化，乃是推动律师制度不断改革发展的文化因素。各种各样的社会生活，都需要法律加以规范，有的还非常复杂，就会产生需要通晓法律的专业人员提供咨询、解释、起草法律文本、论证合法性、参与调解谈判诉讼等各种各样的服务，律师的重要性不断提升，地位也就自然得到提高。无论是谁，需要法律服务时，都希望找到有水平、有能力、有声誉地位的名律师提供服务，从业人员及其素质能力水平等要适应这种观念的需要，就只有苦练内功，提高内力。

随着当事人的法律需求增多，人们认识到，律师事务所由国家来办，责任由国家来承担，增加大量国家工作人员身份的律师，根本不可能；如果收入统一分配，而不以服务数量、质量的多少高低来决定律师的收入，律师工作的主动性、积极性将难以得到充分调动，没有竞争，律师队伍的能力水平等素养也难以得到提高。此外，对当事人来说，请国家工作人员为自己服务，律师可能高高在上，还不一定会保证服务质量；收钱多了，国家有以此谋利之嫌；收费少了，可能造成大量财政支出，对那些不需要法律或者很少需要法律服务的纳税人来说也不公平。尤其是在当事人心里难免对能否得到公平公正服务有担忧。如民事案件，双方律师、法官都是国家工作人员；刑事案件，控方检察院、审方法院、辩方律所，有关的工作人员均是国家工作人员；行政案件，被告、双方代理人、审方的工作人员都是国家工作人员，尽管属于不同单位，还是可能让人认为，他们之间相互配合而可能损害自身的权益，由此难以满足当事人的心理需要。

谭君：有的律师服务意识不高，能力水平不足，甚至道德品质败坏，骗取当事人钱财，损害当事人利益，侵占挪用律所财产，对这类现象，该如何防范？

贺小电：以前，律师事务所是事业单位，虽具有法人地位，但对外承担有限责任。为此，对国有所以外的社会所，作为民事服务活动主体的定位，法律进行了重新确定。2007年修订的《律师法》明确取消了仍然属于公有制形式的集体所有的合作所；除国有所仍然具有法人地位，依法承担有限责任外，社会所采取合伙所、个人所2种形式，合伙人、个人依法对外承担无限连带责任。根据《民法典》第102条规定，社会律师事务所为非法人组织，设立律所的合伙人或者个人，除有限合伙外，都要依法对外承担无限责任。

谭君：律师转型，打破铁饭碗、走向市场化以后，其定位、职能发生了哪些变化？其生存的方式、存在的价值发生了哪些变化？

贺小电：无论律师制度怎么发展，身份、地位怎么发生变化，但律师的职能即为当事人提供法律服务的本质没有改变，只不过是在不同时代有不同的提法而已，如司法部1980年8月的《律师暂行条例》称，律师的任务为"是对国家机关、企业事业单位、社会团体、人民公社和公民提供法律帮助，以维护法律的正确实施，维护国家、集体的利益和公民的合法权益"。司法部1988年6月的《合作制律师事务所试点方案》提出，合作制律师事务所是"由律师人员采用合作形式组成为国家机关、社会组织和公民提供法律服务的社会主义性质的事业法人组织"。司法部经国务院1993年12月批准的《关于深化律师工作改革的方案》指出："律师要承担为改革开放和经济建设服务，为民主和法制建设服务，维护国家利益和公民合法权益，维护国家法律正确实施的职责，主要任务是：（一）担任政府、企事业单位的法律顾问；（二）以事实为根据，以法律为准绳，担任刑事案件的辩护人；（三）担任好公民、法人和其他组织从事民商事活动及民事、经济和行政诉讼活动的代理人，充分发挥在市场经济中的中介作用。"1995年5月通过的《律师法》规定，律师"为社会提供法律服务的执业人员"。2007年10月修订的《律师法》将律师进一步定性为"为当事人提供法律服务的执业人员"。如此等等，尽管提法不同，律师为当事人依法提供法律服务的职能没有改变，只是逐渐体现了律师提供服务的职权最终来源于当事人的委托这一基本属性。律师为当事人提供服务，虽然要由律师事务所指派，但这种指派还是要以当事人委托为前提。在没有当事人委托的情况下，除非司法行政机关要求法律援助，律师不得为当事人提供法律服务。当事人委托律师事务所及其律师提供法律服务，对提供法律服务明确了具体律师的，应当尊重当事人的选择；对于一些需要律师团队才能提供的法律服务，当事人没有明确具体律师的，则由律师事务所指定。当然，就律师的抽象职能而言，则来源于法律的赋予，没有法律对律师合法地位的认同、职能范围的抽象界定，自无律师的职能及其发挥之说。

律师存在的价值，主要与律师的职能相关，可以说律师职能乃是律师价值的主要来源。既然，律师的职能无论如何改革，作为一个群体都是为当事人提供法律服务，其价值从理论上没有什么变化。但是，对律师职能、价值的认识，在不同时代、不同阶段则可能不同，对其职能有效行使及其保障的制度也就会有所区别，从而影响律师的职能发挥和价值的体现。具体的执业环境、律师的能力水平、敬业程度等具体因素，都会影响律师价值的体现，律师的作用有时候甚至表现为负作用、负价值。这样，律师的价值也有理论与实践、宏观与微观、抽象与具体之别。

从理论、宏观、抽象等方面来说，律师作为民主法治社会的一个不可缺少的组成元素，其价值乃为客观存在，不会因为律师及其制度的改变而改变；但在有关律师及其制度、运行、管理、服务等的实践过程中，如何充分发挥、体现律师应有的价值，则与时代经济、政治、法律、法治、文化、观念等的发展，以及具体的律师制度、律师的个人素养乃至具体的法律服务事项等很多因素密切相关，在不同的实践、微观等动态层面，呈现出深浅不一的千姿百态。

就律师的定位，主要是身份地位的确定。我国自古就讲究名分，正所谓"名不正则言不顺，言不顺则事不成"。

"名不正则言不顺，言不顺则事不成。"这种观念一直沿袭至今。现在，随着改革开放的发展，人的观念不断趋于多元化，可一些传统的习惯观念仍有相当的市场，如国家干部（国有工作人员）、国有企业事业单位工作人员、官员、公务员、法官、检察官、老板、农民等身份观念还深植于人们的心中。身份不同，通常意味着地位、名誉甚至权力、财富等实际利益不同。

在封建社会，讼师虽在民间形成了一种以此为生的职业，但未得到法律的承认，没有相应的地位，甚至连下九流职业都算不上，地位卑贱低下而无出息，可想而知。

新中国成立初期，称国民政府时代的律师为黑律师或者讼棍而加以取缔，开始建立新律师制度，可因反右斗争的扩大化而夭折，直至1975年的宪法明文将刑事辩护权加以取消。

谭君：后来律师制度恢复，律师的地位确立，是不是其生存环境彻底改变？

贺小电：1979年开始恢复律师制度，1980年的《律师暂行条例》最初定位为"国家法律工作者"，由于"律师执行职务的工作机构是法律顾问处"，属事业单位法人，并为国家出资设立，律师便为国有事业单位的工作人员，乃为国家干部，由国家统一分配调动，司法行政机关直接管理，获得固定工资，旱涝保收，不对外承担责任。法律地位从无到有，一下定位属于国家干部的"官员"之列，地位高于工人、农民等，体现了国家对律师工作的重视。然在当时的现实生活中，基于长期对律师的传统看法，加之经济活动并不发达，律师业务主要体现为刑事辩护，民事代理很少，实际地位很低。这从一个例子就足以说明。

我1993年7月研究生毕业后分配至湖南省高级人民法院刑一庭，报到后几天就被派到一个办案组做书记员的记录等工作。那时，出差办案条件极为艰苦，住宿都是3人甚至9人一间的大房，我跟办案组长和另外一个审判员住在同一房间，所住房间同时也是阅卷办案的工作场所。他们都是军队转业，当时是副处级干部。一天上午，一个律师来到房间送办案手续，说是为某一刑事案件的被告人担任辩护人。这个律师从湘潭大学毕业后分配至衡阳某中专学校当老师，属兼职，不想是我原来当老师时的学生，且为同乡，自然就会聊起过去的一些事情。那时不懂事，没有想到应当到外面去聊，而就在住房里聊了大约半小时，我很感激当时组长没有当场发作。可在律师走后，组长给我狠狠批评了一顿，指出作为法官不应与律师有过分的接触，他送材料来，你接了就是啦，不能再多谈。最后，找一个理由，马上让我回去。这下真是蒙了，我当时是庭长派过来为办案组做书记员的。走时，庭长还专门交代："你不要认为自己是硕士研究生（当时庭里面我是第一个硕士研究生，庭长是'文革'前的中南政法学院的本科毕业生），就是博士生也得怎么怎么……"现在倒好，刚派过来两三天就被组长赶回去，怎么向庭长交代？当天晚上，左右两边的领导鼾声雷动，此起彼伏，我一夜失眠，自不待言。好在第二天早晨，组长又给我一个机会，是继续留下来前往更艰苦的地方还是回去，由我选择。那时真是既谢天又谢地，终于没有因缺少与人交往的经验造成失误。但从这一现在根本不是事情的事情可以看出，当时律师的实际地位，是多么的尴尬。就是前些年，还可以在一些基层法院的办公室里听到法官对当事人的家人说，案件请律师有什么用，有律师还是该怎么判就怎么判。由此可见，律师的地位、功能及价值真正要得到社会各界的认同，还有一段相当长的路，且蜿蜒曲折、坑坑洼洼，轻易还不能走。

后来的合作制律师事务所，虽由不再占有国家编制的所有专职律师作为合作人出资，在经济上实行独立核算，自负盈亏，然还是属于事业法人组织，对外独立承担民事责任，合作人则以出资为限承担有限责任，实行共有，属于劳动群众集体所有制形式。为了鼓励律所改制，合作人开始可以辞去原有公职或经当地有关部门批准在试点期间停薪留职。即使国家干部的实际身份丧失，作为事业单位工作人员的虚名仍然拥有；工资则采取效益浮动工资制，不存在合作律师完全没有工资收入的情况。

再到后来的合伙律师事务所、个人律师事务所，完全由合伙人或者个人出资设立，属于私营服务机构性质，且不再为法人组织而只能承担有限责任，合伙人或者设立者个人对外依法应承担无限责任，执业风险为此无限放大；事业单位的性质也不再存在，律师成为私有合伙的非法人组织的工作人员，基于其工作可以自行安排等特点，有的称律师为自由职业者。至于收入及分配方式，有的采取公司制形式，按照一定的规则给所有律师发放薪酬；有的采取提成方式，这也是目前普遍存在的模式，律师从给所里创造的毛收入按一定的比例提成；有的则采取挂靠，给所里每年缴纳一定管理费的方式，剩下的全部提走。这样，就可能存在一些律师收入很少甚至根本没法正常生存的现象，同时一些律师依赖水平、名望、服务质量，以及同学、同乡、战友等人脉资源收入颇丰，名利双收。律师收入两极分化的现象已经异常严重。行业里所传说的"20%（或10%）的律师赚了所有律师总收入的80%（或90%），剩下的80%（或90%）的律师只能赚到整个律师行业收入的20%（或10%）"，已不是空穴来风。因此，律师在法律服务环境及其市场还很不完善，在熟人社会的背景中为了争夺有限的法律服务市场资源，竞争异常激烈，尤其对于直接从高校毕业迈入律师行业而又没有任何资源的年轻律师而言，前面的路可以说是极其艰难，理想化的"西装革履""舌枪唇剑""雄辩滔滔""自由自在"等光鲜形象，对于大多数甚至绝大多数律师来说，只能存在于梦幻之中。

谭君：关于律师的性质定位，中共中央、国务院2010年11月批准的《〈司法部关于进一步加强和改进律师工作的意见〉的通知》明确律师乃为中国特色社会主义法律工作者；党的十八届四中全会通过的《中共中央关于全面推进依法治国若干重大问题的决定》也明确律师为法治工作队伍的组成部分；2014年1月，习近平总书记在中央政法工作会议上亦指出："律师队伍是依法治国的一支重要力量。"《律师法》规定："律师应当维护当事人合法权益，维护法律正确实施，维护社会公平和正义。"另外，律师从"国家法律工作者"经历了"为社会提供法律服务的执业人员"到"为当事人提供法律服务的执业人员"的转变，实现了"国家本位主义"到"社会本位主义"再到"当事人本位主义"的跨越。有的为此认为，"律师从事各种法律服务的权利本质上产生于当事人的委托，法律对于律师权利的规定只是为权利的产生提供了条件，律师以维护当事人的合法权益为己任，而不是以维护国家利益为己任，因而不可能作为国家法律工作者"；把律师定性为"中国特色社会主义法律工作者"，没有把律师同其他法律职业区分开来，法官、检察官、公证人员等都可定性为"中国特色社会主义法律工作者"。有人甚至认为，律师同法官、检察官一样，都是中国特色社会主义制度下的法律工作者，属于"为当事人提供法律服务的执业人员"。对此，您是怎么看的呢？

贺小电：通常情况下，谈到事物的性质或者本质，都认为是唯一的。针对某一个方面或者从某一角度来说，是如此。然从不同角度、不同方面来看事物，事物的性质、本质就会有所不同，不同方面或者角度之间还可能存在包容与被包容的层次性特征。如相对于植物，人的本性表现为动物，属于地球上最高级的动物而已；相对于皮肤种族而言，我国大多数人属于黄种人汉族的性质；以性别而论，男人为雄性动物；是否结婚，本质上则有已婚与未婚之别；是否生儿育女，又有为人父母的不同。如此等等，说明人乃由许许多多的不同层面的属性构成。

就律师的工作职能而言，律师为国家法律工作者、中国特色社会主义法律工作者、中国法治建设的力量、中国特色社会主义劳动者等，这些说法都没有任何问题。不然，难道律师不是法律工作者还是其他工作者不成。为当事人提供法律服务，本身就是一种工作、一种劳动，这种工作与劳动与法律相关。为此，既可以与法官、检察官、公证人员等一样，属于法律工作者或者法律劳动者。尽管这是从国家、政治层面来讲的，确实没有与法官、检察官等的职业性质相区别，可这种政治层面上的定性，在宏观、法治背景下进行定位时，无疑有其必要性。

如从律师所在单位的所有制性质、提供具体法律服务的权利来源的层面来看，因当时律师事务所乃为国家投资，律师属于国有事业单位的工作人员，而认为律师是"国家法律工作者"，则有所不当。因为，当时的"国家法律工作者"，特指在国有律师事务所工作的国家工作人员，属于国家干部之列。这样，就与社会律师的具体服务职能最终来源于当事人委托，所在律所由合伙人或个人投资，所提供的服务由此并非公务的性质明显相悖。所以，《律师法》将律师的职业功能定位先后改变为为社会提供法律服务、为当事人提供法律服务的执业人员，社会律师的执业机构为私有的非事业单位的非法人组织，逐渐缩小其针对的范围，更能体现社会律师职业功能的定位特征。这在与检察官、法官、公证员等职业共同体成员相比较时而存在。但在寻找它们之间的共性时，则要由上位概念，如中国特色社会主义法律工作者等来概括。

四、律师辩护与替坏人说话

谭君：进入21世纪，2003年辽宁刘涌案引发舆论高度关注。2003年8月，组织、领导黑社会性质组织的原沈阳嘉阳集团董事长刘涌，从一审的死刑在二审被改判死缓，同年12月又被最高人民法院再审改判死刑并执行死刑。当时，为刘涌辩护的律师也受到了很多指责：为坏人辩护。公众应该如何看待律师的定位与价值？作为一名刑事辩护律师，能不能为"坏人"辩护？如何为"坏人"辩护？律师为谁服务？

贺小电：这种律师为犯罪嫌疑人、被告人辩护乃为"坏人"说话、是纵容罪恶的看法，在民间乃至司法界都有一定的市场，属于有罪推定这种观念的一种表现形态。有罪推定，贯穿整个封建社会，长达2000多年，作为一种文化糟粕虽已被现代法治文明所否定，但其要从人们的心里彻底消失尚不容易，从而也说明观念一旦形成成为社会观念的一部分，要加以改变乃是一个极其漫长的过程，这是文化观念惯性使然。一位看守所的干警就对我说过，国家将你培养成研究生，为这些品性不好的罪犯说话，甚至与国家对抗，不应该的呀！

因涉嫌犯罪而成为犯罪嫌疑人、被告人，从事实上讲完全可能受到冤枉。实体上看，如：恶人先告状，带有目的的诬告陷害；相互之间的内斗如公司企业股东之间、官员之间的争权夺利，对妨碍自己目的实现的人打击报复；受害人、证人错误指认；真正犯罪者的栽赃嫁祸。程序上看：重要证据如血迹等关键证据的污染；证据唯一性的不足，如被告人在现场留有血迹，只能证明其出现过现场，无法指向他一定杀了人；无罪证据等重要证据的隐瞒销毁；间接证据推理的失误；等等。这些都可能造成实际无辜的犯罪嫌疑人、被告人身陷囹圄。

另外，从法律上看，由于各种各样的原因，他人尽管实施过某种行为可并不构成犯罪，却被当成犯罪追诉，而进入刑事诉讼程序成为犯罪嫌疑人或者被告人。这样，犯罪嫌疑人、被告人本身就可能是清白的好人，而非一定就是坏人。

就是犯罪嫌疑人、被告人真正犯了罪，在现代社会中，也要通过刑事诉讼程序依法以生效裁判加以确认。在生效裁判确定其犯罪之前，其仍然不是罪犯，还要推定其无罪。此时，不能认为、推定其一定有罪，否则程序就变得毫无意义。更不能像战争年代等非常时期那样，认定某人为叛徒、特务，直接通过暗杀、秘密拘押等非诉讼途径而将之处理。要是这样，人人自危，公民的权利因为异化的权力、强权等没有任何保障。我想，在现代法治理念下，谁也无法接受随意将人审判定罪的做法。

犯罪嫌疑人、被告人依法通过生效裁判确定有罪而成为罪犯后，作为罪犯也并非一定是真正的坏人。罪犯从法律层面上要得到否定的评价，属于恶之列。但尚不能简单地以好人坏人、善人恶人等作"两点法"区分。一个人的母亲有病要钱做手术，不然就会死，这人没有钱，便从一有钱人家偷了2万元，让母亲做了手术而活了过来，事后发现被定罪判刑。此人属于罪犯没错，为此要付出自由的代价，但对之又怎么能以好人坏人简单论之？还有，一个平时很善良的人开车不小心撞死他人而成为罪犯，需要依法承担刑事责任，也难以简单地以善人恶人论之。在现实生活中，因为各种各样的原因，过失犯罪的现象并不少见，对于这些过失犯罪之人，要一律以恶人坏人评之，自然也有失公允。

一个人犯了罪，之所以要通过合法的程序来确认，并普遍实行犯罪嫌疑人、被告人的辩护制度，就是为了保障无辜的平民百姓免受不正当权利的侵害。任何一个民事主体包括自然人个人与单位等主体，在国家权力面前都是弱小的。基于权力主动扩张的特性，要是为怀有不当目的的人拥有并使用，公民的权利极易受到侵犯，这已经成为没有必要论证的常识，恐怕也正是要把"权力关进制度的笼子里"的根本原因。在刑事诉讼中，公民涉嫌犯罪遭受羁押，处于相对封闭的环境中，面对的是国家权力，无法接受外界的帮助。就是无罪，自己也难以找出证据。自身无法看卷，就是允许也可能因法律知识缺乏等原因而不知所以然。是以，需要具有法律专门知识的人提供帮助就成为自然。从国家层面上看，为了防止司法人员的玩忽职守甚至滥用职权、独断等造成冤枉无辜的事实发生，损害国家法律制度本身应有的公平与正义，并遵循司法制度发展的历史规律，将民主意识引入法庭中，构成控辩审三角关系，由控辩双方一方控攻一方辩守再由第三方居中兼听审慎独立裁判，尽量保障刑事程序的结果正确无误，乃是刑事诉讼程序中必然的选择。所以，作为公民，不让之随意受到不正当权力有意或者无意的侵害，国家赋予了其合法权利，而这种合法权利的行使，在他遭受羁押无法自行实施的情况下，通过辩护人代为实施，既是作为公民合法权利的必要保障，也是维护刑事诉讼程序正常运行，实现公平正义的不可或缺之举。

其实，任何人遭受不利的指控时，都会本能地要求指控者拿出证据来，指控者往往要求被控者提供无罪的证据及其法律理由，在自身无法提供的情况下，律师作为辩护人代为提供不很正常吗？这样，就算罪犯是真正的坏人，从趋利避害的人性上来讲，也需要为之提供法律上的合法帮助，何况他还可能真正是满怀冤屈的无辜之人呢？

另外，在社会经济、交通、信息等日益发达的情况下，一些轻微过失的犯罪概率如酒驾、交通肇事等大大增加，只要深入融合于社会中，人都无法绝对保障自己或者家人不涉嫌犯罪，也无法保障自己一定就不被人冤枉或者故意报复陷害。故，辩护制度的运用，并非涉嫌犯罪之人的专利，也为不涉嫌犯罪人依法保障自己合法权益提供了一个护身符。

还有，从对罪犯定罪处罚的功能、效果来讲，一个人犯了罪，只有通过确实充分的证据、简明透彻的法律分析才能加以认定。只有这样，才能使得罪犯心悦诚服，并让他人认为法庭的审判摆事实、讲道理，以达到既惩罚犯罪之人又警诫教育他人遵守法纪的适用目的。对此，我党创始人之一、新中国人民民主法制的先行者董必武早就指出："要建立辩护制度，如果没有辩护，就是判得再正确，也不足以使人心服口服。不准辩护会使我们错案更多。"

由上所述，律师为犯罪嫌疑人、被告人辩护，乃不仅是收当事人的钱而为之说话的问题，而且也是最为重要的乃是维护整个刑事法律的正确实施，维护公民合法权益的问题，有关为"坏人"辩护、替"恶人"说话等观念，不过是过去时代的某些不正当观念的残留与折射，应当彻底加以否定。

谭君：尽管随着法治文明的进步，人们基本接受坏人有权获得辩护、律师也可以为坏人辩护的观念。但是不可否认的是，现实中还是有很多律师会放弃一些为坏人辩护的机会。至少我接触的一些律师，他们会出于"爱惜羽毛"等考虑，拒绝当一些"坏透了"的人的辩护人。比如，拒绝毒贩、极残暴杀人犯、邪教组织者等人的委托。这就好像是一些演员，终身都不演反派角色，以迎合观众心中的好人人设。这种现象存在吗？您怎么看这种现象？

贺小电：律师放弃给"坏透了"的人辩护的机会，其原因很多，其中可能有"爱惜羽毛"、以迎合观众心中"好人人设"等因素。但主要是，法律涉及方方面面，专业分工越来越细，有的专门做知识产权案件，有的专门做破产案件，有的专门做民事案件等，他们就从来不涉刑案。而刑案，无论案件大小，不用说宣告无罪、判处缓刑、免刑、减轻处罚，就是在较大的法定幅度内裁量刑罚，都要经过合议庭、正副庭长、正副院长乃至审委会把关，一些案件还得向上级法院请示、平衡，经过的环节多、人员多，法官自由裁量的空间很小。另一方面，律师接受委托后，要经常到看守所会见当事人以及其家人、朋友；案卷数十上百乃数百的经常可见，所花费的时间、精力远非民事案件所比。而收入，基于国人对自由与财产的态度，认为刑事案件不能收取过高费用，收取过高费用可能用于"买刑"从而否定风险代理，而民事案件不仅允许风险代理而且有的地方允许高达50%的提成。前不久，就有律师代理一个工伤案件提成一半获得90万元代理费，这在刑事案件中是难以想象的。还有，在刑事案件中，律师通常极力否定前面司法人员所做的结论，而这一结论又与司法机关及其司法人员的名誉、声望乃至职务的升迁等联系在一起，在司法环境不尽如人意的情况下，不少司法人员认为律师的否定性辩护乃是与自己代表的国家及其权力对抗，辩护行为常常得不到应有的尊重，甚至还可能遭受打压，承受时常悬在辩护律师头上的达摩克利斯利剑的风险。加上有罪推定的残渣，公民对于已经逮捕的人尤其是涉嫌杀人等恶性犯罪的当事人安上了"坏人"的标签，以及对被害人及其家人的善良同情之心，认为替这些"恶人""坏人"辩护就是维护"不正义"。这样，为这些人辩护时的付出与给自己带来的利益远远不成比例，如辩护行为及其意见应当得到尊重、采纳的成就感很难得到满足，时间、精力付出远远大于民事案件的代理但收入却远远低于民事案件代理，有的甚至遭受来自各方的威胁、侮辱等。由此，拒绝为刑事案件的当事人进行辩护特别是已被当地人铁定认为属于"人渣"的"恶人""坏人"辩护，避免吃力却讨不到好的现象发生，也就成为自然。

五、律师辩护与冤假错案

谭君：近年来，随着冤假错案平反大潮的"洗冤潮"到来，一大批过去的案件被翻案，人们也重新审视了律师的作用。如聂树斌、魏清安、胥敬祥、呼格吉勒图等案，就是如此。每一起冤假错案平反的背后，都有着一段血泪的故事，都有着一代又一代律师的坚持。那么，应当怎样看待司法公正与律师作用之间的关系呢？

贺小电：冤假错案的形成，说明律师的辩护没有起到其应有的作用。如果起到了，律师提出的证据不足等无罪的辩护意见就会得到采纳，从而不会形成冤假错案。那么，这是否意味着，冤假错案没有形成，都是律师的作用呢？也不能这样认为，在我国以案卷为中心的审理模式下，除非极为个别的情况，证据存在问题的案件、行为不构成犯罪的案件，绝大多数法官是能够认识到的，就是没有律师的辩护，如果严格按照无罪推定原则等有关法律规定办事，就应当作出无罪的裁判。但事实上，却形成了有罪的结论。为什么呢？这就与国家司法环境以及对待犯罪嫌疑人、被告人的态度直接相关联。在事实成立与否的证据都有却无法作出唯一结论，罪与非罪的理由半斤八两，既难以肯定又不能否定的状态下，就会有诸多法律外的因素对定性产生影响。所以，我经常说，一些案件尤其是那些具有重大社会影响，与当时不确定的政治、经济政策相联系的案件，其结果并不是完全由法律来作出结论，而是各种因素平衡妥协的结果。一个案件，在事实上法律上如果确实有罪，法官通常不可能也难以判无罪；若是绝对的无罪，一般也难以作出有罪的结论。而正是事实、性质存在争议时，才会根据当时的环境等法律外的因素取舍，结果，与事实、法律偏离而造成冤假错案。这时，法官本身是意识到的，只是他一个人或几个人也无法改变这种现象而已。

当然，这并不是否定律师的作用。在像北海4律师所担任辩护人的案件中，由于司法人员根本没有调取、收集到证明被告人有利的证据，经过律师努力找到了力证被告人无罪的证据，或者一些法官初看案件认为定罪没有任何问题，律师通过对证据认真全面而有逻辑的分析，促使法官改变看法而宣告无罪的案件中，律师对于冤假错案的防范，就起了非常大的作用。但这种作用的发挥，还仅仅是外因，并要以遇到一些能够认真听取律师辩护的法官为前提。要是基于各种各样的原因，他们就是充耳不闻，你讲得再有理，在他们看来也是废话一堆，而没有任何意义。

我记得在湖南省高级人民法院当法官时，担任一个案件的审判长。当事人邓某在侦查阶段涉嫌4个罪名，起诉时2个罪名，一审判决则以挪用公款罪1个罪名对之判处有期徒刑10年。二审审理过程中，我们认为其作为事业单位珠海办事处的主任，已经不具有国家机关工作人员身份，其滥用职权违规炒股造成国有资产损失32.24万元，根据行为时的97刑法不构成犯罪，按照从旧兼从轻原则，不应以犯罪论处。但是，在当时的司法背景下，基于本案的种种因素，还是以事业单位人员滥用职权罪对之判处有期徒刑3年。之后，他一直申诉，不想几年后的2003年6月我主动辞职从事律师工作，也不知道他怎么知道的，找到了我，我因不能代理湖南省高级人民法院审理的案件，为此指派我所其他律师担任其辩护人，我则从法律上为之提供咨询等服务。湖南省高级人民法院经过再审依法宣告其无罪。当事人每次见面时，都会提到的他的案件，成败都在我手中，正所谓"成也萧何，败也萧何"。显然，对我来说，"败也萧何"名副其实无疑，本来无罪却以在合议中提了有罪与无罪两种意见通过审批后加盖了湖南省高级人民法院的院印最终确定其有罪；"成也萧何"则名不副实。因为，作为律师，只能起到建议的作用，真正确定无罪的还是那些依法宣告其无罪的法官，而像这样的案件，之所以能够宣告无罪，还是因为时代、法治的进步才有可能。不然，罪刑法定等原则如像过去那样认为属于资产阶级法权的东西，根本没有进入我国刑事法典的可能，就不可能至少难以按照罪刑法定原则来处理有关问题。事实上，79刑法就没有罪刑法定的规定，97修订刑法则明文规定了罪刑法定原则。上面讲的案件，属于国有事业单位工作人员滥用职权给国家利益造成损失的行为，97刑法没有规定为犯罪，只规定了国家机关工作人员滥用职权的行为可以构成犯罪。后来发现国有公司企业中如果不是直接负责的主管人员，没有徇私舞弊，且没有造成公司企业破产或者严重亏损，或者国有事业单位的工作人员造成国家利益重大损失的行为，根本无法以犯罪论处。为此，全国人大常委会1999年12月25日通过了对97刑法的第1个修正案——《刑法修正案》，就刑法第168条作了必要的修正，又将国有公司企业、国有事业单位工作人员的玩忽职守、滥用职权纳入刑事规范的范围内。而邓某的行为恰好发生在97刑法实施后不久并于《刑法修正案》通过施行之前的12月初结束，并于《刑法修正案》施行后才予处理。这样，邓某的行为，无论是按97刑法之前的法律79刑法还是按《刑法修正案》修正后的97刑法，都构成犯罪，而其行为发生在97刑法施行后第1次修正案施行前的仅仅2年多点的空档期内，根据罪刑法定原则而不属于犯罪。而对之立案侦查时，被认为是条"大鱼"，不想最后是一个无罪的结论，以前涉及的纪委、检察院、一审法院，谁都不高兴。加上，当时罪刑法定原则确定的时间并不长，宣告一个法律前后都认为属于犯罪，就是因为一时疏忽致在一段时间内没有规定为犯罪而出现当事人可钻漏洞的现象，在打击犯罪、保护国有资产不受损失的大原则下，确实不容易，特别是当事人又被羁押了2年多，于是经过研究判了邓3年。后来，随着国家司法环境的好转，才有宣告无罪的机会。于是，在碰到一些当事人家属为了给当事人保命，或者为儿子的冤情叫屈，有的因经济困难而在我面前下跪，请求我救救当事人或其儿子。我就会说，能救其子女一命的不是律师，而是案件事实本身，以及那些忠于事实、忠于法律的法官们。律师虽有一定作用，可只是一种"外围"力量，"外围"力量通常所起的不可能是主要作用、根本作用。

　　这里顺便提一下，有个30余岁的农村小伙涉一强奸案，一审判处有期徒刑12年，二审时委托我为辩护人。后来，二审发回重审，重审一审阶段检察院撤回起诉作出不诉决定，因羁押2年多获得国家赔偿12万元。事后，家人可从来没有联系过我。所以，当事人包括很多人，因事情急而讲的话，不要太当真。遇到这样的案件，就是律师发挥的作用很大，结果出来后，不少当事人也不会再这样认为，而是认为自己受了冤屈，理应得到这样的结果。还有一个当事人，按照侦查阶段的移送审查起诉所描述的事实，4罪18年没有问题，涉及犯罪金额数千万元，后来将无罪行为一个阶段一个阶段地加以排除，罪名及其所涉数额越来越少，一审判处其有期徒刑3年，二审将一审未认定的自首认定后改判2年，在过年前一天获得自由，以前所做的承诺、所签的合同都不认账。这样的过了河之后便拆桥的事，在诚信环境还很不理想的情况下，可以说处处皆是。也难怪律师圈里有一句极为流行的口头禅——"当事人，当事人，只有当时才是人。"

　　谭君：当过多年刑事法官的您，观点确实与一般的律师不同，尤其结合自己审判和"辩护"的同一起案件，分析起来更加符合现实逻辑。在冤假错案的平反昭雪中，律师的作用与价值到底有多大？

　　贺小电：不能否认律师在其中的价值，可要说律师起的作用一定有多大，或者说没有律师的参与就不可能平反，案件的昭雪完全是律师行使辩护的结果，似乎难以得出这样的结论。律师听到我如此说，一般都会不舒服，然而这是事实。律师在冤假错案中所体现的作用与价值，我看主要是诉讼程序中必有律师参与的价值，实体上的结果价值。随着有利的司法环境的形成，有关同类型的案件尤其是经媒体公开后，就会出现同样的结果。聂树斌强奸杀人案、呼格吉勒图故意杀人案，在有人承认自己为真凶的情况下，至昭雪之日分别近12年、9年多；有的案件如佘祥林故意杀人案在被害人归来后2天内，有关法院就启动再审程序，1个多月后便宣告佘无罪。这些难以平反或者极易平反的案件，说明是否昭雪与昭雪的速度，并非因律师而为，而是与司法体制及其良性的司法运行背景相关。当然，律师一直为当事人的申诉奔波，通过各种渠道发出呐喊，值得重视，而这些行为在我看来已经超越律师提供法律服务的范围，律师的服务也是其法律意见能够得到听取尊重，提出意见后持之以恒的奔波、对外呼吁，并非一定要律师才能所为，非律师的他人尤其是媒体也同样可为。

事实上，近几年来，对一些判罪的民营企业家，通过再审判决否定原来的结论而宣告无罪，如最高人民法院2018年5月31日对原审被告人——物美集团的创始人张文中等诈骗、单位行贿、挪用资金再审一案公开宣判，撤销原审判决，改判张文中及张伟春、单位物美集团无罪；2019年1月9日下午，最高人民法院第二巡回法庭对原审被告人赵明利诈骗再审一案进行公开宣判，撤销原二审判决，改判赵明利无罪，原二审判决已执行的罚金，予以返还。这些民营企业单位及有关企业家的宣告无罪，要不是党中央、国务院及最高人民法院有关依法保护产权制度，对于因为历史原因形成而一直在申诉的有关产权的冤假错案要依法纠正的反复强调，从而形成了有利于此类冤假错案平反纠正的司法背景，我想就很难有这种结果。

如赵明利，原鞍山市立山区春光铆焊加工厂（下称春光铆焊）厂长。检方起诉指控，1992年4月至5月，赵在承包春光铆焊期间，利用东北风冷轧板公司管理不严之机，4次采取提货不付款的手段，骗走冷轧板46.77吨13.41895万元；1993年3月14日，赵持盖有鞍山市立山城市信用社业务专用章的45万元汇票委托书存根，到辽阳惠州联合冷轧板矫直厂骗取冷轧板108.82吨44.8292万元。鞍山市千山区人民法院一审判决认为，指控被告人赵明利犯诈骗罪所依据的有关证据不能证明赵明利具有诈骗的主观故意，证据与证据之间相互矛盾，且没有证据证明赵实施了诈骗行为，于是宣告赵明利无罪。检察机关提出抗诉，鞍山市中级人民法院二审判决认定，起诉指控的第1笔事实成立，为此撤销一审1998年作出的刑事判决，以诈骗罪判处赵有期徒刑5年，并处罚金20万元。自此，赵明利一直上访、申诉，因病死亡后，其妻马英杰接力继续向最高人民法院提出申诉，认为赵明利的行为不构成犯罪，要求依法改判无罪。直至2018年7月27日，最高人民法院作出再审决定，提审本案。2019年1月9日再审宣判，认为赵主观上不具有非法占有的目的，客观上未实施诈骗行为，原二审判决混淆了经济纠纷与刑事犯罪的界限，从而宣告赵无罪。

由此，赵从无罪到有罪再到无罪，历时长达25年，二审申诉到再审立案已过去约

20年，对于一个并不复杂的案件，为什么不能及时纠正错判，我想根本原因就是没有相应的司法环境。如果不是党中央、国务院及最高人民法院有关政策的出台，这几年来的反复强调，赵案还可能躺在冤假错案中。即使如此，一些有关民营企业家的冤假错案因为各种各样的原因，还是难以进入再审程序而得以纠正。像这样案件的平反，单就结果而论，与律师的水平会有多大关系？最高人民法院只要接受审查并经过审判，难道连有罪无罪都分不清？所以，此时律师辩护在再审中的价值，所体现的主要是程序制度价值，而非实体价值。

谭君：照您说来，尽管法律赋予律师在刑事辩护中不可或缺的作用和地位，但是在司法大环境中，律师要产生颠覆性的作用，是很难的。这个观点未免太令人沮丧。

贺小电：我前面说过，现有的司法模式下，许多案件本身证据都存在这样那样的问题，法官本身也知道问题所在，只要遇到适当的时机，就会有平反昭雪的可能，没有这样的时机，就难以平反昭雪。从这种意义上来说，大多数冤假错案的平反，确实与律师本身的能力、水平等无多大关系，其作用与价值并不能高估。

当然，在一些案件中，基于律师的努力发掘，找到了被告人绝对无罪的证据，通过严密的逻辑推理使得指控的证据体系得以崩塌，从而让犯罪嫌疑人、被告人洗脱冤情，那就真正是律师居功至伟的成就。如，广西北海4律师涉嫌辩护人妨害作证案所涉及的本案裴金德、裴贵、杨炳棋、黄子富等故意伤害案，其中的两辩护人杨在新、杨忠汉找到能够证明裴金德在第二现场故意伤害他人致死行为时与其他3位证人在一起，根本没有作案时间，并找到3位证人取证，且申请3位证人出庭作证。在公检法司法人员完全拒绝这一结果，并对律师以涉嫌辩护人妨害作证为由予以抓捕，最终得到社会广泛关注，致使裴金德被宣告无罪的情况下，律师的依法辩护包括调查取证，乃是这一冤假错案得以避免的最为根本的原因。当然，若不是媒体公开，引起社会普遍关注，此案也未必出现这一结果。因此，在法治环境还不完善成熟时，律师的价值与作用还无法真正完全地通过依法辩护的法定途径体现出来。

又如，林肯在阿姆斯特朗·威廉涉嫌谋杀案中对证人查尔斯·艾伦在月光下看见被告人捶杀他人的证词，凭借认真务实的工作发现证人所称看见被告人捶杀他人时月亮并不存在这一事实，然后当庭盘问证人揭示其所作证词不实，并与有关现场的环境相矛盾而致被告人脱罪，就充分体现了律师的真正价值。

可是，像这样的案件不可能很多。毕竟，无论是侦查人员还是公诉人员乃至法官，都受过专门的训练，并且具有丰富的实践经验，倘若依法收集认定证据，很难出现这种现象。一般情况下，收集了诸多不利于当事人的证据，可无法根据这些证据得出唯一的结论，从而存在是根据疑罪从无还是疑罪从轻原则处理的问题。无论是疑罪从无还是疑罪从轻，得出的结论都可能与客观发生的事实不符。前者只是不冤枉无辜，但可能放纵犯罪；后者想不放纵犯罪，事实上推定有罪错误不仅可能放纵了罪犯而且还可能冤枉了无辜。两弊存在取其轻，在证据不足造成疑罪时所应遵循的原则固然是疑罪从无，而不能疑罪从轻。这样，即使是实行疑罪从轻，通常也不是法官本身的问题，不用律师提示，法官也知道。所以，就算律师提出了证据不足应宣告无罪的意见，也不可能得到采纳，律师的价值与作用此时因为司法人员已有意识，从而对于案件的有罪或无罪的结果而影响不大。

谭君：经您这么分析，我现在特别理解为什么一些错案最终是以"疑罪从轻""疑罪从挂"的形式出现。该判死刑的，先判死缓，好等待当事人将来翻案，这也是某些法律人的良知使然。当过法官的您，会强调作为审判人员在现实面前的无奈和妥协。但是，作为一个采访过多名冤案当事人的记者，我也特别想强调，最终平反的当事人，是会发自内心感谢为他奔波的律师，会出于礼貌感谢最终宣告他无罪的法官以及党和政府，但你要他如何去释怀自己被沉冤、被错误羁押的几十年？难道还要让他感谢国家法治的进步、司法环境的变好？

贺小电：对于一些证据存在问题却因社会影响重大等各方面的原因而"疑罪从轻"判处被告人刑罚，实是法治社会尚未完全成熟完善、法院不能充分独立依法行使审判权的表现，虽然某些有良知的法官对后来因为"亡者归来""真凶出现""不在现场的证据确证"等原因而推翻原判而深感释然，但要说实行"疑罪从轻"的法官等着当事人将来"翻案"并不尽然，毕竟这些因为证据存在问题的"疑案"，只是因为"疑罪从无"原则而成立的"无罪"，如前所述，并非一定属于实实在在的客观事实上的无罪。因证据不足而"疑罪从轻"判处被告人刑罚后，从人性上来讲，还是希望被告人真正实施了犯罪而无法被推翻；被告人确实没有实施犯罪而被推翻的，只要不妨碍、阻止案件的依法平反就属于有良知并愿意对自己的失误行为承担相应法律后果的法官了，但这种法官，在现实生活中我想不是太多，甚至可以说是少之又少。

至于因为冤案或者证据不足而定罪的疑案后来昭雪或者翻案的当事人，对为自己奔波的律师充满感激的，乃是其善良之心所在。但也有些当事人认为自己本来就没有犯罪而是因蒙冤受屈被定罪，或本属轻罪却被定为重罪重判，在律师的努力下得到了无罪或者轻判的结果，在结果出来后不仅不感激律师，而且说这说那、吹毛求疵以为自己不守承诺支付律师费用来寻找借口，这样的当事人我已经见得太多太多。

还有，受冤或因证据不足后来被推翻原判的当事人，他们是否感谢国家法治进步、司法环境变好，自然不能予以要求。代表国家对当事人定罪量刑的审判机关对已蒙受冤屈的当事人依法昭雪翻案，乃是其义务。也正因为如此，党和国家一再强调，要把案件办成铁案，并做到有冤必伸，有错必纠。伸冤纠错之后，越来越多的法院领导出面道歉，并依法给予赔偿，虽然数额远不令人满意，但不断提高国家赔偿数额的呼声渐起，且越来越高。当然，这些都是国家法治进步、司法环境变好的表现，一些冤屈得到伸张的当事人若真心感到庆幸甚至感谢，也没有必要认为不能这样。人，基于自身的情况产生不同的感情及其表达，只要是真心的，均很正常，不能用简单的应该如此作为或者不应该如此作为，在这里表现为应当感谢或者不应当感谢等不是肯定就是否定的结论来加以评判。

谭君：您一直对律师在刑事案件中的价值持保守的看法，甚至认为，律师发现了证据、事实的错误，导致案件可能错判，律师也只能提出来，由法官根据事实或者其他因素来裁判。这种超脱的心态，一来估计很多律师都做不到，二来对花钱请律师办事的当事人来说，似乎也是说不过去的。举个例子，现在已经出狱的于欢，就非常感谢他的律师殷清利。如果不是当年殷律师通过媒体掀起的舆论声势，激活了正当防卫条款，恐怕于欢案也难以翻过来。

贺小电：对于律师辩护的价值，我以前说过，不仅仅是案件出现有利结果的价值。就对案件结果的价值而言，在现实环境中，我确实认为律师的作用一般情况下并不大。对于律师发现了证据、事实的错误，律师应当提出来，并在法治的轨道上争取法院认真审查、认定，乃是律师的职责，但不能说律师只能是提出而不能采取其他法律允许的方法。不过有些方法，法律虽然并不禁止，但我认为已经不是法律服务本身的内容，如于欢案的律师通过媒体掀起舆论声势，本身就不一定要律师来做，也并非只有律师才能做到。另外，于欢律师的行为，若没有舆论的响应，也不能有这种效果。因此，于欢案后来的变化，真正起作用的还是舆论对法官的影响，只是于欢的律师在适当的时机有效地利用了这点。而借用舆论来对案件产生影响，一方面并不是每个案件都能做到，另一方面可能在法院审判的"独立性"尚很脆弱的情况下容易对法院的独立审判产生影响，从而难以产生真正的成熟司法的法治。所以，与其说于欢案的反转是一种律师的成功与法治的胜利，不如说是媒体的炒作与舆论的胜利。其实，律师辩护作用的真正发挥，必须具有一定的前提。这种前提就是实体公正与程序公正并举，在控辩审成三角构架的刑事诉讼结构中，控方与辩方的诉讼地位相对平等，法官居中兼听，不偏不倚，依法在双方的对抗中发现事实真相和法律的真谛而最终依法代表法院乃至国家裁判。只有到那时，律师的作用才能真正得到充分的发挥，不然，律师的作用或多或少都会打上折扣。在某些案件中，如侦查、审查起诉与审判早已相互"配合"而定论的情况下，完全可以说，除了起到心理师式的安慰当事人或者实施非辩护人应当提供的法律服务的作用外，对实体结果没有多大甚至根本没有什么作用。

六、辩护律师既不是天使也不是魔鬼

谭君： 著名律师田文昌说，"律师既不是天使也不是魔鬼"，律师既不代表正义也不代表邪恶，而是通过参与司法活动的整体过程去实现并体现正义。律师应该代表谁的利益？国家利益、社会利益、当事人利益相冲突的时候，律师如何选择？

贺小电： 律师的职能及其有关的权利与义务，一方面，从宏观、抽象层面上来说，由法律赋予，要求律师依法提供法律服务，任何法律不可能为之所授予权利的人设置一条允许违法提供法律服务即违法行为的特别通道。因此，一些人提出，即使明知他人违法犯罪而提供的服务，只要是法律服务便不属于非法，我认为似有问题。如律师明知他人进行合同诈骗而为其起草用于诈骗的合同，这种所谓的法律服务，性质与合同诈骗相联系，构成共同诈骗的一部分。律师与他人商量，由律师设置借款合同文本给人高利借贷，然后分工负责，先由他人采取非法手段收取，在非法手段不能奏效时则采取诉讼方式进行。这时，尽管诉讼活动属于法律服务的范畴，但它已经成为整个违法高利借贷的一个组成部分，自然属于违法甚至犯罪，而要承担相应的法律责任。是以，《律师法》第2条第2款明确规定："律师应当维护当事人合法权益，维护法律正确实施，维护社会公平和正义。"这样，从职能上看，作为一个职业群体，它既不可能属于"魔鬼"，也不代表什么邪恶。法律不可能在司法过程中设置一个魔鬼来捣乱，只能设置依法维护法律正确实施的具有正常人格的人来参与整个司法过程，以维护司法制度的运行，促使司法向公平正义的方向前行。

谭君：青海西宁的女律师林小青涉黑被追诉后引起社会广泛关注，最终以不诉而告终，对于律师来说，有什么教训吸取呢？

贺小电：按照起诉所称"青海合创汇中汽车青海合创，超范围经营放贷、利息在本金中扣除、高额索要利息等是违法行为，林小青作为法律顾问，在其与青海合创签订的《常年法律顾问合同》中写道，'1年3次去派出所参与调解'，这表明林小青明知公司在催收中会有打架斗殴的违法行为，并参与调解"，无法得出作为法律顾问的林小青就一定知道青海合创的高利借贷必定是高利违法放贷。她参与调解即使知道有打架斗殴等违法行为，只要事前没有协商共同违法犯罪事后分工负责有关方面的事务，仍然不能以"事后知情并为之提供法律服务"就认定其构成犯罪。不然，他人打架斗殴，律师事后帮助调解就认为明知他人实施违法犯罪且为黑社会性质组织成员在从事违法犯罪，这不是很荒谬吗？将参与调解、提起诉讼这些属于律师正常业务的行为也认为属于犯罪，谁还敢当律师？至于民间高利借贷，因为在事前扣除利益，或者利息超过法律规定，虽属不法，但这只是违反民事法律，对此明知而帮助以合法的诉讼方式主张，只要不是伪造证据等，仍然不构成犯罪。以是，就是从起诉书描述的事实来看，也难以得出林小青乃与青海合创中的一些人构成共同诈骗、以诉讼方式进行敲诈勒索的结论。尽管如此，也因为社会的关注、律师协会等机构的依法维权，林小青才免除了牢狱之灾。

但对于律师尤其是年轻律师来说，对那些明显以扣除利息、采取各种方式致使利息远远超过法定利息的高利借贷，并通常伴随着暴力、威胁、拘禁等催收本息的高利借贷行为提供有关法律服务时，也要小心谨慎，最好不要提供。因为，这种高利借贷往往是昧着良心企图钻法律空子赚钱，涉入其中，难免惹出是非麻烦。

再回到上一问题，另一方面，在为案件提供辩护、代理等法律服务的过程中，从微观、具体层面上来讲，律师之所以能为当事人提供法律服务，最终来源于当事人对律师事务所或者律师的具体委托，再由律师事务所指派。既然受其委托，从职业伦理上来讲，固然要维护其利益，不然他就不可能委托你去为他提供服务啦！故，律师不是天使，不是以维护整个社会的公平公正包括被害人方受到公平公正对待为目的。它具体职能来源的性质，决定着只能维护当事人在所接受的服务中得到合法的公平公正的对待。

谭君：所以，我向来对那些动不动就打着"为正义而战""为了社会公平公正"的幌子而摇旗呐喊的律师，保持警惕。从某种程度上说，律师维护了当事人的利益，也就对抗了某些损坏当事人利益的力量，从而能实现某种程度上的公正，以及调和社会的矛盾。但不应该标榜自己为"正义"化身，因为律师只是接受当事一方的委托，考虑一方的利益。那么，面对当事人提出的律师服务需求，是不是无论利益是否正当，律师都要一律为之提供呢？

贺小电：当然不是，律师作为为他人提供法律服务的职业者，必须以依法提供为前提。换言之，为当事人提供的乃为合法的服务，而不能提供不法的服务，合法的服务，包括服务的内容、手段、方式、途径等所有方面都要合法。对此，法律乃是反复强调。如《律师法》第29条规定："律师担任法律顾问的，应当按照约定为委托人就有关法律问题提供意见，草拟、审查法律文书，代理参加诉讼、调解或者仲裁活动，办理委托的其他法律事务，维护委托人的合法权益。"第30条规定："律师担任诉讼法律事务代理人或者非诉讼法律事务代理人的，应当在受委托的权限内，维护委托人的合法权益。"《刑事诉讼法》第37条规定："辩护人的责任是根据事实和法律，提出犯罪嫌疑人、被告人无罪、罪轻或者减轻、免除其刑事责任的材料和意见，维护犯罪嫌疑人、被告人的诉讼权利和其他合法权益。"第44条规定："辩护人或者其他任何人，不得帮助犯罪嫌疑人、被告人隐匿、毁灭、伪造证据或者串供，不得威胁、引诱证人作伪证以及进行其他干扰司法机关诉讼活动的行为。""违反前款规定的，应当依法追究法律责任，辩护人涉嫌犯罪的，应当由办理辩护人所承办案件的侦查机关以外的侦查机关办理。辩护人是律师的，应当及时通知其所在的律师事务所或者所属的律师协会。"

因此，在法律上，律师的人格是独立的，而非当事人的代言人，并非完全体现当事人意志，两者之间是委托与被委托的法律服务关系，属于平等的民事法律关系，在有关活动中属于独立的民事主体，所得报酬乃是基于付出的法律服务所应得到的交易回报，要对自己的法律服务独立承担相应的法律责任。律师与当事人之间，也非雇佣与被雇佣的劳动关系。在民事上，后者要完全按照雇佣者的意思表示办事，体现的乃为雇佣者的意志，对外不以自己独立的民事主体资格出现，不对自己的行为独立承担有关民事责任，民事法律后果乃由雇佣者承担，所得报酬并非每次提供法律服务合同下的报酬，通常以月、年支付固定的报酬、奖金及福利。所以，律师在提供法律服务时，是基于自己的知识，独立的法律判断为当事人提供服务。如被告人认为自己有罪，但律师认为他无罪，就可依法作无罪辩护。至于被告人确实有罪，被告人就是否定，有的观点认为律师也可以作有罪的罪轻辩护。当然，这一块有争议。有的观点认为律师完全不能作罪轻辩护。我认为，要具体情况具体分析：当事人要是完全隐瞒重要事实而否定事实的成立，从法律上看，律师应当依法进行辩护，可以作罪轻辩护。但这与职业伦理相悖，可能引起当事人对律师业的怀疑，双方此时可以通过协商处理，协商不成的，根据《律师法》第32条关于"委托事项违法、委托人利用律师提供的服务从事违法活动或者委托人故意隐瞒与案件有关的重要事实的，律师有权拒绝辩护或者代理"的规定，可以拒绝辩护；单纯法律上的认识不同，协商不成，可以先同意被告人的自行辩护意见，然后假设构成犯罪的情况成立而作罪轻辩护，从逻辑上并不存在问题，而不能认为此时就是充当了公诉人的角色而指控被告人犯罪。此时，若不这样处理，在明显构成犯罪然被告人又不认罪时，致使一些可能有利于被告人的事实及情节，如被害人在起因上有过错，民事赔偿部得到了充分的满足，被告人可能存在的立功甚至重大立功表现，被告人因电话传唤到案后承认行为事实但认为自己的行为不构成犯罪而因未否定事实本身仍然构成自首，等等，就无法在法庭得到呈示，自然对当事人不利，从而认为当事人不认罪辩护人一律不能作罪轻辩护的看法，值得考量。

这样，就律师代表谁的利益这一问题上，不能讲是代表谁，而应讲是为了谁的利益提供法律服务。对此，自然是为了当事人的利益，但这一利益以依法维护为前提。至于公平与公正，这里要引入客观上的公平公正与法律上的公平公正的概念。

前者，从本来发生的事实上来看，要让行为人承担相应的权利与义务，如某人杀了人，就要承担杀人的责任。否则，在受害人看来，就是不公平不公正。现实生活中所说的公平公正多使用这一概念。

后者则是指，客观事实的发生，要有证据来证实，在民事上采用优势证据原则，在刑事上则采取严格证据规则。民事上根据优势证据规则认定的事实更可能与客观发生的事实不符，刑事上的严格证据规则也不能绝对保证认定的事实就与客观发生的事实一定相符。倘若根据案件证据认定的事实与客观事实并不相符，按照客观的公平公正来衡量就是不公平不公正，可在法律上来说仍然属于公平公正。

如他杀了人，但找不到证据而不能将之绳之以法；债务人借钱不还，债权人在债务到期后频繁催债，但债务人通过拒绝签收文件或不说话等，让债权人得不到曾被催债的证据，造成诉讼时效超过，而使债权人无法将钱追回；高楼抛物将人砸死、没有证据能够确定是谁所为时，在刑事上无法追究有关人员的刑事责任，在民事上则可根据《民法典》第1254条让相关人员承担责任。该法条规定："禁止从建筑物中抛掷物品。从建筑物中抛掷物品或者从建筑物上坠落的物品造成他人损害的，由侵权人依法承担侵权责任；经调查难以确定具体侵权人的，除能够证明自己不是侵权人的外，由可能加害的建筑物使用人给予补偿。可能加害的建筑物使用人补偿后，有权向侵权人追偿。物业服务企业等建筑物管理人应当采取必要的安全保障措施防止前款规定情形的发生；未采取必要的安全保障措施的，应当依法承担未履行安全保障义务的侵权责任。"所以，凡是高楼中有可能抛掷物品的在无法证明自己不是侵权人时，物业服务企业等建筑物管理人无法证明自己采取了必要的安全保障措施防止高空抛掷物品行为的发生时，就要对受害人依法承担民事责任。

山东德州的仲某2019年1月将新购的住房装修完毕，3月便发现新装修的房屋内存在大量积水，致使房屋装修大部分被水浸泡遭受损失。经法院审理查明："漏水的原因在于堵塞下水管道的白色粉末状物质等装修废物。该废物直接来源无法确定，仲某有一定的财产损失是本案客观事实，但目前无证据证实造成排水管道堵塞是谁的过错。本案涉及的11户业主当时都处于装修阶段，共用同一主下水管道，因下水管道堵塞而造成底楼业主财产损害，在无法确定责任人的情况下，基于楼上涉案11户装修住户共同使用同一排水管道的相邻关系，根据公平原则，共同使用该排水管道的11户住户平均分摊对原告所造成的损失。"

如上等等，法律上要求的按照证据及其规则作出的事实判断并依法作出裁判的公平与公正，与客观上的公平与公正，乃不完全一致。

作为律师来说，所追求的当然是法律上的公平公正，而非客观上的公平公正。如律师在办案中了解到尤其是被告人告诉自己的犯罪事实，辩护人应当保密而不能基于公民有举报犯罪的义务而加以控告。否则，律师制度就会失去当事人的信任而无法正常存续发展。这在法律上也予以允许，律师依法而为，不检举其犯罪，也就是公平公正，而不能认为这是对被害人的不公平不公正，对国家、对法律的不忠诚。回到您最初提出的"国家利益、社会利益、当事人利益相冲突的时候，律师如何选择"的问题上，就是依法而为，而不能违法办事，更不能基于自己的所谓技巧设置有关证据而对当事人的违法犯罪行为加以掩盖。在履行职务的过程中，获得了当事人的违法犯罪行为，可以秘而不宣，但若是采取各种手段加以掩饰，则就属于违法犯罪，就可能卷入漩涡之中，需要引起充分的注意与警惕。

七、律师辩护与结果论英雄

谭君：您曾为很多贪官作过辩护，在您的律师生涯中，您认为辩护的价值体现在哪里？

贺小电：律师辩护的价值，通常都认为是，自己提出的对当事人有利的意见能够得到司法机关的采纳，尤其是无罪的意见得到了充分的满足。当然，这是律师的作用与价值的体现，但要将案件翻案或轻判完全归于辩护人，我认为失之偏颇。在事实清晰的案件中，当事人的行为确实无罪或者构成自首本身确实无疑，即使没有辩护人的辩护，法官还是会认定为自首或者宣告无罪的。而有的案件，确实证据不足，但不是法官不知道，而是基于各种各样的原因，让法官无法作出证据不足、罪名不成立的无罪判决。

很多人，包括一些律师，所辩护的当事人被宣告无罪，就认为案件的结果完全是因为他的辩护，以此来宣扬自己的价值，是与司法的现实状况存在差距的。单纯地"以结果论英雄"来评判律师的工作，起码在我国现有的司法环境下，所得出的结论与律师本身的价值与作用，可能并不相符。当然，如前所述，有的案件，乃完全是律师辛勤勇敢付出的结果，上述所提到的北海律师杨在新、杨忠汉律师在裴金德案件中的表现就是这样。

谭君：我理解您的意思，您认为不能将一个案件出现的好结果都算在辩护律师头上。一个公正的裁判结果，往往是法律共同体内，法官、检察官，初级法院、中级法院甚至更高层级法院的参与，才获善终。但我想说的是，像北海案这样的案子及律师，毕竟是少数。大多数的刑事案件中，可能不会出现颠覆性的辩护结果，此时，如何来衡量律师的价值？

贺小电：是的。一个重大的刑事案件如判处被告人死刑的案件、被宣告无罪的案件，都得经过审判委员会讨论决定，有数十个法官参与讨论研究，其中不乏水平能力高超、实践经验丰富的老法官，有的还会经过一审、二审及死刑复核程序，要说案件最终的结果符合了当事人的预期，就是律师的功劳，显然与事实不符。

具体而言，律师辩护本身的价值，体现在诸多方面。用一种律师喜欢并经常用到的语言格式来概括，包括并不限于：

——专业监督，制约司法人员的违法犯罪行为。当事人涉嫌刑事案件尤其是被羁押处于相对的封闭环境中，与外面的信息隔绝，从而为一些刑讯逼供、骗供诱供、指名问供等不当不法获取口供的行为提供了便利。另外，某些司法人员可能有意识或者无意识地基于职业习惯，源于有罪推定、破案心切、追求立功受奖、加官晋爵等不当名利等因素，对处于羁押状态的当事人采取不法方法获取口供，有的甚至通过提外审、指定监视居住等方式将当事人置于完全由调查、侦查人员掌控的场所，肆意妄为，刑讯逼供，如此等等，自然不想律师介入。而律师的依法提前介入，随时可以与当事人会见，办案人员的不当不法行为——如有的将当事人女儿协助调查的场面拍成录像给当事人看，说已经将他女儿从外地抓回，她能不能自由关键就在于当事人的态度等而让当事人为了女儿的自由就范——就有被曝光之虞。另外，要是刑讯逼供尤其是造成某种伤害的刑讯逼供，辩护人可以通过会见及时发现，自然也利于制约这种现象的发生，至少利于抑制这种行为的强度。如若发展到对当事人权利保障极为充分的程度，如要求侦查人员对当事人的讯问，当事人要求有律师在场的，律师不在场所作讯问就不能作为证据使用，那么，刑讯逼供等违法犯罪获取口供的行为，就很难再有其存在的空间。故，律师辩护本身的价值，其中最重要的就是对司法人员的刑事行为进行一定程度的制约。然而，这一价值目前还得不到民众的广泛充分认同，其价值的实现与理性的要求，可以说还相差甚远。

——信仰法律，将法律精神落地。法律设置辩护制度的目的，就是维护当事人的合法权益。既然属于法律，就得让之在实践中运行，否则，法律形同虚设，律师辩护价值不能体现的同时，还会损害整个法律制度的价值。最高人民法院、司法部曾经试行推广的刑事案件律师辩护全覆盖的做法，对于基于没有经济能力等各种各样原因而未聘请律师为之辩护的，司法行政机关则依法为其指定辩护人。这种指定的辩护人，所得到的费用可能连交通住宿费用都不够，要想提供高质量的辩护就可能很难。有的甚至根本不负责任，并非一定能够起到辩护应有的效果。这时，律师辩护的价值与作用，主要就是体现法律制度本身的价值。

我曾经承办一个死刑案件的法律援助案件，一审中的律师在法律上根据法庭笔录，就说了几句话，根本没有就事实、证据及其情节作任何辩护。当事人张甲被判处死刑后，也不上诉，案件直接进入死刑复核阶段。我接受指定，通过阅卷了解案情，当事人对事实也一直不予否认。但因案件发生在近20年前，原来获得的物证等客观证据又比较粗糙，有关证人证言因发生在晚上而无法直接证明当事人系凶手，所描述的环境如当时停电的原因，按当事人说他到被害人家时扯断了电线，但现场勘查笔录中没有体现，被害人及有关证人也都没有提及电线是否被扯断过；凶器没有找到；其中一被害人的陈述及某些证人证言，还与当事人的描述相左，等等。是以，我提出了指控当事人张甲故意杀人的事实证据不足的辩护意见。死刑复核法院也认为该案事实尚未完全查清而发回重审。重审一审基于当事人一直承认自己杀人而不翻供并有一定证据印证，如有杀害他人的动机；被害人被害后，其父亲反映当事人回家时有不正常的举止；之后隐姓埋名逃往外地结婚生子近20年；被害人与当事人均处于比较封闭的农村，涉案范围的人有限并作了排除查证；当事人一归案从头至尾都一直认罪，供述稳定前后少有矛盾等。考虑到该案证据存在着这样或那样的问题而以故意杀人罪判处无期徒刑，对此，张甲自愿接受而没有上诉。

——承载希望，满足当事人对公正的追求。辩护乃是律师一项重要的工作，在担负着维护当事人合法权益，获取一定回报，维持自己生计的同时，也体现了律师在工作中追求真善美、公平正义，依法追求当事人所希望获得的最佳结果进而作出各种努力过程的价值。这种对在法律的限度内争取被告人最佳利益的孜孜追求的过程，就体现了律师努力奋斗的价值，包含了律师在这一过程中的酸甜苦辣，包含了律师的想方设法、煞费苦心的艰辛付出，我认为这就是一种价值。这正如科学的追求，没有过程肯定没有结果；但不能只有结果才有价值。真正出现所希求的结果的，毕竟是少数。在这点上，律师的辩护结果与科学研究实验获取所希求的结果，有些类似。以是，我们不能将律师辩护的价值捆绑在律师辩护的结果上。律师在所希求的结果完全不能实现时，也应当有些阿Q式的自我安慰精神。凡事既要努力追求，毕竟"谋事在人"，然结果不说一律是但极有可能就是"成事在天"。

——发现证据，挖掘有利于当事人的事实。我认为，律师辩护的重要价值在于将对当事人有利的事实、证据、法律等因素充分挖掘。挖掘的越多，价值与作用就越大。在此基础上，将理说得简明透彻，而不是内容空泛、不针对案件事实本身而放之每个案件都可以进行的口若悬河、雄辩滔滔式的千篇一律的说辞。律师不应追求试图压住、驳倒控方的"英雄气概"。就后者而言，控辩双方只不过是从不同角度展现被告人的行为动机、精神状况、起因、行为方式、后果等方面。有时虽有直接交锋，但总体上，看问题的角度乃是"公说公有理""婆说婆有理"。这正如，控辩双方对一个人的手从正反两面来看一样，各自很难说对方看到的就一定不对。要是控方只说手背的情况，只要不违背常识和法律，且强词夺理，律师很难将对方完全驳倒。故，在法律上，把你的道理充分阐释就行了，不要指责对方这里有悖常识，那里有悖法律。是否违背常识、法律不是律师下的结论，而是法官做的事情。要相信法官的知识能力水平，只要律师阐述得真有道理，除非案件本身还有其他因素，法官可以作出正确判断。

——传递声音，帮当事人表达正常诉求。有些案件，当事人对实体结果早有预料，但对于司法人员污辱人格等做法，很有看法，想表达出来，可又担心这样做既改变不了事实又对自己更加不利；有的对案件事实有想法，但由于法律知识欠缺等而无法表达；有的就是让律师对自己行为作无罪或者有利的辩护，就是要让社会知道他们所作所为并不是真正的有罪，至于你法院要判我有罪，我也无法。当事人希望通过律师辩护向法庭、法官表达出自己想表达而因各种原因不敢、不想或者无法表达的声音，以求得心理上的满足。

——心理安抚，充当当事人的情绪疏导师。当事人或对法律及其司法运行过程根本不懂，或者虽然精通法律并知道司法的运行过程，但身处不同的环境更容易在法律上钻死胡同。如有的检察官、法官在位时，根本不会考虑法律对当事人权利的保护，在自己涉嫌犯罪后，则会不顾司法实际而过分解读法律赋予当事人的权利，或者认为法律哪些地方有空子可钻而千方百计以减轻自己的罪责。这时，就需要律师以扎实的法律知识及其丰富的实践经验结合法律本身的原意、司法运行的实际，给当事人提供咨询服务，以解开其心理疙瘩，减少甚至免除不切实际追求某种结果而给人产生的煎熬。

另外，当事人要是因为羁押而处于与外界隔离的看守所等，接触的就是那么几个人，有的地方没有劳动任务而成天无所事事，所想到的就是案件结果，可能突然一下有个问题，自己想不明白，或者认为那样做会有好处，便要律师会见。这时，律师会见，并不会对案件结果产生什么实质影响，但当事人并不这样认为。在产生要与律师见面的冲动后，若律师不来这一欲望无法得到满足，他往往会苦恼不已，有的甚至坐立不安。律师会见的价值，此时就在于给之提供心理安慰。有的律师，尤其是所谓的大牌律师，对此不屑一顾。对于在押当事人，就会见那么一两次，一次是接受委托时，另一次是开庭，认为律师辩护只是就法律问题给出法律意见，而不是不时去进行会见这样对案件并没有任何实质意义的事情。对此，我认为，律师辩护的价值，及时给当事人提供与他认为与案件结果有联系的服务，不能提供，加以解释，乃是辩护事务的一个极为重要的组成部分。对于当事人来说，在羁押时只能与辩护人沟通，无论如何，都要尽量满足。我所从事的刑事辩护，一般会在开庭前1个月左右会见当事人1次，开庭后，有的看守所允许家属会见，会见次数自然减少。当事人临时要求的，也尽快满足；每年春节前，必须与他们见面。有个案件，从侦查到二审结束，长达近10年，就这样坚持下来了。我辩护的不少案件周期都较长，会见数十次的情况经常出现，有时会见就是天南海北地聊聊天，一聊便是数小时，并不是基于会见会给结果一定带来什么影响，但对当事人来说，可以说是极大的安慰。

其实，一个人涉嫌犯罪，就像一个人得了病。后者患的是生理病，前者得的则是社会病，社会病的名称就是诸如故意杀人罪、盗窃罪等法定罪名。得了一般的病，只要没有丧失生命力，会通过自身免疫力等加以修复，治病只是一种促使病情尽快好转的过程。但无论是谁得病，除非完全没有经济能力，都会到医院去看，不管有没有用处，在我国都会作各种各样的检查，拿到一堆一堆的药，或者自身买药。之所以这样做，主要基于病人的心理，总不能有病不去治疗吧？特别是家里的老人、孩子，家人有这个能力不可能不管，不然结果万一不好，心里会永不安宁；即使能力不足，也会想方设法。此外，为人还有一个名誉问题，家人有病不去治疗，他人知道了，一定会指责。同样，一人涉嫌犯罪被抓，不论从哪个角度看，只要这人不是伤透了家人的心或者完全无力支付律师费，家人都会想办法帮他，为他找律师。当然，经济能力好，又认为案件在法律上有很大空间，就会希望找更有名气的律师。为此，找律师服务，有时并不唯一地为了追求某一结果，在结果不可避免的情况下，这时找律师主要就是为了安抚当事人，家人也求得些心理上的宁静。这正如，一个得了肝癌晚期根本无法救治的人，家人明知到医院住院烧钱没有任何意义，但就是要去大把大把地烧钱，乃是出于同一道理。

还有，一个人犯了罪，相关家人都会遭受各种各样的煎熬，一些犯罪如职务犯罪通常情况下开始还会将家人牵涉其中，家人于是也需要得到律师的帮助，并倾诉着在其中所遭受的种种不公平待遇。这种为当事人提供辩护时所必要的延伸，乃经常存在，也需要从法律、人性、命运等角度加以劝导，以帮助他们度过这一人生的低谷时期。即使他（她）经常来，反复讲，翻来覆去往往就是这几件事，作为律师，我认为也要尽量抽时间听取他（她）的倾诉，此时即在案件结案有明确结论时，平时的朋友，也因怕受到牵连等各种因素可能避而远之。这样，律师在其中的疏导安抚价值就更能体现。

——沟通渠道，作为当事人与外界联系的桥梁。在案件裁判生效前，辩护人乃是遭受羁押的当事人与家人、亲属、朋友等进行沟通的主要渠道，有的还可能涉及他与外界的民事权利义务关系的处理。这种桥梁渠道价值，自然不能加以否定。但在承担这一价值时，绝对不能进行诸如传递案件事实、证据、串通他人伪造证据、作伪证，或者提供隐匿、销毁证据等违法犯罪活动。律师为他人辩护，知道自由对人的价值，犯不着为了一点钱而冒着失去自由的危险铤而走险。

——接受宣泄，容纳当事人释放的不良情绪。案件从侦查开始到审理终结，短的几个月，长的达数年，有的结果，为当事人所希求的，自然好办。且这种希求，当事人并非一成不变。我曾为一个当事人辩护。在侦查阶段见面时，说能为之保命就是救命恩人。然而，随着案件的进展，他希望判无期，最后，法院给他判了有期17年，他都还不满意。结果不好，当事人及其家属，有的就可能翻脸不认人，开始数落律师服务过程中的这样这样不行、那样那样不到位，用"鸡蛋里挑骨头"来形容也不过分。这时，要从当事人的角度加以理解，尽量予以宽容。毕竟，案件不利的结果是由当事人来承担的，而他们又付出了律师费，有的还不少。在当事人看来，结果不好，请律师有什么用？尤其是判处死刑的案件，乃是人财两空。如此，律师还得具有承担当事人无理宣泄的能力，当事人因为律师行为不当的宣泄更不用说，以体现律师辩护的价值。不然，与当事人吵起来，有什么意义呢？当然，对于那些毫不讲理、耍泼骂街等进行人格污辱、攻击的，也不能无底线退让。我碰到一个当事人家属，一审结果不理想，便指责律师，要求退钱。由于当事人都是朋友介绍的，案子没做好，在以"结果论价值"的现实环境中，考虑到朋友在其中两面不讨好的尴尬地位，退钱不是不可以，但还得讲个道理。指责了一会，可能见没有回击便认为律师可欺而肆无忌惮。后来，我只好说了一句，你指责的目的无非就是认为律师费交得不值，想退钱。如此，你再要无理指责律师，绝对得不到一分钱。后面，她便讲她家里的困难，讲这案子之前就花了不少冤枉钱等，请求退一部分。这样，我就将所收的本来不应退的钱一律退还给她。所以，我执业17年多来，从来没有收到过任何投诉，并得到客户的一致肯定，与我对律师辩护价值的看法，就有着莫大的关系。

谭君：普通老百姓日常从报道中看到的贪污贿赂、杀人强奸等案件，很可能是抽象的，或者只是呈现了某一方面。当您深入研究案卷，接触当事人后，会不会有很多与公众不同的感受？这种感受会不会冲击法律人的理性？

贺小电：作为辩护人，从案卷里肯定可以看到外界很难看到的一面，根据法律的规定，这属于当事人的隐私，在任何场合都不能将看到的与当事人联系起来对外作为谈资聊起，以炫耀自己的见多识广，这样，不仅会给自己而且会给整个律师行业的形象造成严重的损害。谁会喜欢一个将当事人不好的事情到处宣扬扩散的律师呢？他人当时听到，可能不觉得，有的基于打听人的一些不为人知的秘闻乃是不少人的爱好这一人性，可能还会觉得蛮有味道。但若碰到自己或者家人有事之时，就恐怕不会请这种律师。因为，谁能保证这样的律师因为辩护看到了自己或者朋友的一些难以放到桌面的事情时，不会在外又对他人讲呢？所以，我认为，要做一个好的刑事辩护律师，就必须能够管住自己的口，不在外对自己了解的对当事人不利的事乱嚼舌头。

至于当事人私生活，如一些人家里满墙满屋的茅台拉菲酒、数以十计百计的劳力士伯爵、金银首饰、名人字画，原来受贿100余万元从北京买的房产价值狂增，女人远在千里之外召之即来，吃喝玩乐、骄奢淫逸等，常常因与指控的事实无关而没有进入人们的视野。这些情况对我而言，看得多了，已经麻木。只是想到，人生一世，生不带来，死不带去，为何要冒着丢失来之不易的名誉、地位尤其是自由甚至生命危险去追求？为什么，动辄数亿甚至数十亿的项目，可由个别人决定由谁来做？为他人谋取巨大利益时，他们自己便从中寻租。其实，民主集中制，乃是一种非常美好的制度。民主可以防止专断，集中乃是在民主充分发挥后提供各种可供选择且优劣可较的方案的基础上进行集中，以提高决策的质量与效率。民主来自基层，具有对下负责的内涵；集中面对于上方，属于对上的范畴。既对上又对下，两方结合，若能充分发挥两者的机能与作用，至少可以避免出现让集中者一人或者少数人说了算而谋取巨大利益的现象。然而，在现实生活中，民主集中在一些地方成了"一言堂"式的集中，民主成为集中者意志下的摆设装点，甚至成为进行"集中"的工具，危害性也就不用多言。

尽管如此，人的最大的优点，在于大多数情况下，能够面对现实，安于现状。在现实状态下，尽力追求自己最大的利益。作为律师，除非去骗（但这风险很大），只有老老实实提供最优质的法律服务，得到当事人的充分肯定，才能获取与自己服务相应的报酬。因此，看到一些极端现象，作为法律人应有的理性，不应当丧失。恰恰相反，还应当坚持。不然，产生不当欲望，问题不大；但若不能控制，并以不正当行为满足之，就可能与当事人一样身陷牢狱。否则，一旦失去自由，就可能失去一切，包括亲人、家庭等，毕竟社会面对自由、金钱等各种因素都很现实。

另外，那些受贿之人，落马后被人称之为贪官的人，大多都受过良好的教育，仕途初始时也满腔热血，想为官一方，造福为民。但后来慢慢变成贪官，自有其自身经受不住外界诱惑的因素，在我看来，将权力关在笼子里的制度本来应当正常运行却不能正常运行，更是其中重要的因素。不时听到说，没有监督的权力必然导致腐败，于是经常讲要加强制度建设，或者说制度不够完善。我则认为，关住权力的制度笼子，已经很多，关键在于，在集中者面前常常被置之高阁而无法发挥其作用。于是，腐败现象严重的问题，不是制度多少或者完不完善的问题，而是制度笼子能否在任何时候都不缺位，能否扎紧而严格执行的问题。其实，在改革开放前，只有一部极不完善的宪法，贪污腐败现象却远非现在普遍，从某种意义上讲就可以说明这一点。

谭君： 我接触的很多从事刑事辩护、行政诉讼的律师，面对媒体时，往往以"为正义而战"的形象出现，您怎么看这种现象？

贺小电： 任何人，在理性状态下，要对外表达自己的观点时，很少会讲自己是错的，是代表邪恶的，大多会理直气壮地讲自己是对的，代表正义的。故，在台面上讲的，不一定是真的，尤其是为了某种目的去进行宣传的，更是如此。我常常想，人最想了解人家的心是怎么想的，想的究竟是什么。然而，上帝造人时，就是让他的心无法让人看得明白。人类通过研究人的行为、方式，形成了心理学、行为学等科学，或者长期相处，尽管可以从中了解人的一些内心想法，但绝大多数情况下还难以读懂人的所思、所想。不然，台上的冠冕堂皇等就没有任何表演的余地，阴谋诡计、特务间谍、叛徒内奸等就没有任何立足之处。

在刑事诉讼中，无论是法官、检察官还是律师，只是身处三角关系中的一角而履行各自的法律职能，以维护法律的正确实施，让被告人得到其合理的评价，可以说都是为了"正义"而控、而辩、而判。即使控错了、判错了，在依法纠正时，也是说依法实事求是而予以纠正，以实现公平与正义。前面讲过，公平正义有客观上的与法律上的之分，各自所主张的"公平正义"并不明确。如果讲是为了客观上的公平正义，则很难说，因为律师认为只是一种观点，究竟是否属于客观上的，应由法官确定，而不是由律师确定。以是，律师的所谓为"正义"而战，本身就超越了法律赋予自己的职能而变得不"正义"。若说的是法律上的客观正义，除非有绝对的证据如当事人确实没有时间杀人而法庭就是不采纳，不让证人出庭等，律师依法申请证人出庭，或者存在严重违反诉讼程序可能影响诉讼结果的公正形成时，可以说是"为正义而战"。但要是程序存在问题可不足以影响公正审判，或者证据存在瑕疵并不必然导致证据不足时，律师仍是认为程序会影响公正审判，或者属于证据不足，要求怎么怎么样，不然就是不公平不公正，自己乃是"为正义而战"，同样有悖于自己所担任的法律角色而属于不"正义"。

当然，在现实生活中，依我的经历，若是程序不严重违法，实体不远离公平正义，当事人及其律师通常情况下不会为了"正义而战"而撕破脸皮与情面的。可要经常出现在媒体中，动不动就以"为正义而战"来宣示，则应是一种例外。因为，法官、检察官或者行政官员，无论如何，还要受到科层制的管理和约束，如因他们的行为造成不良影响，会出现严重的后果。而律师虽由律协管理，但相对来说要宽松得多，只要不是犯罪或者严重违法，远不如体制内的官员那样谨慎。是以，你时不时带着案件出现在媒体中，说"为正义而战"，难道就只有你为了正义，其他的人都就是为了邪恶？毕竟玩法弄法滥法的法官、检察官还是少数，且是极少数。

八、律师的专业、名气和收入

谭君：在现实生活中，经常可以听到一些律师一案成名的说法，对于律师的一案成名，您是怎么看的？另外，如何看待律师的专业与名气、名气与收入？

贺小电：一案成名，既有偶然的因素，又有必然的缘由，乃是必然与偶然的结合。

说必然，因为一案成名，案件本身必须含有足够一举成名的因素，如当事人身份、地位不同于一般人，为众人所熟悉，或者案件疑难复杂，客观上存在司法人员基于各种各样原因没有发现的有利于当事人的证据、事实与法律，且在一定范围内具有相当影响，结果出人意料地对当事人有利等。否则，案件即使结果很好，也不可能一案成名，或者成名的范围有限而不足以称之为一案成名。

可是，要能接到当事人身份、地位非同一般的案件，或者重大疑难复杂甚至关系到当事人生死、有罪无罪之分等且有一定社会影响的案件，虽是律师梦寐以求的，但不是一般律师所能做到的。这样的律师，比起其他律师，在当事人看来，会有过人之处，或者能力水平很高，或者本身具有一定的名气，或者实践经验丰富，或者与当事人很熟，并得到信任，或者兼而有之，这里面必然包含着律师通过各种各样形式的努力而造就接到这样可以一案成名案件的能力、地位等的因素。没有这种必然因素，就不可能至少是难有可能有一案成名的偶然性。

说偶然，具有一案成名因素的案件出现后，必然会有律师来接。但具体由谁来接，则具有偶然性。因为，具有承办这类案件能力水平经验的律师可能很多，有的案件仅仅因为当事人名气、地位可以让律师搭便车名满天下，但案件本身并不复杂。且在我国，选择律师本非一定就以能力水平论，而是以十佳律师等各种各样、五花八门的外表光环论，由朋友领导推荐，甚至是领导出面推荐等情况下，就会有更强的偶然性。因此，律师能力水平再高，如果没有那些光环加持，或者没有当事人认同的朋友推荐，他也很难找上你，成名的机会就与你无缘。其实，这里所讲到的又是必然性问题。

其实，案件成名，由于案件本身含有有利于当事人的因素，除非极个别疑难复杂的案件，具有一定经验、能力的律师通常都可以挖掘出来，律师即使没有看出来，天天在案卷里摸爬滚打的数十位法官在背后讨论研究，也会看得出来。无罪的，除非某些特定的因素，都会依法宣告无罪，从而结果可能超出当事人及其辩护人的预期。这时，因为案件本身的影响及其结果出乎预料，从而让律师一案成名，这种现象则更属偶然。因此，一案成名的背后，从偶然性来讲，乃是律师本身的运气。名满天下的背后，与律师在案件本身中的付出可能远不相符。这就是运气，不得不认。

就专业与名气的关系来说，两者不像理论逻辑学充分必要条件那样，充分条件存在就会有一定的结果出现；或者某一结果出现，必要条件必须成立。在现实生活中，专业与名气并非原因与结果的关系。有专业并非一定有名气，有名气也并非一定有专业，这样的现象到处可见。律师本来是门专业活，具有专业乃是做好案件的基础。然而，你有专业，运气不佳，无法接到有一定影响的案件，一直处在律师界的底层，要具有名气，自然很难。反之，没有专业，根据社会上存在的大家认可的路途，另辟蹊径，诸如通过网络夸大宣传、动用自媒体做不实际的炒作、记者采访，或者通过拉票、投票等评定诸如大律师、第一辩、年度人物、法治人物等没有严格客观标准界定的各种名誉，甚至在并不完全公开的情况下，获得诸如某某协会的什么主任、副会长，官方认可的优秀律师、人大代表、政协委员等，更可以成就一番名气。而其专业可以说，与所享有的名气并不一定相符，有的还可能相差甚远。我们湖南就有一个律师，根本没有真正受到过任何法律教育的训练，凭努力获取了律师资格，从事律师职业可以说是坑蒙拐骗，经常受到当事人的投诉，对外举债不还，购买的飞机票几万元就是不去结账，以致于债权人找到所里来。不想几年之后，便成为法学品牌一流大学的研究生、博士生，并借北京名牌大学的老教授合影包装自己，名气来头自然非常人所比。还有一个全国很有名气的律师，社会各种头衔就不讲了，要是讲了，就很容易对上号。在一富商涉嫌刑事案件后，收了人家数百万元，竟然手续都不送一下。后来，还要人家按成品价卖给他数套房子；在侦查快结束可以取保时，还要人家追加几百万元，说自己开会时可以找领导，能够尽快办取保。什么人性啊、良知啊、伦理啊、道德啊，统统都被狗叼走了。我有时想，这个世道为什么会变成这样？从个人方面来说，我又想这种人的内心确实很强大，表里不一在社会上混得风生水起，就不怕被人拆穿，拆穿了依旧若无其事。一个人可能将人类天生就具有的羞耻感、约束自己个人行为尽量向善的天性抛弃吗？我的答案是不可能。因为我一说假话，就脸红，心乱蹦蹦的直跳，生怕被人看出穿帮，人家一看就有问题。但不知你的答案如何？

所以说，名气并不一定代表专业水平，更不代表道德伦理。然当事人遇有法律服务需要，要找律师怎么办呢？这又不能像买现成产品，而是像买期货那样，先付钱，再得到服务及其产品。买现货，还可以看、可以体验，求得个心理安慰。找律师服务，服务在后还根本看不到。于是，只能了解律师的过去，其中名气乃是最为重要的方面。一般人找律师，只要有可能，都想找名气大的律师，对于律师来说，名气无疑越大越好，大大益善。这样，找的当事人多，律师选择的空间大；由于名气大，自己的身份、地位也越高，能力、水平、经验在大名即使为虚名之下，也容易得到认同。而且，名气培养形成的途径尽管很多，但名气大的毕竟很少，从而处于律师界金字塔的顶层，要价自然会高，收入也就越高。

对您上面讲的问题，简言之，我的结论是，具有专业并不一定有名气从而收入不一定很高；但具有名气则如同演员，收入自然不会少。但究竟多高，这可要看此人的良知道德了，心狠手辣者遇到有钱且又病急乱投医者自然获利更多。像山东律师孟凡亮在一个法律关系可以说是非常简单，在专业上绝大多数律师都可以应付的案件中，能够反复以为当事人办理取保候审、判处缓刑为名，骗取他人支付高达1200万元的费用，我想，就与他的头衔给他带来的名气，以及根本不怕他人揭破自己骗局等的强大心理相关。

谭君：您刚才讲的，某一很有名气的律师，拿了人家数百万元，坑蒙拐骗，难道就没有人告、没人管吗？律师成名不易，难道就不怕将自己的名气毁掉清零吗？

贺小电：这里面，就有律师职业本身特点的原因。我讲过，当事人找律师就像买期货，不是买现货，无法对产品进行及时检验、比较，而是对未来的法律服务产品提供对价。这种交易下，产品的质量没有办法感受确定，只能从律师过去的业绩、为人处世等去判断，而这些具体的东西在家人被抓后的短时间内是不可能深入了解的，尤其是遇到家人被抓这种从来没有遇到甚至没有任何准备的事情，在经济能力允许又相信权力关系可以捞人救人的情况下，病急乱投医的心态促使当事人不理性行事，往往认为名气大的律师能力也越强。

我也讲过，律师收费有些像演员，名气越大，收费越高，但服务结果就与演员有些不同。因为演员收费提供影视等演出产品，面对的是公众，演技好坏有很多人来评判，要是演得很差，名气一下可能大跌，所以，需要在台下付出巨大的努力。正所谓

"台上十分钟，台下十年功"，每次演出都容不得大错发生。

而律师提供的产品质量，既像又不像医生提供医疗服务。说像医生，乃因两者提供的服务都不能也无法保障结果，所以只要不是出于故意或者明显的重大过失，如超过上诉期、诉讼时效等造成当事人重大损失的发生，即使实体结果再坏，也找不上律师的麻烦，律师还是可以按约定或法定的标准收费。说不像医生，乃因为医生治病救人，通常情况下遇到小病不会出现大事，但要是遇到紧急情况，毕竟事关人命，马虎不得。一旦出现了当事人根本没有任何准备的结果，就认为医生有责任。可是真正遇到这样的情况，病人家属往往无法理智对待，出现这样的事情，很容易传开，医生的名誉必然遭受重创。就律师来说，乃是为当事人个人提供服务，结果又不是律师定的，不为律师所能把握，他只能建议，建议是否采纳，则不能控制，也无法控制，特别是像一些重大的刑事案件，要经过数十人研究讨论，有哪位律师能够保证自己的意见能够被接受？那些向当事人保证的，本身就是夸大其词，具有欺诈甚至欺骗因素。这样，结果即使不好，也与律师的辩护没有直接关系，一般地对当事人有利的，律师也说了，能说结果与他有关吗？而且，通常情况下，这种结果的形成有相当长的时间，当事人及其家属在这一过程中通过对法律的了解等，对最坏的结果有可能做好不得已接受的准备。另外，提供的服务局限于当事人这一不大的范围内，且这一服务过程除开庭外，当事人都无法感受，他人更是如此，也很难对律师的表现作出评判。有的律师在法庭上表现得很精彩，当事人及家人当时感到很解气，但结果就是不好，你还能说什么？这种结果不好的现象，即使传开，也不会对律师的名誉造成影响，通常只能由法官背包受罪，成为不依法公正裁判的替罪羊。故，律师的服务往往难以从表面或者结果上作出正确符合事实的评价。这恐是律师服务的重要特点，从而可以成为一些不良律师可以夸海口而不负责的原因。

律师服务还有一个特点，就是并不依赖回头客。诉讼缠身的人并不多，即使存在，对于名律师来说，也不一定喜欢承接这些案件。同时，当事人并不一定每次都愿意付出高昂的代价来聘请名律师。针对不同的有经济能力既急求结果又不大计较报酬的当事人，做一单就是数以百万千万计的案件，1年甚至多年乃至一辈子做上一个是一个，也就够了。而名气足够大时，这种机会大大增多。对于当事人来说，找到了这样的律师，事后发现上当，但已经晚了，钱已经付出，结果也已经出来。如前所述，由于提供的服务并不面对公众，是以，律师的名气很难受到损害。即使遇到难缠的当事人，也很难查明事情真相。如此，他人遇到需要律师服务的紧急之事时，还是想找名律师，名律师可能会有各种各样的不利传闻，当事人也许会反向思考，若名律师有问题应该有人管。就这样，当事人自觉不自觉地，一步步落入到了钓当事人鱼经验丰富的名律师的陷阱。这段话，说了这么多，简言之，名律师的案源不像餐饮等服务业依赖回头客、靠量冲经营业绩。有些名律师只需要少数愿意出钱的客户就可以让他赚得盆满钵满。旧的当事人被骗了，新的不知情或者虽已听说然因各种各样原因不相信的当事人，还是会找名律师。

其实，除非极个别的在手中掌握了对当事人绝对有利的证据等情况，律师根本就没办法保证结果。一些有名气的律师在签订合同时会避免这种情况发生。上述讲的那位大名鼎鼎的律师，富商家人因富商被抓后通过朋友找到他，他很会利用当事人心急如焚的心理，故意以自己有事不急于见面等为由欲擒故纵，来显示自己与其他律师的不一般。富商找他的目的，本是让他捞人，他则通过各种方式暗示自己的关系，并当着其家人的面给省检察院主管反贪工作的领导打电话，不说事情，领导不知道与他聊了几句，这样对富商家人并无任何欺骗行为，但显示了自己的人脉，让富商家人自觉或不自觉地相信他的能力。在官本位盛行、相信权力运作的潜规则下，更容易让人产生这样的认识。刑事案件不能风险即按结果收费，也无法像香港那样，一件仅仅判刑1年半的案件，律师费竟然高达200万元，这在内地根本得不到大家的认同，尽管我们说，一个人的自由乃至生命远比钱财重要，要被外人知道肯定会遭受诟病，还认为律师拿着钱与法官勾结，而损害法律的公平。为此，通过几次的逐渐诱导，变成了为富商公司提供3年法律顾问服务，每年收取数百万，1次交清，出具发票。法律顾问费用则完全没有限制，"周瑜打黄盖——一个愿打，一个愿挨"，谁也管不着，而富商家人本来要求提供刑事辩护服务的则变成了免费，可见该律师的变通运作能力。这样，即使不去办案机关办理任何手续，从表面上看，外人也无法了解事实真相。

其实，上面讲的那位名律师，投诉的不少，但司法行政机关就是不依法查处。这里面有很多原因。如上所述，从表面上，名律师的运作很难让人发现漏洞甚至天衣无缝，一般的查处工作无法进行，也就是不动用刑事手段根本无法还原真相。而像这样的形式上表现为民事服务形式的合同，不是那么轻易进行刑事立案的。另外，这样的名律师，社会头衔很多，有的还是官方认可，一旦真正查处，对律师的职业形象伤害更大。

名律师如此，在人家看来，其他律师可能更乱七八糟，至少好不到哪里去。这样，一个名律师的不耻行为比起一般律师的无耻行为危害性更大。因此，对律师队伍的管理，重点更应放在对名律师自律的管理上。还有这种名律师社会关系广，有的与官员甚至高官都存在着这样或者那样的联系，甚至一些高官、主管官员不了解名律师的嘴脸，而对其授予诸多名誉，一旦被查处，相关人的脸面都不好放，从而除非迫不得已，大家也不愿意深查。当事人越是交钱不多的小案子，因为家庭困难对钱会斤斤计较，一不满意，到所里吵闹，对律师威胁，到司法行政机关告状。但对于有钱的富商，自己不小心上当白白丢失数百上千万元，损失尽管巨大，然拿得如此数额的，并不伤筋动骨，闹得沸沸扬扬，自己还会被人嘲笑，通常会自认倒霉；具有一定实力的，会通过各种社会资源与名律师私下解决，退一步了事。要是官员家属，拿出数百万上千万的钱出来，更不敢对外讲。这样的事情，媒体就有报道。还有，像这样的案源，一般还有一个双方都信赖的中间人，此种中间人身份地位也不同凡响，闹僵了，他也没面子。有台阶就得下，出现这样的事，你当事人就没有自己的责任？总而言之，盛名之下，只要不让人家抓有白纸黑字明显不利于己的证据，即使当事人事后想对名律师拿钱不做事的行为予以追究，也并不容易。因此，盛名不仅可以给自己带来可观的收益，除非极个别情况，还可以成为自己不耻行为的挡箭牌。

谭君：现在，很多人认为律师的收入高。您觉得这个收入与律师的作用与价值相匹配吗？

贺小电：很多人认为律师的收入高，主要是从一些经常活跃出现在社会各种舞台、住着别墅、开着名车等这一少数律师群体的行为，并与同样利用自己的知识提供劳动服务的医生、老师、记者等中产阶层的收入对比后得出的结论。律师的高收入，相对于公司企业的股东、证券银行保险的高管、以身犯险的官员等高收入人群，则根本算不了什么。前面说过，20%（甚至10%）的律师赚走了整个律师行业80%（甚至90%）的收入，收入高只是少部分律师，大多数律师的收入并不高，还有一部分完全处于维持生存状态，甚至成为"啃老"一族。

对于一些收入高的律师，外界所传收入不少也是虚高的。如外界就传我，在株洲"太子奶"3公司合并重整的案件中，获得报酬高达2000多万。实际是什么情况呢？这案子的管理人报酬总共就是630多万元。其中，有5个人合伙。因为涉及债权人众多，接手时材料丢失、混乱严重，前期工作人员众多，数以十计，工作人员的报酬就占去不少，还有缴纳税收、给所里扣除管理费用，所剩无几，根本达不到介入该案时我对报酬的预期。也正是这样，一些项目合伙人便挑起矛盾，最后只有散伙，有的非要100万元不可，有的则私下谈75万元退出。不仅如此，还引发了当时我所在的北京德恒（长沙）律所的首次分裂。当时，我主导着整个重整工作的所有重大法律事务，项目上的用车，我个人就提供2台，所以拿了40万元，因朋友保证我不少于75万元，又给了我35万元，与所传的2000多万元收入，可以说相差甚远。我所还有一个合伙人，有一个案件当事人争议的数额就是3000余万元，后面调解当事人只得1000多万元，但外界传他得的律师费就达2000多万元。在传这些事情时，听者只要稍微想一下就不可能，可是，不知什么原因，他们就是不想，并且在传播中将一些明显不成立的东西去掉而让人越感到是那么回事。这案件所里面实际收回80万元，还是几个人合作的案件。

另外，收入高低也是相对的。有朋友要我当法律顾问，每年出价10万元，说以前的可是每年3万元，并要求每周到单位坐班半天。我说，要是每次要我自己去，我就不干，我派年轻律师去，而且一般的事不要找我，重要的事情我自然有义务提供服务，毕竟找的是我嘛！单纯地从工作时间上来看，10万元似乎不低，人家在单位天天上班可能还不到10万元，我只要在单位待半天。然而，倘若每个法律顾问单位都有这样的要求，每年10万元，每周5个工作日，我最多只能担任10个单位的法律顾问，每个单位待半天，必须起早摸黑，中午还不能休息，在不同的单位之间往返。遇到单位或者领导有事需要咨询，不可能拒绝，也很难再收费。顺便说一句，我从业以来，从来都是免费咨询，对以前同事家里的事情，都是自己掏路费或者请人提供法律服务。扣除各种成本开支，我每年的工作收入就是六七十万元，可工作量比起一个稍微像样的公司企业高管多得多了。毕竟，凭我过去的经历、职务及大家认可的能力、水平及老实实在、认真负责的品格，这种收入实在不相匹配。故，至今以来，我仅为一个曾担任银行行长、我过去的学生的单位担任过法律顾问。我每年收取10万元，派两三个律师为她单位提供过5年服务。而且，就是这一家，她一调走高升，就被其他人取代。当然，这仍然不排除我为一些干公司企业的朋友免费提供咨询。其实，我这种免费咨询，其实是有悖于职业伦理的。这不仅体现不了律师的价值，而且还断了许多律师同行服务的路。

我也遇到一些人，他们说，你接个案件就是二三十万元甚至更多，我的工资一年才几万元，一年也赚不了这么多钱。一些名律师可能还不只这个数。我为一个厅级干部辩护，收了16万元律师费。而这个厅级干部曾因朋友涉嫌诈骗而给他介绍了一个刑事方面并没有什么名气的律师，该律师开价就是50万元，最后因领导出面才收了30万元。想想这些，我真恨自己为什么狠不了心、下不了手开口高价。其实，这样的案件本身不多，像这样的案件，当事人要求也高，如会见次数等，在我看来，付出的成本就更多。而且，我不像一些律师那样，律师费就是自己的报酬，出差住宿交通不再另行收费，一个案件从侦查开始到案件审理结束通常就是一两年甚至更长，都是这种收费。因此，表面上一次得的不少，但相较于长期的成本付出，收入并不高。还有，律师作为没有任何权力背景支撑的职业，就是一张纸都得自己掏钱。故，碰到这样说的朋友，我会说，你的工资就是纯收入，而我的收入则是毛收入，要纳税、要缴纳房租、要养人、要摊付所里的营运成本，一个民事主体的毛收入与一个人拿的固定工资，根本就是两回事，而且后者不承担任何风险。律师尤其作为合伙人，还要面临工作人员的意外、执业过程失误等带来损害的风险，一旦患病不能挣钱，在没有完成原始积累的情况下，风险自见。

另外，律师不像公务员、某些事业单位工作人员等可以享受一些看不见的利益。故，不少公务员，工作几年就可以买套房，没钱也容易借钱买，但一般律师就很难有这种机会。如此说来，律师的整体收入，并不高。从媒体的统计看，毛收入就是30万元左右，实际拿到手的收入，有一半就不错了。

我所有一个从部队专业自谋职业的律师，离开部队时拿了一些安家费，每个月还可以拿近万元的工资，医疗费也可以由政府保障。现在，从事专职律师9年多，每年收入逐步提高，毛收入在50万元左右。但由于他家在农村，妻子没有收入，养了2个小孩，即使在长沙这样房价并不高的地方，也买不起一套房子。因为他的收入除去一些成本以及家庭开支，已经没有什么剩余的钱了。但要是一个公务员，一年有个二三十万元的收入，日子绝对过得相当舒适了，就是没有这么高的收入，又有多少人，会在工作数年之后供不起1套可以提供公积金贷款、有着优惠政策的房子呢？

当然，也不排除埋头赚钱人家都不知道的情况，但这种情况肯定不多。如山东淄博律师协会副会长孟凡亮给一个涉嫌挪用资金的当事人取保、判缓刑，就收取1200万元费用，尚不包括律师代理费用150万元等，真是不可思议，还有这么大方的当事人。挪用资金罪，按照法律规定，法定量刑幅度有2个："3年以下有期徒刑或者拘役"或者

"3年以上10年以下有期徒刑"，如果退还所挪用之款，与公司达成谅解，取保候审并不是什么难事。即使公司股东因为内斗不愿意原谅，在退还所有款项的情况下，按照对企业主等涉嫌刑事犯罪的有关司法政策，也有可能根本用不着花什么钱就可满足自己取保候审的愿望，而且取保候审只是一个程序，取保出来后并不能一定保证就判缓刑或者无罪，今后完全有可能因判处实刑而再被羁押。这两年，我就碰到几个这样的当事人，首先找人取保花了不少钱，认为至少可以判处缓刑不再进去，结果判决尚未出，在开庭时当场收押。特别是检察机关现在倡导"少捕慎诉少监禁"的刑事司法新理念，充分发挥取保候审制度功能的情况下，更是如此。这样，在最终被判处实刑，事先取保候审并不能解决实际问题的情况下，本身并不重大的案件，收取取保候审费，我就认为不应该。我为当事人取保的数以十计，就因为这只是程序问题而没有收取过任何当事人的什么取保费。

如上，认为律师收入高，又自由自在，为人所慕，实是对律师业并不深入了解的结果。一些学习法律的新人，毕业之后想做律师，找到我的，我都会介绍律师业的现状。还是希望他先考公务员进入法院、检察院等相关单位工作。那样，可以接触很多案件，提高比一般律师更快。另外，公务员一过了一定年龄，就没有了报名考试的资格，也就是"过了这个村，就没有这个店"。可是，律师的大门则随时打开着。公务员不愿意干了，辞职就可以干律师。当然，完全有能力有水平有资源等可以进入一些名牌律师事务所，能够找到一个有经验、案源丰富能够提供各种锻炼机会的前辈引路，则可以少走很多弯路，避免诸多曲折。父母亲属等有地位、有关系、有人脉的，进入律师界收入肯定不菲，并容易成名。有的高官的亲属进入律师界不久，收入就很高，1年数百万甚至以千万计，这是绝大部分律师一辈子可梦而却不能求的。这样的律师，可以担任政府、大型国企的法律顾问，接到标的巨大的案件，一般的律师，很难有这样的机会。

至于律师的作用与价值，从整体上看，社会为此支出的律师服务费用越多，相应的律师收入越高，说明对律师服务的需求越多，其作用价值也就越来越得到社会的认可。但从具体服务微观方面来看，律师的价值与作用与收入高低并不存在着必然的正比例对应关系。收入高的，提供的并非一定就是高质量的法律服务；反之，收入低的，提供的法律服务就一定不是高质量的法律服务。这点在前面已经讲过。另外，律师的价值并不单纯体现在收入方面，而是体现在有志于这一职业的律师在服务中追求法治理想的动态过程中。

谭君： 从我国律师发展的历史看，律师的社会地位一直处于上升趋势。那么，如何看待律师社会地位的上升？您认为律师应该具有怎样的社会地位、经济地位和社会形象？

贺小电： 自20世纪70年代末恢复律师制度以来，尤其是随着依法治国作为国家的治理国策确定，经济的繁荣昌盛，政治的文明开放，法律调整社会生活的日益广泛深入，律师的社会地位上升也就成为必然。在国家层面，确定律师为"中国特色社会主义法律工作者""法治工作队伍的组成部分""依法治国的一支重要力量"，政治定位已达到了其应有的高度，律师与法官、检察官一样，属于法律职业共同体的成员，也日益得到司法界的认同。一些法官、检察官下海从事律师工作，说明律师的地位也在不断提高，相信今后从律师队伍中遴选法官、检察官的现象日益增多，律师的地位更会得到大家的认可。然而，从律师社会地位与之应有的在法治建设中的地位而言，则仍存在着一定距离。

——因为法治建设的时间不长，法官、检察官作为体制内的官员，其地位都不能达到其应有的高度，律师作为法律市场服务中没有任何权力支撑的个体自由职业者，其地位自然也不可能达到其应有的高度。

——社会对律师服务的需求虽然越来越大，但自觉尊法守法的普遍风尚尚未形成。当事人出现问题尤其是一些重大问题时，往往还是通过其他途径如找官员处理，实在无法处理或因诉讼必须需要律师时才会去找律师。事先聘请律师提供法律服务，保障生产经营服务活动等的合法性、正当性的需要，除一些大中型公司企业、上市公司等在上市、债券发行等必要情况下，大多数公司特别是私营企业聘用法律顾问的动力尚不足，私人律师服务市场乃是极为个别。在凡事守法遵法，而法律体系愈来愈庞大复杂的社会下，需求本应该更为庞大，只有当大家一从事重要的经济、政治、文化等所有活动就要考虑其合法性，从而需要律师提供法律服务时，律师的作用与价值才会充分体现，社会地位才会提高到其应有的高度。

——律师作用与价值的体现，社会地位提高的根本原因，应当是为当事人依法提供高质量的法律服务，拿人钱财，不讲先当事人之忧而忧，后当事人之乐而乐，起码要全心全意为当事人提供服务，尤其是那些所谓的大律师、名律师，其行为的正当端正与否更关系到社会对整个律师行业的评判。现有的律师，从整体上讲，我认为社会并不那么认同，既与律师在历史上的地位一直很低，某些官员否定打压有关，又与律师个体执业因素相连。有的认为律师不过就是一个个体商人，律师也是无商不奸，而一些律师又急功近利，为争揽案源，轻易许诺、夸大事实，并在极少数司法人员与当事人之间充当诉讼掮客等。这些不当行为，显然难以让律师的社会地位达到一个法治社会尤其是一个完善成熟的法治社会所认可的程度。

——另外，在律师执业活动中，遭受各种各样的阻拦，会见难、查证难，甚至因为伪证、妨害作证、泄露国家秘密等构陷而被拘留、逮捕，予以刑事追诉，如此等等，更加说明律师实际的社会地位与法治社会中的律师地位还有相当大的距离。

……

总之，律师的社会地位涉及方方面面。至于律师"应该具有怎样的社会地位、经济地位和社会形象"，当然是"高高益善""好好益善"，因为高与好，本来就随着社会的发展而没有止境。不过，在法治社会中，在我看来，律师应当具有社会普遍认可的社会地位、体面的经济收入、良好的社会形象。

普遍认可的社会地位，让民众提起律师，自然而然就认为了不起，要从内心上对律师整个行业从知识、能力、水平、品德上加以尊重；司法人员对于律师的依法执业，要依法接受，更不应从整体上对律师加以歧视，甚至故意发难打压，而将之作为当事人或者当事人的代言人对待。他应是一个具有独立法律人格，与社会各方主体处于平等地位，掌握着专门的法律专业知识，为法治社会中不可或缺的重要角色。只有大多数人在观念上，真正认同律师及其价值的存在，对律师服务不论是否实际需要都从内心上感到有其必要，律师的社会地位才达到了普遍认可的程度。

体面的经济生活，基于律师的服务可以防范生产经营风险，通过诉讼维护当事人的合法权益，与当事人的钱财、自由甚至生命联系在一起，价值作用不可低估，而且在浩如烟海的枯燥法律条文、纷繁复杂的法律事实中，需要消耗律师巨大的时间、精力，得到体面的收入乃属自然。什么叫体面的生活，就是对于大多数律师而言，经济收入应当与医生、会计师、设计师、演员等提供专业技能服务的人群作比较，其实际收入（而不是毛收入）按中位数（而不是平均数）来比较，中位者的收入不应当低于上述其他依靠专业技能提供服务的中位者所得的收入。

良好的社会形象，应当具有诸如知识渊博，具有处理复杂法律事务、社会问题的能力，诚实守法，认真服务等各方面为民众所尊重、敬佩的整体职业形象。

九、律师执业的艰与险

谭君：关于律师执业环境，典型的例子是李庄案。2009年，重庆市黑社会性质团伙主要犯罪嫌疑人龚刚模被起诉，原辩护律师为李庄。当地检察院怀疑李庄唆使嫌疑人及证人伪造证据。因"龚刚模本人主动检举，并经公安机关初步查明，李庄在渝行使辩护人职责时，违反法律规定，帮助被告人与他人串证，教唆龚刚模编造被公安机关刑讯逼供，'吊了8天8夜，打得大小便失禁'等谎言，并唆使其向法庭提供虚假供述予以翻供，及有关证人等不利于李的证词而将之逮捕，随后并以辩护人毁灭证据、伪造证据、妨害作证等罪名对其提起公诉"。这一刑事案件被称为李庄伪证案，俗称李庄案。该案中关于法治、人民法院独立审判和程序正义、律师职业道德和人身权利、金钱利益和腐败、媒体"通稿"及更多内幕的争议，在社会上，特别是中国法律界引起了诸多讨论。

该案于2009年末2010年初进行了一审和二审，李庄在一审中认罪，二审被判处有期徒刑1年6个月。2011年4月对李庄遗漏罪行进行了审理，但检方最后因证据存疑撤诉。2011年6月11日，李庄刑满出狱。之后，便先后以一审认罪是因法院答应对之判处缓刑被骗而致而向重庆市第一中级人民法院、重庆市高级人民法院、最高人民法院等提出申诉。目前，有关证人也出面称当时无法承受警方的一些行为及压力才作了对李庄不利的检举及证言，因为对不起李庄而帮助他申诉。至今，李的申诉尚无结果。

在声势浩大的重庆"唱红打黑"运动中，李庄案不过属于其中的一幕插曲，可对中国律师来说，是一段怎么也无法绕过的历史。为什么在"李庄案"上，法学界尤其是律师界呈现出了前所未有的"抱团取暖"现象，究其实质，这已经超越李庄本人的冤屈，而是法治与人治的较量。

而对于中国律师来说，李庄案全面展现了律师执业风险及生存环境问题，会见难、阅卷难、调查取证难、刑事辩护率极低、被打压、被问罪等。您如何看待李庄案？

贺小电：关于李庄本罪辩护人伪造证据、妨害作证罪案件，引起媒体了广泛的关注，是否涉及伪证，基于对事实未能全面的了解，不作评说。一般来说，如果不是因为可以获得巨大的利益，对于一个已经颇具名气的律师来说，是不会指使、教唆当事人、证人去作伪证的。但是对于漏罪辩护人妨害作证的追诉，事实已经证明，检察机关对漏罪提起公诉的徐某所称在孟某诈骗案中，担任辩护的李庄要她作假证的证言，乃是假证。李庄要求从孟某诈骗案中调取徐某与另一辩护人的谈话录音，可以证明自己无罪。但公诉机关对这一证据不予调取，直到李庄儿子从家中闲置的电脑中找到李庄在孟某诈骗案中提供给法院的证据，并将这一证据拷贝交给辩护律师提交给法庭，公诉机关在这一无法否定的证据面前不得不对漏罪追诉予以撤回。公诉机关有关这一漏罪追诉本身的拙劣做法，无疑加深了李庄所称自己无罪、一些司法人员基于重庆"打黑"需要而故意构陷他的嫌疑。李庄虽曾承认犯罪，但据称是为了获得缓刑，当时也得到了承诺，而一审没有对他判处缓刑，为此上诉，二审维持原判后，一直申诉。原来指称李庄教唆作伪证的龚刚模、龚刚华、龚云飞等都称，当时指控李庄教唆作假证是受到办案人员威胁等所致。总的来说，在不遵守法律程序的情况下，仅凭可信度不高的证人证言定案，似乎难以令人信服。

谭君：尽管官方曾公布律师辩护意见采纳率达到90%，但实际情况是，刑事辩护率仍然很低。律师要进行无罪辩护，难度非常大，要颠覆公安、检察的认定，非常不容易。除了律师自身的水平外，还有哪些因素？

贺小电：辩护意见有无罪辩护、罪轻辩护之分。就后者来说，采纳率达到90%，我认为没有多大问题，甚至可能更高。如一个人主动投案自首，或者如实供述，或者退还全部赃款，或者赔偿了被害人损失，或者与被害人达成和解而得到谅解，或者认罪认罚，等等，律师对这些有利于当事人的事实自然会提出来，在事实存在的情况下，必然会采纳。而采纳是否将之实际用于调整量刑，以及调整多少，则又是另外一回事。以是，不能说律师所提辩护意见被采纳了，司法裁量刑罚时就会考虑该意见。你律师提出的是事实，不得不采纳，可采纳后是否依法从轻或者减轻处罚，仍是法官说了算，律师无法也不能做主。至于无罪辩护意见的采纳率，若有确实充分的书证、物证等客观证据，肯定也会采纳。如上述的李庄漏罪追诉后，尽管公诉人极力想将之漏罪追诉成功，但因后来拿出了完全可以用以证明指控李庄指使他人作伪证的证言为假而无罪时，检察机关还是不得不撤回自己对李庄"漏罪"的所谓追诉。然在没有确实充分的客观证据证明当事人无罪的情况下，被告人曾经承认后又翻供的，除非与现场等客观证据完全矛盾的疑罪案件，在过去通常都出于这样或那样的原因，而对律师提出无罪的辩护意见，几乎均以极简洁的诸如"经查与事实不符"等加以否定，致使形成一些冤假错案。随着法治的进步，无罪推定、疑罪从无的原则为越来越多的民众不断接受，作有罪处理的现象自会越来越少，可这不是立杆见影的。

至于作无罪辩护，要颠覆公安、检察的认定，在他们看来，案件本身必须具有彻底否定案件事实的根据，具有这种根据的案件，本身就不多，公安、检察故意将能证明当事人无罪的证据加以隐瞒的现象，虽然存在，但应不多。在科学技术日益发达的情况下，这种现象更难出现。如DNA检测技术的出现，若能从被告人身上提取到被害人的血迹，从被害人身上提取到被告人的精斑，对被告人、被害人作DNA的身份认定，就完全可以避免"死者复活"，或者较之过去仅仅根据血型认定被告人与被害人被害、强奸事实有关的可靠性就会大大提高。在这些证据面前，被告人往往也难以狡辩，并不需要像过去那样，通过刑讯逼供的方式获取口供，就可以定案。当然，在找不到有关物证或者故意要诬陷被告人的情况下，又是另外一回事。

当然，有些案件，还主要是靠当事人的供述定案。如受贿案件，贿赂双方一般只有2个人，通常是在没有任何录音、录像等情况下进行的，自然不排除极少数情况的送钱人为了保留证据、威胁收钱人等原因而私下录音录像的，然这毕竟是极其个别的现象。这时，有一方不承认，就无法定案。因此，调查、侦查机关，就会想方设法获取口供，一些不当违法乃至犯罪的行为就可能伴随而生。只要这些获取口供的方法没有明显让人感到已经达到常人无法忍受的程度，刑讯逼供就不会引起重视。或者，虽有让人无法忍受的刑讯逼供行为，你无法证明，而要依靠侦查人员自证，这肯定很困难。如果侦查人员会证明自己违法获供，就不会这样做了。至于对之立案侦查，他不得不承认又是另一回事。贿赂双方一旦都承认送过钱，只要不出格——如1次送了1000万元人民币，而送钱人根本没有这么多钱，送钱人也没有从收钱人的职务行为谋取什么巨大利益等——就很难说行贿不存在，加上被告人有钱，你能因为被告人后来翻供就能否定吗？至于时间，不可能精确，将时间记错的现象在所难免。如此，一些律师总是从时间方面说证据存在矛盾，实际没有什么意义。这不像杀人时间，由于死亡时间可以通过科学鉴定来加以固定，被告人若能证明在被害人死亡的那段时间内根本不在现场，就不可能构成实行行为的杀人。至于是否构成指使命令式的共同杀人，往往又是靠口供决定。还有送钱地点，当事人也容易编，无非就是办公室、家里、宾馆住房、包厢、茶厅等地方。假如送钱人与收钱人说的不一致，后面又加以改正，说以前记错了，法官也很难确定是送钱人还是收受人说错了，还是根本没有这回事。因此，贿赂犯罪案件双方一旦都承认过，以后再想否定就很难。如果说，被告人收的钱很多，减少一两笔无关紧要，法官还可能因为证据矛盾而不加认定。但要完全涉及无罪的贿赂事实否定时，仅靠翻供就宣告无罪，那么，绝大部分贿赂案件就都无法定案。对此，我在有关问题中也提过，在现有刑法及惩治贿赂犯罪的法律模式下，要靠零口供对贿赂者定案是非常困难的。依靠双方口供定案，乃是将案件办下来的必要手段。而要获取口供，要是完全没有任何压力，若不将送钱人以行贿人涉嫌行贿等立案甚至采取指定监视居住、拘留或者逮捕手段，通常很难达到目的。这样，一些犯罪查处中，应当有律师介入为之提供帮助的人权保障做法，就不得不让位于惩治腐败的需要，尤其是在腐败现象已经非常严重，已经对国家及其政权、党的组织产生严重损害的情况下。另一种做法，就是修改巨额财产来源不明罪，提高法定刑，利用大数据查清被告人财产，让之说明来源，来源不清的则以犯罪数额论处。如此，定罪就不必需要其有罪供述。还有，实行财产公开，强化对官员的社会监督等。

如上，基于贿赂行为及其证据本身的特点，完全否定指控而宣告无罪的现象很难出现，单从辩护结果论，律师的辩护很难有所作为。加上，现行贿赂犯罪的查处体制，实际要求法院对一定职级贿赂者的定罪量刑需征得监察机关同意的规定，更加增加了颠覆指控事实的难度。

就量刑而言，在《刑法修正案（九）》之前，受贿10万元以上，要判处10年以上有期徒刑、无期徒刑；情节特别严重的，可以处死刑。显然，在1997年，对大多数人来说，10万元还是一个巨大的天文数字。我记得1996年，大多的人只配了一个BP机，用手机的人很少，有手机的还要登记。可是到了2015年，就根本不是这回事了，收受10万元没有自首、立功、从犯等减轻处罚情节，要判10年，罪刑相适应原则难以体现。这样，在有自首等减轻处罚情节的情况下，为当事人争取更大的空间，判处缓刑或者免予刑事处罚，还有很大余地。数额稍大的，200万元、400万元、600万元、800万元等，在不同时间分别作为无期徒刑的实际控制标准。因为没有明文规定，在经济发展过程中的临界时期，律师亦有为当事人提出判处有期徒刑等较轻刑罚的可能。这时，当事人往往认为律师在其中起着一定的作用，如认定受贿的数额减少，争取立功、自首从轻处罚的宽度。可在《刑法修正案（九）》施行之后，有关司法解释的出台，一般将受贿300万元作为法定量刑幅度"10年以上有期徒刑或者无期徒刑，并处罚金或者没收财产"的起点，将受贿20万元作为法定量刑幅度"3年以上10年以下有期徒刑。并处罚金或者没收财产"的起点。而大多数均在300万元至6000万元之间，除非有其他诸如造成国家利益重大损失等特别情况，否则就是在10年以上15年以下之间量刑，有的受贿过亿，也是判处有期徒刑15年，法官自由裁量刑罚的空间已经很窄，收受贿赂1000万元左右，判刑11年左右；受贿3000万元左右的，判刑13年左右，律师辩不辩都一样。数额确定上亿或者几亿的，就是无期或者死缓，或者死缓减为无期徒刑终身监禁，在限制死刑适用的司法背景下，判处死刑立即执行已经很难出现。如此，律师的辩护在此类案件中的作用，在当事人看来几乎丧失其意义。至于，律师辩护的其他功能，如安抚功能、充当外界桥梁角色等的功能，任何律师都可以做到。还有，作为官员，其朋友或者自己早早就有信得过的律师，让自己熟悉的人或者朋友认可的人做辩护律师，比一个生人更容易沟通。于是，除非犯罪嫌疑人、被告人认为自己无罪，需要借用名律师的能力、声望，或者当事人确实居于省部级等高位，又有让名律师为之提供服务以彰显自己身份的需要等特定情况外，从实际的角度来说，请任何一个律师服务，结果都差不多，没有必要以更大的代价去为名律师支付较高的律师费用。

谭君：多年来一直在说的会见难、阅卷难、调查取证难，尤其是在有关职务犯罪的诉讼过程中，更是难上加难。对于律师来说，为什么出现这么多"难"？这些年来，有过真正的改善吗？或者是哪一种力量才能推动其真正改善？

贺小电：先讲会见难的问题。现在的职务犯罪，除按照《刑事诉讼法》规定，由人民检察院侦查的外，其余均由监察机关根据《监察法》的规定进行调查。而对职务犯罪的调查，实行完全封闭的办案模式，律师完全不能介入，自不再存在"会见"的问题。案件调查移送审查起诉后，人民检察院对于已经采取留置措施的职务犯罪人，依法应当先行拘留，之后在10日内（特殊情况下可以延长1日至4日）决定逮捕的时间内，律师通常难以会见。遇有极端情况，逮捕以后也可能存在限制律师会见的现象。我在2018年7月接了1个案件，当事人是1位年纪不大但曾具有一定地位的法官，涉嫌受贿20余万元；另与他人涉嫌共同诈骗。案件到了审查起诉阶段，律师要求会见、阅卷都被拒绝，直至案件退回补充侦查又移送检察院后，再经过一段时间，才让律师会见并阅卷。

公安机关侦查的案件，基本上解决了"会见难"的问题，然与职务犯罪相关联的当事人，先不以行贿犯罪等调查，而是以其他诸如串通招投标、诈骗、虚假诉讼等罪名予以拘留、逮捕的，这类案件，看守所可能会以监察机关明确不能会见为由而不让律师会见。在2019年，我就遇到了3起这样的案件。第一起因为无法会见当事人而没有接受委托；第二起到公安机关、监察机关多次理论，就是你推我我推你"踢皮球式"的而始终无法会见。第三起案件中，公安机关在侦查阶段用满用尽所有法定期限、不得不移送审查起诉后，监察机关又以行贿立案将之留置，留置了6个月本应结束，恰好又遇到新冠疫情，监察机关又以此属于不可抗力为由而予以延长。接案近1年后只好放弃案件，与当事人解除合同。

另外，在扫黑除恶斗争中的一些涉黑案件，会遇到各种各样的障碍，需要大费周折，才能会见。有的地方，则对外地律师，违反法律规定要求其提供法律之外的手续，如第1次会见，不是当事人本人签名的委托，由当事人家属签名的要求提供是近亲属的证明，而近亲属由于不在同一户口簿上无法证明；或者委托人签名时没有按手印等不让律师会见。理由冠冕堂皇，似乎很正当，"你这手续怎么证明委托人是当事人的近亲属，或者是由他签名的？"其实，按上一个手印，你警官就可以确定是由委托人亲自签名的啦？事实上，律师的会见对有关手续的审查，应该也只能是形式上的。至于手续真实性与否，警官是不可能通过看一眼就可得出结论的。要是真遇到假冒委托人签名的律师，依法查处就是，而不能首先认为律师可能做假，违反法律规定要求律师提供法律之外的各种证明。否则，法律规定律师只要持"律师执业证书、律师事务所证明和委托书或者法律援助公函"便可以会见的规定，就没有任何意义。

至于检察机关依法进行的自侦案件，我尚未代理过。如果发生，基于过去的做法，会见以及会见能否按法律规定那样为当事人提供法律服务，恐怕也会有一个博弈过程。

阅卷难的问题，除极为个别的外，应当说几乎得到解决。我的律师执业生涯中，有一次确实感到很恼火。那是到长沙市某县检察院，复制一个职务侵占犯罪案件的案卷。当时是2015年，已经基本是用手机拍照，比起复印方便快捷多了。但案件管理部门负责人说拍照不行，我们跟他讲复制不就包括拍照吗？他则一直坚持说复制只能是复印，不能拍照，尤其是用手机拍照，不能保证案件材料的安全。实在没办法，我们也同意，可办公室就一台复印机，复印很慢不说，不时还有工作人员来复印材料，这样一天就是复印一两本，而案卷有50多本，如此下去肯定不行，当事人也不会答应，他可急着要了解案件的证据情况。我们为此又跟检察院负责人讲，并请上级检察机关的朋友与之交流，还是不行。若向上级检察部门控告，有人接受，也要10天才答复，而一个审查起诉阶段就过去了。如此之下，我就叫律师将我们的遭遇写出发到网上，结果1天多10多万人围观、评论，人数还在增加。该县检察院为此才主动叫我们过去用手机拍摄了案卷，时间就是一天，从而再一次诠释了"违法等丑陋现象见不得阳光，实施者也不愿意让它们见到阳光"。这样，在公开的阳光下，自会防范许多诸如此类的违法乃至犯罪的发生。

　　查证难，即律师的调查取证难，乃是自然。你律师没有公权力作后盾，被调查人不配合你，你没有任何办法。而证人配合你，需要证人有依法维护法律公平正义、实事求是出来作证的自觉与勇气，但此风此勇还离法治社会的要求相差甚远。刑事案件虽然主要以被告人供述、被害人陈述、证人证言等言词证据定案，被害人有陈述维护自己权利的动机，被告人基于各种各样的原因绝大多数都作了入罪供述，证人则是在公安、监察、检察等公权力机关找之作证的情况下而为的，不少是出于无奈。如果是律师要他们出庭作证，他们就不愿意，总担心得罪被告人，尤其是被告人家大势大具有一定实力时更不用说。我就为一些当事人走访调查过一些证人，尽管他们对被告人平时借势凌弱的行为表示不满，但要说做记录或者签字时，就不敢。像破产重整这样国家一再强调并且依法破产完全有利于当地经济发展的事情，一些单位如市场监督管理机关，对律师的有关工商内档资料、抵押登记情况的调查，都不予配合，还得要法院出面，更遑论刑事案件的律师调查了。可喜的是，在民事案件中，一些地方正在试行调查令制度。当事人在民事诉讼中因客观原因无法取得自己需要的证据时，经申请而由法院给代理律师签发用以向有关单位和个人收集所需要证据的文书。这一做法，来源于当事人及代理律师有权申请人民法院调查取证的规定，律师依法本身就有调查取证的权利，法院出具调查令让代理律师进行有关调查，有利于节省资源、节约司法成本，故在法理上没有任何问题。可是，这与律师申请人民法院调查取证，人民法院依法调查取证还是存在着一定区别，需要法律加以规范。另外，律师凭调查令调查取证，被调查人如不配合，如何承担责任，更需要法律规范。不过，这一制度在司法实践中的出现，有利于推动律师调查取证工作的开展。但愿能够作为一项正式法律制度，在有关诉讼程序包括刑事诉讼程序中得以规定。

如上所述，律师的调查取证不仅难，而且还充满着各种各样的风险，这种调查风险主要体现在调查证人证言方面。调查物证、书证等先前客观形成的证据，只要不是伪造、变造作假，则没有任何问题。而调查人证，尤其是侦查机关已经调查过的人证先前作过陈述，律师一调查便否定先前的陈述，说是受到威胁，你要相信证人所讲为真，侦查人员就一定存在违法取证。首先应当承认国家工作人员行为合法，要证明侦查人员违法取证，必须有证据加以证明。所以，当事人要我调查已经作过证的人翻证的证言，首先我要当事人提供侦查人员违法取证的证据，否则，一般不会调查。其实，这种调查也没有任何意义。证前面这样说，证面那样说，说明证人的品格就有问题。从国外一些国家非常重视品格证据的规则看，也很难得以采纳。即使调查取证，把自己的观点提出来就行了，更不能以后面所说一定为真而去反推指控侦查人员、检察人员、法官违法制造冤屈，因为没有证据证明证人后面所讲的一定为真。当然，有证据（这种证据往往要是物证、书证等客观性较强的证据；人证则要多人，描述没有矛盾，且符合常理常情）证明证人讲的一定为真时，那又是另一回事。如北海4律师，其中2位律师找了3位同时在一起的证人，且因在旅舍开房而具有书证，再加上以前公安机关也未找3位证人作证，但这些律师头上仍悬着辩护人妨害作证罪这把达摩克利斯之利剑。因为，律师调查所获得的证人证言推翻了侦查机关、公诉机关的事实。所以，作为一个律师，并自认为辩护大多取得了满意或者较为满意效果的律师，我在调查取证方面是不合格的。这样，律师调查人证，尤其是调查已经作过不利于当事人的人证，必须具有常人所无的勇气与胆量，并要严格遵守规则。故，北海裴金德等故意伤害案的律师杨在新、杨忠汉就很勇敢，并对取证进行了录像，也注意了风险防范，尽管如此，还是被以辩护人妨害作证罪构陷受到羁押。记得那一年，我召集湖南省律师协会刑事专业委员会的委员开了一个会，会议决定以委员会及其全体委员的名义对杨在新等律师所受到的打压表示担忧，发出了"呼请北海司法机关从刑事法治和人权保障的宪法高度，严格遵循'以事实为根据，以法律为准绳'的原则，审谨、客观、公正处理裴金德等人的'故意伤害案'和杨在新等律师的'辩护人妨害作证案'""呼请北海公安、司法机关依法保障律师团律师的人身权利和执业权利""呼请国家立法机关、司法机关、法学界和广大法律人高度重视北海事件的典型意义，通过对北海事件的深度剖析和北海司法现状的实证研究，助推中国法治"等的声音。

在湖南株洲曾经也出现了一起老律师不规范调查取证涉嫌辩护人妨害作证的案件。那是2012年，年已64岁的老律师张乙为某区一村支书言九涉嫌贪污进行辩护。在法庭上，张乙认为言九无罪，并提供了由他本人代写，再由2名证人签名的，有利于言九出罪的书面证词。为此，检察机关认为张乙为减轻言九罪责，教唆编造案件中2笔开支系村委会集体研究决定，引诱、劝说2名证人作伪证，向同区公安机关以张乙涉嫌辩护人妨害作证罪移送侦查，公安机关将张刑事拘留，之后由该区检察院向法院提起公诉。当时检察机关对职务犯罪具有侦查权，在公职人员心中享有极高的地位。但能否由该区公安机关侦查、再由该区检察院审查起诉、最后由区法院审判，是否需要回避以保证案件公正处理，也成为媒体关注的焦点。最终，该区检察院撤回起诉，并由上级检察机关另行指定其他检察机关进行审查。之后，省级检察机关邀请办案所在地的两级检察机关、省高级法院、省律师协会等有关人士就该案进行非司法行为性质的讨论研究。我当时作为湖南省律师协会刑事专业委员会主任参加了会议，认为张乙的取证行为确实存在不规范之处，然而，他只是让证人出具书面证词，而且由他代写，在法律上实际不属于证人证言的范畴，因为证人证言严格来说必须以言词证据通过询问的方式表达才能作为证据使用；且该案主罪很轻，就是判了1年半；张乙的行为没有给本案言九犯罪事实的认定造成任何实际的影响。这种代写的所谓"证词"，其证据的程序不合法，因为没有由2人调查并由1人记录。该证据不可能得到司法机关的采信，从而不能给所要辩护的案件结果产生任何实际影响。另外，辩护人妨害作证罪虽为行为犯，但根据本案行为及其后果等情节，应属情节显著轻微，至少是情节轻微而不宜提起公诉。张老律师虽未获罪，但说明刑事辩护案件中调查取证，尤其是意欲完全否定检察机关的全部指控而为完完全全的无罪时，确实面临着一定甚至极大的风险。在调查取证不规范的情况下，这种风险骤然加剧，需要引起辩护律师的充分注意。

至于您所问的"对于律师来说，为什么出现这么多'难'""这些年来，有过真正的改善吗？或者是哪一种力量才能推动其真正改善"的问题，简单答之，就是从总的趋势讲，律师的会见难、阅卷难比起过去已经有了根本性的好转，尤其是2012年修正的《刑事诉讼法》明确除危害国家安全犯罪、恐怖活动犯罪、特别重大贿赂犯罪的案件外，辩护律师持合法的手续看守所应当及时安排会见，至迟不得超过48小时，律师会见难的问题在大部分案件中已不存在。危害国家安全犯罪、恐怖活动犯罪，毕竟是少数；职务犯罪案件中的会见，确实非常困难，律师接案后见不到当事人，委托人也有意见。另外，《监察法》的出台，将过去的实际羁押不折抵刑期的"双规"改变为法定的可以折抵刑期的留置；留置后直接进入审查起诉程序，不像过去"双规"后还要经过长达数月的侦查再进入审查起诉，以及《刑法修正案（九）》对刑法贪污受贿等贿赂犯罪的修正，司法解释对法定量刑幅度所对应贪污贿赂数额起点的大大提高，在受到指控的当事人家里一般有着巨额财产的情况下，使之较过去的贪污贿赂犯罪者获得了巨大的轻刑利益，对当事人来说，总体上是有利的，刑罚日益趋向轻缓、平和。至于与职务犯罪相关联的一些犯罪、涉黑犯罪，有关人员违法限制律师会见的权利，我想，也是暂时的。随着法治环境的日益完善，尊法守法的意识不断深入人心，最终会有所改变。一部法律再完善，没有愿意遵守法纪的人去严格执行，它就会为人曲解，表面上尽管没有问题，但精神实质已荡然无存。如司法实践中，对指定监视居住的滥用，就造成在此期间侦查人员获取口供行为的时间、方式等失去必要监督从而可能导致违法取供的现象发生。说到底，要解决会见难、调查取证难的问题，最终还得靠完善的法律规定，及忠诚于法律严格司法的司法人员，以及全民尊法守法意识的普遍形成，进而造成法治的成熟文明，而这不是某一方面或者某一种力量就能解决的问题。

谭君：律师为何被抓？对于律师把自己"搭进去"的情况，您觉得可以作哪些分类？您觉得这些情况是完全可以避免的，还是难以避免的？律师在执业中，应该如何防范执业风险？

贺小电：律师为何被抓，在有关侦查、调查机关看来，乃是涉嫌犯罪，且这种认定在形式上肯定是"合法完备"的，然实质上是否真的构成犯罪，特别是因履行律师职务而构成犯罪，似乎不能仅仅由言词证据来定罪。因为，这很简单，只要证人说自己翻证乃是辩护律师指使的就是啦，反正是否指使没有录音、录像等印证，然后就可以有抓律师的理由。至于律师是否承认，那是今后的事。当然，这种现象，毕竟是极少数。否则，辩护律师这一职业就会完全消失而没有人干了。

律师涉嫌犯罪，既有与执业无关的，如进行故意杀人、伤害、侮辱、诽谤、醉酒追逐危险驾驶等，又有与执业有关的，主要是骗取当事人钱财的诈骗罪；为当事人提供非诉服务时参与和当事人有关的犯罪，如共同策划实施"套路贷""非法经营"甚至参与"黑社会性质组织"，并利用合法形式进行掩盖的犯罪，以及提供诉讼辩护、代理过程实施的有关妨害司法的犯罪、行贿犯罪，如"在刑事诉讼中，辩护人、诉讼代理人毁灭、伪造证据，帮助当事人毁灭、伪造证据，威胁、引诱证人违背事实改变证言或者作伪证"的辩护人、诉讼代理人毁灭证据、伪造证据、妨害作证，"以暴力、威胁、贿买等方法阻止证人作证或者指使他人作伪证"的妨害作证，帮助当事人毁灭、伪造证据，"以捏造的事实提起民事诉讼，妨害司法秩序或者严重侵害他人合法权益"的虚假诉讼，泄露不应公开的案件信息，披露、报道不应公开的案件信息，泄露国家秘密，"聚众哄闹、冲击法庭""殴打司法工作人员或者诉讼参与人""侮辱、诽谤、威胁司法工作人员或者诉讼参与人，不听法庭制止，严重扰乱法庭秩序""有毁坏法庭设施，抢夺、损毁诉讼文书、证据等扰乱法庭秩序行为，情节严重"的扰乱法庭秩序，与当事人串通"对人民法院的判决、裁定有能力执行而拒不执行，情节严重的"拒不执行判决、裁定，与当事人共谋"隐藏、转移、变卖、故意毁损已被司法机关查封、扣押、冻结的财产，情节严重"的非法处置查封、扣押、冻结的财产，等等。这种妨害司法的犯罪，大体上分为3类：与证据相关的弄虚作假，与案件信息相关的有关不应泄露、披露信息的泄露、披露，以及针对法庭、法院有关的虚假诉讼、扰乱法庭秩序等犯罪。有的因把具体个案与整个国家的制度联系在一起在网上进行炒作，诋毁、攻击国家制度等，还可能涉嫌煽动颠覆国家政权等危害国家安全犯罪、寻衅滋事犯罪等，一些律师因此涉案，也需要加以注意。

　　容易引起外界关注的，主要是刑事诉讼中的有关证据伪造、妨害他人作证的案件，这在司法实践中已经发生多起。大多最终虽然得以脱罪，然对刑事辩护制度的损害、辩护律师的心理伤害，产生的震动和影响不可低估。人的自由最为宝贵，为当事人的自由乃至生命而辩护，在法治社会中乃是一项极为高尚的职业。正因为如此，真正的有名望的律师大家往往产生于刑事辩护中。但在我国，基于刑事当事人涉嫌犯罪乃属"坏人"，为之辩护是替"坏人"说话等不当观念，以及人权、民主、法治等观念还未深入人心，重刑主义、重打击轻程序，绝不放纵犯罪，给被害人以公平回应的刑事程序主流意识还普遍存在，法治环境还不成熟完善等诸多原因，刑事辩护不时还会遇到这样或那样的问题，不说会见难、阅卷难、查证难等事务上的工作，真正体现律师辩护实质的辩护意见，往往也不能得到重视，常常是你辩你的，我判我的。辩护意见主要是罪轻辩护意见采纳率很高，但实际作用却不大。涉及证据存在问题的犯罪，则更是将刑事辩护推向极端，不仅认为辩护没有任何价值，反而认为是在妨害刑事诉讼的正常进行，是为惩治犯罪实现公平正义添乱。这里面，可能有律师执业不规范的因素，但主要还是刑事辩护动摇了所指控的犯罪事实，律师的风险大大增加。这属于不正常现象，需要国家从法治建设层面予以重视。对于故意以辩护人伪造证据、妨害作证等为由构陷刑事辩护律师的，应当予以严惩，以儆效尤，而不能以简单撤诉等了事。

至于律师在辩护、代理活动中，隐瞒真相、虚构事实等对当事人钱财进行诈骗的违法犯罪，律师或自觉或不自觉地很容易牵涉其中。2007年1月24日，广州知名律师马克东因涉嫌诈骗辽宁毒枭宋鹏飞100多万元被辽宁警方带走，在律师界和社会上引起很大轰动。事情源于宋的几名手下2001年在广州的金色年华夜总会门前杀死了1名保安，宋鹏飞因此涉案，请马克东辩护，马与宋的搭档赵某签订委托代理合同收取宋鹏飞律师费100万元，并为宋成功取保。宋在20世纪90年代受著名的黑社会老大刘涌打压南下广州，之后搜集刘的犯罪证据为警方铲除刘涌组织、领导的黑社会性质组织起了重要作用。之后，宋从广州北上，利用贿赂手段将从广州到东北的公路货运、铁路运输和航空货运等线路上的诸多关卡打通，建立了一条从南到北的秘密贩毒通道，为之贩毒提供方便。2006年4月，沈阳警方多名高级警官及普通警察包括禁毒警察相继被调查，宋被带走。在对宋进行调查的过程中，警方从宋的一本记录打通各项关系支出的账本中发现宋曾付给马克东100万元巨款。与马签订委托代理合同的赵某称"这笔钱是被马克东给骗走的，当时马克东号称跟公检法关系好，可以帮忙摆平很多事情"，由此便出现了马克东被辽宁营口警方带走的事件。2007年9月10日，马克东涉嫌诈骗一案一审开庭，广州市律师协会、广东省律师协会以及中华全国律师协会都派出了代表到营口旁听。庭上，当事人及其辩护人均认为这100万元乃为马克东为宋提供服务的律师代理费，控方则认为马、赵之间虽然具有委托代理关系，然马对赵声称"自己与广州地区的公检法部门的关系很好，很容易摆平"，从而属于虚构事实的诈骗，后一审认定指控成立，以诈骗罪判处马有期徒刑11年。2008年9月，二审维持原判。

在律师执业生涯中，我认为，最容易涉入的就是行贿与诈骗犯罪，两者的动机还是为了从当事人那里获取更多的钱财。前者，有的是主动的，有的则是被动索要的。我曾有一个同事，原是我在法院工作时的下属，后来这位法官因为受贿被判了11年。有一个民事再审案件由他负责，他问我收了多少律师费，我说结果要是能够达到当事人的要求，大约20万元。他说他要一半，我说不可能啊，解释律师收费所里要管理费、要纳税等。他就说，所是你开的，所里的还不是你个人的，后来因我的拒绝，案件结果完全倒向对方。之后，他因别的案件涉嫌收受当事人贿赂被查，我也被接受调查。原因是，他买车时找我借钱，我借给了他4万元，他长期未还。所以，对于要钱的法官，最好不要有交易。给法官送钱，就等于为自己今后的人生埋下一颗隐形炸弹，随时都有爆炸的危险。法官等司法人员一出事，难免"拔出萝卜带出泥"。而且，律师送钱，很难像企业老板那样常常以单位行贿犯罪得以解脱或判处轻刑，其行为乃属个人的行贿犯罪。行贿犯罪可不比单位行贿犯罪。后者，最高为5年，所以得到追诉的不多，即使被追诉，一般都是缓刑；而前者最高可是无期，因向司法工作人员行贿，一旦认为"影响司法公正"（其实是多余，律师一行贿就会认为影响司法公正），数额1万元，就可以立案，数额达50万元，起刑点为5年，数额在250万元以上的，则为10年以上有期徒刑。后面两种数额，不仅指一次性数额，而且包括累计数额。因此，律师行贿一经发现，代价极其巨大。

就诈骗犯罪而言，更容易涉及。因为熟人社会的传统，遇事常常找关系帮忙，当事人也往往相信关系。所以，案件到了司法机关后，不少当事人找往往就要找在司法机关有关系认识领导的律师。他找律师的价值，不在于提供优质的法律服务，而是提供他找不到或者不好找的关系，至于法律服务一般律师都会。当然，有关系的律师，既然是律师，通常也不可能什么都不懂。之所以愿意花钱，也不是认为律师有能力有水平而应该给你的代理费，而是希望你能用于司法官员身上，甚至送给司法官员，在当事人看来，这样对其案件的结果才会有好处，法官才会对案件作出有利的裁判。以是，一些律师尤其是为接到案件或者受巨大利益诱惑，就时不时称自己在法院、检察院、公安机关有关系，跟某某法官、检察官、警官关系如何如何，以令当事人满意。不良者，还以司法人员的名义向当事人要钱，有的请他人吃饭，与司法官员没有任何关系，却说请某某法官吃饭，要当事人埋单。有的当事人非常认真，还叫人以律师朋友身份跟在身边，到后来穿帮时，原来律师请的根本不是所称的法官。我在当法官时，就遇到2位这样的律师，一个说法官要钱，结果当事人一审被判有期15年检方抗诉改为无期，该案成为全国以兼并方式进行诈骗的第一案，为最高人民法院重要的刑事审判指导刊物《刑事审判参考》登载。当事人兄弟后来成为我的朋友，我从他们那里才获知此事。另一案件，律师当时还在大学读法学博士，通过朋友介绍找到我。有天，他一定要到我家来。来了，拿了一些烟酒。我说，烟我不抽，虽然喝酒，但没酒瘾。加上，是很好的朋友介绍，并且这位朋友可能成为法院领导，便拒绝这位律师的"好意"。当时，当事人家属委托律师送1万元给我，看到我连烟酒也没有要，这位律师便根本没有提送钱这事。事后，当事人以为我收下了那1万元，通过朋友了解我的情况。我的朋友反馈给我说，他当时也怀疑我连烟酒都不要，却要了钱，不那么正常，因为一般是烟酒基于人情收下，钱则不会收的。之后，我打电话骂了这位博士律师一顿。所以，律师遇到这样的事情，一定不要将钱看得太重，自己本身有错，案件又没有做好，即使做好了，当事人也可能认为自己花的钱不值，根本用不着给律师那么多律师费。此外，当事人一般情况下会与律师商量，找律师服务的漏洞要求退钱。退了钱一般不会有多大的问题。可有的律师就是不退，还跟当事人吵，当事人便可能向司法行政机关投诉，还可能举报律师诈骗，即使没有涉及刑事案件而得以解决，律师的名誉也会遭受巨大的损失。尤其是在司法界的朋友面前，也难以抬头做人，原来的朋友都可能离你而去。谁会愿意与一个借自己名义对外收钱的人打交道呢？而且还可能使自己受到牵连、有牢狱之灾。其实，作为律师，司法人员是自己的朋友，更应当维护他们的名誉、地位。有一定地位、背景的当事人要找你，想方设法会把你的背景查得个一清二楚；至于收费，你们可以协商，就是自己要挣钱，用不着以朋友的名义去要钱。我认为这是律师尤其是做大律师所应坚守的最为基本的底线。遗憾的是，以此为底线的律师似乎不太多，律师的掮客、坑蒙拐骗等的不良形象，还为社会所诟病。

上面讲的律师执业刑事方面的风险。在民事方面，律师执业的风险也在加大。故意提供虚假的法律文件等应承担相应的民事责任甚至刑事责任自不用说，因为能力不足或者不认真等造成当事人损失而承担巨大民事责任的现象，已不时出现。

广州颇具规模的一家律所的律师为原告代理申请法院对被告一账号里的701.6766万元进行冻结。代理律师到一审法院签收《财产保全通知书》，该通知书载明被告某银行账户于2014年5月20日被冻结，冻结期为6个月至2014年11月19日止，并明确："查封、冻结期限届满前，本案还在审理中（包括上诉二审）或进入执行阶段，你公司必须向一审法院申请继续查封、冻结，否则被自动解除查封、冻结，责任由你个人（公司）承担。"但在上述期间，原告及其代理律师均未提出续冻申请，直至2015年3月上旬才申请法院对上述账户续冻，法院3月9日去续冻时发现原来所冻结的款项早由被告转走。原告为此以诉讼代理人未认真履行自己代理职责造成其损失为由而将律所告上法庭。二审判决认为，原告"所主张的在诉讼保全到期前未提出续封申请导致的损失及利息，本院酌定××律所承担80%的责任，剩余20%的责任由周培元自行承担"。因此，判决律所对原告所主张的涉案损失561.34128万元及利息要予以赔偿。

2017年2月28日，被继承人瞿乙生前委托上海某律所订立代书遗嘱，言明："在我百年后，将我拥有的上海市广灵一路广中一村×××号×××室房屋产权，给我的弟弟瞿甲（身份证号×××××××××××××××××××）和妹妹瞿丙（身份证号×××××××××××××××××××）两个人继承，每人各继承一半。""立遗嘱人"处由祁庚宇律师代瞿某签字，注明"祁律师（代签）"并由瞿乙捺印。代书人为祁庚宇律师，见证人为祁庚宇和李丁2位律师。同日，上海某律所对该份遗嘱出具律师见证书，瞿乙支付律师见证费6000元，数天后的3月3日去世，生前未婚，无子女。在代书遗嘱过程中，遗嘱人口述遗嘱内容时，上海某律所指派的2位律师既没有做谈话笔录，也没有录音录像，而是回到律师事务所后仅凭自己的记忆整理出遗嘱，致使代书遗嘱因不符合时空一致性的要求，无法证明系遗嘱人的真实意思表示，而被人民法院生效裁判确认为无效，瞿乙名下的房屋按法定继承处理，瞿甲、瞿丙兄妹为此遭受损失。两兄妹于是将上海某律所诉诸法庭，一审判决，上海某律所"于判决生效之日起10日内赔偿瞿丙、瞿甲经济损失118.8万元。案件受理费1.56万元、评估费0.6638万元，由上海某律所负担"；二审维持原判，二审案件受理费1.56万元，由上诉人上海某律师事务所负担。律所所付出的代价不能说不大。

还是上海的某律所，收取他人1000元为其代立遗嘱，只因1位见证人不是"在场"见证而是事后见证，致使该遗嘱未被认可，遗嘱继承人徐某以自己为此损失了45万元为由而对律所提起诉讼。2003年12月15日，上海市南汇区人民法院判决律所赔付遗嘱继承人徐某43万余元。这样的遗嘱见证服务不依法，造成遗嘱无效而由律师事务所赔偿的案例，早在最高人民法院2005年的《公报》中就有登载，之后在上海、沈阳等都出现过。故，律师执业真马虎不得，不经意之间就可能让自己遭受巨大损失。

此外，律师因遗失重要证据、泄露商业秘密、超越代理权限、尽职调查不尽职、出具的法律意见明显违反法律规定等，或者违法、失职向行政机关出具不实的法律意见遭受行政机关的处罚、给当事人带来损失承担赔偿责任的案例屡见不鲜。北京大成律师事务所在担任粤传媒收购香榭丽项目的法律顾问时，在出具的《法律意见书》因所列的有关香榭丽重大业务合同、重大担保事项和引用中天运会计师事务所的审计数据等存在虚假陈述，被国家证券监督管理委员会没收项目收入30万元，并处以90万元罚款；2名承办律师受到警告，并分别被处以5万元罚款。有的赔偿甚至数额巨大，远非律师所能承受。

2001年7月，河北三河燕化有限公司（下称三河燕化）欲与北京金晟房地产开发有限公司（下称金晟房产）合作开发紫宸苑住宅小区项目（下称紫宸苑项目），聘请北京市嘉华律师事务所作为法律顾问进行尽职调查。之后，嘉华律所认为紫宸苑项目确在金晟房产名下，三河燕化便给金晟房产支付了1亿元的项目转让费，同时向嘉华律所支付了100万元律师费。不想，到了2002年5月，三河燕化发现另家公司在紫宸苑项目的土地上进行建设施工，随后的紧急调查结论让他们震惊不已：金晟房产并非紫宸苑项目的所有人，三河燕化所支付的1亿元被人骗走。原来金晟房产的一个股东确实以金晟房产的名义与他人签订过受让紫宸苑项目的协议，并私自上报立项申请，骗取了北京市计委对该项目的批复。然因一直没有支付转让款，金晟房产的另外3个股东最终退出了项目，他人于是将紫宸苑项目又进行了转让。可金晟房产的刘某等人仍称紫宸苑项目归金晟房产所有，凭借失效的规划文件，与蒙在鼓里的三河燕化签订合作开发协议，骗取1亿元，案发后追回2140多万元。三河燕化一纸诉状将嘉华律所及其3名合伙人告上法庭，要求返还律师费100万元并赔偿经济损失900万元。法庭上，3名坐在被告席上的律师坚持认为自己没有过错，已经履行了《委托协议》。

法院最终支持了原告三河燕化公司的诉求，认定嘉华律所提供法律服务时存在重大过错，履行《委托协议》义务不符合约定，对三河燕化支付1000万元定金的经济损失应承担赔偿的违约责任；考虑到三河燕化自身也有失察之责，于是判决律所及其3名合伙人共同赔偿三河燕化800万元，并返还100万元律师费。

还要注意的事，律师的风险还不仅仅是上述的执业风险。律师工作强度大、在外出差多，于是，患病、意外等风险也随着增大。对律所及其合伙人而言，除有限合伙人外，实行的是无限连带责任，故，要避免诸如种种无法预料事件所造成的损失，必须有风险意识，在严格自律、仔细认真负责为当事人提供法律服务的同时，应当由律所统一购买执业保险。律所的规模越小，抗风险的能力越弱，执业保险可以说就更重要。

十、律师与司法掮客

谭君：讲到"勾兑"，必须要提到前些年很盛行、时常见诸报端的"司法黄牛""司法掮客"现象。如，2020年1月，王永明等13人涉嫌组织、领导、参加黑社会性质组织罪等案件移送至包头稀土高新技术产业开发区人民检察院审查起诉，李书耀为该案承办检察官。此后，经人介绍，从包头市东河法院辞职的实习律师孙郑结识李书耀，并代表王永明家属多次向李书耀打听案件进展，希望李书耀在案件承办中予以关照，并承诺王永明的家属会对其表示感谢。3月，孙将王的家人准备送给李书耀的30万元，留下10万元后送李20万元。4月，检察院决定对王永明逮捕后的当日下午，李将收到的20万元退还给孙，孙未告诉王及其家人。又如，认定犯有受贿罪、行政枉法裁判罪、诈骗罪，数罪并罚判处以有期徒刑18年，并处罚金400万元，民间戏称"最富法官"的海南省高级人民法院原副院长张家慧，被认定收受37人贿赂，其中送钱人竟有18人为律师，且不乏当地的极有名望的律师，如曾先后获得"海南省优秀律师""省诚信律师"等的海南省律师协会原副会长、海南大华园律师事务所主任的吴镇送了50万元，海南省律师协会原副会长、海南方圆律师事务所主任涂显亚送了245万元，海南省政协委员、曾任海南省律师协会副会长、海南川海律师事务所主任赵建平送了20万元，海南省原政协委员、海南金裕律师事务所主任陈洪娟送了20万元等。

对于这个群体，人们的印象是，挑刺架诉、无中生有，唆使别人打官司，或者进行利益输送，与司法工作人员沆瀣一气来谋利。他们在获知有纠纷的线索后，千方百计找当事人，承诺可以"搞定"案件，把事情"摆平"，然后从中捞取钱财或其他利益。

司法掮客一般由3类人组成：一是目前尚在位或已退下来的官员；二是部分律师；三是在司法机关有亲朋好友的人。2015年南方周末报道，在一起标的为2000万元的执行案件中，有人故意设置障碍，迫使商人马惠忠去找熟悉法院关系的律师，代理费500万元。最高人民法院原副院长奚晓明，被高层批为"司法界耻辱"，称其作为在最高人民法院工作33年的老法官，却同个别违法律师、司法掮客、不法商人相互勾结，收受巨额贿赂。广东健力宝集团原董事长张海等多起违法减刑案例，可以从中看到"掮客"律师群体的庞大。

与一般律师相比，"掮客"律师热衷于跑关系，当"中介"远胜过本职工作打官司，"潜规则"横行。他们与公检法系统工作人员勾结，左右判决结果，制造虚假诉讼，甚至共同"导演"冤假错案，玩弄法律于股掌之上。胜诉后把功劳归于自己，败诉后则将责任推给法院。

您对这个群体怎么评价？出现司法掮客的原因是什么？如何规范律师与司法工作人员的不正当交往？

贺小电：前面讲过，司法掮客并非一定就是律师，律师作为一种职业，在这个法治还不完善健全、司法腐败还不时存在的环境中，属于风险较高的职业。一个腐败法官的落马，背后往往就会牵出一些律师或者一大堆律师来。所以，律师最好不要去做这种冒险的事情。而且，真正的一笔律师费几百万元甚至更大的案件，毕竟是少数，没有必要为着并不大的利益去犯险，因为一旦案发，将毁一世前程。掮客赚钱来得快、很容易，但基于诉讼业务的公开性，案件办理有没有水平、律师有没有能力，也容易为人所知。另外，做人做事，还得有个基本道义，没有道理甚至完全没有道理的事情，借用权力曲解法律、巧取豪夺了他人或者自己不应当得到的利益，良心也难以安宁。毕竟，一个人的价值，不只是由官位大小和金钱多寡来体现。尤其是在社会评价标准日益多元化、精神化的文明社会里，这两样传统而又古老，物质而又世俗，充斥着诱惑和实际利益的标准，会越来越淡化。

至于司法掮客，其实与司法腐败相联系，在阶级社会中不可能完全消失，其原因则不是一两句话就能够说得清楚的，具体的更无法列举。若在司法官员的经济水平处于中上层水平后，还存在这种现象，主要原因我认为还是主观上的，也就是司法官员尚没有真正忠诚法律、忠诚自己职业的法治意识。若有，就不会有如此违法犯罪的行为。要是不强化司法官员自身的法律信仰，再多的法律、再多的规定都没有任何意义。当然，在加强自身法律素养时，完善制度建设，特别是必须严格对所有的人执行，以及进行必要的监督，让之行为真正置于群众雪亮的眼睛之下，并通过适当的渠道呈现于阳光之中，应当会更有效。律师与司法人员的关系规范，《刑事诉讼法》《民事诉讼法》《行政诉讼法》《人民法院组织法》《法官法》《人民检察院组织法》《检察官法》《律师法》等诸多法律上都有规定，有关部门也制定了一些规范性文件，如最高人民法院2020年4月17日发布、同年5月6日起施行的《关于对配偶父母子女从事律师职业的法院领导干部和审判执行人员实行任职回避的规定》（法发〔2020〕13号）。该规定第1条规定："人民法院工作人员的配偶、父母、子女、兄弟姐妹、配偶的父母、配偶的兄弟姐妹、子女的配偶、子女配偶的父母具有律师身份的，该工作人员应当主动向所在人民法院组织（人事）部门报告。""人民法院领导干部和审判执行人员的配偶、父母、子女有下列情形之一的，法院领导干部和审判执行人员应当实行任职回避：（一）担任该领导干部和审判执行人员所任职人民法院辖区内律师事务所的合伙人或者设立人的；（二）在该领导干部和审判执行人员所任职人民法院辖区内以律师身份担任诉讼代理人、辩护人，或者为诉讼案件当事人提供其他有偿法律服务的。"第3条规定："人民法院在选拔任用干部时，不得将符合任职回避条件的人员作为法院领导干部和审判执行人员的拟任人选。"第4条规定："人民法院在招录补充工作人员时，应当向拟招录补充的人员释明本规定的相关内容。"如此等等，可以说已经非常详细。

这些制度的细化、完善，从制度建设方面讲有其必要。可是，任何制度若只停留在纸面，没有落地执行，再好的法律、规定都只是一句空话。而落实执行，其实就是一句话，要人自觉崇法尚法、尊法敬法、尊法守法，要树立起人们真正对法律的信仰，这不是天天喊，提要求，或者举行几次考试就能解决的问题，而是要从小开始进行法治教育，同时抓好人事制度的建设，将那些真正具有法律信仰的人提拔上来，领导要带头依法办事。因此，我曾说过，规则不一定要多，关键在于一要严格执行，包括通过各种方式途径让人们自觉或者被迫遵守执行。若执行不了，还不如不要。因为，规矩存在而无法执行，变成摆设，比无规矩可依所产生的危害性更大。后者不仅使得各种各样的规矩没有任何意义，还可能让人产生规矩可以不守、法律可以不依而蔑视规矩、法律的观念。这种观念一旦形成，很难改变。若成为风气，则对社会的危害可想而知。所以，法治不仅仅是法律规定的数量之多、内容完善，而且更在于一旦形成就得严格执行。我认为，后者比前者更重要。在现实生活中所缺乏的，主要问题还是规矩、法律的诚实遵守、严格执行的风气未能形成，还有待于加强此方面的建设。假劣产品的盛行、对合同的不诚信履行、形式主义的泛滥、腐败行为的严重等一切违法犯罪现象，并不是没有制度加以规范，主要乃是法律的规定大多只停留在纸面上，落实不够。当然，我国的法治进程尚不长，现在主要集中在制度本身的完备上，对落实执行也在不断完善。但怎么去培养公民对法律本身的信仰，自觉严格遵守法律，则是更为主要的方面，需要我们认真面对，并采取有效的措施，来进行这项目前还没有真正完成的工作。

谭君： 上述南方周末报道的"司法黄牛"的案例中，标的为2000万元的执行案件得花500万元找律师才能执行到位，所找的律师，其妻子正是宁波市中级人民法院审判监督庭的法官。在法律界，律师法官CP，律师检察官CP，或者律师与法官、检察官之间存在父子关系、近亲属关系，很普遍也很正常。尽管相关法律和司法解释有各种规定，如"法官的配偶、子女不得担任该法官所任职法院办理案件的诉讼代理人或者辩护人""人民法院领导干部和审判、执行岗位法官，其配偶、子女在其任职法院辖区内从事律师职业的，应当实行任职回避""法院领导干部和审判、执行岗位法官的配偶、子女采取暗中代理等方式在本规定所限地域范围内从事律师职业的，应当责令其辞去领导职务或者将其调离审判、执行岗位；其本人知情的，还应当同时给予其相应的纪律处分。"

这种法律共同体内的交叉关系，似乎是无法避免的。而法律的规定仅仅是在形式上对其进行约束，而不能断其利益之根。您认为是否有更好的办法，应对人情对司法公正的侵蚀？

贺小电： 还是上个问题所讲的，通过什么途径、采取什么措施如教育、强制、惩罚等培养公民的法治意识，将法律规矩的自觉遵守成为公民的自觉行为，应该是最重要的。这点恐怕比制定完善法律更重要，难度更大。当然，法律本身的完善乃是基础。

十一、律师辩护与当事人的取保、处免判缓

谭君： 具体到案件办理中，"捞人"是经常被提到的事情。在嫌犯刚被羁押时，以"取保候审"捞人，或在被羁押之后，承诺帮其判缓刑，或判决时为其"实报实销"，甚至无罪。您怎么看这几个阶段律师的作用，以及能进行的"勾兑"？换句话

说，律师对于正常程序办案，起到多大的颠覆性作用？

贺小电：关于取保候审，《刑事诉讼法》及其有关司法解释均作了明确而具体的规定。根据法律及其有关司法解释规定，可能判处有期徒刑的都可以依法取保候审。在刑事政策比较宽松的情况下，司法机关就可能对之取保，尤其是一些案件如职务犯罪等通常缺乏客观证据，主要依靠口供定案，为了获得证据而与送钱方达成某种条件而主动将之取保，这时，由于调查、侦查工作的秘密性，一般很难了解有关信息。于是，就会出现一些不良律师或者掮客，利用各种渠道打听到的信息，甚至与办案人员串通勾结，而收取当事人巨额财物。我经常对当事人讲，是否取保，除办案人员确实存有交易意图等情况外，绝大多数能够取保的人并不需要找任何关系都可以取保。所以，律师在取保当中的作用，其实并不像外界想象的那么大，通常只是利用内外信息不对称而提前掌握信息。其实，能够取保候审的案件，一般并不复杂，它只是一个程序，并不解决实体问题，尽管要考虑实体行为，但往往并不需要多少技术含量。尤其是在侦查阶段，律师还无法接触卷宗，只能通过会见当事人了解大体情况，对实体问题还不可能做深入研究，也不存在需要多少专业技术含量的问题。

当然，给当事人取保，也存在一定的风险。当事人取保后一旦进行了诸如逃跑、串供、毁证等违法行为，按照通常的做法就会倒查，即使最终没事，也少不了接受问话等麻烦。因此，在司法实践中，对于取保会从严把握。另外，是否存在逃跑、串供、毁证等情况，只是一种事前的预判，没有严格的客观标准。这样，就为决定者留下了权衡、考量的空间。遇到有邪心想寻租的官员或者不良诉讼掮客，利用当事人或其家属病急乱投医或想找关系、花钱解决问题的心理，收取钱财。而这些当事人通常就是非常相信潜规则能摆平事情的人。

至于宣告缓刑，在重刑主义观念之下，考虑到判处缓刑的人缓刑期间一旦犯罪，后果严重，加之缓刑率考评的严格控制等，我认为依法可以适用缓刑的很多实际都未能适用缓刑。比如，缓刑期间犯罪风险较少的职务犯罪，由于其往往为社会关注，所以较少判缓刑。这也造成具有一定经济实力，而又相信关系、交易的人，愿意花出一定的代价争取获得缓刑。即使本来可以不需要任何交易，就可以获得缓刑，也被一些人认为是要花钱摆平的。这导致一些不良律师、司法掮客借法官等司法人员的名义收钱，既败坏了司法机关的名誉，又损害了法律的权威，尤其是给社会带来对法律等明规则的蔑视、对交易等潜规则的认可，危害性极大。

十二、律师的收费与规范

谭君：2019年我报道了一起挪用资金案，山东一律师收取委托人1650万元律师费，其中1200万元被法院认定诈骗，并以诈骗罪对其判刑14年。其中，该律师4次以取保候审为由骗取600万元，在当事人被释放的当晚，还骗了200万元。后来查明，当事人的被取保，与律师的运作没有关系，而是法院认为其没有管辖权，将该案退回。

如果把司法服务看成一种买卖、交易的话，当事人一方与律师进行交易的成本未免太高。因为在法律知识及司法规则的认知上，当事人和所委托的律师，完全不在一个层面。除非遇到了专业和人品俱佳的律师，否则被当成傻子的概率很大。反过来，律师的这些行为，导致了当事人对律师的评价降低，对法律服务的不放心。法律服务市场应当如何规范，才能良性发展？

贺小电：律师为当事人提供法律服务，基于民事主体平等协商形成的合同关系，本身属于交易，且这种交易的价值，不能单纯以结果论。有的像演员的演出（当然，单就收入来说，即使为著名的律师，也无法与演艺界的稍有名气的演员、主持人等相比），或者像玉石、文物等的买卖交易，这些交易无疑不仅仅以使用价值来论，这里还有一种满足、需要等的价值在作怪。现实生活中，不就有人卖服装，你按实价来卖，人家会认为你这是假货，这时人家就认为像这种衣服就应该值这么多才是真货，于是将价格标高后则没有人怀疑。有时，买者对于质量本身无法判断，而通过交易的价格来认定真假。同样，律师服务，你的价格出得很低，对于有钱人或者对结果有唯一追求的人，当事人还可能认为你水平不高，或者不会认真做事，这种现象虽然不多，但确实存在。因此，单从交易的价格来论公平公正，其实是与现实生活的一些特定情况不相符合。关键在于，不能以虚构事实、隐瞒真相等进行欺诈，更不能借法官、检察官等名义要钱，让司法人员为之代过，在不欺骗的情况下平等协商进行交易，"周瑜打黄盖，一个愿打，一个愿挨"，不论交易价格多高，我看也没有什么问题。

至于孟律师的所为，这种情况，说明他的运气非常好，遇到了这样一个大方而且也相信潜规则的人愿意付出这么大的代价，来让律师为一个并不复杂的案件提供法律服务。扣除诈骗数额，正常的律师费用450万元，这也是天价了。我就从来没有碰到过。虽然有当事人事前说要是出现什么什么结果，就给多少钱，但事后均是一句空话，不像孟律师那样还真的收到了。孟律师收费的1650万元，正不正常呢？上面说过，只要不是欺骗当事人，当事人愿意花这么多钱，我认为没有问题。但要说假话，采取欺骗手段获取，自然要受到法律的制裁。不过，这个社会不正常的是，律师完全不说假话，不说自己要找关系才能得到某种结果，当事人往往是不会愿意给律师这么多钱的。一些当事人涉案后，家里有钱，又相信关系、钱财可以"捞人"，花几十万上百万乃至数千万的，都存在。被骗几千万的，在报上已经见过几起。由于我代理的案件大多处于审判阶段，这时已经完全公开化，在谈到收费时，当事人通常都会诉苦，说此前已经花了不少，请给予优惠。当然，这里也不排除一些当事人与我谈价时运用了谈价的技巧。一般情况下，在审判阶段事实已经公开，基本不可能再像侦查阶段那样信息不公开而受骗上当，而且受过骗了就更加会警惕，"吃一堑，长一智"嘛！也不会再存在过去的病急乱投医所出现的不理性现象，一路走下来肯定会越来越冷静。所以，过了侦查阶段后，要再让当事人支付他认为不值的价钱，是很难的。

至于如何规范律师服务市场，这比起规范公务人员的行为更难。毕竟，律师服务收费属于一种市场行为。这种规范，在法治观念深入人心，公民尤其是官员忠诚信仰法律，依法用权，大家不相信权力、关系、钱财等潜规则，而完全按法律等明规则办事，一切就不存在问题了。然而，要说如何做到这一点，这肯定不是从某一方面、某一角度进行规范、完善、执行的问题，需要从国家社会治理等各方面努力。

还有，关于律师的收费，司法行政机关是有规范的，如刑事案件不能进行风险代理，即不能与案件结果挂钩；民事案件可以实行风险代理，并规定了可以按结果提成的比例范围；不进行风险代理的，刑事案件按阶段可以收取费用的范围，民事案件、行政案件按件或者按诉讼标的可以收取的比例范围，等等，都有规范。然而，如前所述，法律服务毕竟属于一种市场行为，在律师与当事人之间达成协议且出现了约定结果，当事人愿意付钱的情况下，司法行政机关也难以发现。出问题的，一般是没有出现协议所约定的结果，而律师收了钱又不肯吐出来，或者虽然出现了约定的结果，但当事人发现完全是受律师欺骗上当而致。比如，孟凡亮在当事人已经取保的情况下还隐瞒这一事实真相，并以取保要给他人支付费用的名义骗取200万元，而律师又不能妥善处理等特别情况，就容易引发矛盾甚至惹祸上身。不过，这与律师将钱看得太重有关。

十三、律师的追求与放弃

谭君：一个有信仰的律师，在当下的社会环境下，能既保全自己的理想，又还不失体面的生存吗？他应该追求什么，放弃些什么？

贺小电：现在的社会环境，律师的地位很尴尬。从法治建设上看，律师及其制度，乃是国家、社会不可或缺的重要组成部分，关系当事人合法权益、财产利益甚至人身自由生命等权利的维护。可以说，从个人到家庭再到单位，从社会一般公众到社会名流再到高官富豪，都可能面临着各种各样的法律事务需要律师提供帮助。

除了具体的人，很多事情也离不开法律服务。上市公司股票的上市发行、个人与单位之间发生的劳动争议、与他人进行各种交易与服务时因为质量等原因产生的各种问题、饲养的宠物给他人造成的伤害……都需律师提供专业的法律服务。完全可以说，律师的执业已经遍及社会经济、政治、文化等各个方面，价值与作用不能说不大。国家在法治建设、完善过程中，也赋予了其与法官、检察官等一样的中国特色社会主义法律工作者的政治地位。

然而，在现实生活中，律师的实际社会地位并不高，执业活动中存在着诸如权利无法得到充分保障，会见、阅卷、查证等正常执业活动在一些具体案件中不时受到刁难、阻碍，甚至出现构陷律师入罪等极端现象。此外，律师还面临着激烈的或明或暗的竞争。律师之间，律师与从事律师业务的人员之间（如公司律师、公职律师、退休的司法人员、司法人员的亲属朋友、寻租的司法人员）为争夺案源使出浑身解数，足以使一名老老实实执业的律师，感受到这份工作获取适当报酬的艰辛的不易。

就是同当事人之间，既有利益共同的一面，律师因给当事人服务的效果好，得到的认同、报酬相对更多，但仍属于利益交易的双方，从而又有着对立的利益，律师获得的报酬越多，当事人付出的代价就更大。而且，当事人认为出了钱请律师服务，有的理所当然地认为律师就是要听他的，一切都要按之所思所想提供服务，是否合法则不是他所考虑的范围，甚至要求律师将一些本来违法犯罪的行为，怎么通过各种方法变成合法或者能够加以掩盖。遇到事情时，重许诺，说律师如果能做到怎么怎么样，自己就会怎么怎么样，绝不会亏待律师或者称之为自己的恩人，签订合同通常也很爽快，事情办好之后，就不是那么回事了。好的则跟律师诉苦自己如何如何困难，坏的则翻脸不认人，对律师的行为加以指责、为自己不支付律师费用的行为辩护。这种当事人，单位、个人乃至政府机关等我都碰到过。如，某地政府拖欠我上百万元的法律顾问费用，就是不给。所以说，律师业是一种劳心劳力的活，总结起来，作为一名律师至少有层层递进的"六急"：一是没有案件业务而着急；二是有案件业务但诉求没有道理而着急；三是案件业务有道理然当事人没钱而着急；四是案件业务当事人有钱但视财如命、看不到律师的价值着急（对于一些政府的业务，在正常收费的基础上打三四折，仍有许多律师竞争）；五是案件当事人与律师达成一致意见签订合同接受委托后，案件结果达不到当事人要求，不能令当事人满意（而这种要求和满足往往是要达到法律范围内的最佳状态，有的甚至出乎意料地好）而着急；六是案件结果已经达到当事人要求，本应令当事人满意，得到当事人的肯定，可总有一些不讲诚信的当事人（可以说还不少，我见到的乃在90%以上，尤其是商人），违约不支付后续律师费而着急。这样，从与当事人接触开始到整个案件业务结束，除了那些内心强大而敢于坑蒙拐骗，根本不负责任，收钱又黑，利用合同套路让当事人无话可说，并在结果出现前收好钱的比较少有的情形外，律师的整个执业过程都是处于高度焦虑的不正常状态下。然而，不是所有律师都能幸运碰上那些比较少有的情况的。

在律师的价值与作用得不到承认，收入普遍不高的情况下，律师其实是弱势的。一个律师动不动几十万、上百万乃至像孟凡亮那样在一个并不复杂的案件中收取1650万元甚至更高的律师费的情况，是非常罕见的。这种对律师及其整个行业良好印象的形成，并不是什么好事。很多人认为，律师无非就是会见当事人、写一些辩护词、参加庭审，其背后的"台上10分钟，台下10年功"式的付出与努力，根本看不到。此外，律师执业过程难免存在不规范行为，尤其收费高的往往会夸大某些事实，如与法官的关系，来满足当事人认同关系等不当心理。这样，在当事人不愿意支付合同约定律师费的情况下，律师一再坚持索要律师费等，弄得不好，还可能使自己陷入风险中。这种现象，在司法实践中，也不时发生。

　　而律师在执业过程中，还要注意防范其他方面的风险，如要将当事人的原始证据妥善保管，一些律师案件多，材料乱堆乱放，将此案的证据放在另案中的现象经常发生，要是找不到这些重要的原始证据，会给自己带来很大的麻烦。所以，最好不要接收当事人的原始证据，以免有时找不到甚至不慎丢失。有的案件诉讼程序繁多，某些关键性的应当做的事情因为各种各样原因，如事情多、患病等导致该做的事没做。因此，律师应当尽量提前将应当做的事做好，以免因这因那而忘了或者根本没有时间或者无法做，既给当事人造成损失又给自己带来麻烦。有的事情不复杂，但程序要求严格，如遗嘱见证，稍不留意就会造成见证结果无效而给当事人带来巨大损失；有的业务要求非常高，需要深奥的法律方面的知识及其处理事务的协调能力及经验，加上我国市场经济发展过程中的一些法律经常修正变化，若不注意，出具的法律意见就会不符合实际甚至违反法律规定而给当事人带来不利后果，如此等等，律师执业的风险很大。

　　因律所是合伙制的非法人组织，除有限合伙人外，合伙律师要分担律所运营过程中的风险。除极少数具有一定品牌或者基于业务性质主要依靠团队服务的律所采取公司制统一按照一定规则获取工资计酬外，绝大部分律所都是采取松散的合伙制，而且大多数业务，律师个人或者由几个律师合伙可以完成。是以，律师的执业具有个体执业、有如个体工商户的特点，但为了规范管理的需要，必须以律所的名义执业，从而形成了律所与律师之间的关系。对于这一关系，应当适用《劳动法》《劳动合同法》的规定，律所需要与律师签订劳动合同，给律师发工资，承担缴纳养老、医疗保险等费用。而事实上，律师往往是单个执业，或者请几个助手为之服务，也就是律所并不给律师提供业务，也不发工资等，而是律师自己寻找业务，获取报酬。而且，律所的存在，尚有必要的管理成本等；扩大发展，需要必要的开支，这都要合伙律师或者律师按照一定的规则承担相关费用。一般情况下，大多律师能够自食其力，年轻律师通过担任律师助理等维持生存的同时，努力开拓自己的业务，或大或小能够闯出自己的一片天地，报酬、养老保险等可以自己承担。但也有的律师，由于性格等各方面的原因无法独立，无法得到维持生存的报酬，养老、医疗保险费用无法缴纳。而按法律规定，律所有义务缴纳应缴的部分。律师遇到患病、意外伤害甚至伤亡等事情，解除合同时，律所要给予相应的补偿。有的还不能解除合同，律师真要较起劲来，伤害等医疗费、死亡赔偿金，律所责任还难以免除。这样，律师要不走运，碰上一次意外灾难，如来所途中、办案之时遇到交通肇事等，就可能给律所带来巨大的费用负担，一些规模不大的律所根本无法承受，即使能够承受也因律所的合伙责任实由合伙人承担从而导致合伙律师遭受巨大损失。而平时，在个体执业乃为律师职业特点的情况下，对律师业务的收入提成确定很高也不可能。加上，律师个人从当事人那里私下收费根本无法有效杜绝时，律师往往尽可能不将收入以律所名义收取，致使律所从律师处所收的必要管理费用也不多。我所专职律师60多人，规定执业3年以上的律师要完成5万元业务，平时各种开支如纸张、大厅座位等免费提供，就是这么低的要求，还有不少律师无法完成，这样的律师越多，给律所及合伙律师带来的风险就越大。另外，不少律师基于个体执业的性质，购买养老保险也不是以律所的工作人员身份进行，而是根据《社会保险法》第10条第2款关于"无雇工的个体工商户、未在用人单位参加基本养老保险的非全日制从业人员以及其他灵活就业人员可以参加基本养老保险，由个人缴纳基本养老保险费"的规定，以灵活就业人员参加基本养老保险。我认为，律所与律师的关系，双方可以自愿在劳动关系还是灵活就业关系中进行选择。要是律所采取工资制的，则按劳动关系处理；不实行工资制的，则宜按非劳动关系的灵活就业处理。这样，应该更符合律师执业的实际情况，也符合按劳分配的社会主义分配原则的本质特征。

又如，律所的税收，就增值税而言，律师对外支付的费用如住宿费、燃油费等很难获得增值税可以抵扣税款的专用发票，从而造成支付成本无法抵扣，所纳税部分不是增值部分，而是对所有没有将成本加以扣除的毛收入部分，实际所纳的还是营业税。所以，营改增以来，除一些人数不多规模很小的律所外，税收负担比过去还增加了一个百分点。

另外就是个人所得税。所得税的收取，一是采取核定征收，二是采取查账征收。前者，即推定律师收入的一定百分比作为纯收入征收个人所得税，这种征收法，比较符合律师的实际，但没有统一的规定，各地做法不一。后者，由于律所的经营只要有场所即可，所以表面成本并不高。但是，律师的成本，不像公司生产产品需要原料等支出，他所付出的主要是脑力劳动，实际体现为货币的成本很少，一些隐形成本，宴请招待等无法体现，即使能够体现也因法律法规中只允许极低的比例如100万元收入中只允许一定范围内的餐费开支（据称不能超过2万元），多的也没用。这样，要查账征收，让律师提供相应的成本发票，不能提供成本开支的部分就作为纯收入征收所得税，我认为，不少律所就只有关门歇业。

困难说了这么多，但律师执业的人数还是越来越多，这主要是由国家的经济繁荣程度决定的。经济越发达，律师服务就越广，执业收入就越高。加上，律师执业相对自由，而且，这一职业只要度过了前面的艰难期，越到后面，知识、经验积累越来越多，可以说越老越红，体力付出相对于医生、老师等职业来说则更少。他对当事人，既有求，但所得收入与对方平等协商，报酬空间为此更大，比起医生、老师等依靠自己知识提供服务的人来说，整体水平我想应当更高。是以，这个职业有着其光鲜而不失体面的一面，尽管社会地位远远不比上有着"人类灵魂的工程师"的老师、救死扶伤之神圣之职的医生，整体上因有着更高的收入、充分的时间、服务的自由选择等方面的优势可以弥补社会地位不尽如人意这一缺憾。如此，要过上体面的生活，对于大多数有志于这一职业的人来说，通过自己的努力也不是那么困难。至于理想，先不要树得太高，要随情况逐步加以改变。对于大多数人来说，不是出生于高官富商家、起点很高，难以一下子步入绝大多数人一辈子努力也难以达到的境界。普通律师得有阶段性的目标，一步一个脚印，稳步前行，像芝麻开花节节高那样，顺其自然；不要想到走捷径，一下暴富，在努力练就内功的情况下，等待机会，毕竟机会只青睐有准备之人。在社会这所大熔炉中，人的一生充满着变数。我常说，一个人混得很差或者很好，通常都是由偶然性决定的；而居于中流，则是由必然性决定的。一个大学生，通过社会上还算认可的法律职业资格考试，经过一定时间的努力，过上中产阶级的体面生活，基本上没有问题；而要成为名律师，或者说赚钱很多，则就不得不靠运气。碰上一个大方的当事人而其诉讼主张又有着充分的法律依据，法官又公平公正，一单就可能改变律师的命运！可这毕竟是极少数。但遇上了，或者说你的名气越来越大，找你的人越多，倒也自然会令你对事业对前途产生新的追求与更高层次的理想。这时，只要依法实现，对社会的贡献价值就越大，人生的价值自然也就越大。

总之，人的一生是一个不断追求的过程，除非你有着常人所不具有的极高天赋，或者家庭背景足以让你步入极高的境界，否则不要一下规划出很高的理想。不然，我认为，不叫理想，而是好高骛远，难听点乃为幻想，有的还可能会被人说成是痴心妄想。当然，也不排除这种幻想或者妄想有可能实现。而根据自己的情况，逐步规划自己在某一阶段的目标追求，并且在实现后再规划出更高层次的目标追求，一路实现下去，就可由小层次的理想变成大理想。也就是，在我看来，理想具有层次性，并是逐步地实现而成就大理想而功成名就的。应当说，很多成功人士，包括首富马云等也是一步步走过来的，他不可能一下就确立自己为中国首富的目标。既有基于经济尤其是互联网技术发展及广泛应用，以及他在杭州电子工业学院（现杭州电子科技大学）任教并成立杭州海博翻译社，该社中又有来自西雅图的外教比尔和他聊起互联网，之后决定寻找机会创业的偶然性，当然更有其不满足于现状敢于创业开拓的品质，以及从互联网的发展中敏锐觉察到这一发展能够改变传统商业经营模式的能力，并付出常人无法看到的努力的必然性。

至于，应该追求什么，放弃什么。人生在世，面临着诸多取舍，追求与放弃也多种多样，并非唯一。我想，作为律师，在身体精力能够允许的情况下，应该为当事人在法律允许的范围内追求最大的利益，相应地获得更多的报酬。这是律师过上美满幸福体面生活的基础，不要走"捷径"，更不能幻想不劳而获。另外，从大局方面来说，倘若所有提供法律服务的人都依法追求当事人的最大合法利益及自己的报酬，那么，社会的公平正义在法律上就会得到实现与平衡。至于放弃什么，至少要放弃通过犯罪的手段为当事人获取不当以及非法利益的想法及行为，以免身陷囹圄。一旦出现这种结果，则所有的努力都会付诸东流，到头来，前功尽弃，竹篮打水一场空！

还有，我们通常说，要维护自己的合法权利，对于应当体现公平正义的司法行为而言，"法不能向不法让步"。然而，除生命权利人不能放弃外，权利具有可由权利人自由放弃的特性。有时候，面对各种各样的不法侵害自己合法权利的行为，必要时也要懂得放弃，这样做虽因自己的权利放弃受到损害，但退一步也许真是海阔天空。要是事事较劲，对于权利维护过分强调，人人如此，刚性十足，也容易产生摩擦，遇到纠纷永远难解。其实，在民事纠纷中，主张调解。调解某种程度上意味着权利者的放弃、妥协，是对非法侵犯他人权利者的容忍、原谅、妥协与让步。所以，有些宣示，如任何时候都应"法不能向不法让步"才能体现公平正义，这从理论上讲没有任何问题。但在现实生活中，需要注意其适用范围，不是任何时候都能以此作为处理矛盾纠纷的标准的。它的适用范围乃是权利人不愿意放弃权利而由司法机关处理的时候，司法机关不能以任何理由作出"和稀泥"的裁判，以至于"法向不法让步"。故，对于只涉及自己的权利如按照合同获取报酬的权利，作为律师，比起非法律职业人员，更应该理解权利的双面属性，有时候你还真的需要放弃，尤其是自己执业中存在着这样或那样的问题，或者碰到不讲道理而且具有背景或者无赖式的人物时，放弃乃可能是最有利的选择！

第四章 司法权威之需

一、南京彭宇案的真相

"2006年11月20日9时30分左右，64岁的退休职工徐寿兰在南京水西门广场公交站等车时，有2辆83路公交车同时进站。徐寿兰急忙跑向后面一辆乘客较少的公交车，当她经过前一辆公交车后门时，26岁的小伙子彭宇正从这辆车的后门第1个下车，双方在不经意间发生相撞。急于转车的彭宇先向车尾看了一下，再回头时发现摔倒在地的徐寿兰，随即将她扶起，并与后来赶到的徐寿兰家人一起将她送往医院治疗，其间还代付了200元医药费。经诊断，徐寿兰摔伤致左股骨颈骨折，需住院施行髋关节置换术，费用数万元。双方于是因赔偿问题发生纠纷，先后报警，但未能达成一致。2007年1月12日，徐寿兰将彭宇诉至南京市鼓楼区人民法院，指认他将自己撞伤，并索赔包括医疗护理费、残疾赔偿金和精神损害抚慰金等共计13.6万元。

"当年4月26日，鼓楼区人民法院第1次开庭审理此案，彭宇的妻子在代他出庭答辩时，没有说彭宇是做好事，只提出：'原告受伤非被告所导致的，不应该承担责任。'

"6月13日第2次开庭进行法庭质证时，彭宇在答辩中表示：'我下车的时候是与人撞了，但不是与原告相撞。'当被问及把原告扶起来出于什么目的时，他回答：'为了做点好事。'在得知原告申请调取的事发当日城中派出所接处警的询问笔录已丢失时，他对由当时处置此事警官补做的笔录提出异议，并表示要向有关部门和媒体反映这一情况。

"7月4日，彭宇主动打电话给一位网站论坛版主，表示自己因做好事被诬告，将一个老太太扶起后反被起诉，希望媒体关注此事。该版主立即用短信将这一情况通报给南京10多家媒体和网站记者。彭宇于当日向鼓楼区人民法院提出准许新闻记者采访庭审的申请。

"7月6日第3次开庭时，争议的焦点是双方是否相撞。由于事发当日出警的城中派出所将对彭宇的询问笔录不慎丢失，在法庭上，该所便提交了由原告徐寿兰儿子在其母住院接受警官询问时，用手机自行拍摄的这份原始笔录照片，以及据此誊写的材料，其中主要内容是彭宇陈述2人相撞时的情况。虽然该照片显示的内容经当时做笔录的警官确认，但由于其来自原告的儿子，因而受到彭宇及旁听庭审的媒体记者质疑。

"9月3日，鼓楼区人民法院作出一审判决，认定原、被告相撞事实，其主要理由：一是城中派出所提交的原、被告相撞证据（接警时对双方的询问笔录、警官证词等），能够相互印证并形成证据链；二是由被告申请的证人，并没有看到原告摔倒的过程，只看到被告扶起了原告，也就不能排除此前原、被告相撞的可能性；三是被告本人在接受警方询问和第一次庭审时，并没有表示自己是见义勇为，也没有否认相撞的事实，只不过不是'撞人'而是'被撞'，因而对其自称是见义勇为的主张不予采信。

"一审判决同时认为，虽然原告系与被告相撞后受伤，但由于原告在乘车过程中无法预见将与被告相撞；被告在下车过程中因为视野受到限制，也无法准确判断车后门左右的情况，因而在本次事故中，原、被告双方均不具有过错。依据民法通则按公平责任分担损失的原则，判决被告彭宇承担40%的民事责任，给付原告徐寿兰4.5万元。

"因双方当事人均不服一审判决提起上诉，南京市中级人民法院于当年10月初进行调查，并在南京市公安局指挥中心查找到事发当日双方分别报警时的两份接处警登记表，其中的'报警内容'一栏，均记录了两人相撞的情况，这些新证据为澄清事实提供了重要佐证。

"在南京市中级人民法院二审即将开庭之际，彭宇与徐寿兰达成庭前和解协议，其主要内容是：彭宇一次性补偿徐寿兰1万元；双方均不得在媒体（电视、电台、报纸、刊物、网络等）上就本案披露相关信息和发表相关言论；双方撤诉后不再执行鼓楼区人民法院的一审民事判决。

"对于调解结果，彭宇最近也表示，在2006年11月发生的意外中，徐寿兰确实与其发生了碰撞，事后经法院调解，他对结果表示满意。

"刘志伟说，为什么一起经法院审结、当事人已和解的普通人身损害赔偿纠纷案，在公众舆论中成了'好人被冤枉''司法不公'的典型案例，并被斥之为社会道德滑坡的标靶？追踪'彭宇案'的演化过程，主要有以下几个方面的原因：

"其一，判定'彭宇案'的关键事实是'二人是否相撞'，如确认相撞，由彭宇分担一定的损失完全合乎法理和情理。但恰是在这个最重要的关节点上，警方丢失了事发时对双方的询问笔录，使鼓楼区人民法院一审判决对原、被告相撞事实的认定，缺少了原始的直接证据支撑，其判决结果因此受到舆论质疑。

"从南京市中级人民法院在一审判决后查找到的当事双方报警记录上，可以看到原、被告在事发当日分别向警方陈述事实时，均表示与对方发生了碰撞。在随后城中派出所的调查询问笔录中，双方更详细地说明了各自在碰撞时的形态、动作、感受，且能相互印证。一审法庭调查在找不到碰撞瞬间的目击证人时，警方在事发第一时间的询问笔录就是一个重要证据。但这份笔录被出警的城中派出所在该所房屋维修过程中不慎丢失。正因为此，彭宇在以后的庭审中一直坚持'无碰撞'答辩。旁听公开审理的一些媒体也逐渐形成了'彭宇是做好事被诬陷'的一边倒倾向。

"其二，法官在一审判决中对原、被告相撞事实认定的一些推理分析，偏离了主流价值观，引发舆论哗然和公众批评，导致社会舆论普遍不认同一审判决结果。

"从一审判决看，法官根据'日常生活经验'和'社会情理'分析，彭宇'如果是见义勇为做好事，更符合实际的做法应是抓住撞倒原告的人，而不仅仅是好心相扶'；彭宇'如果是做好事，在原告的家人到达后，其完全可以在言明事实经过并让原告的家人将原告送往医院，然后自行离开'，但彭宇'未做此等选择，显然与情理相悖'。对事发当日彭宇主动为原告付出200多元医药费，一直未要求返还的事实，法官认为，这个钱给付不合情理，应为彭宇撞人的'赔偿款'。这些不恰当的分析推论，迅速被一些关注彭宇案的媒体抓住、放大，引起公众的普遍质疑与批评。由此不断升温的报道将对此案的事实判断上升为价值判断，在道德追问中忽略了对事实真相的探究。

"在这样的舆论氛围中，尽管一审判决认定双方相撞的事实和结论是对的，适用法律也是对的，但公众普遍接受的'彭宇案'信息，却是此案'判决不公''彭宇是做好事反遭诬陷赔偿'，产生的负面效应是频频见之于报端、广播、荧屏等传媒的'老人倒地不能扶''好人做不得'的道德评判。

"其三，在南京市中级人民法院二审开庭前，彭宇与徐寿兰达成庭前和解协议，双方对此均表示满意。但依据当事人要求，在和解协议中增设了'双方均不得在媒体（电视、电台、报纸、刊物、网络等）上就本案披露相关信息和发表相关言论'的保密条款，从而使彭宇案的真相未能及时让公众知晓，经数年发酵，逐步演化为社会道德滑坡的'反面典型'。

"据了解，'彭宇案'在一审期间，由于媒体的高度关注和连续报道，包括原、被告及法官等当事人均不堪其扰。徐寿兰老人因摔伤行动不便，在家养病的她不断接到陌生人的谩骂攻击电话，指责她'诬陷好人'；蹲守在她家门口的记者，一次次强行将话筒递进来要求采访。彭宇面对一拨又一拨的记者和来自各方的诘问，也深感烦恼。因而双方在南京市中级人民法院二审组织的庭前调解中，均提出了不再向媒体披露此案信息的要求。对此，虽有相关司法解释可以允许当事人不公开民事调解协议的内容，但对及时公布、解析已被误读的彭宇案真相，造成了难以弥补的缺憾。

"鉴于此案近期又引起高度关注，在接受《瞭望》新闻周刊记者采访前，南京政法部门事先征求了有关当事人及亲属的意见，他们同意公开此案的相关情况，但同时希望不要引起新的炒作，打扰他们正常的生活。"①

二、村民私自采摘杨梅摔死之责

广州市花都区某村是国家AAA级旅游景区，村委会在河道旁种植了杨梅树。2017年5月19日，该村村民吴某私自上树采摘杨梅，不慎跌落受伤，经抢救无效死亡。其近亲属以村委会未采取安全风险防范措施、未及时救助为由，对村委会提起诉讼要求赔偿。

一审、二审认为吴某与村委会均有过错，酌定村委会承担5%的赔偿责任，判令向吴某的亲属赔偿4.5万余元。

广州市中级人民法院经审查，依法裁定对该案进行再审。

再审认为，村委会作为该村景区的管理人，虽负有保障游客免遭损害的义务，但义务的确定应限于景区管理人的管理和控制能力范围之内。村委会并未向村民或游客提供免费采摘杨梅的活动，杨梅树本身并无安全隐患，不能要求村委会对景区内的所有树木加以围蔽、设置警示标志。

---

① 徐机玲、王骏勇：《南京市委常委、市政法委书记刘志伟谈：不应被误读的"彭宇案"》，《瞭望》2012年第3期。

吴某作为具有完全民事行为能力的成年人，应当充分预见攀爬杨梅树采摘杨梅的危险性。该村村规民约明文规定，村民要自觉维护村集体的各项财产利益，包括公共设施和绿化树木等，吴某私自上树采摘杨梅的行为，违反了村规民约，损害了集体利益，导致了损害后果的发生。

吴某跌落受伤后，村委会主任及时拨打了急救电话，另有村民在救护车抵达前已将吴某送往医院救治，村委会不存在过错。

再审认为，吴某因私自爬树采摘杨梅跌落坠亡，后果令人痛惜，但行为有违村规民约和公序良俗，且村委会并未违反安全保障义务，不应承担赔偿责任。原审判决认定事实清楚，但适用法律错误，处理结果不当，应予以撤销。故，判决撤销原一审判决、二审裁定，驳回吴某近亲属要求村委会承担赔偿责任的请求。

三、李昌奎该杀还是不该杀？！

一审判决认定，被告人李昌奎因感情纠纷一直想报复王家飞。2009年5月14日，其弟与王之母因琐事打架，李昌奎得知后便从外地赶回。同月16日13时许，在他人家门口遇见王家飞及其3岁的弟弟王家红，便因两家纠纷同王家飞争吵并抓打，将王的裤裆撕烂且将王掐晕后抱到他人家厨房门口实施强奸。在王醒来后跑向堂屋时，提起一把条锄打击王头部致王当场倒地。然后又将王拖入他人家堂屋左面第1间房内，并抓起王的手脚将其头朝该房间门方猛撞，再将王家红置于王家飞右侧，找来一根绳子分别将王家飞、王家红的脖子勒紧后逃离现场。经法医鉴定，王家飞、王家红均系颅脑损伤伴机械性窒息死亡。外逃4天后，李于2009年5月20日14时30分到四川省普格县城关派出所投案。案发后经巧家县茂租乡社会矛盾调处中心调解，李昌奎家属付给被害人家属安葬费2.18385万元，并提供一块土地用于安葬被害人。

一审判决认为："被告人李昌奎所犯故意杀人罪，犯罪手段特别残忍，情节特别恶劣，后果特别严重，其罪行特别严重，社会危害极大，应依法严惩，虽李昌奎有自首情节，但依法不足以对其从轻处罚。"于是，以故意杀人罪判处李昌奎死刑，与强奸罪并罚后决定执行死刑，剥夺政治权利终身，并赔偿被害人父母经济损失3万元。

二审判决认为："被告人李昌奎在犯罪后到公安机关投案，并如实供述其犯罪事实，属自首；在归案后认罪、悔罪态度好，并赔偿了被害人家属部分经济损失……"鉴于此，"对李昌奎应当判处死刑，但可以不立即执行。""原判认定事实清楚，定罪准确，审判程序合法，但对被告人李昌奎量刑失重。"为此，以故意杀人罪改判李昌奎死刑，缓刑2年执行，剥夺政治权利终身。

二审宣判后，因死缓与死刑一字之差的这一"免死牌"，顿时在被害人家属之间引起轩然大波，受害人家属即向云南省高级人民法院申诉，并向云南省人民检察院申请抗诉，要求启动审判监督程序。舆论认为，"云南省昭通市中级人民法院认定其'情节特别恶劣，手段特别残忍，后果特别严重，罪行极其重大，社会危害极大'的定性非常准确。报复行凶，李昌奎把王家飞掐晕后对其进行了强奸，之后用锄头打击其头部，又将年仅3岁的王家红活活摔死，最终还担心王家姐弟未死亡，又用绳子勒2人的脖子，强奸杀人甚至连3岁的孩童都不放过，这样恶劣行凶，自首、悔罪均不足以减轻其罪行，也不能成为从轻或减轻处罚的理由，这个'免死牌'有点于法无据，应当要依法严惩。"

2011年7月16日，云南省高级人民法院向被害人家属送达了《再审决定书》。该《再审决定书》称，云南省人民检察院向本院提出检察建议，认为本院对原审被告人李昌奎的量刑偏轻，应当予以再审。经审查，云南省高级人民法院院长认为该案有必要予以再审，于2011年7月10日提交审判委员会讨论决定，依照审判监督程序进行再审。

2011年8月22日，云南省高级人民法院再审开庭并经审委会讨论后认为，"原二审判决认定事实清楚，证据确实、充分，定罪准确，审判程序合法，但对李昌奎改判死缓属量刑不当"，于是改判李昌奎死刑。"多起与李昌奎案类似的命案被害人家属到达法院门外，举着各类标语牌，他们期待着同样的翻案机会。"

2011年9月29日，经最高人民法院核准并下达执行死刑的命令后，李昌奎在云南省昭通市被依法执行死刑。

四、"网络大 V"陈杰人的结局

一审查明，2015年以来，陈杰人为谋取非法利益，凭借自己的"网络大V"身份，利用信息网络有偿发布虚假信息或者负面信息，恶意炒作有关事件，攻击、诋毁党政、司法机关及其工作人员，起哄闹事，敲诈勒索公私财物。2016年1月，陈杰人与其前妻邓江秀（另案处理）、刘敏注册成立北京华霖管理咨询有限公司（下称华霖管理），由陈杰人以"网络大V"的身份招揽"法律咨询服务"，由邓江秀管理和实际掌握华霖管理财务，开展违法犯罪活动。后陈杰人在未取得法律服务资格及律师执业资格的情况下，以提供法律咨询服务为幌子，在博客、微信公众号、微信朋友圈等自媒体上发布虚假信息，炒作相关事件，违法插手工程项目、债务纠纷和诉讼案件，从而达到牟取巨额非法利益的目的，逐步形成以陈杰人为首，陈伟人、刘敏以及邓江秀、艾群辉（另案处理）为成员，利用信息网络实施犯罪活动的恶势力团伙，实施寻衅滋事犯罪4起、敲诈勒索犯罪2起、非法经营犯罪6起，非法获利732.6万元。2013年至2016年，陈杰人伙同刘利群（另案处理）为谋取不正当利益，向湖南省娄底市中心医院李长茂（另案处理）等人行贿共计554.246万元。

一审认为，陈杰人、陈伟人、刘敏编造虚假信息在信息网络上散布，起哄闹事，造成公共秩序严重混乱，3人的行为均已构成寻衅滋事罪，且陈杰人具有多次实施寻衅滋事情节；陈杰人、陈伟人以非法占有为目的，先在信息网络上散布负面信息，再以帮助被害人"删帖"为由，威胁、要挟被害人并索取财物，数额巨大，2人的行为均已构成敲诈勒索罪；陈杰人违反国家规定，以营利为目的，编造虚假信息并通过信息网络有偿发布，扰乱市场秩序，其行为又构成非法经营罪，且情节特别严重；陈杰人为谋取不正当利益，伙同他人给予国家工作人员数额巨大的财物，其行为还构成行贿罪，且情节严重。为此，数罪并罚，对陈杰人决定执行有期徒刑15年，并处罚金701万元；对陈伟人以寻衅滋事罪、敲诈勒索罪两罪并罚，决定执行有期徒刑4年，并处罚金1万元；对刘敏犯寻衅滋事罪免予刑事处罚。陈杰人、刘敏当庭表示服从判决，不上诉。

五、司法权威与法律

谭君：我们经常听说，学术权威、理论权威，他很权威、他是这方面的权威，这种语境下的权威，与司法权威比较，有什么区别吗？

贺律川：权威一词，虽含有"权"字，然不一定与"权"相关。从内涵上讲，是否与"权"相关可以分为与"权"相关的权威及与"权"不相关的权威。

前者，对拥有者而言，代表着"权力、威势""统治、威慑""具有权力、地位、尊严及力量"；对相对方而言，则意味着"基于对权力的认同而心甘情愿地服从与支持"。

后者，与"权"无关，表示在一定行业、领域具有让他人信从的力量与威望，或者为一定行业、领域内具有崇高甚至最有地位、影响、威望的人或事物。

由上可知，在一定社会及其组织、单位、党派、团体等的范围内，无论承认与否，都会存在一定的权威，这是一种客观存在，不以人的意志为转移。从这种意义上来说，权威具有普遍性、绝对性。对此，革命导师恩格斯就曾指出："一方面是一定的权威，不管它是怎样造成的，另一方面是一定的服从，这两者，不管社会组织怎样，在产品的生产和流通赖以进行的物质条件下，都是我们所必需的。"甚至"一个哪怕只由两个人组成的社会，如果每个人都不放弃一些自治权，又怎么可能存在。"权威乃是指"拥有控制他人行动的权利。""如果行动者甲有权控制乙的某些行动，则甲和乙之间存在着权威关系。"

权威无论是否与权力相关，其都是相对的，即它是相对于一定范围的人或事来说的。对前者即人或事而言，如各行各业各领域都可以有自己的权威，如科学权威、医学权威、教育权威、文学权威、政治权威、司法权威，等等，正所谓："三百六十行，行行出状元。"相对于一定范围而言，即在一定的范围内都可以说有自己相对的权威。如一个单位、一个组织、一个党派、一个团体乃至一个行业、社会、国家以及世界范围内，都可以有自己的权威。既然如此，权威就会表现为一定的层次性，如某单位中的学术权威，在相对的更大范围内或者整个行业内，可能就不再是权威。

谭君：按您所说，司法权威乃是一种与"权"相关的权威。这种权威是整个司法机关相对于整个社会、国家及其公民、组织中的地位、影响与威望来说的，可以这样理解吗？

贺律川：这种理解我认为没有任何问题。上面讲到的权威，主要是从人来讲的。其实，由人组成的单位、组织、党派、团体等聚居体，也可以拟人化，表现出自己的意志，实施自己的行为，与社会、国家中的公民及其他聚居体发生关系。这样，之间就同样存在着认同、服从等权威关系。

司法机关，作为公民、组织、单位等之间权利与义务纠纷的裁判者，所作裁判、决定在人们中的地位如何，影响怎样，人们是否认可、服从，体现了其权威性的强弱。司法越有权威，其裁判、决定就越有地位，就越能得到人们的认同与服从，从而就更容易实现法律及其适用的兴功惧暴、定分止争、维护社会秩序及其稳定的目的与功能。否则，司法若没有权威，所作裁判、决定无人认可、难以执行，法律及其适用目的与功能就难以甚至无法实现。对此，管子所曰"夫法者，所以兴功惧暴也。律者，所以定分止争也。令者，所以令人知事也。法律政令者，吏民规矩绳墨也。夫矩不正，不可以求方。绳不信，不可以求直。法令者，君臣之所共立也；权势者，人主之所独守也。故人主失守则危，臣吏失守则乱。罪决于吏则治，权断于主则威，民信其法则亲。是故明王审法慎权，下上有分"，慎子云"今一兔走，百人逐之，非一兔足为百人分也，由未定。由未定，尧且屈力，而况众人乎？积兔满市，行者不顾，非不欲兔也，分已定矣。分已定，人虽鄙，不争"，商鞅所称"一兔走，百人逐之，非以兔为可分以为百，由名之未定也。夫卖兔者满市，而盗不敢取，由名分已定也。故名分未定，尧、舜、禹、汤且皆如鹜焉而逐之；名分已定，贪盗不取……。名分定，则大诈贞信，巨盗愿愨，而各自治也。姑夫名分定，势治之道也；名分不定，势乱之道也"，等等，讲的就是这个道理。

另外，司法权威，从广义上来说，是对整个司法机关及其行为、后果等来说的。具体又有侦查机关、检察机关、审判机关的权威。但从狭义上来讲，由于司法行为的结果由审判机关最终确定，司法权威通常乃仅指审判机关及其司法的权威。下面所谈的为后者这种狭义上的司法权威，具体来说就是审判权威。

谭君：有人说："司法权威是现代法治社会的必备条件之一，是依法治国、建设法治中国的必然要求和保障，事关法律统一有效、社会长治久安、人民生活幸福。全面落实依法治国基本方略，加快法治中国建设，不可忽视的一个重要任务是维护和强化司法权威。"司法权威对于法治的重大意义可想而知，那么，司法权威的具体情况如何呢？

贺律川：从我国司法的历史发展来看，司法及其权威已经大有进步，但与完善成熟的法治要求，我认为还有相当的距离。

在长达2000余年的封建社会中，司法与行政不分，合二为一，司法职能主要是刑事司法职能由县令、知府等行政官员行使，皇帝则是最高的裁判者，某些重大案件尤其是涉及皇室的案件，会由他亲自裁判。当然，这并不排除专司案件审理的官员处理。可当时没有行政权与司法权之分，自不存在相应的司法的问题。这样，司法权威包含于行政权威之中。那时的行政权，也主要靠暴力、极端的专制予以维持，只有权势，而无真正的权威。

在中华民国时期，虽制定了一系列的法律，然长期处于战争状态，不可能有真正的、统一的司法权威而言。

新中国成立后，检察院、法院依法设立，可在1979年7月1日通过《刑事诉讼法》《人民检察院组织法》《人民法院组织法》等6部法律，开启法制时代之前，除制定《宪法》《婚姻法》等极少数法律外，只是通过一些行政法规、政令以维护社会所必要的秩序，自无司法机关应有的地位及其地位可言。改革开放后，随着计划经济到商品经济再到市场经济观念的转变，法律体系逐步建立，特别是法治即依法治国作为国家方略的确立，加快了社会主义市场经济法律体系确立与完善的步伐，至今，完全可以说，适应我国特色社会主义的法律体系已经全面建立，并伴随着《民法典》的通过颁行而更加完善。与此相适应，人们对法治及其司法机关司法的要求、期盼越来越高、越来越强，司法机关的地位日益提高，司法人员的素质愈来愈高，司法行为的质量不断提升，司法裁判的既判力、公信力越来越大，人们对司法裁判的尊重、服从更为主动。一句话，司法权威从无到有，从小到大，由弱到强，愈来愈高。作为法治社会必不可少的要素与特征，司法权威的不断提高，意味着我国法治程度的日益提高与成熟。

同时，也不应否定，我国开始的法治建设特别是法治的过程还并不很长，与司法权威密切相关的法治观念、法治文化、法治环境、司法组织、司法人员、司法过程等还存在着这样或那样的不足与问题，与全面、完善、成熟的法治社会所应具备的司法权威尚有一定距离，还要不断地从各方面加强建设，付出努力。

谭君：美国法学家伯尔曼指出："法律必须被信仰，否则它将形同虚设。"那么，法律及其权威和司法权威之间存在着必然的联系吗？

贺律川：从法律这一司法根据的层面上来看，司法权威无疑与所司之法及其权威有着莫大而密切的关系。完全可以说，法律及其权威乃是司法及其权威的根据及基础。法律本身没有权威，得不到公民的自觉遵守，要使相应的司法具有权威，无法想象。对此，亚里士多德就指出："法律理应具有至高无上的权威。""因为在法律失去其权威的地方，政体也就不复存在了。""即使制订了优良的法律，却得不到人们心甘情愿的遵守，也不能说是建立了优良的法制。因此优良法制的一层含义是公民恪守业已颁订的法律，另一层含义是公民所遵从的法律是制订得优良得体的法律，因为人们也可能情愿遵从坏的法律。恪守法律可以分成两种情况：或者是恪守在人们力所能及的范围内最优良的法律，或者是恪守在单纯的意义上最优良的法律。"①

固然，法律权威的奠基乃在于善法良法，而非恶法劣法。"法令者，代谋幸福之具也。法令而善，其幸福吾民也必多，吾民方恐其不布此法令，或布而恐其不生效力，必竭尽全力以保障之，维持之，务使达到完善之目的而止。"②西方法谚也称："法律乃善良公平之学问""法律乃公正之准绳"。只有体现正当合理，反映公平正义，为公民谋取福祉，顺应自然、人类社会发展客观规律，以及符合国家经济、政治、文化、历史、体制、人文、公序良俗等实际情况的善法良法，才能产生令人自然信服、自觉遵守的权威与力量。反之，那些恶法劣法，即使凭借国家残酷、专横的暴力强制推行，也不可能产生真正意义上的权威，所体现的不过是横蛮的强制，最终必遭到人们的抛弃。如由纳粹德国1935年9月颁布的实施种族歧视、剥夺犹太人生存自由权利、迫害犹大人的《德意志血统及荣誉保护》《帝国公民权法》，就因其反人道、反人类的本性而随着纳粹德国在二战中的失败而被扔入历史的垃圾堆。

我国的法律，为社会主义经济、政治、文化等物质文明、精神文明的发展服务，本质上无疑属于善法良法之列。但是，社会主义及其实践乃是一项首创的事业，对其中的一些客观规律认识尚不深刻，加上我国经济、政治、文化等各方面的不断改革创新，一些内容尚不符合实际情况，具有一些不合理的因素，然这不影响整个法律及其本质。而且，数十年来，立法机关对一些不当的内容不断及时进行修改，如《公司法》自1993年颁行后至今已作了5次修正。97刑法颁行后，通过一些单行法律如对某类犯罪以补充规定或决定的方式进行修改补充，1997年进行全面修正后至今又通过了11个刑法修正案及1个决定，不断使之完善。尤其将一般不会造成人身伤害的贪利性犯罪取消死刑，充分体现了对人之生命的尊重。《刑事诉讼法》1979年颁行后，1996年作了全面修订，之

---

① 苗力田主编：《亚里士多德全集》（第九卷），中国人民大学出版社1994年版，第130页、第135页。

② 《商鞅徒木立信论》，载中共中央文献研究室、中共湖南省委《毛泽东早期文稿》编辑组编：《毛泽东早期文稿》，湖南人民出版社2008年版，第1页。

后又于2012年、2018年进行了两次修正，确定了无罪推定、疑罪从无等反映刑事司法规律的基本原则，加强了犯罪嫌疑人、被告人及其辩护人权利的保护。

当然，由于社会不断发展变化等各种各样的原因，现有的法律当中难免有着这样或那样问题的内容，需要不断地修正补充，使之更加完善，进而保障法律权威不断得以提高。

如，《拍卖法》第56条第2款规定，"委托人、买受人与拍卖人对佣金比例未作约定，拍卖成交的，拍卖人可以向委托人、买受人各收取不超过拍卖成交价百分之五的佣金"。一些司法拍卖根据这一规定，拍卖机构有的一单就获取数千万甚至更多的利益，致使一些法官以确定拍卖机构进行寻租，收取巨额贿赂。一些法院执行法官的落马，不少就与司法拍卖有关。而司法拍卖的有关工作，并不复杂，也不要投入多少人力、物力，不少工作还是执行法官在做。加之，司法拍卖主要针对债务人不少还是破产债务人的财产，财产拍卖本身因为快速变现等原因贬值，还要承担律师代理费、诉讼费、申请执行费、审计评估费、管理人报酬等必不可少的费用，而拍卖一项就要付出5%，另5%由购买者支付。到了拍卖资产还债的地步，一般已经是无其他财产支付，除非房产等个别市场普遍增值的财产外，都不能足额清偿债权，至于破产财产更是如此。所以，拍卖费用支付的越高，债权人的损失就越大，大多数破产的债权清偿率就越低。是以，最高人民法院2016年5月30日通过、2017年1月1日起施行的《关于人民法院网络司法拍卖若干问题的规定》（法释〔2016〕18号）第2条明确规定，除法律、行政法规和司法解释规定必须通过其他途径处置或者不宜采用网络拍卖方式处置的除外，人民法院以拍卖方式处置财产的，均应采取网络司法拍卖方式。第7条规定，实施网络司法拍卖的，人民法院可以制作拍卖财产的文字说明及视频或者照片等资料，展示拍卖财产、接受咨询、引领查看、封存样品等，拍卖财产的鉴定、检验、评估、审计、仓储、保管、运输等拍卖过程中的辅助工作委托社会机构或者组织承担。第8条规定，网络服务提供者承担以下工作：提供符合法律、行政法规和司法解释规定的网络司法拍卖平台，并保障安全正常运行；提供安全便捷配套的电子支付对接系统；全面、及时展示人民法院及其委托的社会机构或者组织提供的拍卖信息；保证拍卖全程的信息数据真实、准确、完整和安全。网络司法拍卖的辅助机构的费用，由被执行人承担，但很低，一般不会超过2万元；网络服务平台则实行零佣金，不收取任何费用。这样，大大减少了拍卖费用。2017

年，长沙市中级人民法院在某一民事案件的强制执行过程中，将湖南涉外经济学院的举办者湖南猎鹰实业有限公司的原股东22.8%的股份进行拍卖：第1次登出公告，无人竞拍；第2次4月7日上午按照传统现场拍卖，只有1家上市公司以起拍价2.82亿元竞得，但该上市公司后以资金周转困难为由悔拍。所以，长沙市中级人民法院决定8月21~22日采取网络拍卖，起拍价2.82亿元。其中，5人报名参加竞拍，1.3万余人次围观，经过192次延时叫价，广东南博教育投资有限公司最终以5.08亿元的价格胜出，将湖南猎鹰实业有限公司22.8%的股权收入囊中，实现了该院在淘宝司法拍卖网络平台上首次公开拍卖的开门红。按照传统拍卖，拍卖费用可达5080万元，但网络司法拍卖，只支付给拍卖辅助机构2万余元。由此可见，《拍卖法》中有关拍卖机构佣金的规定，无论从哪一方面讲，都是不公平的，应当予以修改。

又如，对于犯罪嫌疑人、被告人的羁押，从其性质上讲应当属于司法行政工作，为刑事司法提供服务，从事这项工作的看守所于是宜由司法行政机构主管，而不应由主要从事刑事侦查这一司法职能的公安机关主管。事实上，司法实践中很难遏制的刑讯逼供、骗供诱供、指名问供等非法获取犯罪嫌疑人、被告人口供的行为，也与这种管理体制存在着一定的关系。在一些重大案件为领导关注时，为了破案，侦查机关便千方百计获取口供，这时，作为同属一个机关内部机构的刑侦部门与看守所等往往基于配合的需要，对侦查人员的一些违法行为听之任之。有的甚至让侦查人员将犯罪嫌疑人提到外面进行讯问，但讯问笔录中的讯问地点却为看守所。至于基于侦查人员特别是纪委监察部门的要求，限制甚至剥夺辩护律师的会见权的现象，也时有发生，从而有悖于刑事司法程序的公平与公正，不利于充分保护犯罪嫌疑人、被告人合法权利。

最后如，我国立法，主要采取有关部门、专家起草、论证，再向社会征求意见的方式。地方有制定地方性法规的权力。这样，有的法律的制定不可完全避免一些部门或者地方为了自身的利益甚至为不当的特权而争取法律的更大体现与保障，有的因为缺乏实践而对有关现实情况、规律认识不深，从而体现出"部门立法""专家立法""地方立法"的印迹，致使有关各方的利益不能得到公平的规定和保证。要保证法律对社会各方利益的公平公正的保护，固然需要尽量减少、避免上述现象的发生。

六、司法权威与司法工作人员

谭君：司法行为由司法组织实施，司法权威自然与司法组织相关。而任何组织包括司法组织，都是由人构成的。一个组织的地位及其权威，与构成该组织人员的地位与权威虽不能完全等同，但两者之间仍然存在着密切的关系。要是组织的工作人员，在人们心中地位均低，则该组织就不可能有权威而言。反之，组织中的个体地位均高，都具权威，这种权威的集合自可以提升该组织的权威。是以，在涉及司法权威这一问题上，不可能不涉及司法人员本身的地位及其权威的问题。对此，您的看法如何呢？

贺律川：您所说的，我非常认同。

先从司法组织方面来讲，相对来说，司法组织的地位还有待于提高。在人们的心中，不少人都认为法院不过是政府的一个组成部门，如在法院为当事人平反之后，乃称感谢政府就是如此。一些地方，在行政机关及其工作人员眼里，司法机关不过是其中的一个部门，有的甚至经常对人民法院下发各种通知，要求参与各种会议，执行诸如征地拆迁、禁烧秸秆、治安巡逻等有关事务。有一位基层法院法官说："除了办案，还要参加法律咨询，做社区志愿者，还要上马路拿小红旗进行文明劝导，以前还要当一天环卫工人、一天社区主任，法官能不累吗？"有的还就有关事务对法院及其工作人员进行考核，将之与法院的工作绩效乃至工作人员的升迁等联系在一起。

根据法律规定，法院院长级别相当于政府的副职，但在人们的心里及实际地位上，法院院长的地位重要性则远远低于政府的副职。法院系统由于相对封闭，去其他系统、地区任职的机会很少。我有一个朋友，西南政法大学毕业，从某一中级人民法院研究室主任的位置上下去担任基层法院院长10多年，回到中级法院还是个副处级的纪检组长，原地踏步。而在此期间，一些乡镇党委书记早就是县委常委、县长甚至县委书记了，政治地位地位远远高于他。这种现象，在法院可以说相当普遍。很多地方的基层法院院长10年期满后，一般都调到中院任职，由于职级职数的限制，安排一个党组成员都很难。所以，在一些下级党委、政府的官员眼里，法院院长级别尽管可能高半级，但是没有什么地位，过不上一两年，他们就可以升到比法院院长实际地位要高甚至要远高的位置，不用讲有的乡镇党委书记本身就是县委常委兼任的。

再从司法人员个人而言，人民法院的司法职能，由院长、副院长、审判委员会委员和审判员等法官以人民法院的名义行使。就权威的高低而言，法院与法官之间的关系有如森林与树木的关系。构成森林需要成片的树木，若均为高大参天之树，自然可以成之为森林。要是成片的树木绝大多数都无法长成大树，如都是灌木，就无法称之为森林。当然，森林中的个别树木无法成材，或者腐烂倒掉，从整体上并不会影响森林的属性。法院中个别的腐败者，虽对组织本身及其权威会产生一定影响，但从整体上看，亦不会动摇组织本身的权威。而且，所存在的司法腐败官员及其行为、结果，对司法机关本身及其权威影响、损害的大小，关键还在于能否得以及时清除以及整治腐败的力度：能够大力度地及时清除，对司法机关及其权威的影响、损害就越小，反之则越大。对此，柏拉图早在2300多年前就指出："每个人肯定都能看到，如果一个组织良好的国家在立法中取得了伟大成就，但却把极为优秀的法律交给那些不合格的官员去执行，那么这些法律再好也不会起什么好的作用，不仅是这个国家会成为人们的笑柄，而且这样的社会肯定会发现它的法律是最大的伤害和不幸的源泉。"马克思则言："要运用法律就需要法官。如果法律可以自动运用，那么法官也就是多余的了。"毛泽东指出："政治路线确定之后，干部就是决定的因素。"以是，要树立司法权威，不仅要从组织上树立法院整体抽象的权威，而且要在组织的构成人员上树立个体的具体权威。

谭君： 那您认为，应从哪些方面树立法官个体的具体权威呢？

贺律川： 最高人民法院原院长、自称为"法痴老人"的肖扬首席大法官就曾说过："无知者不能当法官，无能者不能当法官，无德者同样不能当法官。"在我看来，主要应从以下方面进行：

——从学识能力上来看，法官要解决现实生活中的各种纠纷，不仅涉及法律专业本身方面的知识，而且涉及其他诸如社会学、逻辑学、法医学等各种各样的知识。在知识浩如烟海尤其现在成几何级数增长的情况下，任何法官都不可能将法官裁判案件所需要的知识通过学习加以储备，但学习知识、分析解决问题的能力，则需要具备。而这种能力的培养，需要通过长期的教育才能完成。所以，具有一定的学历教育，乃是成为法官的一个必须具备的条件。在过去，像我们这样年纪的人，接受学历教育的人不多，法官在这方面的要求也不高。但现在，高等教育已经十分普及，大学法学教育乃至研究生学历教育也是遍地开花，具有足够的司法人才储备。另外，学历虽不能绝对代表一种能力，但也相对比较客观地反映了一个人的学习、勤奋刻苦耐劳的能力。毕竟，这需要"坐冷板凳"的，从某种意义上也是一种水平的符号。倘若在学历要求上，对法官有更高的要求，如全部要求为接受过法律教育的研究生。这里的法律教育，我认为不应是广义宽泛的法学教育，而应是狭义特定范围的法律专业教育。前者，因为按照学科的分类，马克思主义理论类、民族学类、社会学类、政治学类都属于法学的范围，但这与真正的法律专业教育还是截然不同。这样，既体现法官的专业性，又体现法官的起点高于一般职业，从而在整体的学识能力上给人留下权威的印象，如美国联邦最高法院的法官就要求具有JD学位（法律博士学位）。我国不少法院也明确要求法官具有研究生学历，但这不是对所有法官的整体要求。对法官的整体要求，自然是对所有新任法官在知识背景上要求法官比一般职业有着更高的门槛由此来增加法官令人信服的基础。

不仅在学识上，而且在专业实践能力上要求候选法官必须经过一定的司法实践训练，以培养其按照法律思维解决处理案件的能力。早在17世纪英国大法官爱德华·柯克就指出："法律是一门艺术，它需经长期学习和实践才能掌握，在未达到这一水平前，任何人都不能从事案件的审判工作。"倘若"具有超自然或超人的，至少是特别罕见的力量和素质"这一超凡魅力的品质，就可由此产生令人信服的超凡魅力权威。

正是由于法律职业的高度专业性，因此世界各国对法官、检察官、律师的素质提出了很高的要求。

在英美法系国家，法官都是从具有丰富从业经验的优秀律师或下级法院的优秀法官中选拔的。例如，在英国，除治安法官以外，所有的法官都只能从参加全国4个法学会的律师中任命，其中，担任领薪治安法官必须具有7年以上的初级律师经历；记录法官必须具有10年以上初级律师或高级律师经历；巡回法官必须具有 10年以上高级律师经历或5年以上记录法官经历；高等法院法官必须具有10年以上的高级律师经历并且年龄在50岁以上；上诉法官必须具有15年以上的高级律师经历并且年龄一般在60岁以上。

在美国，只有在大学法学院毕业并获得JD学位（即法律职业博士），经过严格的律师资格考试合格，并有若干年从事律师工作经验的律师或法学教授才具有担任联邦法院法官的资格。目前全美约2.8万名法官几乎都是从律师(特别是出庭律师）中选拔出来的。

在大陆法系周家，法官、检察官不一定是从律师当中选拔的，但要成为法官、检察官，必须经过多年的法律学习和实践锻炼，并且通过严格的司法考试。

例如，在德国，初次任命的法官一般在州初级法院和中级法院任职，有30%左右的法官一直在最初任命的职务上工作；在初级和中级法院工作10年左右，一部分法官有可能到高级法院任法官或者在中级法院任庭长。

在日本，出任高等法院法官必须担任过10年以上助理法官、简易法院法官、检察官、律师或法学教授职务；最高法院的法官应由具有良好的法律素养的40岁以上的人担任，只有担任高等法院法官、检察官、律师、大学教授累计达10年至20年以上，才能出任最高法院的法官。

——在道德品质上，要求法官具有良好的德行、素养、品格、品性，包括对国家、法律忠诚的观念、意识与信仰。"虽有完美的保障审判独立之制度，有彻底的法学之研究，然若受外界之引诱，物欲之蒙蔽，舞文弄墨、徇私枉法，则反而以其法学知识为其作奸犯科之工具，有如为虎附翼，助纣为虐，是以法学修养虽为切要，而品格修养尤其为重要。"[1]

道德品行，不应是抽象的口号，如说忠诚法律便就属忠诚法律，而是要通过一些具体的行为、长期的考察才能作出判断。如美国法官遴选的标准就明确要求：（1）工作热情及承受压力的能力；（2）对司法使命的认同感；（3）审理和调解能力；（4）争端和决策能力；（5）合作能力；（6）社会认知感（能够不带偏见、设身处地地考虑并理解他人的社会生活关系）；（7）正义感（判决不应受个人价值观的影响，能够在宪法框架内，寻求并作出符合法律法规的公正判决）；（8）行使职权和责任感。候选人被任命后，还要经过初审法院3年的试用期，由法院院长出具证明证实其具备合格的法官素质，才能被任命为终身法官。为了保证终身法官选任的质量，聘用法院须对申请者就专业知识、理解和思考能力、判断和决断能力、口头和书面表达能力、工作规划能力和合作能力，谈判技巧、陈述能力和承受压力的能力，工作可信度以及工作态度等进行全面的考察。

——严格统一的考察程序，如日本国家司法考试历年及格率多在2%至3%之间，法国、德国要经过2次严格的统一考试，保证法官具有应备的知识水平、分析解决处理问题的能力、较为丰富的阅历。加之，担任法官要经过长期的实践训练，并在此基础上统

---

[1] 史尚宽：《宪法论丛》，台北荣泰印书馆1973年版，第336页。

一考察，有利于就法官任职者对法律的信念、道德品质进行考察，而且标准具体，不空洞化，据此保证法官具有应备的道德品质。由此，产生的法官，在法律职业中乃为佼佼者，加上法官的终身制、高薪制等的保证，担任法官乃是不少法律职业人的崇高荣誉，职业荣誉感、社会的认同感远远高于社会其他职业，这样又可以促使法官珍惜自己的职业与名誉，公平公正司法，于是有利于司法权威的提升。

在我国，通过国家统一法律职业资格考试（包括以前的司法资格考试、律师资格考试），乃为初任法官的资格条件。这一考试，因为其难度大、通过率较低一度被认为是"天下第一考"。然与国外相比，则根本算不了什么。外国的司法考试通过率都很低，如德国经过2次考试，第1次考试只有2次机会。2次考试没有通过，终生就不能再考。日本司法考试的年通过率仅为2%到3%，堪称"世界上最难通过的司法资格考试"之一，考生平均要考10次才能通过，足见其难度，也在考察从业者的韧性与耐力；韩国通过率亦常在3%左右；美国司考相当于律师资格考试，考试通过率75%左右，看起来很高，但只有全美律师协会认定的法学院的学生才有资格参考，且美国的法律教育，没有法学本科教育，法学院的学生，必须先获得其他专业的本科学历及学士学位，从而大大提高了考试资格门槛。而我国的国家统一法律职业资格考试，通过率在10%以上，高的在20%以上。过去不少非法学毕业生，只要潜心读几个月的书，就可以通过，从而并未体现其应有的难度。

从法官产生的途径及其行政地位上看，现在一般是通过公务员考试进入法院，然后工作一定期限，达到法官任命的期限一般为5年（法学硕士、法学博士可以放宽至4年、3年）外。由于法院行政职级低，人又多，法官不仅极少交流到外单位任职而且经常由外单位的人调入担任领导，加上法院院长只要具有法学专业知识和法律职业经历即并非一定通过法律职业资格考试，就可由其他单位的领导调入任命。而这些领导从党的机关、权力机关、行政机关调过来，就可以统一管理所有法官，导致其他部门认为，法官的能力水平地位不过如此。对调任法院院长的领导来说，他还不一定满意，因为在其他机关升迁的机会更大，一调入法院，基本上与其他法官一样，就很难再调出高升。所以，法官的地位若统一由行政职务高低衡量，也很难得到社会各界尤其是其他公务员的认同。

——从法官的年龄结构上看，我国不少初任法官的年龄偏低，从社会阅历等方面难以让人产生足以处理各种复杂社会问题的信任感。俗话说，"嘴上无毛，办事不牢"，从某种意义上就是强调年龄、社会经历的重要性。尤其是对于处理各种争端，包括社会不同地位、阶层的人之间的所有争执，没有丰富的阅历更难以让人信服。现实生活中，尤其是一些家族、乡里邻间的一些纠纷处理，就是靠年长的长辈来评判是非，后辈不管心里愿不愿意，都要服从，就是如此。有句老人常对年轻人教导时说的话："我吃过的盐比你吃的饭还多，过的桥比你走的路还多。"这在一定程度上就是强调经历、资历，并以此证明自己对问题处理的权威。我刚到法院工作时，曾陪一个书记员（那时，书记员也可以办案，不过不能署名）去提审一个故意杀人案件犯罪嫌疑人，该嫌疑人曾在部队担任过副师长，看到我们都这么年轻，可以说是不屑一顾。他明确说，你们这么年轻，怎么能办我这样厅级干部的案件。刑事案件如此，民事案件、行政案件，尤其是当事人是具有相当社会地位的社会名流、各界官员的案件，更是这样。在国外，法官一般都要经过长期的学习、实践，任命为法官时都达到了一定年龄，而且法院级别越高，对年龄、资历的要求就越高，这样便通过年龄及其在本行中的实践经历让人产生认同感、信服感，自然有利于司法权威的提高。

——从司法人员的设置上看，现在的法官员额制有利于控制法官的数量，但相对来说，法官的数量还是太多。法律的适用，乃是法官理解后的适用。法律虽是客观的，但将之适用于个案中则是经过法官理解后的主观上的法律，故，法官越多，理解法律所造成适用案件的主观法律就越多，监督起来也就更难。"法院是法律帝国的首都，法官是帝国的王侯"，就说明法官不能太多。不然，在一个法律帝国里，哪有那么多"王侯"呢？另外，人多了，权威性自然就要受到影响，一个行业、一个单位，不可能有很多人让社会都从道德品行、水平能力上加以认同。美国联邦最高法院，成立200多年来一直就是9名大法官，还要对各州的法律等是否存在违宪性进行审查，以保障法律适用的相对统一。我国法院系统，法官员额控制在39%以内，这是一个很高的比例。如此高的比例，要真正解决法官的高职位、高工资也很难，法官难以产生职业荣誉感，社会也难以将之作为一个地位崇高的职业体而加以认同。

谭君：我在采访中，经常遇到法官一年承办数百件案件的情况。我想，一年就是200多个工作日，而办案又有许多程序，还要参与他人办理案件的开庭、合议，并处理诸多行政事务，一些法官天天加班加点，严重超负荷工作。有的认为，就是因为法官员额制改革致办案人员的减少而造成的。加上，法官数量减少，一些法官尤其是年轻法官上升空间被压缩，不少法官辞职，法院人才流失的现象更为严重。您还认为，要减少法官员额，这能做得到吗？

贺律川：对于第1个问题，我认为，这本身不是法官员额多少的问题，而是并未发挥法官员额制设立的功能问题。法官员额制的目的，是要通过此种改革，鼓励入额的法官办理案件。但是，入额法官的条件与标准等事项均掌握在法院领导手中，仍按行政化方式管理与分配。如此，除政治部、纪检监察、工会等完全属于党务、行政事务的领导外，均入额为法官。而且，领导入额为法官后，仍主要忙于各种行政事务，或者按照行政化管理模式审批案件，致使相当数量的入额法官（主要是领导）很少实际承办案件，这一比例有的称达到40%左右（我认为没有这样高）。这样，因为法官员额的减少，领导那部分没有减少，只有具体办案的法官减少。加上法官助理的职能没有明晰的法律定位，其能否在参与法官开庭的情况下，按照法官的裁判结果草拟裁判文书等，各地做法不一。书记员配备不足，一些案件装订、送达文书等本属书记员的事务，有的法院都要法官自己完成。这样，案件办不过来的现象也就无法避免。

这种现象，反映出法官本身没有地位，只有担任院领导或者庭长等才有地位，以致法官的地位及其职业认同感又难以提高。而院领导、庭长等要以行政化的职务来衬托自己的地位与社会认同感，横向与其他机关相比，如前所述，无论是职位本身，还是职位后面所体现的权力、事权功能、前途等无法获得应有的地位与权威，进而也会影响法官整体地位及其权威的认同。

其实，法官本身就是通过办理案件来实现司法功能的，若入额法官都能承办案件，并实行简易分流，大部分案件实行简易程序审理，如借贷案件、针对同一被告进行的同种纠纷的案件等进行整合，由专人办理，既可以提高效率，又利于监督，绝对不可能至少是难有可能出现完全一样的案件在同一法院却有着不同裁判的结果；根据案件的限制及其标的，除非有证据证明法官具有徇私枉法、受贿或者具有原审无法获取新证据等特定情况可以启动进行再审审查外，其他应当按照二审终审制来维护生效裁判的既判力；不让法官从事与案件审理之外的行政事务；配备好书记员、法官助理，并确定好法官助理的职能。如对法官助理的定位，我认为，法官在案件审理中主要是亲审的基础上就案件处理决定如何处理，其他事务，如案件证据的整理工作，应由法官助理进行。如将案件事实的有关证据，按照法官的要求分类、集中放在一起，这在实行电子文档的情况下，更易于处理；法官决定如何裁判后，由法官助理起草法律文书等。而有的法院，由于法官助理的职能没有法律统一规范，并且基于不能独立办案的理解，就根本不予办案。加上，法官数量减少，升迁的通道收窄，法官助理的工作积极性不高。还有，对之如何管理，又没有确定具体由法官管理、考察等因素，配合辅助法官工作的主动性不强，虽为法官助理，实乃助而不理。这样，在案多人少的法院尤其是城区法院，矛盾就会更显得突出。

法官助理的地位也应提高，而且法官助理不一定要晋升为法官。毕竟，要树立一般职业所不具有的权威，让社会各界广泛认同，在其数量方面本身就要严格控制，否则数量过多，就很难有对这种地位及其行为、结果的认同、服从感并由此产生的权威感。

从结构上讲，法官在法院当中，要以之为中心，地位应当处于高位，这必须是一个金字塔结构。法官人数少，法官助理多些，书记员及其他行政人员更多。如果完全打破现有的行政管理体制，设立法官办公室。1个法官配备2个或者多个助理，一两个书记员，取消副院长、正副庭长职位。一般案件由法官独任审理，重大、疑难案件由法官组成合议庭审理，特别重大、复杂、社会关注度高等案件由法官组成的审判委员会决定。在现有体制下，院长的级别相当于同级政府的副职，法官不设立行政职别，直接对院长负责。法官助理、书记员及其他行政人员，则确定行政职别。确确实实以法官为中心，为法官审判案件提供服务。此时，法官虽无行政职别，但在其他人员较高行政职别的衬托下，自然有着"万绿丛中一点红"的效果。这样，一个高院如有100个法官，按照1个法官、2个法官助理、1个书记员的配置，人数将达400人。法官助理、书记员的行政职位，最高按正处级设置。我想，无论是法官还是法官助理、书记员及其他人员，以及法院整体，其社会地位都会提高。

当然，即使按照上述设想进行改革，仍然不可能一步到位，现有的副院长、正副庭长职务还是需要保留。可考虑用如下方式进行改革：副院长、正副庭长自然退休后不再补缺；通过设置年龄、工作年限等方式将法官分为一级高级法官、二级高级法官、三级高级法官。经过一段时间，高院除院长外，只设这3级法官，在减少法官员额的同时，确保法官的地位，由于入额法官都要办案，加上其他职能的合理匹配，我认为，既可以提高法官的地位，又可以减少案多办案人员少的矛盾。

至于第2个问题，这是法官地位本身不高的问题。法官地位不高，法官助理的地位不可能高，原来是助理审判员（在高院只是正科级），现在入围无望，而法官数量又少，地位更低。设想一个诸如北京大学、中国人民大学等毕业的研究生，工作10余年了，还可能因为无法成为员额法官，解决不了行政职别，与其他机关的人相比，落差会有多大。这样，就只有下海了。在法院工作过多年的法官，被其他单位聘用，一般年薪可达50万元左右；做律师，远比其他律师具有优势。但是，若能真正通过员额制的改革，实现法官为中心的目的，将法官的地位切实提高，相应地，法官助理地位也予以提高，法官基于各种原因下海的只能是极少数。现在，员额制改革，法官少了，地位并没有上去，致使原本为法官的他现在变成法官助理，地位更低，自然就会促使一些法官走出法院。还有，高院的审判员原来在行政级别上至少为副处级，现在就变成了正科级。从行政职务上来看，给外界造成的印象是法官的地位更低。所以，要使法官人才不流失，唯一的办法就是真正提高法官的地位，与此相应地将法官助理等的地位也予以提高。法官及法官助理地位的提高，还需要高工资、未违法犯罪而不受罢免等措施来给予职业保障。这些真正实施了，就不可能至少难有法官去当律师的可能。任何一个法治社会，法官的地位都会远远高于律师及其他同类人员，从而难有法官去当律师的问题。而法官去当律师，又可能利用其原来的职业影响，让人感受到与之相识的法官处理案件的不公，反过来又影响司法权威。

当然，法官的地位与权威，还离不开成为法官之后的品德修养的继续升华。升任法官后，由于法官本身的地位、名誉、高薪、非因违法犯罪而不能罢免等措施保障法官职业的崇高荣誉感，既具有独立自由的人格，又可以充分通过裁判实现自己作为法律职业人的价值，自然更能抵抗外界的各种侵蚀。此外，加强对法官的监督，加上当事人、媒体、党组织、惩戒委员会等各方的监督，也能及时发现法官的不当行为。在当今科学技术广泛应用到各行各业的情况下，若能通过大数据，将之及其一定范围内的人的财产、所承办的案件、所经历过的当事人等进行分析，发现异常，加以追查，更能增加对之的威慑力、监督力，以促使法官加强自律，公正司法。

在我国，虽然不是法官个人独立审判，而是人民法院独立审判。但人民法院的独立审判无疑有赖于法官个人具体的独立审慎判断来实现。美国基于三权分立所设置的法官终身制，与我国的权力架构有着本质的区别，简单移植绝不可能。可是，担任法官，既需要渊博的知识，又需要具有丰富的实践经验，而且通过年长等因素树立尊严权威。若在法官选任需要较多法律职业实践经验，致使法官被任命时年龄较大，基于法官人数限额大大减少，造成资源性稀缺的情况下，宜将法官退休年龄延长，除非违法犯罪才可罢免之外不能强制其退休，在一定程度上凭借保证其独立的品行，增强抗拒外界干扰审判的压力。

另外，无论制度多么完善，腐败包括司法腐败的现象都不可避免，只是如何减少的问题。因此，出现某些腐败现象，只要不予遮掩，实事求是依法清除，也不会影响整个法官乃至法院的权威。若是法官腐败具有一定的量，自然会影响法官及其法院的权威，那说明，不是法官个人问题，而是法官的升迁、管理体制存在问题。如上所述，通过一些刚性的条件，如一定的工作年限，再对该人从各方面具体而不是空泛的了解考察，将社会各界认同的人认定为法官，再加上其他各方的监督，是很难有一定量而影响司法权威的法官腐败现象发生的。还有，法官腐败，即使极为个别，要是不严格处理，就会造成跟风效应，久而久之，法官及其法院的权威则无法保障。而对法官的违法犯罪，要严格处理，必须建立在法官具有地位、能珍惜法官这个职业的基础上。倘若法官工资很低，以前又没有收入，家庭也很困难，生活过得拮据，就有可能犯险。这从某种意义上来说，美国一般要求、英国一定要求从律师中选任初任法官，因为较长的律师生涯已经积累了相当的财富，加上后来的高待遇、高稳定的职业保障，再因利而腐的现象就会大大减少。

七、司法权威与司法公正

谭君：关于司法的权威，您还讲过与司法运行有关。对此，主要涉及哪些方面呢？

贺律川：司法运行，包括诸多方面。但从其独立的个性上来看，我想主要体现在公平公正及效率两个方面。

公平与公正，乃是司法最为本质的要求与目的。所有诉讼原则及其程序，如法院依法独立审判、回避、公开审判，当事人及其律师的辩护权、代理权等的设置与安排，都是为了实现这一目的。英国著名哲学家、大法官培根就曾指出："一次不公的裁判比多次不平的举动为祸尤烈，因为这些不平的举动不过弄脏了水流，而不公的裁判把水源败坏了。"肖扬院长则强调："司法公正，上可安国，下可安民。人民法院必须竭尽全力，付诸实现。在正义的天平上，除了事实和法律，不存在其他砝码。确实做到让确有冤情的人打得赢官司，让遵守法律的人获得正义。""公正是司法的生命，公正也是司法权威的最深刻的价值基础。"由此，足见公平公正在司法中的地位与作用。可以说，没有公平公正的司法，就不可能有司法权威产生的可能。

——司法公平公正，首先表现为程序上依法而为。程序上的规定本身就是为了案件处理实体的公平公正而设置的，并且为人看得见、摸得着，只有依法而为，才能让人足以认为法官审理案件的公平公正。若是法定的程序都不遵守，既难以让人感受到司法的公平公正，也使得法律规定毫无意义，还让人认为法官在蔑视法律，法律没有权威，相应的，司法就不可能有权威。事实上，许多实体上的处理不公，往往也都是程序违法而致，如近几年发生的诸多故意杀人、强奸、抢劫等冤假错案，都是违背《刑事诉讼法》有关公检法等司法机关既要相互配合又要相互制约的原则、疑罪从无原则，或者违反诉讼程序进行协调等造成的。所以，严格遵守诉讼原则及其程序，乃是实体处理结果公平公正、树立司法权威的重要保障。而在我国长期重实体轻程序的传统下，各种各样的违反诉讼程序的现象时有发生，会对司法权威不可避免地造成这样或那样的损害。

具体以刑事诉讼为例，有关严重违反诉讼原则及程序而致司法权威遭受侵蚀损害的行为也很多，下面仅举一些加以说明：

某些侦查、调查人员，采取刑讯逼供（包括不让睡觉、连续审讯的软暴力）、骗供诱供、指名问供等非法形式取证，当事人提出要求调取有关讯问视频的，法院无法调取而对所有证据的合法性均予以默认；侦查机关滥用指定监视居住措施，致使讯问无法像在看守所那样受到必要的监督而致使程序不公。上述这些不合法的取证行为，容易让人对讯问等获取口供行为的合法性产生质疑而对司法权威造成或大或小的不当影响。

侦查机关采取各种各样的理由限制甚至禁止辩护人会见当事人，乃是剥夺当事人及其辩护人辩护权的严重违反程序的行为，可这种行为时有发生。我所主任在2019年接受委托的多个刑事案件，一个当事人因涉嫌诈骗被羁押在看守所，在长达7个多月的侦查过程中，辩护人多次前往看守所及办案机关，均被以监察机关不让会见为由加以拒绝。案件移送审查起诉后，监察机关又以涉嫌行贿对之留置，最长的留置期间6个月届满以后，又以疫情为由将留置期间延长，致使辩护人无法会见当事人。另一个当事人涉嫌职务侵占被刑事拘留，辩护人前往看守所会见，同样被要经监察机关同意为由而遭拒绝。还有一个当事人因涉嫌虚假诉讼被刑事拘留，律师无法会见而致案件无法接受委托。尤其是2018年接受当事人委托的一个4当事人涉嫌诈骗、受贿的案件，2018年进入审查起诉阶段后，不让律师复制案件卷宗，也不让律师会见，理由就是监察机关不让，直至退补后再回到审查起诉阶段时才让律师复制案件卷宗、会见当事人。如此等等，自然会引起当事人的质疑，对于司法权威的公正性有着极大损害。

案件审理过程中违背诉讼审判组织审理裁判案件、回避制度的内部行政审批案件的行为，不利于司法权威的树立与提升。按照有关法律规定，法院裁判案件只有独任庭、合议庭及审判委员会，前面两者要求亲自参与开庭即亲审，后面第三者则依法不需要亲审，除此之外的法官，没有任何法定程序让之审阅案件并决定案件的结果。但在司法实践中，历来实行副庭长、庭长、专职审判委员会委员、副院长、院长按照各自的审批范围层层审批的行政化模式，一直强调改革案件审理过程的行政化由于各方面的原因而无法贯彻落实到底。"审者不判""判者不审"乃像一种顽疾深深嵌于审判体制中，致使法律明文规定的回避制度等无法实现。当然，为了规避法律，这种行政式的审批案件，同意独任庭、合议庭意见，则直接审批同意；不同意的，也不直接改变独任庭、合议庭的意见，而是提出理由发回由独任庭、合议庭重新按领导意思作出裁判结论。在上级尤其是正副院长掌握着法官升迁的情况下，在正副庭长、正副院长发回复议时，独任庭、合议庭成员坚持自己意见的可以说是极少数。对于少数坚持自己意见的，则可通过审委会改变裁判结论，而这一方式乃依法所为，没有问题。

还有法院请示汇报、协调平衡的做法，没有任何法律规定，而且有悖于回避制度、审判管辖、二审终审制度，由此作出的裁判，当事人往往不服，即使被迫服从，也不能体现裁判公正公平应有的权威，对于以公平公正为基础的司法权威或多或少都有着一定的不利影响。

再有，证人出庭特别是刑事案件的证人出庭，数十年来，当事人及律师一直在要求，专家学者也始终在呼吁，每次审判改革亦一再强调，但依旧没有什么实质进展。法庭中，证人出庭的现象跟法律及其司法解释有关"出庭作证为原则，不出庭为例外"的规定恰好相反，变成了"不出庭作证是原则，出庭乃例外"。大多数案件尤其是贿赂、毒品、黑社会性质组织、现场证人目击的故意杀人、伤害等案件，主要是根据被告人供述、共同犯罪分案处理的同案人的证言及其他知情人的证言定案，侦查人员是否违法取证、鉴定结论是否正确，等等，毫无疑问都与被告人的定罪量刑有关，但这些证人出庭作证的现象可以说是难得一见。无论是被告人还是辩护人，不管怎么要求，法院都以各种理由回绝。有的甚至明说，证人通知不到或者证人不愿意出庭作证，便予了事。至于法律如《刑事诉讼法》规定，有关法院可以强制证人到庭或者没有正当理由拒绝出庭或者出庭后拒绝作证可以依法训诫、拘留的，本可以体现审判权威的作为，也因各种各样的原因主要是怕改变原来对被告人不利的证言而闲置不用以致法律及其司法解释有关证人出庭作证的规定基本成了一纸空文，形同虚设。

此外，对于某些蔑视法庭、诬告陷害、无理取闹的行为，如一些当事人在法庭上进行人身攻击审判长反复制止没有效果，有的异议被驳回后反复提出，有的故意以非法律规定的理由提出回避等请求拖延妨碍程序的正常进行，如此等等采取各种各样的方式致使程序无法进行的行为，法官不能依法处置。这里其中可能有法官行为做得不当的因素，也有的是法官没有处理相关问题的经验。我在网络上就看到一个案件，公诉人话没说完，另方辩护人就提出反对，法官确定反对无效，公诉人再发言，辩护人还是反对……。有的案件，听说案件开了二三天庭，都进入不了法庭调查程序。然法官就是不能依法对各种扰乱法庭秩序的行为进行处置，是本身不敢作为，还是自己本身违法不敢作为，不论出于何种情况，都说明法院本身没有自己相应的权威。

又如，"有一位基层法院法官对我说：'腊月二十九还被当事人堵在法院不让回家；正月初七上班还没走到法院门口，就被当事人拦了下来。腊月二十七傍晚在法院门口等我下班的读高中的儿子，看到两个男当事人肆意辱骂我和另一位副院长，眼圈都红了，他说：'妈妈，法官就是这样的活法吗？'有一位中级法院法官对我说：'打不还手，骂不还口，穷困应该，累死活该，这是当前一些法官的真实现状。'……有一位执行法官对我说：'有一个申请执行人由于同时欠别人的款，执行回来的款项被冻结，不能支付给他，于是他就给执行庭长发送了这样的短信：'……你这个狗官、这几年在执行庭贪了多少，这次不还我血汗钱，我要中央巡视组把你带走调查，还有最高人民法院巡回法庭的电话号码我已记好了。材料我写3张，就是告你的，书面我打印了100份，网上也发布，不马上给我解决好了，有你好看的……'""'无权处罚扰乱法庭行为，诬告陷害成本低，无理取闹终结难'，如同3把锉刀慢慢磨蚀着法官对职业的认同感与归属感。尤其是一些无理取闹的当事人采取频繁骚扰的方式，如打电话、发短信，很多法官不胜其烦，不得不更换号码。还有些人堵在法院门口、法官家门口，甚至用张贴大字报、邮寄骚扰信件等方式进行无理取闹，企图让法官放弃原则、满足其要求。面对蚂蚁叮咬般的无理取闹，法官常常是敢怒不敢言，惹不起躲着走。"①

——司法公正，其次表现为实体上的公平公正。程序上的公平公正作为诉讼的形式，乃是为案件实体处理公平公正这一内容服务的，实体上的公平公正才是诉讼程序的最终目标与价值。否则，程序再公平公正，但实体上故意违反法律将人入罪出罪、徇私舞弊、枉法裁判，也没有任何意义。所以，实体上的公平公正，乃是确保司法权威另一不可或缺的重要方面。对于当事人及其律师来说，乃更是其极力追求所在。实体处理不公，要想达到裁判应有的权威，无疑痴人说梦。

然而，对于实体的公平公正，并不像程序那样刚性而让人看得见。大多情况下，有的案件处理是否公正，一看便知。即使没学过法律，也会有个清楚而正确的判断。毕竟，公平公正存在于大多人心中，百姓心中都有一杆秤。

如广州六旬老人吴某到本村国家3A级旅游景区村委会种植了杨梅的河道旁私自上树采摘杨梅，不慎从树上跌落，经送医院抢救无效身亡。事后，吴某亲属认为景区未采取安全疏导或管理等安全风险防范措施，向景区索赔60多万元。一、二审均认为被告景区未告知危险而判决承担5%的责任，赔偿4.5万元，再审后得以改判，村委会不承担责任，从而得到社会各界好评。对此，苏航认为："这起案件重申了一个常识：法律应是公序良俗的'兜底条款'，司法绝不允许守法者为'小恶'买单。"全国人大代表、河南省宝丰县赵庄镇大黄村党支部书记马豹子则称："广州'私自上树摘杨梅坠亡案'再审改判村委会无责，这个判决让我们看到了司法的公平正义，我们不能因为吴某身亡就违反道德常识，法律不应为违法者买单。吴某私自摘杨梅本身有违村规民约和公序良俗，我们同情他，但无法支持他。司法应引导人们树立正确的价值观，催生新时代公民

---

① 郝铁川：《树立司法权威的三种方式》，《法制日报》2015年3月12日；刘勋、马志勇：《损伤职业尊严的三把锉刀》，《人民法院报》2015年2月17日。

道德新风尚，营造良好的社会环境。"①

又如，2017年5月2日，郑州某医院医生杨帆在小区电梯内劝阻一位老人吸烟时，双方发生争执，在被小区物业工作人员劝阻离开后，老人因突发心脏病去世。事后，老人家属田某将杨帆起诉至法庭，要求赔偿死亡赔偿金、精神抚慰金等共计40余万元。一审根据公平原则判决杨医生补偿1.5万元，宣判后舆论哗然，普遍质疑。原告上诉，二审审理认为："杨帆对死者在电梯内吸烟予以劝阻合法正当，是自觉维护社会公共秩序和公共利益的行为，一审判决判令杨帆分担损失，让正当行使劝阻吸烟权利的公民承担补偿责任，将会挫伤公民依法维护社会公共利益的积极性，既是对社会公共利益的损害，也与民法的立法宗旨相悖，不利于促进社会文明，不利于引导公众共同创造良好的公共环境。"因此，撤销一审判决，判处杨医生不承担补偿责任，从而得到舆论肯定。

在现实生活中，经常出现一些违法乃至犯罪者受伤甚至死亡后，基于不分具体情况的诸如"谁老谁有理""谁弱谁有理""谁闹谁有理""谁横谁有理""谁伤谁有理""谁死谁有理"等不可思议的标签化理由，自己或者家人通过各种各样的方式找权利人索赔的现象：2019年7月29日，河南淇县宋某与女儿耿某到瓜农庞某处偷走10余个西瓜，庞某发现后骑电动车追赶，致耿某摔倒受伤，民警接警后到现场调解，庞某赔偿2人300元。事件被媒体报道后，淇县公安局进行核查，在民警训诫下，宋某与其女儿耿某主动退还了庞某之前赔偿的300元，双方达成谅解。2019年8月3日，鹤壁市公安局启动执法监督程序，对北阳派出所7月29日处置的1起盗窃西瓜警情进行调查。之后，淇县公安局以宋某偷瓜已构成违反治安管理的盗窃行为为由作出行政拘留3日的处罚决定；庞某制止违法侵害的行为，不承担违反治安管理责任；对北阳派出所责任民警采取停止执行职务措施，并依纪依规作出处理。江西一32岁男子，晚上去水库偷鱼，结果因操作不当，驾驶的皮划艇翻了，溺水身亡。家属以"水库水太深，承包人没有尽到警示义务，应该赔偿"为由索赔。承包人不同意，家属就抬尸闹事，甚至抬到承包人家楼下。迫于无奈，承包人最后赔偿18万元了事。有的争执到法院后，一些法官考虑的不是公平公正依法处置案件，而是考虑如何把事情平息下去以求得稳定、不闹事。上述诸如基于

---

① 《"私自上树摘杨梅坠亡案"再审改判村委会无责：法律应是公序良俗的"兜底条款"》，载澎湃新闻，2022年3月14日。

公平原则作出各种各样的和稀泥的奇葩裁判，其实是对违法犯罪等恶的纵容，对公平公正原则的嘲讽与羞辱，不仅给司法权威造成了深深的损害，而且给整个社会的道德伦理体系也形成了严重的侵蚀。

然而，也有一些案件，由于证据缺失等方面的原因造成证据是否确实充分难以认定，在行为触及多个法律条款如何适用法律等存在不同看法时，案件处理是否公平，就不能简单地以结论定。要是程序严重违法，如收受一方当事人贿赂而在存在争议的情况下作出有利于这方当事人的裁判，就是不公，这是根据程序违法判断的，而非根据实体作出判断的结果；要是完全依法而为，凭自己对法律的信仰、善意理解作出判断，则就不存在不公之问题。这在任何国家、任何时期都会存在这种现象。如美国联邦最高法院的大法官，对同一案件的处理都有不同看法，此时按照少数服从多数的原则作出裁判，本身不会因为不同争议或者绝对正确而影响案件在实体上处理公平公正的评价与判断。

对于实体公平公正，要注意的是，它并非等于案件的处理一定正确，如在事实认定上一定与客观发生的案件事实相符，或者完全符合立法本意等。就前者而言，我们知道，案件的事实要通过证据来认定。案件事实发生虽然客观存在，但因证据完全消失没有证据证明，这样的事实在法庭审判中也不能得到认定。案件事实虽有一定证据证实，可证据不足以达到确实充分的程度，刑事案件不能达到排除其他一切可能而得出唯一结论的标准而属于疑案时，无论是疑罪从有还是疑罪从无，都可能与客观事实不符，这时根据诉讼的目标与价值，在重视打击不放纵罪犯的观念占主导时就会实行疑罪从有而作出有罪判决。而被告人可能并没有犯罪从而冤枉无辜，真正的罪犯逍遥法外，无辜的人却锒铛入狱，显然与诉讼的目的与价值相背；在重视人权防止冤枉无辜的观念占主导时，实行疑罪从无作出无罪判断，尽管可能放纵犯罪，然至少不会因为以公权力为后盾的司法造成冤案，并且作出无罪判决只是根据现有的证据作出的判断，侦查机关还可以继续侦查缉拿凶手，一些案件随着科学技术的进步，就是在数十年之后通过物证的分析仍可将真凶缉拿归案，这种现象也屡见不鲜。实行疑罪从无宣告无罪，反而利于激发侦查机关追捕真凶的动力，反之疑罪从有而作有罪判决后，追缉真凶的动力不仅可能因此而消失，而且因为真凶要是得以缉拿说明确实存在冤假错案，在要依法追责的情况下还可能导致与冤假错案酿成有关的司法人员为了私利私名或者不致影响自己的前途等而阻碍过去案件的平反昭雪。从某种意义上来说，不少冤假错案难以及时纠正，这也是一种自然发生的主观因素。

　　另外，基于人的认识能力、法官的能力与水平、价值观的影响，一些当事人、证人故意作伪证、提供虚假证据等各方面的原因，法官当然可能犯错，从而致使案件在实体的处理上或与客观事实不符，或与法律规定相悖等。这种现象作为一种客观存在，不可避免。既然如此，在保证社会广泛认可的法官高素质、法院及其依法独立公平公正司法、错误出现不可能会多的情况下，即使会对司法权威产生某些负面作用，但也不会因为极少数错判案件出现而产生实质上的损害。如美国统计的因错误辨认等而致冤判的250个案件后由DNA证据改判无罪，法院及其司法权威在人们的心中依然具有不可动摇的地位。正因为如此，美国联邦最高法院大法官罗伯特·杰克逊就曾指出，最高法院的判决"不是因为一贯正确而享有最高权威，而是因为享有最高权威才一贯正确"。

　　又如，2014年4月，浙江省高级人民法院院长齐奇就"张氏叔侄强奸案"和"萧山5青年劫杀案"2起错案纠正及其追责的情况接受北京媒体专访时称："对造成错案人的问责是必要的，但也要区分程度、情节。故意冤枉人和仅仅是判断错误、结案心切，还不一样。在这两个案件中，没有发现故意制造冤案的情况，所以都在组织内部，按照党纪政纪来问责。……浙江的两起错案曾引起广泛关注。当时，公众最想知道的是案件如何平反，背后的真相是什么，会不会或怎样追究相关人员的责任。现在，前两个问题都有了答案，只有追责还有些云里雾里。影响如此恶劣的两个错案，结果都是组织内部问责，这让外界很难接受。即便不去追问责任认定是否适当的问题，哪些人被问责，是什么责任，具体怎么处理的等等，也都是应当公开的。"在回答"纠错给法院带来损失了吗"时称："原来我们也估计发生了这样一些错案，可能会影响人民群众对我们的信任，浙江省两会对法院工作报告投票的时候可能也会有些影响，我们也有思想准备。结果今年法院报告的赞成率还比去年提高了5个百分点，历年来首次超过90%。说明人大代表们非常支持我们依法纠错，对我们很鼓励。"这也说明，对于存在冤假错案，即使无法完全避免，但在发现后能够勇于面对，实事求是地依法纠正，并查明责任，也能够得到广大民众的理解，法院的司法权威不会因为个案而降低，反而还可能得以提升。当然，明知案件属于冤假错案，不依法予以纠正甚至通过权力等阻止纠正，其对司法权威的损害自然是无法以某种量来估计的。

　　——司法的公平公正，与效率亦密切相关。美国著名法律经济学家理查德·波斯纳有句名言："公正在法律中的第二层含义是指效率。"表明公正需要办案效率来体现。任何案件审判，都有一定的期限，这在法律上都有明确的规定，如刑事诉讼一审案件的审判期限一般为2个月，至迟不得超过3个月，具备法定条件时可以再延长3个月。二审审判期限为2个月，具备法定条件的可以再延长2个月。但在拖延不予结案的情况下，为了规避法律这一诉讼期间上的硬性要求，便要求公诉机关主动提出补充侦查，审判期限为此重新计算，或者不具备特殊情况的而报最高人民法院批准延长，或者寻找各种理由中止审判等。这些规避法律明文规定而延长期限的做法，本身就是违反法律程序的规定而不公正。

其实，案件审理期限超过法定期限甚至久拖不决，不仅浪费司法资源，增加诉讼成本，对当事人来说也不公平。刑事案件，被告人要是无罪，因为办案期限的延长造成更长的羁押对之不公；就是有罪，也无法及时到监狱服刑，因为减刑、假释必须实际执行一定刑罚之后才能进行，在判决以前羁押的期间不计算在内，从而致使减刑、假释的延后。判刑短的，就根本没有减刑机会。民事案件，当事人因为长期的来回往返要增加不少成本。对于债权人来说，债权本金的数额并不会因为案件期限的延长而增加，要是没有约定过高的利息而是按银行同期贷款利息计算，抵不过通货膨胀、自身融资的成本；对被告来说，时间越长因此而更有利，因为一般的融资人尤其是民营企业、个人的融资利息远远高于同期银行贷款利息。所以，对守约的债权人不利，反而对违约的债务人有利，固然不公。

此外，从诉讼的功能来说，民事案件因为案件久拖不决无法及时确定，不能起到定分止争的作用，刑事案件也因不能及时结案而致犯罪行为与之相应所得的刑罚时间上联系的不紧密，影响司法的效果与权威，并且影响着司法的公平与正义。对此：贝卡利亚就指出："惩罚犯罪的刑罚越是迅速和及时，就越是公正和有益。""我说刑罚的及时性是比较有益的，是因为：犯罪与刑罚之间的时间隔得越短，在人们心中，犯罪与刑罚这两个概念的联系就越突出、越持续，因而，人们就很自然地把犯罪看作起因，把刑罚看作不可缺少的必然结果。……只有使犯罪和刑罚衔接紧凑，才能指望相联的刑罚概念使那些粗俗的头脑从诱惑他们的、有利可图的犯罪图景中立即猛醒过来。推迟刑罚只会产生使这两个概念越离越远的结果。推迟刑罚尽管也给人以惩罚犯罪的印象，然而，它造成的印象不像是惩罚，倒像是表演，并且只是在那种本来有助于增加惩罚感的、对某一犯罪的恐惧心理已在观众心中减弱之后，才产生这种印象。"

流传英国的"迟来的正义非正义"这一法谚也告诉我们，即使司法裁判的结果是公正的，如果过迟作出裁判，或者过迟告知当事人，程序上的不公正将会使得裁判成为非正义。

培根指出："《圣经》上说：有的人把审判之举变为苦艾，确实也有把审判之事变为酸醋的人；因为不公平的裁判把审判之事变苦，而迟延不决则使之变酸。"

意大利法学家莫诺·卡佩莱蒂亦言："在现代社会的动力下，诉讼延迟尤其不可接受，特别是对于经济实力不足以承受迟延负担的当事人而言，更是无法容忍。因此，久长的裁判是恶的裁判，诉讼过分延迟等同于拒绝裁判。不幸的是，诉讼迟延的问题困扰着这么多国家。"

开启我国反贪体制改革的早期探索者，中国法治发展40年的改革者和见证者肖扬亦称："迟到的公正不是公正，迟来的正义等于无正义。"

尽管基于各种各样的原因，有些真凶过了很久才被绳之以法，我们以古语所曰"天网恢恢，疏而不失""法网恢恢，疏而不漏"、美国大法官休尼特所言"正义从来都不会缺席，只会迟到"、俗语所说"善有善报，恶有恶报，不是不报，时候未到，时候一到，一切全报"等等昭示着正义在天地间永存。但在案件已经指向真凶，或者已经充分证明罪犯或犯罪嫌疑人无辜时，因为法官的拖延而致"迟到的正义"绝非真正的正义。

对于案件的审判效率，法院也一直在强调，并且通过诸如"年结案率"、案件审判期限的跟踪来提醒法官。前者，我认为是为了考评而考评，这种宏观上的考查虽有一定意义，然而意义不大。其实，只要不滥用法律规避案件审理期限，在案件的法定期限内审结，就不违反法律有关审理期限的规定。而且，法院的案件多少不一，多的相对来说，结案率就低。还有，为了将"年结案率"提高，不少法院到了11月就开始不立案，因为立案无法审结。这样，还导致一些违法行为的发生。后者，不少过于形式化，只是提醒，对于超过审理期限的也没有相应的处罚。我所就曾承办过一个刑事案件，从2014年进入一审，到2018年底才裁判，加上审判前已经羁押的5年多时间，诉讼期限超过9年；一个民事案件，当事人2004年起诉，通过一审、二审、重审一审、重审二审，至2018年才结案，诉讼时间长达14年，中间换了数次律师。一个破产案件，因债务人为股东控制的关联公司借款提供担保将所有资产抵押给债权人，并因债权人恶意提起诉讼申请查封，致债务人进入破产程序，因该抵押行为发生在破产裁定受理之日起1年的时间内，管理人2016年以该抵押行为属于无偿转让行为提起抵押权撤销之诉，经过一审、二审、再审发回重审、重审一审、重审二审、再再审，于2022年初再次一审，案件过了6年又回到诉讼原点。事实非常清楚，法律关系也不复杂，然而实体问题仍未被处理。某一中院，2010年后受理8个破产案件，就因主管院长事事要管但事事不作为，长达8年的时间内没有审结一个。我所在该院担任管理人的一个破产案件，进入破产重整程序后，在有人投资重整的情况下，要求及时聘请审计、评估机构进行审计、评估，打了多次报告，在长达1年多的时间内就是以各种理由不让审计、评估，以致有重整愿望的人也不敢进入，超过法定的重整9个月的时间不讲，致使数以千计的债权人的债权无法实现，也给当地的社会稳定带来了一定的压力。经过2年多的努力完成重整程序后，进入重整执行阶段，重整人急着按照重整计划交付款项，法院就是不对补充申报的债权作出裁判，致使该破产重整计划执行期间超期，投资人重整款不能到位，数百债权人的债权无法及时到位分配。其理由竟是，有人认为，破产法虽然规定债权由债权人申报，管理人初步审核，并经债权人会议核查没有异议的债权由法院直接裁定确认，但在破产重整程序中没有规定，这一规定只能适用于破产清算。其实，一个很简单的逻辑，破产法对债权申报、审查与裁判确认等所有破产程序都共用的程序作出规定，然后再就破产重整程序、破产和解程序、破产清算程序中的一些特别问题根据各自的特点分别作出规定。之前作出的规定对所有破产程序均适用。如果不适用，那么，债权人的债权在破产重整程序、破产和解程序中又怎么确认？按照法律规定，不通过此程序确认，就只能通过普通民事诉讼程序予以起诉。如此，数以百计，多的数以千计或者万计的债权都通过普通民事诉讼，按一审、二审、再审程序解决，破产重整程序怎么可以在9个月内完成？破产程序关于债权人债权的申报、管理人审核及其经过债权人会议核查等又有什么意义？然而，你再怎么讲，债权人再怎么着急。这位主管院长就是这样认为，就是要这么办，你又有何法？如此等等，我想这才是真正不讲效率的表现。法院考查效率问题，应当着重于那些真正久拖不决案件的督促，并通过具体案件超期通报、责令法官说明理由、约谈有关法院院长甚至追究责任等方式避免这种现象的发生，而不能让法官随意叫当事人写一个正在进行调解、下级法院提交案件延期申请由庭里内勤盖章表示同意了事。这样的裁判，即使实体公正，又怎么让人满意，而获得裁判真正定分止争的功能并享有应有的权威呢？

八、司法权威与司法礼仪

谭君：关于司法权威，以前聊天时您还提到一个司法礼仪的问题。对此，主要体现在哪些方面呢？

贺律川：礼仪，是在社会交往活动中，对物、对己、对人、对自然、对上天神灵等基于尊重、敬畏和祈求等思想意识而在仪容、仪表、仪态、仪式、言谈举止、行为方式、程序等方面约定俗成的，而为社会共同认可的各种惯用形式和行为规范，包括个人性质的礼节与集体性质的仪式，前者如磕头、鞠躬、拱手、问候等，后者如奠基仪式、迎宾仪式、婚礼、葬礼等。我国素有礼仪之邦、文明摇篮之誉。人们尤其是具有一定社会地位的人，很注意他人对自己的礼仪，以体现自己应得的尊重与权威。如信仰宗教者要按时举行仪式按规定的方式、程序等做礼拜；结婚时要举行仪式，一些地方特别是农村新婚夫妇要拜天地、拜父母、相互对拜；在日常生活中，正式的宴请用餐就座时，贵宾一般坐在宴请者的右手边；与尊者分手时，要让尊者先走；在封建社会中，臣子遇到皇帝要下跪、要喊万岁。如此等等，都要通过一定的礼节、礼仪来表现对天、上帝、神灵以及对特定人、事、物的尊重，以体现被尊重者的地位与权威。一般来说，地位越高、权威性越强，对之的礼仪就越不一般，规格就越高。所以，一定的权威，除了诸如地位、权力、力量等实在的内容外，还常常要通过一定的形式体现出来。

通常情况下，地位尊者的权威，既需要保持其神秘威严的一面，以体现其独特性，而这是其主要一面。同时，又要对具有一定社会地位的人，尤其是一些年长尊者表示出谦让，待人亲切、随和、慈善、平易近人、礼贤下士、尊重下属等常人认为地位尊者应有的另一面。倘若仅是以权力、力量等赋予的地位通过控制他人的利益来显示威严，发号施令，不注重自身礼仪，即使地位再高，威权多足，人们因为恐惧服从，也不是真正的权威，只是一时的威权。等到职务一变，就会感叹"人走茶凉"！当然，另一方面，与具有权威的人交往时，更要按照礼仪来体现对尊者的尊重，使尊者感受到自己应有的尊严、权威，不然，就会失了面子，之间的交往则会存在障碍而难以产生良性的互动。

为此，礼仪具有烘托、强化权威的作用，在一定场合下还具有体现权威、让人自

241

觉服从的功能。如过去的传诏者，拿出黄色的诏书，一说"皇上有旨，接旨"，接旨者就会跪下接旨，待宣旨后，通常还得说"皇上万岁万岁万万岁"，以此来体现皇帝的权威，昭示着诏书内容的必须绝对服从的权威。

对一些并不能感受到其力量的人或物，其权威似更需要通过礼仪来体现、强化。如对上天、上帝的崇拜，就需要通过祭天大典、做礼拜等来体现；对死者，在葬礼中，不管参与者地位多高，除非前来故意捣乱，参与者都会在那肃穆、悲伤的气氛中表示出对死者的哀悼、对家属的尊重，以体现出死者为大、地位为尊。

一些应有权威之人，在他掌握支配人或事物的权力相对较弱时，就要需要礼仪来彰显权威。当然，具有很高权威甚至极高权威的人，通过外在的礼仪体现其尊严、权威，也不可少，这里面还有尊者个人的性格等因素。

由上可知，礼仪是人与人交往行为有关的约定俗成的行为习惯、规范，主要用来体现人的地位高低、权威大小，以示服从与被服从的关系，是权威这一实体内容的一种外在表现形式。当然，这种内定与形式的关系不是一一对应的。换言之，权威并非只有礼仪这一种形式，它还具有权力、职务等其他表现形式，礼仪不过是权威表现的形式之一。

礼仪作为一种约定俗成的习惯与规范，有的甚至属于道德、法律的范畴，如对尊者不能直呼其名，乃是尊老的道德。又如对国旗的尊重：在北京天安门广场、新华门，全国人民代表大会常务委员会、国务院、中央军事委员会、最高人民法院、最高人民检察院、中国人民政治协商会议全国委员会，外交部，出境入境的机场、港口、火车站和其他边境口岸，边防海防哨所等处，每日升挂国旗，乃已经成为法律规范。无论是否属于道德、法律规范，因其作为一种行为习惯、规范，必然打上时代的烙印。也就是说，礼仪并非一成不变的，而是随着时代的发展变化而变化的，而且会变得更加文明、平等、友善……礼仪中既体现着对尊者权威的遵从，又感受到由此带来的平等与满足。

讲了这么多，下面就来谈谈司法礼仪。对此，在过去也是非常讲究的。封建社会由县令、知府等行政官员负责司法，本身就具有一定的威严。但为了更加强化，在升堂开庭时，两边都各自站着一行拿着棍棒的庭吏，齐声高喊"威武"；升堂者、官吏穿着特有的官服，手持庭堂木、棍棒等特定物品，各自以特定的动作、语言来宣示着升堂的气氛，表达出行权者的权威，昭示着升堂者及其行为不可抗拒的威严。受审者，除特定人员外则要下跪，称自己为贱民，一尊一卑。这种礼仪，虽然体现着封建社会的司法专制、野蛮，为现代司法所不容，但说明，即使在司法以具有极高威严的行政权承载时，也要辅之以礼仪的形式来强化；在司法权与行政权分开由行政机关、司法机关分别行使，而行政权的名义、实际地位均远远高于司法权的情况下，要保障司法权通过行政诉讼实现对某些行政权不当行使的制约，以及对当事人的财产、自由乃至生命权的剥夺，就更需要采取司法礼仪的形式来强化司法的严肃、威严、不可抗拒等权威所应具有的特征。

相比较而言，如前所述，从组织地位及其权力所涉对象特征方面而言，法院的权威在国家机构中可以说处于最低的境地，与之裁判定夺当事人的财产、自由乃至生命是否应当被剥夺，以及行政机关对相对人的行为是否合法有效而产生的纠纷等所应有的权威，尚不相匹配。为了弥补这种不足，更需要一些礼仪来提高、强化其权威。记得1996年修正的《刑事诉讼法》实施时，审判人员入席时全庭人员是否要起立，许多检察院与法院就相持不下，争执了很久。一些检察院要求公诉人席位要与法官审判席位一样高，因为两者法律地位平等，何况检察机关还是法律监督机关，对庭审具有监督职能。若果真如此，就会造成审判庭的不伦不类而影响审判庭应有的庄严与美感。在审判人员入席，书记员宣"全体人员起立"时，一些公诉人就坐着不动，有的法院便想出了一个办法，书记员在公诉人、辩护人入席时，马上就宣布请入席，在公诉人入席后不坐下，书记员便宣布"全体人员起立"，以避免上述情况的发生。由此可见，法院及其审判人员的地位，即使在礼仪上也得不到必要的认同与尊重。何况，法官的头上面悬挂着国徽，全庭人员的起立，不仅仅是对法院及其审判人员权威的尊重，而且更体现了对国徽尊严的认同与尊重。

关于司法礼仪，近几年来，不少法院日益重视。如黑龙江省一些法院就通过举办司法礼仪讲座、竞赛的方式对法官进行司法礼仪方面的教育与鼓励，有的如鸡西市梨树区人民法院、鸡冠区人民法院等还出台了《司法礼仪规范》，以规范法官在司法过程中的行为。这种规范法官自身礼仪的行为，无疑有利于司法行为的规范，优化司法人员在民众的印象，从而对提高司法权威具有现实意义，但还不具有普遍性。尤其是对法庭其他诉讼参与人等的行为，有的还没有统一的规范。如法庭很少有证人席专设位，大概也是证人罕见出庭作证的原因吧。即使有证人出庭时，签署《出庭作证保证书》《出庭作证承诺书》《出庭作证具结书》等，格式、内容等没有统一的要求，而且整个过程极为随意，难以体现法庭要求及其这一行为应当具备的严肃感、威严感。

综上，司法机关至少是最高人民法院应当就诉讼参与人的司法礼仪进行统一的规范，以保证法庭审判过程的庄重、严肃，进一步提升、强化司法权威。

九、司法权威与巡回审判

谭君：谈到司法礼仪，司法实践中经常出现"田垄上的审判""村庄中的审判"等现象，这种不固定地点的审判法庭也有不同的叫法，如"移动法庭""巡回法庭""马背上的法庭"等。十几年前，应该是2006年，编剧杨亚宁、王力扶，导演刘杰，主演李保田、吕聿来、杨亚宁等还共同制作了一部荣获63届威尼斯国际电影节地平线最佳影片奖的电影——《马背上的法庭》。讲的是：在崇山峻岭、重峦叠嶂，零散生活着10多个少数民族的云南西北山区，为了解决山区村民之间的纠纷，50多岁的法官老冯、摩梭人书记员杨阿姨等，每隔一段时间都会牵着马匹、驮着国徽，组成了1个奇特而又庄严的流动法庭穿行于寨与寨之间。因为杨阿姨快要退休离开工作单位，其位置需要新人代替，于是在杨阿姨最后一次参加流动法庭工作中增加了新来的彝族大学生阿洛……这次是冯老与杨阿姨的最后合作，也是同阿洛的首次搭档，更是阿洛的新婚之旅：踽步而行的老马，独马上的国徽；经验丰富的老冯，书生意气的阿洛；蜿蜒曲折、陡峭险峻的山路，古老质朴的山寨；挂上的国徽，几张桌子、几条凳子，就构成了简易而特别的法庭；审理中的纠纷，系两妯娌为了一个罐子争夺不休，老冯便将罐子打碎，自掏腰包进行赔付；一个借款人无法还钱，只有一群小猪仔，老冯便将小猪仔高价购买……构成了这一山区流动法庭的特有画面。这种移动法庭的审判，自然难以讲究各种司法礼仪。那么，对于这种移动式的司法，是否因为缺乏必要的司法礼仪而丧失其权威呢？

贺律川：我们说，树立司法权威的方式多种多样，其中最为主要的还是司法程序行为的依法、人性，以及处理事情让人感受到的实体公平、公正，司法礼仪基于司法行为的品性对于司法权威的形成虽然具有重要作用，但在程序上考虑当事人的便利而给予人性的温暖面前，就要退居其次。在我国，还有许多人居住在偏远的山区，如西藏、四川等山区的村民、牧民离县城或者所设置法庭的地方很远，而且因为山路崎岖险峻充满风险，老人遇有纠纷要到法庭解决更不方便。另外，山民的住所与法庭相距很远，又缺乏现代交通工具，到法庭数十公里的路程，往返一趟就可能数天。这样，从方便百姓诉讼、减少百姓诉累，将法律、审判送到当事人之间，"群众在哪里，法律服务就延伸到哪里"，这种司法为民的法治信仰的践行，是对封建时代"衙门口朝南开，有理没钱别进来"，以及资本主义社会"法官戴着白色假发坐在高台，荷枪的法警虎视眈眈"封闭、神秘式审判的否定，构成了我国独特的司法符号。

其实，这种独特的司法符号，早在20世纪40年代陕甘宁边区就已出现。边区女青年芝琴（小名胖儿），自幼经父母包办与张金才之子张柏订婚。1942年胖儿长大成人经人介绍与张柏见过面，双方自愿结为姻缘。但其父封彦贵为了多捞彩礼而与张家退亲，并欲将胖儿许配给庆阳的财主朱寿昌。张家知道后，纠集了亲友20多人，深夜从封家将胖儿抢回与张柏成婚。封彦贵告到司法处，司法人员未经周密调查，以"抢亲罪"判处张金才徒刑6个月，并宣告张柏与胖儿婚姻无效。张家不服，胖儿更是拦路告状。边区高等法院陇东分庭庭长马锡五接案后，深入群众，查实情况，并广泛听取意见，然后就地公开审判，并作出判决：（1）张柏与胖儿的婚姻，根据婚姻自主的原则，准予有效。（2）张金才深夜聚众抢亲有碍社会治安，判处短期徒刑；对其他附和者给予严厉批评。（3）封彦贵以女儿为财物，反复出售，违犯婚姻法令，判处劳役，以示警诫。为此，群众十分称赞，热烈拥护，胖儿和张柏更是皆大欢喜，并成为鼓词《刘巧儿团圆》、剧本《刘巧儿告状》、评剧《刘巧儿》等艺术作品的原始素材。

在审理案件中，马锡五不拘形式，经常就地进行，手续简便；审判一改过去那种高高在上、体现官威的坐堂式做法而使用比较随和的座谈式方式，深入群众，调查研究，查实事实；广泛听取意见，注重调解，审判与调解相结合。这种将群众路线的工作方针运用于审判工作而形成的"马锡五"审判方式，群众信服。马锡五的传奇断案故事以及他所创立的一套审判方法，多次得到毛泽东的赞扬和肯定。1943年2月3日，毛泽东为马锡五亲笔题词："一刻也离不开群众"，成为对"马锡五审判方式"的最高褒奖，国际司法界也将这种审判方式誉之为"东方审判经验"。"我们的机关中有些首长还不如群众，也有好的首长，如马专员会审官司，老百姓说他是'青天'。"1958年8月，毛泽东在中共中央政治局扩大会议上谈到我国法制建设问题时，再次对"马锡五审判方式"作了肯定，并谈笑风生地说："还是'马青天'那一套好，调查研究，就地解决问题。"

新中国建立后，这种方便群众作为我党群众路线生动注脚的审判方式的内核，即组成巡回法庭就地审判的传统，一直为我国法律及司法实践所肯定并沿袭至今。巡回审判作为人民法院特别是基层人民法庭，根据本地实际情况，深入农村及交通不便、人员稀少的偏远地区，就地立案、就地开庭、当庭调解、当庭结案，便利群众，体现司法为民的审判方式，在那些地广人稀、交通通信不便，办案法官调查取证难、送达难，农牧民群众参与诉讼难等地区，更是广泛得以实践，除了"溜索上的法庭"，其他诸如"草地上的法庭""渔船上的法庭""背篓上的法庭""帐篷法庭"等均是这种巡回审判的体现，法官骑马、骑骆驼、骑牦牛、溜索、撑船、攀梯索、翻雪山等，成为群众路线在法治实践中的生动写照。当然，随着社会的发展，科学技术的进步，根据需要建立"马背上的法庭"的同时，还要将法庭建到家门口、将网络用于审判中，使得更多"家门口的法庭""指尖上的法庭"日益增多，既方便群众，又能通过法庭所必要的礼仪来补强司法审判的权威。

十、司法权威与司法执行

谭君：人民法院的裁判生效后，败诉一方的当事人不少都申请再审或申诉；即使不申请再审或申诉，也不主动依法执行，有的还想方设法逃避执行，这种现象，与司法权威不足有着一定的关系。对此，您怎么认为呢？

贺律川：如果说，法律及其适用的结果在某人心中具有应有的地位、权威，那么，这个人就会小心翼翼地不会违反法律，会尽力遵守法律，诚实地履行生效裁判确定的义务。一些做外贸的朋友就讲，与一些经济发达、市场法律成熟的外国人做生意，只要质量合格，一般不会担心货款收不回的问题。而在国内，借款不还、货款不付、生效裁判得不到主动执行的现象异常严重，诚信环境问题多多，从某种意义上来说，就是法律或者生效裁判在这些人中没有相应的地位与权威。

生效裁判如果得不到主动的执行，司法权威已经或多或少地受到了一定程度的影响。若是经过人民法院的强制执行还不能得以执行，尤其是在能够得以执行的情况下，司法权威可以说就会受到更大的损害。无法设想，一项生效裁判得不到有效执行，"赢了官司拿不到钱"，拿到的生效裁判不过是"法院打的一纸白条"时，民众会对司法产生信任感，会在需要维护自己的权利时，通过相信法律及其司法机关而依法通过司法途径而不是借助于私力救济来维护自己的权利。其实，生效裁判能够得到有效执行，不仅是司法权威的体现，提高奠定司法权威的基础，而且也是生效裁判确定实体权利与义务最终得以实现的最后环节，实质属于实体公正的一部分。没有依法及时有效的执行，生效裁判确定权利人所享有的权利就没有任何意义，司法权威自然也就无从谈起。

生效裁判能否得以及时有效的执行，与之相应的既判力、强制力、公信力、有效执行力相关。如果这"四力"充分，则不存在能够执行而却得不到有效执行的问题；"四力"当中任何一个存在问题，就会给执行带来这样或那样的影响。

就生效裁判的既判力而言，乃是指人民法院对有关当事人及其他机关、单位所具有的强制确信力、通用力、约束力。表现为：当事人应当遵循"一事不再理"的基本原则，对同一法律关系不得再进行诉争而按照普通程序提起一审、二审程序；涉及生效裁判确定法律关系权利与义务的有关单位与个人，明知该生效裁判已经生效，不应帮助义务人逃避确定的义务；人民法院就某一权利义务关系进行裁判，而这一权利义务关系与已经生效裁判确定的另一权利义务关系相关，如前者要以后者为基础时，无论是事实还是法律性质的认定都不能作出与后者相矛盾的认定与裁判；非经审判监督程序等法律特别程序，不能改变原生效裁判的事实认定及裁判结果；等等。具体在司法实践中，生效裁判的既判力经常受到这样或那样的损害。如有的刑事案件，已经裁判生效甚至已经执行完毕，后面又在原裁判并无冤假错案、量刑畸轻畸重的情况下因为当事人反复上访、威胁、舆论炒作等各种原因又以审判监督程序予以撤销，致使生效裁判的无法既判，而影响司法权威。美国华盛顿特区联邦上诉法院首席法官爱德兹指出："首先也是最重要的一点是，司法制度的最重要宗旨之一是解决矛盾。如果一个'解决方案'可以没有时间限制并可以不同理由反复上诉和修改，那就阻碍了矛盾的解决。如果败诉方相信他们可以在另一个地方或另一级法院再次提起诉讼，他们就永远不会尊重法院的判决，并顽固地拒绝执行对其不利的判决。无休止的诉讼反映了，同时更刺激了对法院决定的不尊重，从而严重削弱了法院体系的效率。"[1]

---

[1] 宋冰编：《程序、正义与现代化——外国法学家在华演讲录》，中国政法大学出版社1998年版，前言第3页。

当然，案件确实存在严重错误，影响司法的公平公正时，固应通过再审程序纠正。但对于事实没有变化，量刑在法定幅度范围内而不造成畸轻畸重时，就不应以任何理由加以改判。否则，本身就是一种新的不公正，势必影响司法裁判的既判力而造成司法权威的损害。至于，类似行为在前后不同裁判中出现不同性质的认定，更是屡见不鲜，这种虽不属于既判力的范围，然也有着一定关系。此种同一行为不同判的情况，无疑也会对司法权威造成不利影响。

就生效裁判的强制力而言，强制，乃"指一人的环境或情境为他人所控制，以至于为了避免所谓的更大危害，他被迫不能按自己的一贯计划行事，而只能服务于强制者的目的。除了选择他人强设于他的所谓的较小危害之情境外，他既不能运用他自己的智慧或知识，亦不能遵循他自己的目标及信念"。裁判生效后，自然要求其得以执行。但并非所有当事人都会自觉主动执行，在法治环境还不成熟的情况下更是如此。这时，就需要国家的强制力保证其执行。所以，法律裁判本身应有的强制力，乃是司法权威树立的必要条件与保障。

就生效裁判的有效执行力而言，指生效裁判在义务人具有执行能力的情况下能够得以充分执行，不能充分执行时也要让义务者依法付出必要的代价。有效执行力，离不开裁判的强制力这一保障，然主要还是要靠法律及其裁判本身在义务人及其民众的信仰、服从来自觉执行。也就是说，司法权威本身不仅影响着司法公信力、有效执行力的高低，反过来，司法公信力、有效执行力又影响着司法权威。两者相互依存，互相促进，有如水与船的关系，水涨则船高，船低则水落。

具体在司法实践中，生效裁判的强制力、有效执行力有时尚不充分：一些刑事裁判生效后，有的监狱可能以罪犯身体不符合收押条件而拒收，现在据称有许多身患艾滋病等的被定罪的毒品犯罪分子无法收押而在外面反复贩毒，生效裁判的强制力、有效执行力没有得到保障；一些单位对人民法院的协助执行或者财产调查措施等故意拖延甚至不予配合，造成本来可以执行到的财产转移；法院的一些执行措施，如限制被执行人乘坐高铁、飞机以及入住高档酒店、进行高消费等措施得不到有效落实，被执行人可以借用他人的身份证购买车票、机票以及登记住宿、进行消费，有关单位并不严格检查身份证，以致这些措施的有效性大打折扣。其实，要是将身份证信息与指纹对应联网，用指纹来识别身份证信息，如进入高铁站，让进站者用指纹代替身份证扫描，使用他人的身份证购买机票的就无法进站，如此利用高科技、大数据来防范被执行人规避执行措施。

另外，按照现有法律规定，申请执行人申请执行，往往要提供财产线索，除了明显的房产、股票等登记的财产信息外，其他诸如登记转移至亲戚朋友下属等名下的财产，根本无法调查到。即使法院等司法机关有时也无能为力。我认为，在生效裁判确定当事人具有履行义务的责任时，证明自己无能力履行的责任要由被执行人承担。规定在一定的期限内不能履行义务时，就要承担诸如限制高消费的不利后果。在其财产不足以履行债务时，则应让之破产。因为，破产虽然可以免除其债务，但要让之在一定的期限内承担诸多义务而致生产生活不便。只有在其能够履行而不履行要有诸多法律的措施让之付出更大的代价时，他才会选择自愿履行。即使没有能力履行，如资不抵债而破产，也要因为自己不能履行义务的行为付出代价而使得他在能够履行的情况下为了不致破产加予以履行。不然，不能履行没有任何后果，在又无法查明其所有财产的情况下，他就可能通过转移财产等方式而逃避履行义务。另外，公司不能履行债务的现象很严重，有不少公司为夫妻档、父子档，在外面圈钱后便通过与关联公司、亲戚朋友等进行虚假交易的手段而将财产转出，剩下的债务则留给公司而以有限责任规避。这里就需要债权人平时注意自己权利的维护，尤其是与没有足够信用、平时不了解的人交易时更应注意。跟公司交易时，在掌握交易话语权时可以让股东、高管人员提供必要的担保，从而尽可能为自己的权利提供一道保障。

如上等等，有的执行措施已有规定，有的没有，则需要从最大限度保护债权人利益的角度设置好执行制度以及执行不能的后位措施。在现实生活中，现在的债权人就是白毛女中的杨伯劳，债务人则是黄世仁，真是一种悲哀。债权人为了维护自己的权利，要先出诉讼费、律师费等打官司，律师费除非特别约定又不能让败诉方承担，无疑乃是自己应有的权利损失。官司赢后，有的经过多年终于等来一纸生效裁判时，由于提供不了线索等原因而无法执行，这已经为长期的执行难问题所佐证。这几年来，各级法院启动"执行风暴"，按照设立的公布失信被执行人名单信息制度、限制被执行人高消费及有关消费制度，充分利用司法拘留、对拒不执行民事判决裁定的犯罪行为予以追究等措施，致使许多执行案件得以执行，取得了巨大的执行成就。但这一问题，由于诚实信用环境还不成熟等原因，还需要诸多努力，使得执行制度及其配套措施更加完善，如建立个人破产制度，将不能履行债务的被执行人在资不抵债时推入个人破产程序，就可能反过来促使有能力履行债务的被执行人加以履行。确实因为被执行人没有财产而不能履行，在资不抵债时让之进入个人破产程序，使之付出必要的代价，也不会因此而使得裁判权威遭受损害，不仅如此，还会增加法院裁判的权威，使民众更加相信法院及其裁判的执行力。

十一、司法权威与舆论监督

谭君：我在媒体从事新闻工作，主要联系公检法司这一条线。我感觉法院特别是法院领导很在意媒体对其工作报道的方向，总希望推介一些他们认为的正面的东西。对于他们认为否定的负面的报道，如报道存在问题的个案，尤为在意。有的甚至认为，不是进行正常的舆论监督，而是进行舆论审判。对此，您有什么看法呢？

贺律川：在我国，历来就有司法"为民做主"的文化传统。电影《七品芝麻官》中有句经典台词"当官不为民做主，不如回家卖红薯"，说的就是这种情况。汉代大儒董仲舒"引经决狱"，以求合乎人情道义。一些官员"舍法循礼，以顺天意、合民心为正当理由突破法律规范进行裁判的行为，通常会得到官方的嘉奖"。广大民众也期盼"包青天"式的不附权贵、刚正不阿、铁面无私、秉公司法、敢于替百姓申不平的司法官员。而且，这种期盼主要基于"杀人者抵命"等传统的实体上的公平正义，而并不注重司法程序的公平正义。其实，在封建社会，实行侦查审判合体的"纠问式诉讼"，也无现代司法所应具有的程序公平公正之可能。

我国是党领导下的人民民主专政的国家，人民为国家的主人而当家作主，司法权与其他国家权力一样，均为民所赋，司法为民、顺应民意，追求法律效果与社会效果的统一，"人民满意""让人民群众在每一个司法案件中都能感受到公平正义"，乃为人民司法为人民的必然要求。

司法是否顺应民意，主要从案件的裁判结果来体现。人民法院根据依法独立审判的原则，基于自己的专业判断，按照法定程序以实体法律为依据作出裁判，在审判公开原则下，乃为社会的公共产品。对于这种公共产品，民众基于司法为民、言论自由等而加以关注，甚至引发舆论热评，当是常事，也是司法接受社会监督的一种方式。一般情况下，法院独立依法作出的裁判与民意会趋向于一致，达到了法律效果与社会效果的统一。但在某些案件中，法院裁判作出的司法判断与民众作出的民意判断并不一致而发生冲突，有的甚至相差甚远，这时就面临着司法的独立判断与按照民意作出新的选择判断的问题。倘若前者确属违法所为，司法不公，按照民意纠正，自无问题。要是法院严格按照法律所为，仅因为实体结果而让民众无法接受，由此屈从民意而加以改变，其实质乃为"舆论审判"，就会给法院依法独立审判原则、司法权威造成严重的冲击与损害。

其实，舆论作为社会中相当数量的人对于一个特定话题所表达的、基本趋于一致的信念、意见和态度的总和，虽在形式上乃为主流，然存在着没有合法的程序保障支撑，对事实与证据缺乏充分、全面的把握，主要基于现实存在的朴素公平观念，专业与法理的审慎判断不足，甚至可能由人操纵炒作，刻意放大司法与民意之间的分歧等问题，在现代信息传播技术发达、传播速度加快，有的几个小时就可以遍及全国乃至全世界为公众所知的情况下，更难免人云亦云。舆论"注重信息的时效性而忽略对案件事实客观全面的把握，其信息来源渠道多具间接性、非对抗性，与司法言辞证据的直接性、公开辩论的对抗性相比，容易失之片面主观，且少数媒体为了提高关注度、点击率，常以颇具感情色彩的片面、偏激语言，使司法公正淹没在汹汹舆论之中，司法被'民意'重重裹挟，造成'网络、舆论审判'"①；且"在个案中舆情导向的形成，则缺乏理性程序机制的整合，处于自生自发状态。社会公众意见表达呈现出个体话语形态。在网络或其他公共舆论领域中，人人都是法官，因为人人都有话语权，但人人都不是法官，因为每个人都无法获得如法官那样——能够作出缜密判断的技术条件和制度支持"②，乃为舆论反映民意的先天不足。

尽管如此，人民法院也应正确面对舆论对司法工作的监督。毕竟，在信息发达、公众关注公共权力的运行、言论自由观念等的背景下，"以社会舆论为载体的'民意司法'时代似乎已经来临"，而且"司法公正不是司法自说自话，公正需要社会公众认同"③，必须与舆论保持良性的互动。不能一味抗拒民意，对舆情充耳不闻，甚或视之"舆论审判""舆论干扰"，而应在法律的允许内最大限度地接近或者满足民意；同

---

① 田立文：《如何维护和树立司法权威》，载《第八届中国中部崛起法治论坛论文集》。

② 徐阳：《"舆情再审"：司法决策的困境与出路》，《中国法学》2012 年第 2 期。

③ 徐阳：《"舆情再审"：司法决策的困境与出路》，《中国法学》2012 年第 2 期。

时，也应坚守法律的底线，而不能一味地屈从不符合时代发展潮流的民意，应通过依法、理性的司法，引导民众法律意识的提升。否则，都会造成司法公信力的下降，造成不理性民意对本来就很脆弱的司法权威的侵蚀、吞噬。

对于诸如"杀人者死，天经地义"等不符合时代发展趋势的朴素公平等民意，不予迎合、屈从，需要采取各种各样的措施，进行多方面的努力：

——提高公开审判的水平。公开审判是现代司法的一项重要原则，在公开审判下严格按照程序审判，让原被告双方充分抗辩质证，道理讲透，自可以解除民众的许多疑惑。这在移动互联网技术等日益进步的情况下，硬件技术已不成问题。一些法院也正在逐步推开。然，一些公开审判还是流于形式，不让双方尤其是刑事被告人及其辩护人讲彻讲透的现象时有发生，如限制辩护人辩护的时间，要求辩护人与刑事被告人的意见一致，不让证人出庭等，这些不正当甚至违法的现象，一旦出现在舆情关注的案件中，自然难以承受舆情的压力。

——提高裁判论证说理的能力。现有的裁判，大多都只是描述事实、罗列证据，而对说理部分重视不够。对于舆论可能关注的案件，其实更应强化说理论证的力度。如对死刑的适用，要对"罪行极其严重"这一抽象化的适用死刑条件通过案件的事实具体化，确定被告人的行为是否属于"罪行极其严重"。属于"罪行极其严重"，应当判处死刑而判处死缓的，论证为什么属于"不是必须立即执行"的情况。对于判处死缓可能遭受民意指责的，还可从我党历来主张的"可杀可不杀的，坚决不杀"等死刑适用政策，世界各国、联合国有关死刑适用的主张、适用情况，我国为此在国际社会事务中遭受的影响等加以论证，以及最高人民法院没有核准死刑的案件中加以对比分析，以引导民意。不能像大多数裁判只是简单地描述，被告人"罪该处死，但根据本案的具体情况，不是必须立即执行"的武断地作出结论而判处死缓。若有这种本案的"具体情况"，则具体情况是什么，应当明确，不能套用法律，而让人基于其他类似案件的简单比较、因受害人家哭嚎鸣冤而产生的同情、对被告人身世显赫背景因素的猜测等原因而对案件产生负面判断导致舆情的发生。

如云南李昌奎故意杀人案，一审、二审认定的事实及其投案自首的情节完全一样，一审认为"被告人李昌奎所犯故意杀人罪，犯罪手段特别残忍，情节特别恶劣，后果特别严重，其罪行特别严重，社会危害极大，应依法严惩，李昌奎虽有自首情节，但依法不足以对其从轻处罚"而判处李死刑；二审则以"被告人李昌奎在犯罪后到公安机关投案，并如实供述其犯罪事实，属自首；在归案后认罪、悔罪态度好；并赔偿了被害人家属部分经济损失"而改判死缓。显然，改判的理由非常笼统，让人难以认同改判的理由，即李昌奎为什么属于罪该死刑而又"不是必须立即执行"从而可以"判处死刑同时宣告缓期二年执行"的犯罪分子。加之，本案的罪行确实极其严重，造成2个年轻生命的死亡：将一女性被害人掐晕后强奸，被害人醒来逃跑时被李用锄头打击倒地；对另一个年仅3岁的被害人也不放过，并将两姐弟用绳索紧勒致死。在被害人的赔偿要求远远得不到满足，一审在李家人原先支付丧葬费2.18385万元的基础上判处赔偿3万元且都未到位，且"杀人偿命，欠债还钱，乃天经地义"还具有广泛民意基础的背景下，二审改判李死刑宣告缓期2年执行，被害人家属自然难以接受。判决一经公开，舆论汹涌也就自然。这时，再加以解释，难以起到阻止民意堤坝已经决口所造成的浪潮冲击。在民意反应越来越烈，云南省高级人民法院最终还是承受不住压力而自行启动再审程序，又改判李死刑，宣判的同时，外面一些他案的被害人亦在法院门外"举着各类标语牌"声援，要求对有关类似案件通过再审改判，民意得到充分满足的同时，司法的权威自然也遭受了严重的损害。

谭君： 在您看来，二审的改判是否完全错误呢？

贺律川： 我认为，该案一审、二审、再审认定的事实及其情节完全一样，定罪也没问题。量刑上，也不存在错误。因为按照法律规定，死缓并非独立的刑种，法律也是规定，对于"罪行极其严重的犯罪分子"应当判处死刑，如果"不是必须立即执行"的，则"宣告缓期2年执行"。请注意的是，这里还是"判处死刑"，只是"宣告缓期2年执行"，而不是我们通常的习惯上称之的"判处死缓"或者"改判死缓"。既然在量刑上都是判处死刑，从法律逻辑上又怎么讲畸轻畸重或者明显不当呢？这点似难以讲得过去。

在李案中，二审改判一审所判死刑的理由是一审"量刑失重"，决定再审理由是二审"量刑偏轻"，再审改判则以"量刑不当"为由，着重点都在量刑是否适当上。如前所述，3个判决的量刑都是"死刑"，并且为故意杀人罪的顶格刑，换言之，量刑结果一致，不存在"失重""偏轻""不当"等问题。该案的问题是李被判处死刑后，是否能够宣告缓期2年执行的问题。对于这一问题解决结果的选择，虽会造成生与死的判若云泥，然在法律上乃是在量刑同一的情况下而由法院作出裁量的宽度。这一裁量只要不是完全违反法律规定，仍属法院基于不同的价值判断而自行确定的范围，无所谓"失重""偏轻""不当"的问题。

按照刑法规定，除对劫持航空器"致人重伤、死亡或者使航空器遭受严重破坏的"等极少数犯罪行为，法律对之规定"处死刑"的绝对法定刑外，其他犯罪都规定了相对的法定刑，即只规定一个甚至几个刑罚幅度，如故意杀人的，则判处"死刑、无期徒刑或者10年以上有期徒刑"。"情节较轻的"，还可处"3年以上10年以下有期徒刑"，幅度很宽，让法院具有充分裁量的空间以适应案件具体情况的实际需要。所以，量刑不是畸轻畸重，如降低或者提高量刑幅度，或者因为无期与有期、死刑与无期、有期等存在刑种区别的降格或升格而造成的量刑轻重的实质区别，如本应判死刑的判无期，似也不存在畸轻畸重或者明显不当的问题。为此，之后的司法解释中，也明确刑事申诉案件，"量刑明显不当的"，才能决定再审。其中的"明显不当"，应不包括"偏轻"。

事实上，刑事量刑，不是简单的1+1=2的数学计算问题，对于各种量刑因素的考量涉及法律规定，裁判者的经历、认识、观念，裁判所应倡导的价值取向等方方面面，不同的人作出不同判断即如何裁量刑罚存在争议乃很正常。在量刑不是明显不当，而仅仅是所谓的"偏轻""不当"就要求启动再审，除非法官用天平衡量，不然是难以保证量刑的"不偏不倚"而绝对"适当"的。因此，以量刑"偏轻""不当"作为认定生效裁判确有错误而启动再审，既违背法理，也违背不同人认识出现偏差的客观实际，还会损害裁判的既判力、影响司法权威，而不应该加以提倡。

还有，在事实、定罪正确，适用法律准确，量刑也不畸轻畸重或者明显不当，在裁判生效后又启动再审程序改判加刑，也是对上诉不加刑原则的变相否定。如此，上诉不加刑就没有任何意义。二审一旦认定一审量刑偏轻不当，基于上诉不加刑原则维持，当事人及其近亲属又依法申诉，法院再启动再审程序并加以改判，那么，上诉不加刑不仅没有意义，而且还会因此增加程序，反而有悖于诉讼经济效益原则。

谭君：那么，凡是判处死缓的，就都属于量刑适当而不能启动再审程序吗？

贺律川：也不能这样说。应当判处死刑，并不属于"不是必须立即执行的"，就不应按照《刑法》第48条第1款的规定"宣告缓期2年执行"，因此，属于适用法律错误而启动再审。李案要启动再审，也是如此，而不能以"量刑不当"为由而启动再审。

谭君： 在您看来，李昌奎是否属于应当判处死刑但"不是必须立即执行的"犯罪分子呢？

贺律川： 这也是本案司法人员与民众产生分歧的焦点问题。从司法人员讲，对李判处死刑有宣告缓期2年执行的法律根据，如李具有自动投案如实供述罪行而构成自首的这一法定从轻或者减轻处罚情节。法律规定自首是"可以"从轻或者减轻处罚，但这里的"可以"从法意上讲，是"从轻"为原则，不从轻乃例外；一审以"犯罪手段特别残忍，情节特别恶劣，后果特别严重"等事实确定为"例外"的情形而排除自首的从宽处罚；二审则从原则上适用自首从宽处罚的精神来肯定这一情节的适用。其实，在判处死刑的情况下，宣告死缓，并没有从轻处罚，只是作为愿意接受法律处罚，具有不需要适用死刑就能达到个别预防犯罪而作为"不是必须立即执行的"因素加以考虑。另外，当事人给受害人赔偿了部分经济损失。还有，最高人民法院自1999年以来，就一直并反复强调，对于婚姻家庭、邻里纠纷等民间矛盾激化引发的故意杀人犯罪，适用死刑一定要十分慎重，应当与发生在社会上的严重危害社会治安的其他故意杀人案件有所区别，而李案就属于这种情况。尤其是通过死缓制度限制减少死刑的适用，不仅是我国一直提倡的"少杀""慎杀"的具体表现，而且是在大多数国家法律上废除或者实际不判处死刑或者虽判处死刑实际未执行而事实废除死刑，绝大多数国家已经承诺不适用死刑的情况，我国因为死刑适用的人数较多且不公开而遭受国际社会诟病的情况下，顺应世界刑罚文明发展之所需。从法律理性方面来说，李具有"不是必须立即执行的"法律根据与宣告缓期2年执行的必要价值。要是李案没有改判死缓的必要因素，在李家经济异常困难，前后只想方设法赔偿被害人家人4万余元不可能存在贿赂等腐败因素的情况下，数十名法官包括合议庭成员、审判委员会委员不可能在一审已经判处而且案件后果极为严重时决定判处李死刑，同时宣告缓期2年执行。

尽管如此，上述法律规定所蕴涵的适用原则及其死刑适用给我国在国际上带来的被动地位，并未通过有效的渠道让公众了解、理解。"杀人偿命"等传统认识还深嵌在民众心中，一遇到常人看来无法接受的结果就会喷发出来。加上，我国的刑事司法实践，基本沿用"严打"的习惯思维，对重刑重判者进行广泛的宣传，以企图震慑犯罪，致使重刑主义无论在民间还是司法官员中都有着广泛的市场及其基础。在此种背景下，一个杀死2人并连一个3岁的小孩都不放过的凶手，而且据称："李昌奎家对附带民事赔偿部分曾拒不履行。在当地政府督促下，强制把他们家的砖瓦拿出去拍卖，才赔偿了王家2.1万元左右。"在得不到被害人方谅解时，二审在又无其他新的从宽处罚情节的情况下改判死缓，被害人父母向外宣告请求民意支持，自会唤起对突遇丧失一对儿女的这一极为悲惨的人祸且又得不到应有补偿安慰的父母老人的同情，加上二审期间同时在西安进行一审的药家鑫故意杀人案，"舆论喊杀声一片"，药在李案二审2011年3月4日改判后1个多月后的2011年4月22日被判处死刑，具有参照系，民意对案件判决的影响可见一斑。

如上所述，对李判处死缓是否适当，并不是量刑是否不当的问题，而是该案如何选择死刑的执行方式即是选择立即执行还是选择缓期2年执行的问题。从严格控制死刑的发展趋势来讲，判处死缓有严格控制死刑的引导价值；但在民意认识不到这一点时而得不到理解的情况下，就得考虑法院的裁判能否承受可能引发的民意冲击。这点，是二审法院在作出改判决定中而没有考虑至少没有完全考虑到的。尤其是在同期药家鑫故意杀人案的后果尚没有李案严重，民意都"喊杀声一片"的情况下，亦未引起重视，在对李改判死缓时未加以权衡，说理也不充分，又未做好被害人家属的抚慰工作并通过媒体作有关死刑政策的宣传，释放一些利于改判一审判决结果的民意引导，以致造成被动。另外，被告人李昌奎逃亡时周围4县已经设岗堵卡，捉拿嫌疑人，为外逃困难压力所致的投案自首，也需要考虑媒体可能关注的与在没有任何外界压力下的完全出于主动而投案的自首之间的区别。尽管媒体对此没有注意。

倘若考虑到重刑主义民意的背景基础，像李案这种没有给予被害人家人必要赔偿，被害人家人可以说根本得不到任何弥补的情况下，在我看来，判处死刑，宣告缓期2年执行应当慎重，特别是在一审已经判处死刑，而二审又没有任何新的足以改判的理由的支撑，宜应支持原判，以树立司法的权威。

但是，在二审基于合理的法律根据及其必要的选择价值改判李昌奎死缓之后，其既判力、稳定性更应得到维护。不能仅仅因为量刑"偏轻""不当"而启动再审加以改判。倘若云南省高级人民法院能够坚持，最高人民法院在党的领导下通过主流媒体的疏导予以支持，可能就是在全社会范围内进行的一场极为有价值的死刑严格控制适用政策的生动教育，甚至成为死刑严格控制适用进程中的一个里程碑，之后的死刑严格控制适用就会越来越容易。可惜的是，法院基于脆弱的权威还是经受不住民意的冲击而选择妥协、屈从，可以说，一案三审改来改去造成司法损害的同时，严格控制适用死刑的政策要迈出适应世界关于死刑适用文明发展潮流需要的步伐，将更加艰难。

谭君：如上所言，法院要不屈从、迎合落后的民意，提高自己的独立审判的能力，除提高公开审判的水平及其充分论证的说理能力外，还要做哪些努力呢？

贺律川：我认为，司法人员还应做如下努力：

——提高案件裁判结果可能导致舆情的预判能力。在此基础上，事先有针对性地主动听取民意。对于可能导致舆情的案件，要多听取党委、政府、人大代表、政协委员、媒体代表、社区工作人员等的意见，对于正当的能够在法律范围内支持的民意，要予以支持，不能以独立审判为由而加以抗拒；对于不正当的民意，要与他们多沟通、阐述道理、讲明原因，以取得他们的支持，并借助他们做好矛盾疏导、纠纷化解等有利于裁判结果认可的工作。只要工作够细够实，在被害方的利益能够得到公平的实现，一般情况下是可以找到对被告人裁量适度刑罚并得到社会各方认可的结果的。

——提高应对负面舆情的能力。舆情出现后，不要基于"家丑不可外扬""讨厌舆论负面评价""身正不怕影子斜"等传统观念，或消极待之，置之不理；或积极作为，但以删帖、屏蔽、封号等限制舆情的扩散，对存在的问题遮遮掩掩，甚至说假话企图蒙混过关。而应实事求是，真诚坦荡面对，加强沟通，及时发挥最高人民法院有关网络民意沟通机制、新闻媒体沟通机制、向群众反馈机制等的功能，缓解、消除负面民意，引导、强化正面民意，以减少负面舆情对司法权威的侵蚀。当然，对于确定存在的问题，应当实事求是地加以反省，并且予以调查。倘要出现冤假错案，根据证据认定事实完全错误的，或者裁判严重不公，如对被告人的量刑畸轻畸重非要纠正不可的，则应启动再审程序纠正。对于存在争议，或者虽有程序问题但不影响实体公平公正，或者在实体处理上存在问题并不严重不公的，则应尽量维持裁判的稳定性、既判力，不能随意启动再审加以改判。否则，必然造成民意对法院独立审判的不当影响甚至干扰，这样的情况一次一次地发生，在司法权威本身脆弱甚至还很脆弱的情况下，就会给司法权威产生损害；反过来又促使不正当舆情的增长乃至膨胀，司法权威越来越低，负面舆情越来越多，并造成恶性循环。

——拓宽案件民意进入案件审理过程中的渠道。无论是英美法系国家还是大陆法系国家，对于一些重大案件的决策，都非常注重对民意的听取，这里除熟悉的陪审制度外，还有一种称之为法院（庭）之友的制度。它源于美国，指美国上诉法院和最高法院在司法决策过程中，与社会民意进行沟通互动的常态方式。"在诉讼过程中，案件当事人以外的个人或组织向法院提供有关适用法律方面的意见，以期影响案件判决。法院之友可以由政府担任，也可以由个人（包括法律专家）或利益集团充当。法院之友可以是与案件利益无涉的；也可以是将受到案件判决影响的利益集团、组织或个人。向法院提交法院之友意见有3种途径：法院主动征询意见；法院之友主动向法院提交意见；当事人主动联系法院之友，求得法院之友对自己有利的支持意见。法院之友可以向法院提交书面意见，在特别情况下，法院会批准法院之友参加口头辩论。根据美国《联邦最高法院法》规定，联邦、州政府如果希望以法院之友身份参与诉讼，无须征求当事人意见；而如果利益集团希望参与诉讼而被当事人拒绝，可以向法院申请参与诉讼。在司法实践中，这样的申请一般都会获得法院批准。……如果法院形成判决时考虑到了法院之友的意见，在判决中要援引意见的内容""有资料显示，在1970年至1980年之间，美国联邦最高法院53.4%的案件有'法院之友'提交了书状；近年来，美国联邦上诉法院有85%以上的案件有'法院之友'参与……美国法院吸纳公众意见的积极姿态可见一斑。"后来，这一制度"不但为英美法系国家所效仿，也很受大陆法国家的推崇。一些大陆法系国家和地区已经对法院之友制度进行了合理借鉴。欧洲人权法院在审理严重侵犯人权案件时，专门聘请与此相关的非政府组织和个人作为观察员介入诉讼，以书面或口头的方式提交意见。这些意见对法院没有约束力，但却有重要的参考价值。"[①]

在我国，最高人民法院也明确要求各级法院加强民意沟通工作，通过建立与完善人民陪审员制度，与人大代表、政协委员的联络工作机制，与各民主党派、工商联、无党派人士以及社团组织的沟通协调机制，特邀咨询员制度、特邀监督员制度、法院领导干部深入基层倾听民意机制，司法决策征求意见机制，根据需要采取多种途径和方式，

---

① 徐阳：《"舆情再审"：司法决策的困境与出路》，《中国法学》2012年第2期；于秀艳：《美国的法庭之友》，《法律适用》2005年第4期；张泽涛：《美国"法院之友"制度研究》，《中国法学》2004年第1期；范明志、陈宜芳：《我国判前(后)评断与欧洲公设律师制度比较研究》，《人民司法》2004年第6期。

广泛征求人大代表、政协委员、民主党派、社会团体、专家学者、其他法律工作者、基层群众等社会各界的意见和建议。特别要注重深入企业、社区、乡村，及时了解最广大基层群众的意见和呼声。但上述机制，除人民陪审员直接参与案件的审判过程外，其他主要是从司法工作的宏观方面、队伍建设听取社会各界的意见，而与国外的法院之友制度有着明显的不同。

与法院之友类似的是，在司法实践中出现的一种"专家意见"制度，一些当事人或其家人认为起诉指控的事实不成立或者不构成犯罪时，便组织刑法学领域方面的顶级专家根据提供的证据资料就事实认定、法律适用、行为性质等出具意见，供法院采纳。但由于该制度没有法律支撑，并由当事人方提供证据，一般还会给予一些专家"论证"费用，不免有人为操作之嫌。事实上，专家出具的意见，可以说是否定起诉的指控或者部分指控。还有，当事人方提供的资料往往也不全面，而且按照现有法律规定，只有当事人及其辩护人、代理人才能阅卷，而辩护人或者代理人提供给专家分析、论证，致使案件资料接触的范围突破法律的规定，也似有违规甚至违法之嫌。是以，一些重大敏感案件，倘若出现对起诉指控的事实与罪名加以否定时，相关的律师可能面对行政处罚甚至被控泄露国家秘密等犯罪的风险，司法实践中也不时有这种现象发生。还有，专家意见倘若提供给自己的学生，且在法院裁判中不像法院之友那样加以明示，也与公开审判原则的精神相悖，容易引发暗箱操作。尤其是在传统的熟人社会中，诉讼中通过熟人打招呼以通过人情而不是仅仅通过理性的意见反映来影响裁判，法官容易受到人情左右的情况下，更容易让人对裁判的公正公平性产生质疑。如辽宁被告人刘涌组织、领导黑社会性质组织罪，故意伤害罪，抢劫罪等一案，一审以故意伤害罪判处之死刑，与他罪并罚后，决定执行死刑。二审改判为死缓，结果引起舆情。在二审中，一些刑事法学家进行论证后提出了有利于刘涌的意见，也遭受了网络社会舆论的强烈指责。为此，最高人民法院启动再审又改判刘死刑。

应当指出，如上等等，只能是尽量减少司法的独立专业判断与民意的广泛非专业判断之间的冲突，但因法院要通过裁判实现法律规范调整人们行为的功能，这种裁判可能基于合乎时代发展的观念在法律规定的宽度内解读法律，而民意却还可能停留在传统文化、原有法律规定等已经与时代发展趋势不相一致的观念、习惯中，两者冲突在所难免。尤其是在我国改革开放不断进行、发展变化的过程中，与世界各国的交往日益增多，在融入世界体系中，自然要将国际上的一些普遍适用的法律原则、做法吸收到法律及其适用的过程中，更可能造成相对滞后的民意（特别是抗拒国际观念的民意）与相关司法的冲突。对于这种冲突，有的可以通过上述民意互动的方式加以解决，有的则难以解决。这时就需要司法系统本身具有抗拒落后不当民意舆情的冲击。否则，人民法院依法独立审判原则就难以贯彻落实，司法就不可能真正具有权威。

不容否认，"人民是国家的主人""群众的眼睛是雪亮的""人民是真正的英雄""人民，只有人民，才是创造世界历史的动力"，群众路线是我党的工作路线，司法为民乃人民司法的根本宗旨。刘少奇在党的七大所作的《关于修改党的章程的报告》就明确指出："一切为了人民群众的观点，一切向人民群众负责的观点，相信群众自己解放自己的观点，向人民群众学习的观点，这一切，就是我们的群众观点，就是人民群众的先进部队对人民群众的观点"，如此等等，确实反映了人类历史的发展规律。但这只是从宏观上的政治上的高度讲的，而非指人民群众在具体事情上的判断上都是正确的。所以，在具体案件尤其是人民关注、与众人利益直接相关等的重大案件处理中，要尽量听取民意。可是，听取民意，不能说民意说啥就是啥，民意说要怎么判就怎么判。如此，就没有必要设立专门的机关由专业人员来裁判的必要。

其实，民意虽是人民群众意见的反映，然不可能是所有人民的反映，而只是一部分群众的反映。这种部分群众的反映，由于媒体尤其网络意见传达的自发性、易跟风性、易受表面激发等特征，并不一定是真正的民意反映。就是真正民意的反映，有的基于过去传统习惯等形成而与司法所应引导与历史发展趋势相符的观念相悖而属于落后的民意时，亦需要否定，而不能当落后民意的尾巴，时时予以屈从。否则，久而久之，就不可能形成与人民法院独立裁判所必备的应有权威。

总之，人民的司法工作，要走群众路线，充分听取民意，既不能搞命令主义，也不做群众尾巴。对此，共和国缔造者毛泽东就曾精辟地指出："在一切工作中，命令主义是错误的，因为它超过群众的觉悟程度，违反了群众的自愿原则，害了急性病。我们的同志不要以为自己了解了的东西，广大群众也和自己一样都了解了。群众是否已经了解并且是否愿意行动起来，要到群众中去考察才会知道。如果我们这样做，就可以避免命令主义。在一切工作中，尾巴主义也是错误的，因为它落后于群众的觉悟程度，违反了领导群众前进一步的原则，害了慢性病。我们的同志不要以为自己还不了解的东西，群众也一概不了解。许多时候，广大群众跑到我们的前头去了，迫切地需要前进一步了，我们的同志不能做广大群众的领导者，却反映了一部分落后分子的意见，并且将这种落后分子的意见误认为广大群众的意见，做了落后分子的尾巴。"

——提升与新闻媒体互动的能力。基于我国国家机关及其工作人员，非常注意正面肯定的宣传，都很注重与媒体的沟通、互动。一般说来，媒体的宣传也以正面为主。但是，在司法机关及其工作人员存在一些问题，司法机关的具体案件更易引起人们的围观，某些媒体工作人员甚至借用"记者是无冕之王"、"第4种权力"之称的舆论监督等充当当事人的掮客，如先后在政府和知名媒体任职，后成为自媒体人的陈杰人，便以网络为平台，籍"网络大V"之名，打着"法律和舆论监督"的名义和公平正义的幌子，在博客、微信公众号、微信朋友圈等自媒体上发布虚假信息，炒作相关事件，违法插手工程项目、债务纠纷和诉讼案件，致使司法权威受到侵害。在司法权威不高的情况下，一些注重正面形象的法院领导，为了迎合媒体的可能并不属于正当的监督而也加以屈从。

相对说来，在国外尤其是像美国法官地位崇高、具有强大司法权威的国家，尽管很注重听取民意，但法官独立审慎裁判因为法官终身制等不会因为民意而遭受外界不正当的影响，如前美式橄榄球运动员辛普森（O.J.Simpson）涉嫌杀害妻子一案、共和党候选人乔治·沃克·布什与民主党候选人艾伯特·戈尔争夺总统选票一案，其审判过程中的舆情超过有史以来的任何案件。但法官仍能在汹涌、撕裂或者一边倒的民情中，作出独立的裁判。要是没有强大的司法权威，自然无法想象。

而在我国，"媒体对法官的影响力和约束力远远大于西方国家的媒体。媒体对法官的批评往往可以起到相当的震慑作用，法官迎合媒体的情况屡见不鲜"。尤其是"网络新技术的出现，让话语权分散到无数匿名的网民手里，由于网络的开放性、驻留性和互动性等特点，网络所汇集起的社会力量，从其诞生之日起便以几何级数的速度发展。网络的力量在司法实践中已经得到强有力的验证，但如果这股力量没有理性的驾驭，对正常的司法活动将是危险的。倘若很多公民利用网络这一平台，肆意宣泄自己对整个司法环境及法官不满的情绪，这样不仅没有达到参与的正当目的，反而扰乱了整个公民参与的秩序。"因此，在法院努力与媒体保持互动的基础上，有必要通过新闻立法就媒体报道行为进行规范，如媒体的报道应该是对案件的事实及其证据进行很客观如实报道而非想象或者故意虚假的报道；对案件事实应该全面进行报道而不是断章取义的有选择性报道；对案件性质的分析、确定，具体量刑等的处理，不应属于报道的内容；对网民的无序化、非理性化参与进行规范，使之确实出于理性参与司法监督过程，而不是按照个人的观念作情绪化的、倾向上的表达与宣泄。

如前面列举的发生在2006年的南京彭宇案，给社会造成的"扶不起"乃系法院裁判给司法权威造成的损害之广度、深度最为恶劣的典型。其原因除法官未对证据分析、民事案件事实认定所应遵守的优势证据原则进行充分阐释，以及法官画蛇添足式的根据"日常生活经验""社会情理"进行的拙劣分析、推理外，与媒体未能全面反映案件的客观证据，片面抓住、放大法官的主观分析推理也有莫大的关系。

在一审裁判中，法官认为，彭宇"如果是见义勇为做好事，更符合实际的做法应是抓住撞倒原告的人，而不仅仅是好心相扶"；彭宇"如果是做好事，在原告的家人到达后，其完全可以在言明事实经过并让原告的家人将原告送往医院，然后自行离开"，但彭宇"未做此等选择，显然与情理相悖"；彭宇如果是做好事，事发当日主动为原告付出200多元医药费，也不合情理；之后一直未要求返还，更不合情理，从而认为彭宇撞人后给付的是"赔偿款"。问题在于，在没有看到撞倒原告之人从而不存在抓住此人的情况下，看到倒地的老太太主动将其扶起来，就不是做好事吗？而且，法官在裁判时要重证据，而不能重主观分析。因为生活毕竟不是逻辑，按照逻辑，我们能推定一个人为了一句骂人的话、几元钱就将人杀了的吗？但现实中就有这种案例发生。还有，彭宇在老太太家人来后，在老太太一直称是彭撞倒的情况下，即使没撞，就有那么容易说明情况而可以离开不去医院的吗？被老太太称撞倒她的是彭宇，以及与老太太家人一起到医院，此时家人认为是与彭有关，彭能够一走了之或无动于衷吗？此时，无论是见义勇为还是怕被认为自己所撞而主动支付并不多的200元，都有可能。尤其是在老太太家人所带之钱就差200元时而主动支付，乃更正常。在200元不多，双方又在撞与不撞，见义勇为非见义勇之间争执不休时，彭没有要求老太太或其家人将200元返还也很正常，以免造成对方对自己的反感，也不是不可能。

其实，双方在报案笔录记载中都说过相互撞过；在法庭上，彭宇也承认自己撞过人，只不过不是撞老太太。事发当日，警方因双方报警对彭宇作了询问笔录，彭宇陈述了2人相撞的情况。原告儿子在其母住院接受警官询问时，将对彭宇的询问笔录用手机拍摄并加以保留。后因警方疏忽将该笔录丢失，在法庭上，警方提供了这份原始笔录照片，以及据此誊写的材料，做笔录的警官同时出庭作证。根据优势证据原则，可以认定彭宇撞倒原告的事实成立。但媒体却不客观全面反映案情及其有关证据，在警方丢失对彭宇询问所做的原始笔录后根据原告儿子提供的用手机拍摄的对彭宇询问所做笔录的照片，进行誊写并出庭作证的情况下，因该证据来源于原告儿子而提出质疑，并故意抓住、放大一审法官在裁判中的并不适当的主观分析推理，引起公众的普遍质疑与批评，舆论哗然，结果是，后来一有被撞倒之人而没有人敢扶，或者倒地之人被扶起后便称为扶起之人撞倒的现象发生，便认为是彭宇案裁判所造成的恶果，由此给司法权威所造成的影响与损害，足见一斑。

前者如2017年6月，"河南驻马店一女子过马路时，被一辆出租车撞倒在地，事发后，被撞倒女子横躺在马路上一动不动，其间多辆汽车和多名行人路过，无一辆车停车查看情况，也无一人上前施救，1分钟后，该女子遭到另一辆汽车2次碾压。不少人在感慨、悲叹世态炎凉、路人冷漠的同时，却将众人的冷漠归过于10年前的'彭宇案'。近年来，路人对遇险者作壁上观的类似新闻不断在各地反复上演，而每当类似新闻出现，'彭宇案'就会被再次纳入公共讨论的范围。一时间，'扶不扶'仿佛成了一个困扰人们多年的中国式难题，提供救助怕被对方反咬一口，不提供救助又将面临良心上的谴责，甚至这个话题还上了春晚"。①

后者如四川省某市的小学生小云，与2个同学放学在回家的路上，见到前面一个老太太摔倒在地，老太太请求他们扶一把时，小云上前将之扶起。结果，这位老太太的儿子却一口咬定是小云推倒了其母亲，并要求3名小学生各赔偿2500元。了解事情经过后，小云的父亲为了不让这么小的孩子因为做了好事却生出一辈子的阴影，他就拿着寻人启事，到事发地周围寻找目击证人。于是，当时在场目击事情经过的一些大妈便纷纷站出来为小云作证，表示：那天是那个老太太首先自己摔倒了，让路过的小朋友上前去扶她，结果一扶，就抓住孩子的手不放了。后来，摔倒的蒋姓老太太接受采访时，仍然称自己是被小云撞倒的，并发着毒誓："如果自己说谎，全家人死绝。"最后，经过调

---

① 《十年前彭宇案的真相是什么》，最高人民法院微博，2017年6月15日。

查，老太太说假，因此被行政拘留7日，考虑她年纪太大，决定不予执行。①

2018年12月，江西上饶某中学3位学生，在放学路上看到一位老太太摔倒在地后上前帮忙扶起，结果老太太称是他们撞倒并要求赔偿10万元用于住院，还好有路过的2名大学生帮忙查看监控录像后才还原了真相。"然而，好学生虽然受到了表扬，但坏人除了批评，未伤丝毫。某位网友做过一个统计，截至2017年10月，在149起因扶人引发争议的案例中，80%左右的案件真相终被查明。其中冒充好人的撞人者32例，诬陷扶人者84例。在上述84起被扶者恩将仇报的案例中，仅有1例受到了行政拘留的处罚，但也因违法人员已满70周岁，依法决定不予执行。"

由上不难看出，媒体对于一些有关公共社会道德伦理带有倾向性的不如实客观全面反映案件事实的所谓监督报道，给社会所带来的负面后果，给司法权威造成的损害，足见一斑。为此，加强新闻舆论的监督规制，"将传媒与司法的关系合理化、法律化、制度化，明确界定传媒与司法的互动方式、范围与限度"，使得新闻在法律规定的边界范围内保持采访、言论自由的宝贵品质，防止媒体放大不正当舆情，尤其是当事人等借媒体进行"舆论审判"而裹挟司法的现象发生，以保持媒体监督与人民法院独立依法审判之间的有效平衡，尤有必要。

十二、司法权威建设

谭君：那么，您认为应当从哪些方面来加强司法权威方面的建设呢？

贺律川：这是一个宏大的问题。马克思·韦伯曾对权威进行了系统讨论与分类，他认为，根据权威来源的不同，可以分为传统型权威、魅力型权威和法理型权威。前者是指基于悠久的历史规则与权力谱系的神圣性而得到正当性和信仰所产生的权威；中者则系源于具有某些超自然或者超人的至少是特别罕见的力量和素质而产生的权威；后者则是建立于对理性、法律及官僚体制以及法定授权的服从、信任之上所产生的权威。②

---

① 《好人是否有好报？是谁在谋杀道德？》，载网易新闻，2018年11月5日。
② ［德］马克思·韦伯：《经济与社会》（第1卷），阎克文译，上海人民出版社2010年版，第322~326页、第333页。

由此，我们不谈司法权威的来源，但一个国家的司法权威所能达到的程度，既涉及法律、司法体系、公平正义、其他权力与司法权力等抽象宏观方面，又涉及司法机关及其司法行为、结果、执行等具体微观方面，还涉及社会包括当事人、公民及舆论等各个方面，似乎很难得出唯一而正确的结论。我认为，强化司法权威方面的建设，应当从法治、法律、司法体系、司法人员、司法管理、礼仪、运行、功能、社会环境等各个方面尽力消除减少、降低司法权威的各种因素入手，而这明显是一个极为复杂的系统工程，而非简单的几种措施就能够加以解决的。

谭君：法治，就是用法律的准绳去衡量、规范、引导社会生活。一个现代化国家，必须是一个法治国家；国家要走向现代化，必须走向法治化。为了跳出"历史周期率"、实现长期执政、保障党和国家长治久安，以习近平同志为核心的党中央明确提出全面推进依法治国。这与司法权威存在着必然的联系吗？

贺律川：从治国方略上来看，司法权威必须建立在法治的基础上。不能想象，一个不讲法治的国家、社会，司法权威会有其存在的空间与余地。为了保证依法治国的全面贯彻落实，《宪法》第5条明确规定："中华人民共和国实行依法治国，建设社会主义法治国家。""国家维护社会主义法制的统一和尊严。""一切法律、行政法规和地方性法规都不得同宪法相抵触。""一切国家机关和武装力量、各政党和各社会团体、各企业事业组织都必须遵守宪法和法律。一切违反宪法和法律的行为，必须予以追究。""任何组织或者个人都不得有超越宪法和法律的特权。"

然而，法治不仅是一种方略、法律规定，而且要落实到国家、社会的各个方面以及民众的日常生活中，而这并非易事。加上封建社会的官本位、特权等落后思想文化的残余，一些人尤其是具有一定权力或其相关的人，不时有意识或者无意识地将自己及其行为置于法律之上。"我爸是李刚"，从某种意义上来说，就是种"权大于法"这一与法治方略完全不容的特权意识的反映。在这些人的心里，法律乃至司法就不可能有什么权威而言。

法治既然已经确定为治理国家的方略，必须从小强化公民的法治意识教育，而且在各个教育阶段都要进行法治教育。我国的政治教育一直抓得很紧，我认为有必要增加法治教育这一内容。对于从事公共服务的公务员、法官等公职人员尤其是身居一些重要职位的领导，还要继续强化这方面的教育。《礼记》所载"子曰：下之事上也，不从其所令，从其所行。上好是物，下必有甚者矣。故上之所好恶，不可不慎也，是民之表也"；孟子所曰"上有好者，下必有甚焉者矣"；韩非子所云"齐桓公好服紫，一国尽服紫，当是时也，五素不得一紫。""邹君好服长缨，左右皆服长缨，缨甚贵"；班固所称"教者，效也，上为之，下效之"；唐朝贾曾针对"玄宗在东宫，盛择宫僚，拜曾为太子舍人。时太子频遣使访召女乐，命宫臣就率更署阅乐，多奏女妓"时进谏所议"上行下效，淫俗将成；败国乱人，实由兹起"，以上所说的均为同一个道理，且这一道理亦被中外古今的事例反复证实。

法治教育，不仅要强调违法必究，更要强调有法必依。现今的法治教育，在我看来还主要放在对违法犯罪的惩治方面，着重于以此威慑震吓。其实，公民自觉的尊法守法乃是法治完善成熟的核心从而也应为教育的核心。只有公民在作决定时要考虑是否违法，违法则要付出惨重的代价从而自觉遵守法律，避免违法犯罪，法治社会才算真正完善成熟。可在这方面，似远远不够。一些公民在有可能违法的情况下，不是放弃违法行事的欲念，而是尽量去规避法律而不致违法，甚至千方百计以表面合法的形式来掩盖所要实现的本质上乃属违法的意图。是以，在一些重大问题决策时，不是从严格遵守法律的角度要求决策合法，而是确定要达到目的让法律人士来从法律文本上加以修饰完善以做到形式合法，避免今后被追责。这种现象在某些地方单位的领导决策中，还不时可见。

如有关法规明确规定，经营性国有土地使用权除国家划拨外不得低价或者零地价提供，经营性国有土地使用权的出让除特别情况可以协议方式出让外应当通过招标、拍卖、挂牌等公开方式进行，出让金的收取、支出要予分开，实行收支两条线。但不少地方为了吸引投资，先与投资者协商并签订好内部合同，确定出让价格及价款，然后表面上还是走招拍挂等程序，让投资者将出让金上缴到国库，然后又通过诸如基础设施配套建设费和扶持企业发展资金等名目将招拍挂所产生价款与合同确定价款之间的差价"奖励""补偿"给投资者，致使正常依法进行的"招拍挂"不仅流于形式反而还成为掩盖内部不当甚至非法交易的手段，其中还可能存在权力寻租、滥用职权、违背资源市场配置原则、不公平竞争等的不当乃至不法行为。

现实生活中，一些国有项目的招投标行为，不少都是通过内定他人后由他人组织一些所谓的竞争者来围标、串标。一些公司尤其是私营公司对外通过资产高价评估从银行借款或者其他方式融资，然后将资金通过股东会研究决定以借款、交易等所谓的虚假交易转入另设的关联公司，经过几个环节再转入自己或者可以控制的个人手中，有的则通过股东会决定直接借给股东或者为股东借款提供担保，这样钱到了股东个人腰包，而所有程序均属合法，对外融资所产生的债务则留给公司，借公司的有限清偿责任脱逃债务。这在不少公司企业股东均为父母夫妻子女的情况下更易做到。

在民间借贷中，通过"咨询费""违约金""服务费""中介费""保证金""延期费"等名目，或者通过反复走账等方式掩盖远远高于法定利息的借款，并让借款者事先提供抵押，办好委托贷款人转让抵押物的手续，或者借款到期后采取暴力或者软暴力的方式追讨债务。欠债不还，将资产转移给家人或者可以控制的人，以假离婚等方式逃避债务的现象，屡见不鲜。

在工程建设事务中，低价承揽工程后，以无法继续承建停工等为由甚或组织农民工以迫使发包单位加价……

如上等等，行为人在行动之初就没有遵守法律的意图，只是借合法的形式掩盖非法的目的。所以，自觉遵守法律、诚实行为的法治这一首要核心的观念还需要通过各种手段尤其是教育予以强化。在法治意识从小形成并成为一个人内心中根深蒂固的观念，尊重、履行生效裁判及其产生的权威，也就成为自然。因为，司法裁判乃是司法人员依法将法律具体化的结果，遵守生效裁判，乃是尊重法律、尊重法治的自然结果与必然结论。对此，被后人广泛誉为西方哲学的奠基者，与其弟子柏拉图、再传弟子亚里士多德并称为"古希腊三贤"的苏格拉底为我们后人树立了尊重与服从生效裁判及其法律权威的榜样。著名的思想家、哲学家、教育家苏格拉底，被他人举报反对民主政治、用邪说毒害青年而遭受500人组成的陪审团审判。在审判过程中，苏格拉底以慷慨激昂的演讲辩称自己无罪，不仅无罪，其行为还有利于社会的进步，但最终仍被处以极刑。在行刑前，他的学生和朋友如克力同、西米亚多次劝他逃离雅典，并买通了狱卒，为他安排了万无一失的逃离计划以及以后的生活。然他认为：法律是城邦公民一致制定的协议，应该坚定不移地得到执行；他既然是雅典的公民，就应该遵守雅典的法律；城邦的理想状态乃是人人从内心守法的状态；"在一个城邦里，如果法律的判决失去效力，被每个人轻视和践踏"，那么，这个城邦就无法维持下去；"对于任何人我们都不能以恶制恶，即便他曾对我们作过恶，我们也不能报复他"；而逃亡不过是以恶制恶，以牙还牙，违反了一个城邦公民与城邦之间的契约，破坏了雅典法律的权威，在法律视为城邦安全的基础、城邦真正的保护神，"法律至宝""法制为贵"，任何人的地位都不得高于雅典城邦的法律认知及其环境中，他最后从行刑官那里接过毒酒，一饮而尽，从容殉难。①

---

① ［**古希腊**］柏拉图：《苏格拉底之死》，张光玉译，北京联合出版公司 2018 年版，第 67~68 页。

第五章

言论表达之度

一、自由与规范约束

谭君：我们现在来谈谈言论自由及其边界的问题。对于这一问题，由于涉及政治，可以说，非常敏感。具体要求及其看法乃至做法，官方与民众两者从不同的角度出发也有所不同，时常产生一定的冲突，有时还比较尖锐，然不可能回避，还是要在两者之间寻找平衡。下面，我们就从言论、自由等基本概念谈起。

贺小电：言论、自由，尤其是自由，不同的领域对之有着不同的定义。要是在其内涵与外延上不加以界定，在谈论中有时用这一含义，有时又用那一种含义，自然违背探讨同一问题时应当遵守"同一意义上使用概念和判断"的同一律这一基本逻辑规则。如言论，既有一般意义上的"说话""交谈"等含义，又有特定环境下的"关于政治或一般公共事务的议论"的意义。毫无疑问，谈言论自由，从不同的意义解读，其要求及其边界会有明显的不同。

那么，什么叫言论呢？对此，就是权威的词典、辞书也存在着不同的解释。如：（1）言论，指言谈、谈论；也指发表的议论或意见。（2）言论，指言谈、谈论，或者指言词、发表的议论或意见，或犹舆论。其中，言谈，则指谈论、交谈，或者说话的内容与态度。（3）言论：关于政治或一般公共事务的议论，如言论自由、发表言论、进步的言论。其中，言词，同言辞，指言辞恳切，或说话所用的词句；言谈："说话；交谈"，或作名词用为"说话的内容和态度"，如言谈举止，言谈风雅；谈论："用谈话的方式表示对人或事物的看法"，如谈论古今；舆论：公众的言论。

对于以上有关言论的含义，既可以用于对事物、现象、思想、观念、观点等客观存在或者想象中的非客观存在等表示看法的一般意义上的言谈，如陈述某种事实、纯粹的聊天取乐、讲故事传奇等就是如此，又可以用于对一般意义上并不涉及政治、公共利益的客观存在或非客观存在的看法、观念、观点及议论。这时，对客观存在或非客观存在的看法、观念、观点、思想等本身也可以产生的相同或者不同的看法、观念、观点、思想等，也属于言论的范畴；还可能仅仅用于特定意义上的即涉及政治、公共利益的客观存在或非客观存在的看法、观念、观点及议论；乃至用于舆论之意。在本文中，则取包括舆论之意在内的所有含义。除此之外，对言论之义，还需做如下限定及补充：

——从言论的表现形式上讲，过去语言主要是通过口头谈论、演讲的形式表示。可在现代社会中，利用电报、传真、报纸、书籍、刊物、剧本、广播、电影、电视、录音、录像、网络等非口头的书面、电子数据、视听资料等形式来表示。

——从其在法律学及行为学中的性质上讲，言论既可以表示言论这一动作及其方式、态度，也可以用来表示言论这一动作所表达的内容。从行为学及法学的角度来讲，言论乃是一种行为，如口头谈论则为口头行为；用书面或者其他形式表达，如以写作、制作电影电视、录音录像等方式表达则属于非口头的行为。如2人或多人通过口头谈论、讨论形成的合同，如不用书面、电子数据、视听资料等其他形式固定的口头约定，又称口头合同，也属于法律行为。就是犯罪行为，如煽动分裂国家，传授犯罪方法、教唆他人犯罪等都可以采取纯口头的方式进行，利用书刊、影视、电子数据、网络等非口头方式来表达言论的形式，自然也可以用来违法犯罪。至于，言论所指的内容，从行为学的角度来讲，乃指言论这一行为的对象、目标或结果。

——从行为表现是否为作为的类型上看，言论既可以表现为积极的作为，即以口头或者书面、电子数据、广播、电影、电视、录音录像等方式表达出来，又可以表现为消极的不作为，在一定场合、环境不以积极作为的方式表达，而是以消极的不动作如不作声、沉默等方式表达自己对人、事、行为、观念、思想等客观存在或非客观存在的看法、观点、思想及议论。如对事情的表态，在明确不作任何表示的情况下即承认或者否定某种结果，就可以沉默等不作为的方式表示。

当然，按照不同的标准，对言论行为还可以作其他分类，如官方言论与非官方言论（民间言论）；公众言论与非公众言论；职业言论与非职业言论；工作言论与非工作言论；单独言论与共同言论；有意识言论与无意识言论；故意言论与过失言论；自愿言论与被迫言论；主观言论与客观言论；口头言论与非口头言论；政治言论与非政治言论；正当言论与不正当言论；肯定言论与否定言论；积极言论与消极言论；正面言论与负面言论；有益言论与有害言论；具有执行力的言论与不具有执行力的言论。如此等等，举不胜举。

——从言论所要表现的内容来看，乃是人通过思维活动对人、事、物、行为、活动、后果、现象等客观存在或非客观存在所做的叙述，以及对客观存在或者非客观存在所产生的思想、观点、观念、看法的表达。换言之，言论乃是一种有意识的表达，非意识情况下如无意识的在梦中的语言，小孩在认识能力之外所做的表达，乃都属于非意识的言论。当然，非意识的言论，既可以表现为完全按照自己意志所做的表达，也可以表现为非完全按照自己意志甚至根本失去自己的意志但是基于思维而作的有意识表达。至于非完全按照自己意志所做的表达，乃是按照一定的规则如少数服从多数、下级服从上级，或者迫于他人压力、威胁等被迫作出的表达。还有，他人以给之好处而引诱、欺骗其作出的表达，则属于按照自己意志的完全表达，而非完全按照自己意志乃至完全不按照自己意志所做的非意识表达。

——从言论的目的来看，它是用来与他人交流而作的表达。非用来与他人交流，自言自语，或者以书面、电子数据、录音录像等非口头方式而私下不向他人作的表达，不属于言论的范围，尚属思维、思想的大脑精神活动的范围。这种思维、思想活动及其结果，一些人可以通过书面、自己录音等方式记录下来，然其没有向他人交流的意思表示，依旧不属于言论的范围。不过，用来与他人交流进行表达，并不要求已经有了实际的交流行为。没有与他人的实际交流行为，可在寻找、准备交流的方式、对象等的，也属于用来与他人交流的表达。当然，用书面等方式记录思想、思维活动的结果所形成的表达，是否属于用来与他人交流的表达，得还有其他行为表示，不能单凭记录这一行为就认为属于与他人交流的表达。如记录后存放在私密场所尤其是保险柜等他人很难接触的地方，就不应当认为对思维、思想的记录属于言论有用来与他人表达之意。可是，具有与他人交流的意图，将自己的观点、思想的书面记录故意放在他人容易发现的非私密场所，尤其是公共场所等，借他人之手与他人交流、传播、扩散等，则仍属于用来与他人交流的言论表达。

——言论作为一种行为，自然具有力量，并因之表达、实施可能产生某种结果。言论这种力量，既可以是直接的，如通过同意、支持、赞成、允许、赞扬、鼓励等肯定的方式让他人高兴、快乐，又可以通过不同意、不赞同、不允许、批评、谴责等否定的方式让人不舒服。

　　肢体行为可以直接给受体物质性力量而产生影响，而言论行为则不能直接让受体感受物质性的力量，只能对受体产生精神影响。故，对于他人、社会、国家直接表现出物质性的暴力行为，只能是肢体行为，而不能是言论行为。可言论行为，亦可以对他人的精神产生强制，并对他人的身心造成伤害，为与给他人所产生的物质性暴力区别，又称为精神暴力。精神暴力，又称软暴力，自然可以由言论行为，如讥讽、挖苦、谩骂、嘲笑、侮辱、诽谤、哄闹、威胁、揭露隐私、恶意举报、反复拨打电话、发微信等构成，从而表现出对他人、社会的危害性。不过，言论行为还可与肢体行为结合而成为肢体暴力的一部分，如教唆他人杀人的言论行为，则可以与直接杀人的肢体暴力行为结合而成为杀人暴力行为。

　　谭君：在现实生活中，尤其是在法律界中，自由是一个非常"耳熟"却并非一定"能详"的词汇。德国古典哲学创始人康德就认为，一般人对自由的了解，其实是非常糊涂、非常鲁莽、自以为是的。与伏尔泰、卢梭合称"法兰西启蒙运动三剑侠"的思想家孟德斯鸠亦说："没有一个词比自由有更多的含义，并在人们意识中留下更多不同的印象了。有些人认为，能够轻易地废黜他们曾赋予专制权力的人，就是自由；另一些人认为，选举他们应该服从的人的权利就是自由；另外一些人，把自由当作是携带武器和实施暴力的权利；还有些人把自由当作是受一个本民族的人统治的特权，或是按照自己的法律受统治的特权。某一民族在很长时期内把留长胡子的习惯当作自由。又有一些人把自由这个名词和某一种政体联系在一起，而排除其他政体。欣赏共和政体的人说共和政体有自由。喜欢君主政体的人说君主政体有自由。结局是每个人把符合自己习惯或爱好的政体叫作自由。……在民主政治的国家里，人民仿佛是愿意做什么几乎就可以做什么，因此，人们便认为这类政体有自由，而把人民的权力同人民的自由混淆了起来。"那么，究竟什么是自由呢？您能谈谈吗？

　　贺小电：自由一词，古今中外数千年来，一些伟大的哲学家、政治学家、社会学家、法学家、心理学家等都在探讨，并且建立了一座座丰碑，完全可以说，就单独一个词汇来说，是绝无仅有的。只要有人类存在，自由就会像爱情一样，会成为一个永恒的话题，让人迷恋、探讨、实践，不惜为之付出，甚至为之付出生命。汉乐府民歌《铙歌》中的《上邪》中的"我欲与君相知，长命无绝衰。山无陵，江水为竭，冬雷震震，夏雨雪。天地合，乃敢与君绝"，以及匈牙利诗人著名诗人裴多菲19世纪40年代在其闻名于世的箴言诗《自由与爱情》中所吟的"生命诚可贵，爱情价更高。若为自由故，两者皆可抛"，作为中西文化中关于爱情与自由追求的艺术表达会由后人丰富的爱情与自由故事而不断谱写出新的篇章。

——在我国，作为一种描述自足自在、自得自乐、自觉自主、无拘无束的内心感受及精神生活状态的自由（观念），与自适、自任等词同义，早就存在。孔子所曰"为仁由己，而由人乎哉"，孟子所云"君子深造之以道，欲其自得之也。自得之则居之安，居之安则资之深，资之深则取之左右逢其原，故君子欲其自得之也"，其中的"由己""自得"所指的便是这种自由的精神状态。"自由"一词首次在我国有关文献中出现，据称在东汉。赵岐在对《孟子·公孙丑下》中的"我无官守，我无言责也，则吾进退岂不绰绰然有余裕哉"的注释曰："今我居师宾之位，进退自由，岂不绰绰然舒缓有余裕乎？绰裕皆宽也。"我国文学史上第一部长篇叙事诗，与北朝的《木兰诗》盛称为"乐府双璧"的乐府巅峰之作的《孔雀东南飞》就有"自由"之语："此妇无礼节，举动自专由。吾意久怀忿，汝岂得自由！"自此，自由一词便经常在诗文中出现，如杜甫的"出门无所待，徒步觉自由"，白居易的"行止辄自由，甚觉身潇洒"，柳宗元的"春风无限潇湘意，欲采蘋花不自由"，杜牧的"百感中来不自由，角声孤起夕阳楼"，李商隐的"星使追还不自由，双童捧上绿琼辀"，等等。在近代，极具影响力的资产阶级启蒙思想家，著名翻译家、教育家，新法家代表人物严复亦说："吾观韩退之《伯夷颂》，美其特立独行，虽天下非之不顾。王介甫亦谓圣贤必不徇流俗，此亦可谓自繇（由）之至者矣。"被孙中山称之为《先民的自由歌》曰："日出而作，日入而息。凿井而饮，耕田而食，帝力于我何有哉！"上述中的自由，体现在"私的层面即个体生存层面，自由即个人安然自在、恬静自得、悠闲自乐的内心感受、生活态度、人生理想或日常生存状态"或者"特立独行、不徇流俗"等的独立人格方面，它与风俗习惯、礼仪道德或者法律制度等规范无关。"但是，就总体而言，在中国传统正统思想中，'自由'一词主要被从否定意义上来理解和定位，指称一种与正统思想和正式制度相反的个体态度或行为。《东周列国志》中宣王斥责臣下曰：'怠弃朕命，行止自繇（由），如此不忠之臣，要他何用！'晋武帝司马炎下诏指责王浚'忽弃明制，专擅自由'""在'公'的层面即正统思想与正式制度层面，自由即随情放纵、任意散漫、自私自用等态度或行为"。①不过，西汉著名史学家司马迁撰写，列为"二十四史"之首，鲁迅誉为"史家之绝唱，无韵之《离骚》"的第1部纪传体通史《史记》，其中的《货殖列传》引用《周书》道出农、工、商业各自都有不可替代的经济功能，若能让之自由发展，便可富国裕民。这里虽未出现"自由"一词，然唐代司马贞的《索隐》将文中的"贫富之道，莫之夺予"点化为"言贫富自由，无予夺"。由此，自由便与经济行为相联系，自然也就与道德、法律相关联。

然而，基于"农本商末"的观念，"重农抑商"乃为我国封建社会的基本政策。直至唐朝中后期，抑商政策才有所放松，商业有了较大发展。到了宋代，随着商业繁荣现象的出现，对商业的看法和态度也有所改变，抑商政策亦更为放宽。到了明代后期，万历时期的政治家、改革家、内阁首辅，辅佐万历皇帝朱翊钧开创了"万历新政"的张居正进行改革，提出了"轻关市以厚商而利农"的"厚商"政策，之后商业便在我国呈现出蓬勃发展的态势。所以，明末清初经学家、史学家、思想家、地理学家、天文历算学家、教育家，与顾炎武、王夫之并称"明末清初三大思想家"，并有"海内三大鸿儒""中国思想启蒙之父"之誉的黄宗羲提出"工商皆本"，商业便由"末业"变为了"主业"之一。与此相适应，一些现代自由的观念、思想亦呼之而出，如我国近代思想家、政治家、教育家、史学家、文学家，戊戌变法（百日维新）的领袖之一，中国近代维新派、新法家代表人物的梁启超就提出："文明自由者，自由于法律之下，……故真自由者必能服从。服从者何？服法律也。""法律者，我所制定之，以保护我自由，而亦以钳束我自由者也。"

谭君： 那么，在西方，关于自由的概念，根据您的梳理，大体上是个什么情况呢？

贺小电： 在西方，拉丁文Liberta用来表示自由，含义为从束缚中解放出来。在古希腊、古罗马时期，"自由"与"解放"同义。英语中，自由用"Liberty"表示，其来源于拉丁文，出现于14世纪。而Freedom则于12世纪前就已形成，亦含有不受任何羁束地自然生活和获得解放等意思。这样，自由在西方最初的含义主要是指"自主、自立、摆脱强制，意味着人身依附关系的解除和人格上的独立"。

---

① 寇东亮：《中国古代的"自由"：秦汉以后曾贬义化》，载中国新闻网。

从心理上讲，自由是指人基于自身、外界环境等条件，能够按照自己的意愿自主决定、选择自己的行为并自愿承担相应后果的意识。它是人的一项基本权利，不受外界强制和干涉。无论基于什么目的，对自由意识的干涉都是违反人的本性的邪恶行为。有"精神分析之父"之誉、二十世纪最伟大的心理学家之一的西格蒙德·弗洛伊德曾经指出："大多数人并不真的想要自由，因为自由包含责任，而大多数人害怕责任。"现代英国最伟大的散文家、戏剧家、评论家、演说家，世界著名的幽默、讽刺语言大师，积极的社会活动家和费边社会主义的宣传者，1925年因作品具有理想主义和人道主义而获得诺贝尔文学奖的肖伯纳，他的关于自由的名言"自由意味着责任，这就是为什么大多数人都畏惧它的缘故"，与弗洛伊德有关自由方面的所称有异曲同工之效。

从社会及其规范方面来说，自由系在不侵害别人的前提下按照自己意愿行为的权利。1789年8月26日颁布的法国大革命纲领性文件《人权宣言》（又称《人权和公民权宣言》）第4条、第5条规定："自由就是指有权从事一切无害于他人的行为。因此，各人的自然权利的行使，只以保证社会上其他成员能享有同样权利为限制。此等限制仅得由法律规定之。""法律仅有权禁止有害于社会的行为。凡未经法律禁止的行为即不得受到妨碍，而且任何人都不得被迫从事法律所未规定的行为。"换言之，作为个体存在的人，在处理自己与他人无关的事情时，有权完全按照自己的意志决定处理自己的作为与不作为；但作为社会存在的具体社会属性的人，与他人相处发生这样或那样的联系时，自己自由的行为就要以不妨碍、侵害别人的意志及其行为的自由为前提。不妨碍、侵害他人的行为，乃为善，会得到社会的鼓励与肯定，从而为真正的充分的自由；而妨碍、侵害他人的所谓"自由"，则为恶，要受到社会的谴责与否定，甚至其财产、自由乃至生命被剥夺，于是也就变得不自由。

从规范层面上来讲，具体又分为两个层面：一是，从自由与道德关系的角度把握自由的特征；二是，从自由与法律关系的角度把握自由的性质。对此：

——苏格拉底早就指出："国家或个人得享极端自由者，终必降至极端奴隶之境。"①

---

① 辛辉、荣丽双主编：《法律的精神：法律格言智慧警句精选》，中国法制出版社2016年版，第142页。

——德意志著名哲学家、思想家，德国古典哲学创始人，在天文学上首先质疑"宇宙不变论"、提出太阳系起源星云说，在政治学上提出"世界公民、世界联邦、不干涉内政"的主权国家原则的康德对自由与道德曾经作过许多精辟的论述："天赋的权利只有一个，即生来就有的自由权""自由是独立于别人的强制意志；而且由于根据普遍法规，它能够和所有人的自由并存，它是每个人由于他的人性有的独一无二的、原生的、生来就有的权利。当然，每个人都享有天赋的公平，这就是他不受别人约束的权利，正如能以同样的权利去约束他人。因此，由于每个人生来就有的品质，他根据这种权利应该是他自己的主人。"①但是，自由就是我要做什么就做什么吗？"自由不是想做什么，就做什么，而是教会你不想做什么，就可以不做什么。""自律即自由。""自由，倘若它被授予我们的话，就使我们厕身于事物的一种理智秩序之列。"②"依照意志自律的原则该做何事，这对于极其庸常的知性也是毋需犹豫就一望而知的；在以意愿的他律为先决条件的情形下该做何事，这是难以把握的，就需要万事通晓。""道德法则却要求每个人一丝不苟地遵守。因此，根据道德法则来判定什么是该行之事，必定没有多大困难，以致十分庸常未经历练的知性，甚至不必通达世故，也会胸有成竹。""人们从不命令每个人去做他已经不可避免地自动要做的事情，人们只须给他规定手段甚或提供手段，因为他并不是愿望什么就能做什么的。但在职责的名义下以德性命令人，则是完全合理的：因为首先规矩如果与禀好相冲突，则并非每个人都乐意服从它，其次，关于他如何能够遵守这条法则的手段，在这里是用不着教授的；因为在这样一种关系里面，他愿望什么，他也就能做什么。"③"而纯粹的并且本身实践的理性的自己立法，则是积极意义上的自由。道德法则无非表达了纯粹实践理性的自律，亦即自由的自律。"④由此，自由并非随心所欲，而是建立在自律基础上的自由，且道德法则属于自律的范畴，只有在道德法则之中的自由才属真正的、积极的自由。

——德国19世纪唯心论哲学的代表人物之一，其思想代表了当时德国唯心主义哲

---

① 辛辉、荣丽双主编：《法律的精神：法律格言智慧警句精选》，中国法制出版社2016年版，第163~164页。
② ［德］康德：《实践理性批判》，韩水法译，商务印书馆1999年版，第44页。
③ ［德］康德：《实践理性批判》，韩水法译，商务印书馆1999年版，第39~40页。
④ ［德］康德：《实践理性批判》，韩水法译，商务印书馆1999年版，第34~35页。

学运动的顶峰，对后世存在主义和马克思历史唯物主义等哲学流派均产生深远影响的黑格尔则指出："自由正是在他物中即是在自己本身中、自己依赖自己、自己是自己的决定者。……只有当没有外在于我的他物和不是我自己本身的对方时，我才能说是自由。那只是被他自己的冲动所决定的自然人，并不是在自己本身内：即使他被冲动驱使，表现一些癖性，但他的意志和意见的内容却不是他自己的，他的自由也是一种形式上的自由。"[①]"自由的真义在于没有绝对的外物与我对立，而依赖一种'内容'，这内容就是我自己。""所谓自由，即从一切'有限'事物中摆脱出来，抓住事物的纯粹抽象性或思维的简单性。"[②]"由于这样，他不但不感到他的自由受到了妨害，甚且可以说，正由于有了这种必然性与义务性的意识，他才首先达到真正的内容充实的自由，有别于从刚愎任性而来的空无内容的和单纯可能性的自由。一个罪犯受到处罚，他可以认为他所受的惩罚限制了他的自由。但事实上，那加给他的惩罚并不是一种外在的异己的暴力，而只是他自己的行为自身的一种表现。只要他能够认识这点，他就会把自己当作一个自由人去对待这事。一般讲来，当一个人自己知道他是完全为绝对理念所决定时，他便达到了人的最高的独立性。"[③]"要知道国家乃是'自由'的实现，也就是绝对的最后的目的的实现，而且它是为它自己而存在的。""在国家里，'自由'获得了客观性，而且生活在这种客观性的享受之中。因为'法律'是'精神'的客观性，乃是精神真正的意志。只有服从法律，意志才有自由；因为它所服从的是它自己——它是独立的，所以也是自由的。""那种'合理'的东西作为实体的东西，它是必然的；当我们承认它为法律，并且把它当做我们自己存在的实体来服从它，我们就是自由的。""'自由'在它的'理想的'概念上并不以主观意志和任意放纵为原则，而是以普遍意志的承认为原则；而且说'自由'所由实现的过程，就是它的各因素的自由发展。主观意志只是一种形式的决定，里面完全不包含主观意志所欲望的东西。只有理性的意志才是那个普遍的原则，能够独立地决定它自己，舒展它自己，并且发展它的相续的各因素为有机的分子。"[④]"通常的人当他可以为所欲为时就信以为自己是自由的，

---

① ［德］黑格尔：《小逻辑》，贺麟译，上海人民出版社 2009 年版，第 96 页。

② ［德］黑格尔：《小逻辑》，贺麟译，上海人民出版社 2009 年版，第 123 页、第 170 页。

③ ［德］黑格尔：《小逻辑》，贺麟译，上海人民出版社 2009 年版，第 297~298 页。

④ ［德］黑格尔：《历史哲学》，王造时译，商务印书馆 1963 年版，第 79 页、第 53 页。

但他的不自由就恰好就在任性中。""义务所限制的并不是自由，而只是自由的抽象，即不自由。义务就是达到本质、获得肯定的自由。"①

——法国18世纪启蒙思想家、哲学家、文学家雅克·卢梭指出："人是生而自由的，但却无往不在枷锁之中。自以为是其他一切的主人的人，反比其他一切更是奴隶。""放弃自己的自由，就是放弃自己做人的资格，就是放弃人类的权利，甚至就是放弃自己的义务。对于一个放弃一切的人，是无法加以任何补偿的。这样一种弃权是不合人性的；而且取消了自己意志的一切自由，也就是取消了自己行为的一切道德性。"②"自由不仅在于实现自己的意志，而尤其在于不屈服于别人的意志。自由还在于不使别人的意志屈服于我们的意志；如果屈服了，那就不是服从公约的法律了。""人是自由的，尽管是屈服于法律之下。这并不是指服从某个个人，因为在那种情况下我所服从的就是另一个人的意志了，而是指服从法律，因为这时候我所服从的就只不过是既属于我自己所有也属于任何别人所有的公共意志。一个主人可以允许这一个人而拒绝另一个人；反之，法律则不予任何考虑，法律的条件对人人都是同等的，因此就既没有主人，也没有奴隶。""唯有道德的自由才使人类真正成为自己的主人；因为仅只有嗜欲的冲动便是奴隶状态，而唯有服从人们自己为自己所规定的法律，才是自由。"③"根本就不存在没有法律的自由，也不存在任何人是凌驾法律之上的。一个自由的人民，服从但不受奴役，有首领但没有主人，服从法律但仅仅是服从法律。""无须问何以人们既是自由的而又要服从法律，因为法律只不过是我们自己意志的记录。""法律只不过是社会结合的条件。服从法律的人民就应当是法律的创作者；规定社会条件的，只能是那些组成社会的人们。"④"在一个自由的国家里，谁要是提到法律，那就是提到一件会使全体公民人人都在它面前战栗的事情了，……一旦法律的威力衰竭，国家就会精疲力尽而归于灭亡。""一旦法律丧失了力量，一切就都告绝望了；只要法律不再有力量，一切合法的东西也就不会再有力量。"⑤

① ［德］黑格尔：《法哲学原理》，范扬、张企泰译，商务印书馆1961年版，第27页、第168页。
② ［法］卢梭：《社会契约论》，何兆武译，商务印书馆2017年版，第4页、第12页。
③ ［法］卢梭：《社会契约论》，何兆武译，商务印书馆2017年版，第19~20页、第26页。
④ ［法］卢梭：《社会契约论》，何兆武译，商务印书馆2017年版，第47~48页。
⑤ ［法］卢梭：《社会契约论》，何兆武译，商务印书馆2017年版，第113页、第164页。

——英国17、18世纪著名哲学家、思想家、经验主义的开创人洛克指出，自然状态，"是一种完备无缺的自由状态，他们在自然法的范围内，按照他们认为合适的办法，决定他们的行动和处理他们的财产和人身，而无须得到任何人的许可或听命于任何人的意志"。同时，它"也是一种平等的状态"。是以，自由状态虽然是一种"自由的状态，却不是放任的状态。在这状态中，虽然人具有处理他的人身或财产的无限自由，但是他并没有毁灭自身或他所占有的任何生物的自由，除非有一种比单纯地保存它来得更高贵的用处要求将它毁灭。自然状态有一种为人人所应遵守的自然法对它起着支配作用；而理性，也就是自然法，教导着有意遵从理性的全人类：人们既然都是平等和独立的，任何人就不得侵害他人的生命、健康、自由或财产。"[①] "人的自然自由，就是不受人间任何上级权力的约束，不处在人们的意志或立法权之下，只以自然法作为他的准绳。处在社会中的人的自由，就是除经人们同意在国家内所建立的立法权以外，不受其他任何立法权的支配；除了立法机关根据对它的委托所制定的法律以外，不受任何意志的统辖或任何法律的约束。所以，自由并非像罗伯特·菲尔麦爵士所告诉我们的那样：'各人乐意怎样做就怎样做，高兴怎样生活就怎样生活，而不受任何法律束缚的那种自由。'处在政府之下的人们的自由，应有长期有效的规则作为生活的准绳，这种规则为社会一切成员所共同遵守，并为社会所建立的立法机关所制定，这是在规则未加规定的一切事情上能按照我自己的意志去做的自由，而不受另一人的反复无常的、事前不知道的和武断的意志的支配；如同自然的自由是除了自然法以外不受其他约束那样。"[②] "一个人不能受不是对他公布的法律的约束，而这个法律既是仅由理性公布或发表的，那么他如果还不能运用理性，就不能说是受这个法律的约束；亚当的儿女既不是一生下来就受这个理性法则的约束，他们一时还不是自由的。法律按其真正的含义而言与其说是限制还不如说是指导一个自由而有智慧的人去追求他的正当利益，它并不在受这法律约束的人们的一般福利范围之外作出规定。假如没有法律他们会更快乐的话，那么法律作为一件无用之物自己就会消灭；而单单为了使我们不致堕下泥坑和悬崖而作的防范，就不应称为限制。所以，不管会引起人们怎样的误解，法律的目的不是废除或

---

① ［英］洛克：《政府论》（下），叶启芳、瞿菊农译，商务印书馆1964年版，第3~4页。
② ［英］洛克：《政府论》（下），叶启芳、瞿菊农译，商务印书馆1964年版，第15页。

限制自由，而是保护和扩大自由。这是因为在一切能够接受法律支配的人类的状态中，哪里没有法律，哪里就没有自由。这是因为自由意味着不受他人的束缚和强暴，而哪里没有法律，哪里就不能有这种自由。但是自由，正如人们告诉我们的，并非人人爱怎样就可怎样的那种自由（当其他任何人的一时高兴可以支配一个人的时候，谁能自由呢？），而是在他所受约束的法律许可范围内，随心所欲地处置或安排他的人身、行动、财富和他的全部财产的那种自由，在这个范围内他不受另一个人的任意意志的支配，而是可以自由地遵循他自己的意志。"①"我们是生而自由的，也是生而具有理性的；但这并不是说我们实际上就能运用此两者。""人的自由和依照他自己的意志来行动的自由，是以他具有理性为基础的，理性能教导他了解他用以支配自己行动的法律，并使他知道他对自己的自由意志听从到什么程度。在他具有理性来指导他的行动之前放任他享有无限制的自由，并不是让他得到本性自由的特权，而是把他投入野兽之中，让他处于和野兽一样的不幸状态，远远地低于人所处的状态。"②

　　——法国启蒙时期思想家、法学家、西方国家学说以及法学理论的奠基人的孟德斯鸠，更是对自由的定义及其存在的前提条件及其威胁、保障等作了全面而系统的论述。他指出："在民主国家里，人民仿佛愿意做什么就做什么，这是真的；然而，政治自由并不是愿意做什么就做什么。在一个国家里，也就是说，在一个有法律的社会里，自由仅仅是：一个人能够做他应该做的事情，而不被强迫去做他不应该做的事情。我们应该记住什么是'独立'，什么是'自由'。自由是做法律所许可的一切事情的权利；如果一个公民能够做法律所禁止的事情，他就不再有自由了，因为其他的人也同样会有这个权利。"不仅如此，他还重阐明了哲学上的自由与政治上的自由的本质特征与要求，说："哲学上的自由，是要能够行使自己的意志，或者，至少（如果应从所有的体系来说的话）自己相信是在行使自己的意志。政治的自由是要有安全，或是至少自己相信有安全。"③

　　对于自由，他认为："我们可以有一种政制，不强迫任何人去做法律所不强制他

---

① ［英］洛克：《政府论》（下），叶启芳、瞿菊农译，商务印书馆1964年版，第35~36页。
② ［英］洛克：《政府论》（下），叶启芳、瞿菊农译，商务印书馆1964年版，第38~39页。
③ ［法］孟德斯鸠：《论法的精神》（上册），张雁深译，商务印书馆1961年版，第182页、第183页、第223页。

做的事，也不禁止任何人去做法律所许可的事。"然而，就政治自由而言，则只能"在宽和的政府里存在"。即使如此，也不意味着政府宽和的国家就会存在政治自由，也就是"不过它并不是经常存在于政府宽和的国家里"。因为："它只在那样的国家的权力不被滥用的时候才存在"，"但是一切有权力的人都容易滥用权力，这是万古不易的一条经验。有权力的人们使用权力一直到遇有界限的地方才休止"。如此，凡是权力被滥用的国家，也不可能至少很难存在政治自由。而"要防止滥用权力，就必须以权力约束权力"。①

除了上述自由存在的前提条件之外，对于自由尤其是政治自由安全的威胁，孟德斯鸠认为，"从来没有比在公的或私的控告时受到的威胁更大的了"。换言之，公的或私的对人的控告，乃系对人的自由的最大的威胁。因此，他进一步认为："公民的自由主要依靠良好的刑法。……当公民的无辜得不到保证，自由也就没有保证。""如果刑法的每一种刑罚都是依据犯罪的特殊性质去规定的话，便是自由的胜利。一切专断停止了，刑罚不是依据立法者一时的意念，而是依据事物的性质产生出来的；这样，刑罚就不是人对人的暴行了。"②

于是，他认为，刑法涉及对大逆罪、亵渎神圣、阴谋揭发、匿名信控告等诸多方面的态度问题。不过，对"邪术"和"异端"的追诉要保持特别的和缓与审慎，对人的思想不予惩罚，对"不谨慎言词"与"讽刺文字"予以宽容，乃是构成一部能够保障人的自由的良好刑法的必要条件：

对"邪术"和"异端"的追诉，"有一条重要的准则"就是"要非常慎重"。因为："这两种犯罪的控告可以极端地危害自由，可以成为无穷尽的暴政的泉源，如果立法者不知对这种控告加以限制的话。因为这种控告不是直接指控一个公民的行为，而多半是以人们对这个公民的性格的看法作根据，提出控告，所以人民越无知，这种控告便越危险。因此，一个公民便无时不在危险之中了，因为世界上最好的行为，最纯洁的道德，尽一切的本分，并不能保证一个人不受到犯这些罪的嫌疑。"③

---

① ［法］孟德斯鸠：《论法的精神》（上册），张雁深译，商务印书馆 1961 年版，第 184 页。
② ［法］孟德斯鸠：《论法的精神》（上册），张雁深译，商务印书馆 1961 年版，第 223 页、第 224~225 页。
③ ［法］孟德斯鸠：《论法的精神》（上册），张雁深译，商务印书馆 1961 年版，第 227~228 页。

　　"思想"之所以不能被惩罚，是因为："马尔西亚斯做梦他割断了狄欧尼西乌斯的咽喉。狄欧尼西乌斯因此把他处死，说他如果白天不这样想夜里就不会做这样的梦。这是大暴政，因为即使他曾经这样想，他并没有实际行动过。法律的责任只是惩罚外部的行动。"①

　　对于言词即使为"不谨慎的言词"，只要不是在准备犯罪或者伴随、追从犯罪，则不能以犯罪论处："如果不谨慎的言词可以作为犯大逆罪的理由的话，则人们便可最武断地任意判处大逆罪了。语言可以作出许多不同的解释。不慎和恶意二者之间存在着极大的区别。而二者所用的词句则区别极小。因此，法律几乎不可能因言语而处人以死刑，除非法律明定哪些言语应处此刑。""言语并不构成'罪体'。它们仅仅栖息在思想里。在大多数场合，它们本身并没有什么意思，而是通过说话的口气表达意思的。常常相同的一些话语，意思却不同，它们的意思是依据它们和其他事物的联系来确定的。有时候沉默不言比一切言语表示的意义还要多。没有比这一切更含混不清的了。那么，怎能把它当做大逆罪呢？无论什么地方制定这么一项法律，不但不再有自由可言，即连自由的影子也看不见了。"②"行为不是天天都有的。许多人能够把行为具体指出。捏造事实进行诬告是容易被揭发的。言语要和行为结合起来才能具有该行为的性质。因此，一个人到公共场所鼓动人们造反即犯大逆罪，因为这时言语已经和行为连结在一起，并参与了行为。人们处罚的不是言语，而是所犯的行为，在这种行为里人们使用了这些言语。言语只有在准备犯罪行为、伴随犯罪行为或追从犯罪行为时，才构成犯罪。如果人们不是把言语当做死罪的征兆来看待，而是以言语定死罪的话，那就什么都混乱了。""如果有人说我们个人或我们政府坏话，我们不愿意加以处罚；如果他是因轻浮而说的话，就应该轻视他；如果是因疯癫而说的话，就应该可怜他；如果是咒詈的话，就应宥恕他。因此，事情发生时完全不要去管它，而要向我们报告，让我们能够按照他的为人去判断这些言语，并好好衡量到底应交付审判或不加理睬。"③

---

① [法]孟德斯鸠：《论法的精神》（上册），张雁深译，商务印书馆1961年版，第234页。
② [法]孟德斯鸠：《论法的精神》（上册），张雁深译，商务印书馆1961年版，第234页、第234~235页。
③ [法]孟德斯鸠：《论法的精神》（上册），张雁深译，商务印书馆1961年版，第235页、第235~236页。

对于文字，包括讽刺性文字，只要不是为犯罪而写出的话，则不能成之为犯罪的理由："文字包含某种比语言较有恒久性的东西。但是如果文字不是为大逆罪作准备而写出的话，则不能作为犯大逆罪的理由。……在专制的国家里，人们几乎不懂得什么叫讽刺文字。在这种国家里，一面由于软弱，一面由于无知，人们既无才能也不愿意去写讽刺文字。""讽刺文字通常是写来反对有权势的人的，这在民主国家正好宣泄作为统治者的人民的怨愤。……讽刺文字能够使一般人的怨愤转为嬉娱，使不满的人得到安慰，减少人们对官员的嫉妒，增加人民对痛苦的忍耐，使他们对所受的痛苦，一笑置之。"①

此外，有了良好的能够保障自由的刑法，在通过刑事审判具体适用时，除不能滥用刑罚权外，在程序上还应遵守一条最为稳妥的规则。对此，他明确指出："关于刑事审判所应遵守的最稳妥的规则，人们在某些国家已获得的知识以及将来在其他国家所将获得的知识，比世界上任何东西都使人类感到关切。只有在这些知识的实践基础上才有可能建立起自由来。在这方面具有最好法律的国家里，就是一个被控告并将在明天绞决的人，也比一个土耳其的高官还要自由些。"②

——马克思主义的创始人、马克思主义政党的缔造者、无产阶级和劳动人民的革命导师、国际共产主义运动的开创者马克思和恩格斯指出：

自由产生于必然，"黑格尔第一个正确地叙述了自由和必然之间的关系。在他看来，自由是对必然的认识。""自由不在于幻想中摆脱自然规律而独立，而在于认识这些规律，从而能够有计划地使自然规律为一定的目的服务。这无论对外部自然界的规律，或对支配人本身的肉体存在和精神存在的规律来说，都是一样的。这两类规律，我们最多只能在观念中而不能在现实中把它们互相分开。"如此，"意志自由只是借助于对事物的认识来作出决定的那种能力。因此，人对一定问题的判断愈是自由，这个判断的内容所具有的必然性就愈大；而犹豫不决是以不知为基础的，它看来好象是在许多不同的和相互矛盾的可能的决定中任意进行选择，但恰好由此证明它的不自由，证明它被正好应该由它支配的对象所支配。因此，自由是在于根据对自然界的必然性的认识来支

① ［法］孟德斯鸠：《论法的精神》（上册），张雁深译，商务印书馆 1961 年版，第 236 页、第 236~237 页。
② ［法］孟德斯鸠：《论法的精神》（上册），张雁深译，商务印书馆 1961 年版，第 223~224 页。

配我们自己和外部自然界，因此它必然是历史发展的产物。最初的、从动物界分离出来的人，在一切本质方面是和动物本身一样不自由的；但是文化上的每一个进步，都是迈向自由的一步。"①

"自由就是从事一切对别人没有害处的活动的权利。每个人所能进行的对别人没有害处的活动的界限是由法律规定的，正像地界是由界标确定的一样。"②

"自由确实是人所固有的东西，连自由的反对者在反对实现自由的同时也实现着自由；他们想把曾被他们当作人类天性的装饰品而否定了的东西攫取过来，作为自己最珍贵的装饰品。""没有一个人反对自由，如果有的话，最多也只是反对别人的自由。可见各种自由向来就是存在的，不过有时表现为特权，有时表现为普遍权利而已。"在自由是人的本质与自由是人的本性是相互关联的问题上，进一步指出："没有一种动物，尤其是具有理性的生物是戴着镣铐出世的。"③

"法典就是人民自由的圣经。""罪犯在侵害自由时也就是在侵害他自己，这种侵害自己的罪行对他来说就是一种惩罚，他认为这种惩罚就是对他的自由的承认。""法律上所承认的自由在一个国家中是以法律形式存在的。法律不是压制自由的手段，正如重力定律不是阻止运动的手段一样。作为引力定律，重力定律可以支配宇宙体的永恒运动；作为落体定律，只要我违反它而打算在空中飞舞，那它就要我的命。""法律是肯定的、明确的、普遍的规范，在这些规范中自由的存在具有普遍的、理性的、不取决于个别人的任性的性质。"④

"法律只是在受到破坏时才成为实际的法律，因为法律只是在自由的无意识的自然规律变成有意识的国家法律时才起真正法律的作用。哪里的法律成为真正的法律，即

① ［德］恩格斯：《反杜林论》，载《马克思恩格斯全集》（第20卷），人民出版社1971年版，第125页、第126页。
② ［德］马克思：《论犹太人问题》，载《马克思恩格斯全集》（第1卷），人民出版社1956年版，第438页。
③ ［德］马克思：《第六届莱茵省议会的辩论（第一篇论文）》，载《马克思恩格斯全集》（第1卷），人民出版社1956年版，第63页、第67页。
④ ［德］马克思：《第六届莱茵省议会的辩论（第一篇论文）》，载《马克思恩格斯全集》（第1卷），人民出版社1956年版，第71页。

实现了自由，哪里的法律就真正地实现了人的自由。""法律在人的生活即自由的生活面前是退缩的，而且只是当人的实际行为表明人不再服从自由的自然规律时，这种表现为国家法律的自然规律才强制人成为自由的人。"①"自由不仅包括我靠什么生存，而且也包括我怎样生存，不仅包括我实现着自由，而且也包括我在自由地实现自由。"②

　　"我只是由于表现自己，只是由于踏入现实的领域，我才进入受立法者支配的范围。对于法律来说，除了我的行为以外，我是根本不存在的，我根本不是法律的对象。我的行为就是我同法律打交道的唯一领域，因为行为就是我为之要求生存权利、要求现实权利的唯一东西，而且因此我才受到现行法的支配。可是追究倾向的法律不仅要惩罚我所做的，而且要惩罚我所想的，不管我的行为如何。所以，这种法律是对公民名誉的一种侮辱，是威胁着我的生存的一种危险的陷阱。""不是国家为它的公民颁布的法律，而是一个党派用来对付另一个党派的法律。追究倾向的法律取消了公民在法律面前的平等。这不是团结的法律，而是一种破坏团结的法律，一切破坏团结的法律都是反动的，这不是法律，而是特权。"③其实，追究倾向的法律，其形式与内容相矛盾。它不以人的行为为对象而以人的思想为对象，系惩罚思想的法律，属于"没有规定客观标准的法律，乃是恐怖主义的法律。""凡是不以行为本身而以当事人的思想方式作为主要标准的法律，无非是对非法行为的公开认可。"④而对于思想来说，"既没有法庭，也没有法典"。⑤"代替那存在着各种阶级以及阶级对立的资产阶级旧社会的，将是一个以各个人自由发展为一切人自由发展的条件的联合体。"⑥

---

① ［德］马克思：《第六届莱茵省议会的辩论（第一篇论文）》，载《马克思恩格斯全集》（第1卷），人民出版社1956年版，第72页。

② ［德］马克思：《第六届莱茵省议会的辩论（第一篇论文）》，载《马克思恩格斯全集》（第1卷），人民出版社1956年版，第77页。

③ ［德］马克思：《评普鲁士最近的书报检查令》，载《马克思恩格斯全集》（第1卷），人民出版社1956年版，第16~17页。

④ ［德］马克思：《评普鲁士最近的书报检查令》，载《马克思恩格斯全集》（第1卷），人民出版社1956年版，第16页。

⑤ 《马克思恩格斯全集》（第1卷），人民出版社1995年第2版，第418页。

⑥ ［德］马克思、恩格斯：《共产党宣言》，载《马克思恩格斯全集》（第4卷），人民出版社1958年版，第491页。

孙中山曾经引用英国一个叫穆勒氏的话说：“一个人的自由，以不侵犯他人的自由为范围，才是真自由。如果侵犯他人的范围，便是不自由。”①

1941年11月，毛泽东在一次演说中指出：“全国人民都要有人身自由的权利，参与政治的权利和保护财产的权利。全国人民都要有说话的机会，都要有衣穿，有饭吃，有事做，有书读，总之是要各得其所。”②

1940年，毛泽东在《论政策》一文中明确提出：“关于人民权利。应规定一切不反对抗日的地主资本家和工人农民有同等的人权、财权、选举权和言论、集会、结社、思想、信仰的自由权。”③其中，“人民的言论、出版、集会、结社、思想、信仰和身体这几项自由，是最重要的自由。”④

自由，《辞海》解释称：“通常指人身、言论、信仰、集会等方面的自由。”相对于专制而言，在不同社会具有不同内容。奴隶社会，只有奴隶主享有自由，广大奴隶被剥夺一切自由。封建社会，在政治上、经济上只有封建主的自由，广大农民处于受压迫受剥削的地位。资产阶级革命时提出的自由，指在政治上、经济上从封建专制制度中解放出来，从封建主手里夺取政权，建立自由竞争的资本王国。在阶级社会里，自由是同生产资料的占有和政治上的统治联系在一起的，有了剥削阶级剥削、压迫劳动人民的自由，就没有劳动人民不受剥削和压迫的自由。在社会主义公有制制度下，劳动人民当家作主，有不受剥削和压迫的自由，并获得人身、言论、通信、出版、集会、结社、游行、示威、宗教信仰等自由。自由是相对的，不是绝对的，它和法纪、道德等规范是一个统一体的两个矛盾着的侧面，人民既享受着广泛的民主和自由，同时又必须用社会主义的法律、纪律、道德等规范约束自己。在哲学上与“必然”相对，构成辩证法的一对

① 傅启学编著：《中山思想体系》，我国台湾地区商务印书馆1985年版，第171页。
② 《在陕甘宁边区参议会的演说》（一九四一年十一月六日），载《毛泽东选集》（第3卷），人民出版社1991年第2版，第808页。
③ 《论政策》（一九四○年十二月二十五日），载《毛泽东选集》（第3卷），人民出版社1991年第2版，第768页。
④ 《论联合政府》（一九四五年四月二十四日），载《毛泽东选集》（第3卷），人民出版社1991年第2版，第1070页。

范畴。①

《现代汉语词典》将自由解释为：（1）在法律规定的范围内，随自己意志活动的权利：人身自由、自由平等；（2）哲学上把人认识了事物的本质和奥秘及发展的规律性，自觉地运用到实践中去，叫作自由；（3）不受拘束，不受限制：自由参加；自由发表意见②。

法国1789年10月公布的一项法令就称："自由远不是为所欲为，它只因服从法律而存在。"③

法国《人权宣言》第4条规定："自由就是指有权从事一切无害于他人的行为。因此，各人的自然权利的行使，只以保证社会上其他成员能享有同样权利为限制。此等限制仅得由法律规定之。"第5条规定："法律仅有权禁止有害于社会的行为。凡未经法律禁止的行为即不得受到妨碍，而且任何人都不得被迫从事法律所未规定的行为。"第10条、第11条分别规定："意见的发表只要不扰乱法律所规定的公共秩序，任何人都不得因其意见、甚至信教的意见而遭受干涉。""自由传达思想和意见是人类最宝贵的权利之一；因此，各个公民都有言论、著述和出版的自由，但在法律所规定的情况下，应对滥用此项自由负担责任。"

1948年12月10日，联合国通过的《世界人权宣言》第1条规定："人人生而自由，在尊严和权利上一律平等。他们富有理性和良心，并应以兄弟关系的精神相对待。"第3条规定："人人有权享有生命、自由和人身安全。"第19条规定："人人有权享有主张和发表意见的自由；此项权利包括持有主张而不受干涉的自由；和通过任何媒介和不论国界寻求、接受和传递消息和思想的自由。"第28条规定："人人有权要求一种社会的和国际的秩序，在这种秩序中，本宣言所载的权利和自由能获得充分实现。"第29条规定："（一）人人对社会负有义务，因为只有在社会中他的个性才可能得到自由和充分的发展。（二）人人在行使他的权利和自由时，只受法律所确定的限制，确定此种

---

① 夏征农、陈至立主编：《辞海》，上海辞书出版社2009年版，第3068页。

② 中国社会科学院语言研究所词典编辑室编著：《现代汉语词典》（第7版），商务印书馆2016年版，第1740页。

③ 辛辉、荣丽双主编：《法律的精神：法律格言智慧警句精选》，中国法制出版社2016年版，第162页。

限制的唯一目的确在于保证对旁人的权利和自由给予应有的承认和尊重，并在一个民主的社会中适应道德、公共秩序和普遍福利的正当需要。（三）这些权利和自由的行使，无论在任何情况下均不得违背联合国的宗旨和原则。"第30条规定："本宣言的任何条文，不得解释为默许任何国家、集团或个人有权进行任何旨在破坏本宣言所载的任何权利和自由的活动或行为。"

谭君：由上所述，西方哲学家、思想家、法学家等关于自由概念的论述，并不完全相同。对此，您认为它们有什么共同点吗？

贺小电：对于自由的概念，一些哲人们从思想意识（心理学）、行为（社会学）、哲学、政治、法律等不同角度的阐释尽管有些不同。然，在如下特征方面，则是一样的：

——自由，作为一种对自己作出的有意识、有意志的选择，自然要求自由要以人的意识自由为前提。人的意识自由，既要求人具有正常的意识，即对人、事物或现象等客观存在或非客观存在具有辨别、认识的能力。倘若对客观存在或非客观存在本身没有任何辨别、认识的能力，如无意识的眨眼、打哈欠等，都不能表现为有意识的自由行为；又要求行为人在有意识的情况下基于自己意识产生的意志作出自由的选择。虽有自己的意识及其自由，然在自由意识即能够正确辨别、认识行为的性质、作用、后果等情形下却不能按照自己的意志对是否行为、如何行为等作出选择，如要作出某种行为却被他人强制如捆绑不能作出这种行为，就是如此。不过，没有完全丧失选择及其行为的自由，如不愿作出某种行为，在他人以要杀死他威胁等情形下他作出了此种行为，此时意志及其行为尽管因为威胁而不能完全自由，但并没有完全丧失意志及其行为自由。故，这种未完全自由状态的意志及其行为，依旧要归于之意志及其行为自由的范围。只不过这时不是完全绝对的自由，而是不完全的相对的自由。

——自由，作为一种有意识按自己意志选择并作出的行为，要对自己的选择及其行为的后果负责。这种负责，既包括该选择及其行为的好的结果，又包括该选择及其行为的坏的结果。前者则要受到肯定的评价，如善，受到他人的称赞、受到社会的奖励等；后者则要受到否定的评价，如恶，受到他人的责骂、受到社会的批评等。

——自由，作为一种按照自己意志对自己行为作出选择的权利，包括肯定与否定两个方面。前者指有权利按照自己意志选择作出某种行为，这是一种积极的作为的自由；

后者则是指有权利按照自己意志选择不作出某种行为的自由，也就是，在自己的意志不愿意作出某种行为情况下，不能强迫其作出该行为。不然，也属于不自由。显然，后者这种自由乃是一种消极的不作为的自由。

——自由，作为有意识的按照自己意志选择并作出或者不作出某种行为，既具有绝对性，又具有相对性，是绝对性与相对性的统一。绝对的自由，乃是完全按照自己的意识及其意志，没有任何外界条件约束下的能够选择并作出某种行为；后者则是指按照自己的意识及其意志，基于一定外界条件约束下的能够选择并作出某种行为。如此，绝对自由与相对自由的区分标准，乃为是否受到外界条件的制约。假使不受到外界条件的约束，就是绝对的自由，反之便是相对的自由。就内在条件而言，任何人都要受此制约。人因为辨别、认识客观存在或非客观存在、行为能力等的差异，选择及其行为自然会表现出差别。也就是说，人的选择及其行为，自然要受到自己的意识能力与行为能力等的这种自身条件的制约。

绝对自由，是在不与社会相联系，完全处于人的自然状态只需表现为人的自然属性时，才能达到。如在与外界完全封闭的状态下在一定时期内不与社会联系而选择并作出的某种行为，只满足自己的需要表现出自然属性的个性时，就可以绝对自由地选择并作出某种行为。

相对的自由，则是选择并作出的行为与本人之外的环境相关，即表现出社会属性时所表现出来的自由。既然自由选择并作出的某种行为与外界环境相联系，固然就要受到外界条件的制约。这种外界条件，既表现为自然条件，又表现为社会条件。前者是指人所在一定地域的诸如气候条件、地形条件、土壤条件、动植物资源、水利资源、矿产资源等。人虽可以改变自然环境，然也要受到自然环境现有条件以及规律的支配。对于规律的认识，人类也是从不知到知而不断扩大深化的。在没有认识到规律并能够有效支配前，以及认识到规律之后若是不按规律约束办事，就要受到该规律的惩罚。

作为约束自由的外界另一条件即社会条件，人因聚居构成社会需要而由社会各个层面对人的选择进行种种约束。这种由社会各个层面对人选择并作出行为的种种约束，便是规范。人若只是处理完全不与他人乃至社会相关的事情，他完全可以不受这种规范限制；但若处理的事情与他人乃至社会相关，就要受到这些规范的限制。两人在一起有两人之间的约束；三人或更多的人在一起，则有对众人的约束；不同的聚合体，从学生的班、年级、学校，到工作时的单位，再到工作外的党团协会等各种组织，乃至整个国家、国家之间、联合国都有着对各自聚合体的规范。这些聚合体规范，凡是与国家（地区）规范即法律相关的，则以地域为特征，凡是在该国或者一定地域内的人，不论是否为之成员即公民，都要受到该国（地区）法律的制约，并且具有强制执行力。也就是，不按规范的约束就要产生相应的责任，且这种责任由国家（地区）强制力保证。与其他规范相比较，法律规范乃是在该国（地区）领域上的人所必须遵守的最低规范要求，包括其中的所有聚合体都要遵守。其他规范，如单位、党派团体、乡村、社区等聚合性规范，宗教规范、道德礼仪、风俗习惯等，则是在法律允许的范围内，给该聚合体成员再提出一些新的要求，从而将人的自由空间进一步压缩，但这种规范是人自觉愿意遵守的。如参加某一组织，到某单位工作，参加某一教派等，是在同意遵守这些聚合体规范的前提下加入的。换言之，自愿加入这一聚合体，就意味着接受这些聚合体规范的约束。这样，遵守这种约束也是成员自愿的选择。

至于，道德礼仪、风俗习惯，作为一定地域、社会或阶层、民族长期形成的用以评价、约束人们行为的是非、荣辱、正邪、善恶的标准与规范，乃是对人自由选择并作出行为的另外要求，一般表现为更高的要求，从而主要强调自觉遵守。不予遵守，也不会产生法律上的强制后果，但会受到认同该道德礼仪、风俗习惯的其他大多数人的否定性评价，以促使人们遵守这种规范。随着社会的发展，某种道德礼仪、风俗习惯不为大多数人所认同、遵守时，慢慢地就不会再作为规范让人自我要求遵守；反之，一些过去并不作为道德礼仪、风俗习惯等的规范，随着社会的发展成为新的道德礼仪、风俗习惯等规范要求人们加以遵守。如在旧社会中的一些诸如"一夫多妻""女子无才就是德""嫁鸡随鸡，嫁狗随狗""父母之命，媒妁之言"等规范就因不符合现代国家中的"一夫一妻""男女平等""婚姻自由"等法律规范而不能再成为新社会的道德礼仪、风俗习惯。

社会规范作为明文规定或约定俗成的行为标准，用以约束、调整人们行为的模式，表现为3种情形：一是规定人们可以为一定的行为或者不为一定的行为，以及可以要求他人为一定的行为或者不为一定行为的模式；二是规定人们必须积极作出一定行为的模式；三是禁止人们作出一定行为或者必须不为一定行为的模式。简言之就是规定可以做什么、应当做什么、禁止做什么。与上面规定某一行为模式相适应的规范，则分别称为授权性规范、义务性规范及禁止性规范。

如上所述，规范其实是从两个方面对人的行为加以规范的：一方面是规定人们可以做什么，给人可以为的行为划定一个范围，即人的行为应当限制在这种可以为的范围内，从而对人的行为从权利方面加以约束。只有在此范围内，人的行为则完全可以按照自己的意志选择并作出；另一方面则是规定人们必须做什么或者不能做什么，这种约束则更为明显，乃是从义务方面加以约束。在这种范围内，排除人的意志及其行为的自由选择。

另外，基于社会生活的多样性、复杂性，人的行为及其方式、后果更是多种多样。要通过具有一定抽象性、简明性的规范全部得以规范是不可能的。还有，任何规范都不可能完全与人的意识及其行为同步，尤其是人的意识、思想及其科学技术行为等会走在法律规范的前面，于是就会出现一些不能为法律等规范加以规定的行为。对此，衡量该行为是否符合规范的规定要求，一是从后果上看，是否有害于他人、社会公共秩序。凡是有害于他人、社会公共秩序的行为，均应加以禁止，不能任由其自由加以选择并作出。二是对于无害于他人、社会公共秩序的行为，民众应当遵守"法无禁止即可为"、政府则应遵守"法无授权不可为"的规则自由选择并作出自己的行为。

——在阶级社会中，规范尤其是法律不可避免地带有阶级性。人及人组成的聚合体，尽管具有共性，一些反映人的共性及其社会规律的规范，可以跨越国界成为不同的国家及其法域的共同规范，即成为一国乃至所有国家（地区）的规范，一些有关自然环境的规范更是如此。可是，这依旧改变不了规范具有阶级性这一特征。它是由作为国家中在经济上占据统治地位的阶级进行阶级统治的工具这一国家根本属性的阶级性本质特征决定的。法律尽管是一个国家（地区）全民意志的体现，然更是该国（地区）的统治阶级为了实现统治并管理国家的需要，由一定机关经过一定程序制定或者认可并颁布的规范，属于国家（地区）统治的工具。一些反映人、自然和社会共性的规范，已经纳入法律规范内的，为统治阶级所认同并作为自己统治、治理国家的工具，其阶级性不用多言；没有纳入法律规范的道德礼仪、风俗习惯等规范，也需要国家统治阶级及其法律所认同，并一起共同组成不同层次的规范体系，用来调整约束人们的行为，否则是不可能再用来调整规范人们的行为的。

——任何规范并不是一成不变的。随着社会的发展，有的规范已经不适应时代的需要，不能用以约束人们的行为，或者要规定新的约束人们行为的规则，则需要修正或者制定新的法律规范，倡导新的道德礼仪、风俗习惯等以适应新的时代的需要。当然，随着社会生产力、经济等物质文明的不断发展，社会的政治、文化等精神文明的日益进步，人们对幸福美好的生活会更加追求与向往，任何规范包括法律都必须顺应这一趋势，赋予人们越来越多的权利与自由，减少对人们行为不必要的限制与约束，而不是反其道而行之，通过法律等规范给予人们不必要的限制与约束。

二、言论自由的边界限制

谭君： 在我国，《宪法》规定，任何公民都有选举权与被选举权，劳动、休息、教育的权利与义务、对于国家机关和国家工作人员的批评和建议权。第35条、第36条等则明确规定，公民有言论、出版、集会、结社、游行、示威、宗教信仰自由、人身自由、通信自由等自由。同时，第51条规定，公民在行使自由和权利的时候，不得损害国家的、社会的、集体的利益和其他公民的合法的自由和权利。那么，对于言论自由，您有什么看法呢？

贺小电： 言论自由，作为宪法规定的一种权利，是指公民享有通过语言形式表达其对于政治和社会生活中各种问题的思想和观点的自由。是政治权利之一，从而也是公民基本权利之一，有的还包括出版自由在内。

言论自由，有广义与狭义之分。

前者是针对所有言论在所有规范的约束下而言的。也就是说，言论自由，虽允许人就自己言论的内容及其方式等作出选择，然仍旧不能超越包括在道德礼仪、风俗习惯在内等规范的限制与约束。如控辩双方可以就被告人是否具有所指控的事实、证据是否确实充分、有罪还是无罪、罪重还是罪轻等自由地发表意见，可得遵守以事实为根据、以法律为准绳，按照审判程序经审判长许可，并不能以骂人等人身攻击的方式来反驳对方的观点。

后者则是针对言论在法律规范的约束下而言的。如此，言论自由乃是法律规定的一种权利，固然要受到法律规定的约束。我以前说过，言论是与人交流的，必然体现出人的社会性。另在法律上，言论本身也是一种行为。作为一种表现人的社会性的行为，自然没有任何超越法律即在法律范围外的自由。在法律范围内，绝对的自由包括言论自由是不存在的，言论自由也只能是相对的。其相对性不仅表现为言论的内容不得违反法律的规定，而且表现为言论的方式及其后果不得违反法律的规定，如不能以侮辱、威胁、诽谤的方式，不得出现损害他人、社会、国家的结果。

当然，就言论表达的内容而言，在一项法律、制度制定之前或者对某项行动作出决策之前，相关的人可以自由地通过言论表达自己的意见。换言之，在决策阶段，任何人都有表达自己思想、观点的自由。那么，在一旦成为法律、制度或者某一聚合体或者国家、地区对某一具体事项形成决策之后，若是存在新的需要解决的问题，人自然可以发表自己的看法与意见，其实这是对为解决问题而进行的献言献策或讨论。当一项制度或法律已经确立，仍然表达反对意见，甚至鼓动他人反对此项制度或法律，从言论自由方面讲，似乎可以；可这必然会对整个行动的协调一致产生影响。这在西方一些国家，由于文化、民主观念及其传统等因素，允许民众以言论、出版、集会、结社、游行、示威等形式表达自己的赞成或反对的意见。如美国通过特朗普关于在与墨西哥边境上修筑边境墙提议的法案后，仍有不少民众通过言论、示威方式表示反对。在我国，按照现有的民主意识及其程度，尽管允许公民发表意见，则必须是按照一定渠道且一定范围内进行探讨，而不能完全在公共场所以完全公开的方式进行。否则，就可能认为属于违法犯罪而被追究责任。这里不仅是一个言论自由的理解问题，而且还存在着对这种言论自由是否有害于他人、社会和国家的理解问题。当国家作出某项决策后，有不同意见，可以在有关座谈会或者通过单位或者一定的组织反映自己的意见，以避免不当后果发生。如此，并不会影响决策的贯彻执行，又可以提醒决策者注意，以使得所做的决策达到所预期的效果，发现不当、错误时，则及时加以修正。不顾场合发表意见，没有多大的反应，问题不大；若引起大多数人对该项决策行动的反对，行动自不可能达到决策者的目的，除非决策完全表现为失败，不然就会认为有害于社会、国家而以违法乃至犯罪论。

所以说，在现代社会中，尤其是在法治国家中，言论自由是一项不可或缺的权利，法律而且一般是宪法都会加以规定。对言论自由另一面，即言论自由必须在不违反法律规范的前提下进行，换句话说就是言论自由的边界乃是法律规范允许言论可以自由表达的空间。这种空间，可以是具体的，如允许人们可以这样做，对这些可以这样做的行为，你如何表达自己的看法都没问题；禁止人们这样做，对此你若是表达自己反对的看法，是否允许呢？你可以说：我有言论的自由，我可以对此表达反对的意见；那么，这时法律还有一条抽象而不具体的规定，就是你的言论自由表达时不得损害他人、社会、国家的利益。那么，你的言论自由表达是否有害于他人、社会、国家的利益呢？判断权掌握在国家有关机关手中，而不是言论者。而是否有害于他人、社会、国家利益，又不具体，且不同的人从不同的角度出发完全可能作出不同的解读，得出不同的结论。尤其是，民众讲言论自由的时候，往往更强调人的自然属性或个性的表达，而国家判断则往往从人的社会属性或共性的规范考量，得出的结论常常会截然相反。这样，讲言论自由，还不仅仅是一个法律的问题，而且还涉及这一权利行使的文化、观念、传统等多方面的因素。这些因素虽不像法律那样刚性，但作为次要因素会与法律一道构成言论自由的边界，任何突破这一边界的言论自由，都可能会付出代价。当然，法律之外的构成言论自由制约的因素，其形成往往是长期的，随着社会文明的日益发展，多元化在社会方方面面影响的不断深入，社会对不同声音的包容性不断增强，不同声音表达的日益理性不致于激化社会矛盾，不危害国家、社会和他人，那么，言论自由的边界就会越来越宽，其范围、空间也就会越来越大，人们的言论自由就会越来越能充分实现。

谭君：按您所说，法律赋予公民言论自由的同时，就已经给言论自由设定了边界，不仅如此，道德礼仪、风俗习惯乃至文化观念、历史传统也会对言论自由作出限制，您认为这种限制合理吗？

贺小电：作为一种规范，在于调整、规范、统一人们的行为，使得社会能够成为人们共同聚居生活的一个和谐的场所。大多数情况下，规范要表现为理性，符合大多数人的利益；有时候，规范就是规范，不一定会表现为理性，只要人们认同或者能够强迫他人遵守即可。其实，合理性，也是一个无法量化的东西，只是为大多数人所认同。还有，非理性的规范，你天生下来就已经存在，大家都这样做，你没办法改变。若加以改变，除非这种规范逼使不少人乃至大多数人不加认同时才有可能加以改变，这种改变有的完全采取暴力的方式，当规范逼使人无法生存时则可能采取暴力的方式逼使社会加以改变；有的则采取非暴力由社会自愿通过修订等的方式加以改变。要是这种规范本身不会给人们的生活产生多大影响，如在封建社会，朕、寡人、孤家、万岁等常属于皇帝的专用词，他人不得使用，这种传统习俗就这样被继承下来，按现代平等理念，自属不合理，但这种不合理的规范，就这样一路传承下来，若不是因为生存存在问题而要推翻某一王朝或者让自己称帝，谁管他合不合理呢？推翻了封建王朝，到了现代社会，皇帝的这些专用词也就成为历史，不会再成为约束人们称朕、寡人、孤家、万岁等的自由。所以，规范并不一定完全合理，有的如赌场里的赌博规则，就只要你认同即可。作为一些道德礼仪、风俗习惯尤其是法律等规范，即使你不认同，除非你有办法改变；或者证明这些规范完全有害于现在的社会，有权改变者自身或者通过社会迫使其认识后加以改变。不然，你就只得遵守，别无他法。若不遵守，就会付出代价。

谭君：按您所说，法律等规范对言论等行为的自由作出限制，从而成为言论自由的边界，那么，有些人认为限制言论自由违背人性，您怎么看待这一问题呢？

贺小电：说起对自由的限制，也就是限制自由，总是从贬义方面加以理解的。在百姓看来，官方不得限制公民的自由；对官方来说，也不愿意背负限制公民的自由尤其是言论自由的恶名。其实，限制自由，要从两个方面去解读：一是包括法律规范对自由的限制；另一是官方在现实生活中通过行政、司法等各种具体治理社会的行为来对公民具体的自由活动加以限制。前者，在任何国家内都是存在的，只不过是文化传统、法律观念以及现实生活环境的不同，范围程度有所不同。后者，则是一个执行法律的问题。严格在法律规定的范围内不对人的行为加以限制，则就是合法的。然而，也有的基于各种各样的原因对人们并不违反法律规定行为的自由，以有害于他人、社会或者国家等为由加以限制，即将用来规范行为自由的边界的有害于他人、社会或者国家这一抽象的规范随意作出扩大化的解释甚至故意加以滥用作为限制自由的盾牌及理由，则既违背人性，又违背法律本身，从而需要彻底地加以摒弃与否定。

至于法律规范对人的行为包括言论自由的限制，并不存在违背人性的问题。

人性包括两个方面，首先是人的自然属性即个性。它服从于人为了自由得以生存与舒服快乐的需要。在生存这一基本问题解决之后，更加追求满足自身身体与精神舒服快乐的需要，后者无疑要以人的身体自由为前提。人的身体如果不能自由，就不可能至少不可能完全满足身体与精神舒服快乐的需要，甚至连生存问题都无法得到满足。所以，从人的自然属性来讲，自由是人的本性，毫无疑问。

可是，人性除了人的自然性外还有一个属性，就是社会性。基于本身的条件，人类要生存并得以传承发展，需要聚居，从这种意义上来说，人乃是聚居即群居性动物，人类社会的发展，从原始社会，再到奴隶社会、封建社会直至现今的资本主义社会、社会主义社会，整个历史都是一部群居的历史，并且群居的范围越来越大、越来越广，现在数以千万计人口的城市不断出现，更加说明人类群居性的这一人的社会本性。

人既然要群居，就一定表现为社会性。而社会性与自然性是相互矛盾的两个方面，需要协调统一。人的自然个性要求人身行动完全自由，获取外界能够满足自由生存及快乐需要的物质、精神方面的财物，可财物由于生产力的发展等限制还不能充分得以满足的情况下，有些人的需要就不能得到满足。此时，如果只凭借力量（包括武力与智力等所有力量甚至主要表现为暴力乃至战争这种极致的暴力）获取，这种获取充满着血腥、暴力。显然，完全出于动物本能的自由索取，固然会导致无法共同聚居生存，反过来必然又影响自身的生存与发展。因此，基于群居的需要，便要设置一些规范来限制人的行为自由，如获取满足自身生存以及舒服快乐需要的物质财富的方式，以满足聚居体能够保持秩序必要稳定、和谐的需要，让聚居体内的人们由此能够安居、乐业、生活。如此，人聚居的社会属性乃是规范产生的根本原因，为了聚居体的稳定给予成员自由必要的限制，也是人的本性的需要，而非违背人性。

问题在于，基于人的社会属性所产生的规范，不可能由全体成员共同一致协商确定，而总是由具有较强力量的一方决定，在国家形成后则由经济上处于优势一方的统治阶级制定或认可。规范尤其是法律，它只是统治阶级的意志并通过一定的途径如立法机关制定、认可转化全体成员的共同意志的体现。这样，人的自然性与社会性，以及表现为社会性用来限制人的行为自由的社会性规范，与所调整规范的行为之间，乃是相互矛盾的两个方面，既要求统一以维持聚居体的稳定，又相互斗争体现自然性的自由行为追求自由的最大空间。社会规范要是能将人的自由限制在维护稳定所最低的限制空间内，以达到两者最为和谐的平衡，则是最为理想的境界。可这很难达到，一个家庭几人之间也会经常发生争执碰撞，何况数以万计甚至亿计的聚居体即国家的公民之间，用规范来规范所有公民的自由没有任何冲突、矛盾自不可能。加上阶级社会中社会规范的阶级性，统治阶级基于自然属性尽可能想让自己获得更充分的自由，必然会尽量压缩被统治阶级或者其他中间阶级的自由；而被统治阶级、中间阶级乃至统治阶级中的个人则想尽量获得更大的自由，相互斗争乃系必然，此起彼伏，一个平衡达到后又通过斗争达到一个新的平衡，直至阶级及其由各个阶级组成的阶级社会消灭，共产主义社会到来，所有用来限制人的自由的规范也随之消亡，人类才能实现真正而充分的不受任何法律规范约束的自由，但还是要受到自然规律等外界自然客观条件，以及全社会认同的道德、风俗等不以暴力的国家机器为后盾的社会规范的制约。而且，这种自由仍然是人的自然性与社会性的统一，不过这种统一是一种至善至美的统一罢了。人的社会性与自然性，限制人的行为自由的规范性与人的行为自由之间斗争的结果，随着社会生产力的日益提高，社会文明的不断发展，其趋势乃是人的自然属性即自由越来越得到尊重，社会规范对之限制的范围越来越小，人身自由的范围也就越来越大。

谭君：有关司法解释规定，编造虚假信息，或者明知是编造的虚假信息，在信息网络上散布，或者组织、指使人员在信息网络上散布，起哄闹事，造成公共秩序严重混乱的，依照刑法规定以寻衅滋事罪定罪处罚。而刑法的规定是，在公共场所起哄闹事，造成公共场所秩序严重混乱的，构成寻衅滋事罪。对比该司法解释与刑法的规定，我们可以推断出这样一个结论，在网络上造谣起哄闹事等同于在公共场所起哄闹事，即网络空间属于公共场所，网络秩序等同于公共秩序。那么，这样的司法解释规定是否妥当？当年争议就很大，对此，您怎么看呢？

贺小电：编造或散布传播虚假信息，尤其是利用网络这一传播速度快、范围广并极难控制的途径进行传播，无疑具有社会危害性，即有害于他人、社会乃至国家，属于违法犯罪行为，应当加以禁止。这已经不是言论自由的问题。言论自由的前提无疑要求对真实存在的事实表达自己的看法。即使是对并不存在的客观存在如救世主等发表看法，也要让人知道这是一种假设，而非等同于事实的存在而说出看法。不然，这里根本没有枪杀案，你说这里发生了枪杀案，并加以扩散传播，并借此发表对政府不作为的看法，自然会影响国家政府的形象，引发人们对政府作出负面的评价，显然有害，应当依法加以追究。

对于编造或散布传播虚假信息的行为，是否要用刑法规制，有一个过程。《刑法》制定之初并未将这种行为规定为单独的犯罪，但这不意味着所有编造或散布虚假信息的行为，都不构成犯罪。如捏造或散布他人并不存在的隐私对他人进行诽谤，或者他人并不存在的伤害人的行为，却对受害人编造、散布系他人伤害受害人以怂恿受害人对他人进行伤害等，就可以根据具体情况对编造、散布者以诽谤、故意伤害、故意杀人罪等论罪；编造或故意散布虚假信息以聚众扰乱车站、码头等公共场所秩序，及抗拒、阻碍国家治安管理工作人员依法执行职务，则可构成聚众扰乱公共场所秩序、交通秩序罪，妨害公务罪等。

2001年12月29日，全国人大常委会通过的《刑法修正案（三）》将编造爆炸威胁、生化威胁、放射威胁等恐怖信息，或者明知是编造的恐怖信息而故意传播，严重扰乱社会秩序的行为，规定为独立的犯罪，即编造、故意传播虚假恐怖信息罪。其中，构成犯罪的，处5年以下有期徒刑、拘役或者管制；造成严重后果的，处5年以上有期徒刑。编造或故意散布传播恐怖信息之外的虚假信息仍然不构成独立的犯罪。

2013年9月10日，"两高办理网络犯罪解释"规定，编造或者故意在网络上传播虚假信息，起哄闹事，造成公共秩序严重混乱的，按寻衅滋事罪治罪。法定刑则包括两个幅度，即构成寻衅滋事罪的，处5年以下有期徒刑、拘役或者管制；纠集他人多次实施前款行为，严重破坏社会秩序的，处5年以上10年以下有期徒刑，可以并处罚金。

2015年8月29日，全国人大常委会通过并于2015年11月1日起施行的《刑法修正案（九）》又将编造虚假的险情、疫情、灾情、警情，在信息网络或者其他媒体上传播，或者明知是上述虚假信息，故意在信息网络或者其他媒体上传播，严重扰乱社会秩序的行为，规定为另一种独立的犯罪，即编造、故意传播虚假信息罪。其中，构成犯罪的，处3年以下有期徒刑、拘役或者管制；造成严重后果的，处3年以上7年以下有期徒刑。

如上，编造或在网络上故意散布传播的虚假信息，刑法将之分为3种具体信息加以规定，即虚假恐怖信息、虚假险情疫情灾情警情信息及虚假其他信息。对前面两种虚假信息的编造或散布规定为独立的犯罪；对第3种虚假信息的编造或者故意散布没有规定为独立的犯罪。不考虑到这些行为用来实施其他犯罪如鼓动教唆他人杀人等其他犯罪而牵连其他犯罪，也就是不能作为其他犯罪行为的一部分构成他罪的情况下，单就是否能够独立构成犯罪而言，刑法明确否定第3种情况是构成犯罪的。不然，就完全会在有关虚假信息编造并故意传播犯罪的规定中，将所有有关虚假信息的编造或者故意散布的行为都统一规定为性质类似的同一犯罪，最多在法定刑的设置上有所区别；而不会将其中的一些行为规定为单独犯罪，又将其他的同一性质的行为不规定为犯罪从而让司法解释作出扩大解释为似乎没有多大联系的犯罪，致使刑法体系及其应用的混乱。因此，"两高办理网络犯罪解释"将编造或者故意在网络上传播虚假信息，起哄闹事，造成公共秩序严重混乱的行为解释为犯罪，是将寻衅滋事行为作了不应当作出的扩大解释，于是有悖于罪刑法定原则。

另外，从罪刑相适应原则上看，对虚假险情疫情灾情警情信息的编造或在网络上故意传播，起哄闹事，比起对虚假恐怖信息、虚假险情疫情灾情警情信息之外的其他虚假信息的编造或在网络上故意传播，起哄闹事，前者的危害性固然要比后者大，但前者在造成严重后果时法定量刑幅度为"3年以上7年以下有期徒刑"，未造成严重后果的法定量刑幅度则为"3年以下有期徒刑、拘役或者管制"；后者在"纠集他人多次实施"寻衅滋事行为，"严重破坏社会秩序"时，法定量刑幅度为"5年以上10年以下有期徒刑，可以并处罚金"，其他情况的法定量刑幅度为"5年以下有期徒刑、拘役或者管制"。如此，要是某人编造虚假险情疫情灾情警情信息并纠集他人多次在网络上传播，没有造成严重后果，按照编造、故意传播虚假信息罪，只能处3年以下有期徒刑、拘役或者管制；但编造虚假险情疫情灾情警情信息、虚假恐怖信息之外的其他虚假信息并纠集他人多次在网络上传播，在没有造成严重后果的情况下可以解释为"严重破坏社会秩序"而处5年以上10年以下有期徒刑，可以并处罚金，明显与危害性大小同罪行轻重相适应，且罪重则刑重，罪轻则刑轻的罪刑相适应的刑法基本原则相悖。

至于网络空间能否等同于公共场所、网络秩序能否等同于公共秩序，不能一概而论。我们知道，网络空间与传统意义上的现实的三维空间不同，难以把握其维度，然其可以用来传输、记载人类社会的各种信息，并能将现实空间及其中间的人或者事物移入其中储存，无疑属于能够容纳其他事物的空间，且具有一定的容量，从而具有空间的功能与作用，故网络空间并非人们所说的并不存在的虚拟空间，而是一种客观存在的实在空间。

场所，从传统意义上来说，指现实空间的某一地方或人类进行活动的处所。同样，现代意义上的网络空间，也包括其中的某一地方，如各个网站、网点，也可以名称加以区分，并且设置空间让大家进入在一起进行某种活动，如一起看电影、玩牌、开会、共同讨论问题等，这种空间同样具有现实场所的属性，故在网络中存在可以为人用以开展各种活动的场所，它同样可以承载现实中的场所所具有的一些功能。相应地，网络中用于公众活动的场所，就可以称之为公共场所。当然，网络场所并非一定是公共场所，网络秩序也并非等同于公共秩序。如一个单位的局域网络场所，供一个单位存储、传播各种信息，或者进行讨论研究问题，乃仅仅属于该单位的网络场所，而非公共场所。但网络也可以成为公共场所，如车站、机场、商场、影剧院、展览馆、体育馆等提供公益服务的单位为公众提供各种服务的如出售车票、机票、电影票等网站，则就可以理解为公共场所。对这些公共场所进行攻击，或者起哄闹事，引起有关网络的堵塞甚至崩溃，以致无法正常实现其公众服务功能，造成网络公共秩序的严重混乱，与现实生活中的起哄闹事，造成公共秩序混乱而无法发挥公共场所的秩序具有同样的效果，甚至更加恶劣，具有社会危害性，可以构成相关犯罪。

如上，在我看来，"两高办理网络犯罪解释"将编造或者故意在网络上传播虚假信息，起哄闹事，造成公共秩序严重混乱的行为解释为寻衅滋事，是否适当，并不在于网络空间是否属于公共场所、网络秩序能否等同于公共秩序的问题，而是本身是否违背罪刑法定原则、罪刑相适应的刑法基本原则等的问题。如若认为编造或者故意在网络上传播虚假信息的行为构成犯罪，则应通过立法机关修正刑法的规定加以解决，而不能将寻衅滋事这一本身似有口袋性质的犯罪之外延任意扩大至本不能容纳的诸如编造或者故意在网络上传播虚假信息的这样行为上，不然，罪刑法定原则就无法贯彻落实到底。

三、网络言论与规制

谭君： 国家互联网信息办公室2019年12月15日颁布、2020年3月1日起施行的《网络信息内容生态治理规定》〔国家互联网信息办公室令第5号〕明确规定，网络信息内容的生产者不得制作、复制、发布含有"反对宪法所确定的基本原则的""侮辱或者诽谤他人，侵害他人名誉、隐私和其他合法权益的"等违法信息，应当采取措施，防范和抵制制作、复制、发布含有"使用夸张标题，内容与标题严重不符的""炒作绯闻、丑闻、劣迹的"等不良信息；网络信息内容服务平台不得传播、网络信息内容服务使用者不得发布上述违法信息，应当防范和抵制上述不良信息。如果违反有关规定，则应承担有关行政责任、民事责任，甚至刑事责任。对此，有的认为，这是对网络言论自由的限制。您的看法呢？

贺小电： 前面已经讲过，绝对言论自由是没有的。任何国家，对言论的自由都有这样或那样的限制，即使美国也不能例外。然而，不同的国家，由于历史文化传统等各种各样的因素，限制的程度与范围有所不同。主张言论自由与限制言论自由虽然是一对矛盾，但两方不应走向各自所希求的极端，一方要求绝对的言论自由，另一方则想方设法加以限制，而是要相向而行，在两者之间找到一个平衡。这个平衡，我认为是在能够保持社会稳定的前提下，应当更加充分保护言论的自由。

一方面，随着社会文明的发展，国家经济繁荣的富强，科学技术的发展，国家控制力日益增强，只要人们能够安居乐业，绝对不会因为人的言论就会导致社会混乱的。其实，一个健康的人身体里也有各种各样的病毒、垃圾等有害的东西，一个健康的社会中存在一些异样甚至有害的言论也很自然，不必那么担心。这些有害的言论，也只有让之充分暴露，才能够想法加以管制，或者反思我们工作的有关问题，以加以避免。而加以压制，使之不敢表达，则就无法发现这种异样的有害想法，反而让之沉积于社会在不经意中对社会逐渐加以腐蚀。另外，现在的社会，城市化程度越来越高，网络、媒体、微信、邮件等信息传播渠道越来越广、越来越快，使得限言、禁言也完全难以做到，成本越来越高，还不如适当加以疏导。一个能够让人正常生活的国度，真正想搞乱它的人怎么样也是极少数。一般的异议表达，只是揭露社会中的一些问题，希望改进，而不是想推翻现有体制。我们应该有充分的道路自信、制度自信。

另一方面，作为公民，亦应当明白，言论是在一定的时空环境中表达的，自然要受到这一时空环境的各种因素的制约与限制。我国2000多年封建社会留下的一些观念，还有很大的影响力。如官本位，官员历来高人一等，自然不希望有人对自己说三道四；官员要讲官德，但在能上很难下的官场中，自不希望自己的不道德一面曝光于社会并仅仅因此而落马。还有诸如家丑不可外扬、子不嫌母丑等朴素伦理观念，因此对于自己一些有害于社会的丑事、恶事也不想让外界知道，也容易得到认同。人的一生中，有谁没有这样或那样的一些见不得人的事呢？毕竟，"人无完人，金无足赤"。从国家层面上讲，我党领导全国人民经过长期的革命战争才建立了新中国，其中一条经验就是全党上下统一思想，严格的下级服从上级，全党统一行动。在社会主义建设中，无论西方国家如何封锁，还是建立了一定的工业基础，研制出了原子弹、氢弹等能够制衡外国的战略武器，并在改革开放后，经过数十年发展，经济总量不断增加，成为世界第2大经济体，无疑离不开全党全国朝着一个目标的统一思想、统一行动的功劳，也就是统一的做法。这种做法有着自己的优势，就是能够有效集中自己的优势、力量干大事，这与我党在战争时期于运动中寻找机会集中力量打歼灭战可以说有着异曲同工之妙。这样，官方也就更强调整体规则，统一部署，以统一行动。表现在思想言论等方面，与美国建国本就是平等协商通过契约形式产生，国民来自世界各国，并且没有历史文化传统的负面影响等因素相比较，对不同声音言论的态度自会有所区别，要求更为严格。

所以，公民与官方，应当相互理解，有时还要换位思考，在此基础上，相向而行，相互靠拢：

官方应当意识到，言论自由已经载入宪法，不应让之躺在纸上睡觉，而应让之充分表达并发挥其作用，正面作用更好，反面作用也可以反衬社会的包容与伟大。尤其随着社会文明的发展，言论自由只能越来越广，我们只有适应这一发展趋势，逐渐减少对言论的限制。官员也应意识到，自己也是公民的一分子，身为官员限制言论自由，其实也是对自己言论（在上级面前的言论）自由的限制。另外，不能要求自己的言论（对下级面前）完全自由，而不允许下级或者平民百姓在自己面前就没有言论自由。倘若如此，必然在两者之间产生矛盾，久而久之，越来越深，绝对不利于社会、国家的稳定。

公民也要意识到，自己处在一定的时空环境中，自有遵守这一时空环境的法律、道德等规范对言论的要求，不能以言论自由而任意诋毁、侮辱、诽谤他人。一些官员对于不同声音的言论反应过度，有的甚至采取打压的方式进行，但在媒体、舆论介入后还是能够得到纠正，这样必会使得言论自由的空间越来越大。

回到《网络信息内容生态治理规定》的规定，关于违法信息、不良信息的传播，不论是否明确，都是这样要求的，这里只不过是再次明确而已。是以，关键不在于有关网络言论信息方面的规定，而是在于如何执行。这就要求，在执法、司法实践中，要秉着善意、宽容的态度对有关违法信息、不良信息进行严格的解释，尽量限制其适用范围，而不是随意作出扩大的解释，而借此限制甚至嵌制言论自由。因为，违法信息、不良信息，就其外延规定上不可能穷尽。于是，在列举违法信息的10种具体情形后，以一兜底条款将"法律、行政法规禁止的其他内容"均规定为违法信息。这样，不属于上述10种具体情形的信息，是否属于违法信息，必须要求法律、行政法规作出了明确禁止。若不是明确禁止的内容，则不能笼统地认为是违法信息而任意扩大其范围。还有，即使属于上述具体的10种信息，因为法律规范的抽象性，还是需要人去解释。如色情、赌博等信息，何谓色情、赌博，其界限并不十分鲜明，不同的人肯定有不同理解，就是如此。

另外，《网络信息内容生态治理规定》第34条规定，网络信息内容生产者制作、复制、发布违法信息的，网络信息内容服务平台应当依法依约采取警示整改、限制功能、暂停更新、关闭账号等处置措施，及时消除违法信息内容。这样，网络信息内容服务平台这一民事主体具有对网络信息生产者的信息是否为违法信息具有认定权，并可以采取限制这些信息发布的措施，然将本属于社会管理的行政权交给一个具有营利目的服务平台，是否合适，值得考量。另外，服务平台因为盈利的需要，是否能够承担这样的职责，也存在问题。如果实施上述措施，必然在双方之间引起冲突与矛盾。这种因社会管理的需要而赋予一方民事主体以管理权，是否妥当，也有待检验。

至于，行政机关根据规定对网络信息内容服务平台、网络信息内容生产者和网络信息内容使用者依法作出的行政处罚，应当允许被处罚者依法通过提起行政诉讼等法律途径予以救济，而不应加以限制。

四、美国不能自由言论的标准

谭君： 您上面说过，任何国家，即使美国也对言论自由有着这样或那样的限制。对此，您可以谈谈吗？

贺小电： 美国1791年12月15日通过的宪法第一修正案规定，禁止美国国会制定下列法律：确立国教；妨碍宗教信仰自由；剥夺言论自由；侵犯新闻自由与集会自由；干扰或禁止向政府请愿的权利。据此，曾一度出现一种言论自由的绝对主义，认为言论和出版绝对不应受到政府的任何干涉。这种观点现在几乎已经绝迹。尽管美国的法学家差不多都认为，宪法第一修正案的规定目的在于废除事前限制，可是为了社会管理的需要，国会通过立法对言论自由作适度限制还是存在。在1931年尼尔诉明尼苏达案中，联邦最高法院尽管确定了宪法第一修正案禁止事先限制的原则，但也认为，禁止事先限制并不是绝对没有限制，其仍然存在例外。对于妨碍征兵，公布军队出发日期、人数、驻地，煽动暴力行为和武力推翻政府，淫秽出版物等，就允许事先通过立法的形式加以限制。

现实生活中，国会通过立法对某些言论加以限制，一些人违反这些限制性的法律遭受处罚，就形成了双方对立的诉讼，有的一直打到联邦最高法院。联邦最高法院因此在不同时期、不同背景下分别针对不同形式的言论表达，采用裁判的形式认定国家的有关言论自由的限制立法是否违宪。如此，对于言论自由限制的例外，就通过联邦最高法院以一个个案例的形式慢慢形成了一系列规则。这种规则，根据限制言论自由的程度，分为完全绝对限制规则与部分相对限制规则。前者如煽动，对事实的虚假陈述，淫秽、儿童色情言论，恐吓威胁言论，侮辱挑衅等冒犯性言论等就不受宪法第一修正案的保护。后者如商业言论则只受到部分保护。另外，议员、总统等公职候选人、军人、法官、教师、律师、媒体人等某些职业人，为政府雇佣、教育、资助的言论者，学生、移民等特定人员在一定时空环境中的一些言论自由也要受到限制。

谭君：联邦最高法院在具体案件中审查适用的有关限制言论自由的法律是否违宪时，有什么具体标准吗？

贺小电：联邦最高法院审查有关法律是否违宪时，固然不能以宪法为标准，如此就无法得出是否违宪的结论。此时，是由法官按照自己对法律就某种言论限制的必要性进行考量，并由9名大法官按照少数服从多数的原则确定。因此，联邦最高法院在某一言论要受到一定限制时的首个案例中，要详细加以论证，大法官有不同意见的，都应加以反映。这样，有的判例说理部分就像一本书，长达几百页。

对于言论的保障程度，有双阶理论与双轨理论之分。

前者即双阶理论，根据言论的价值，将言论分为高价值言论和低价值言论，并分别给予不同程度的保障。按照这一理论，在涉及某一言论自由的具体个案中，首先将系争言论确定是高价值言论还是低价值言论。对于高价值言论，采用严格审查的标准，给予近乎绝对性的保障；对于低价值言论，再将之分为不同的类型，按照不同的标准加以审查，即采取类型化的利益衡量方法，确定什么情况得对特定的低价值言论加以限制。这种低价值言论，包括：虚伪陈述、无新闻价值的揭露隐私讯息、仇恨性言论、商业性言论、猥亵性言论、淫荡粗俗不雅的言论、色情言论等。低价值言论，不涉及思想、意见等表达，不存在社会价值，即使存在一定价值可能为社会带来利益，也明显小于限制这些言论所欲维持的社会秩序这一公共利益。

后者即双轨理论，以限制言论自由的法律或者措施是针对言论的内容还是针对言论表达可能造成的影响为标准，分为就言论内容的规制与非就言论内容的规制，并分别适用不同的标准对之进行合宪性审查。对于就言论内容的规制，一般采用严格审查标准，要求限制言论自由的目的是在追求相当急迫且非常重要的利益，其所用的手段乃是达到该目的的必要且侵害最小的手段。对于非就言论内容的限制，美国联邦最高法院将以前审查象征性言论的奥布赖恩（O'Brien）标准和审查言论表达时间、地点与方法合理限制的标准相互结合形成一个新的审查标准，即：（1）政府此项限制的权力是否为宪法所赋予；（2）该项限制能否增进重要或实质的政府利益；（3）不涉及言论表达的内容；（4）该项限制对言论自由所造成的附带限制不超过为追求重要或实质的政府利益的必要限度；（5）尚留有甚多其他的渠道供该言论表达使用。

五、美国不能自由的言论 ①

谭君：这样，照您所说，无论是按照双阶理论还是按照双轨理论，美国对言论自由的限制是存在的。那么，您能谈谈美国关于一些言论自由限制的具体情况吗？

贺小电：关于一些具体言论自由的限制，根据有关资料，主要包括下列情形：

——包括亵渎国旗、焚毁征兵卡、竞选捐款即政治献金等象征性言论在内的有关政府的政治言论在不同时代、场合、环境中等要受到限制。

尽管1984年詹森在一起游行中焚烧美国国旗的行为在州法院一审定罪后，被州刑事上诉法院二审推翻，联邦最高法院以5∶4的多数维持了二审判决，即认为焚烧美国国旗不构成犯罪。然这只是从刑事上否定，污损美国国旗的行为不构成犯罪，并不意味着这种行为完全自由而可以任意所为。在现实生活中，仍然作为一种违反道德或者法律的行为，而要承担各种法律后果。2013年，美国南卡罗来纳州查普林高中男教师斯科特·康普顿在全班学生面前，一边用脚猛踩美国国旗，一边称"国旗只是一块布，没有任何意义"，就被校方解雇。据福克斯新闻2015年7月1日报道，2015年5月15日，美国

① 杨日旭：《美国宪法不保障十八种言论自由》，《宣传手册》1987年第2期。

伊利诺伊州一学校的高中教师乔丹·帕门特向学生示范"什么叫言论自由"时而将国旗作为道具踩在脚下，校董事全票通过将之解雇。

1918年通过的《反间谍法案》（Espionage Act）规定，战争期间，在"美国陆军或海军中恶意煽动或试图煽动不服从、不忠诚、叛变或者拒绝执勤"或"恶意阻碍美国的征兵或服役"的行为，"散布、印刷、书写或发行任何对宪法、武装部队、军队制服以及国旗不忠诚的、亵渎的、下流的或者辱骂性言论"的行为，均构成犯罪。随后，根据该法案对一些人起诉治罪。联邦最高法院1919年审理了申克诉合众国案、弗洛沃克诉合众国案、德布斯诉合众国案、艾布拉姆斯诉合众国案等4个上诉案件。在第1个案件中，申克在战时印发大量传单称征兵是对公民实行的一种奴隶制，大法官小奥利弗·温德尔·霍姆斯认为，在危急情况下，有些言论应当受到惩罚。"即使言论自由最严格的保护，也不会保护一个人在剧场谎叫失火从而引发恐慌"的自由，并称："每一案件的关键所在，是要判断当事人所使用的言辞是否在特定情形下具有造成明显而即刻危险的属性，判断这些言辞是否会造成国会有权阻止的恶劣后果。"也就是提出了批评政府的言论满足"明显并即刻的危险标准"的，就可构成犯罪。而且，这一批评政府的言论可以构成犯罪的"明显并即刻的危险标准"，在第2个案件德布斯诉合众国案中正式得以确立。第4个案件中，艾布拉姆斯等4名激进分子在纽约下东区一栋大楼楼顶散发传单号召大罢工以抵制伍德罗·威尔逊总统与法、英、日联合出兵苏俄的决定，法院认为4人的行为意图妨碍美国的对德作战计划，均被确定有罪，3人被判20年监禁，20岁的小姑娘莫里斯泰默则被处15年监禁。联邦最高法院对此均予以维持。

1940年，美国国会通过的《史密斯法》规定，下列言论予以禁止：（1）故意或蓄意鼓动或者教唆他人有义务，或有必要或有需要或认为应该用武力或暴动暗杀政府官员、推翻或破坏美国各级政府；（2）印刷、编辑、发行、流通、出售、分发或公开陈列书写的或印刷的材料，鼓动或教唆他人用武力或暴动推翻或破坏美国各级政府；（3）组织或协助组织讲授提倡或鼓励用武力或暴力手段推翻或破坏美国各级政府或各社会集团，在了解此类组织的宗旨后还成为此种组织或附属于此种组织的成员。

在1951年的丹尼斯诉美国案中，尤金·丹尼斯因"企图建立共产党"被定罪后向联邦最高法院提请移审令并获得批准，该院在此案中以6：2的多数维持。大法官费利克斯·弗兰克福特首次提出了有关政府的政治性言论的"平衡标准"（Balancing

Test）——"民主社会中的'言论自由权利'和'国家安全需求'的关系好比司法程序中'知情'和'坦诚'的关系一样，处于一种竞争的平衡当中。"该标准后在有关案件中很快取代了"明显并即刻的危险标准"。

在1957年的叶慈诉美国案中，联邦最高法院对于《史密斯法》的执法范围作出限制，认为"煽动实际行动"方可执行本法，而"思想领域的鼓吹"、宣扬暴力推翻政府的抽象学说受到宪法第一修正案的保护，不能适用《史密斯法》惩处。

越战期间，美国联邦最高法院对于批评政府的言论立场虽发生巨大变化，但依然支持了一些诸如禁止伪造、自残或撕毁征兵卡方式来逃脱兵役的法律。在1968年的美国诉奥布莱登案中，被告以焚毁征兵卡乃是象征性言论为由主张应受宪法第一修正案言论自由权的保障，联邦最高法院因担心焚烧征兵卡会对征兵工作的"顺利和有效运作"造成危害而予以拒绝。尽管如此，在该案中，联邦最高法院彻底否定了原先确定的"明显并即刻的危险标准"。

在1969年的勃兰登堡诉俄亥俄州案中，该判决彻底推翻了惠特尼诉加利福尼亚州案中的裁决，认为法律必须在对想法的支持和对非法行动的煽动上作出区分，"言论和出版自由的宪法保障不允许某个州禁止对暴力和违法的支持，除非这样的支持直接导致煽动或产生迫近的不法行为，和可能煽动或产生这样的不法行为"，确定了政治言论入罪的"迫在眉睫非法行为且可能的标准"（Imminent Lawless Action Test），即提倡使用暴力或违法行为的言论目的在于煽动或造成迫在眉睫的非法行为并很可能煽动或造成这样的非法行为。煽动，不是抽象理论的鼓吹而是具体暴力行动的鼓吹。就像哈兰大法官所说，不是让人相信某事，而是为了某事，犹如教唆犯罪，始非言论自由保障之范畴，而得加以禁止处罚。换言之，只有同时符合意图、急迫性和可能性三方面条件的言论才能不受保护。

在1969年的廷克诉得梅因独立社区学区案中，部分学生因为抗议越南战争而佩戴黑章的行为被学校处罚。联邦最高法院认为，学校不得限制未对学校正常活动有"重大且显著"破坏的象征性言论。

在1971年的科恩诉加利福尼亚州案中，科恩因在洛杉矶县法院走廊上穿着上面印有"去他妈的，征兵"（"Fuck The Draft"）字样的夹克衫被定罪而上诉，联邦最高法院以5：4的结果推翻了原审。大法官约翰·马歇尔·哈伦在多数意见中认为，科恩外套上的言论虽使用了脏字，然依属于宪法第一修正案所保护的政治言论范畴，因"汝之砒霜"乃"彼之蜜糖"（One man's vulgarity is another man's lyric）。

1971年，国会通过《联邦竞选法》（Federal Elections Campaign Act）规定：符合资格的候选人应设立公共竞选资金；限制捐款来源，任何公司、工会都不得向众议员、参议员、总统等各种联邦公职的竞选活动捐款；禁止外国公民进行任何政治捐款；每位捐款人最多只能向每位候选人捐款1000美元（金额随通货膨胀率浮动，如2002年、2003年分别调整为2000美元、2300美元）；候选人本人每年给自己捐款竞选不得超过2.5万美元；候选人对用于竞选的开支亦加以限制。与此同时，还成立联邦选举委员会（Federal Elections Commission，FEC），与一些"公共秘密""共同使命""竞选监察者"等民间组织共同对候选人竞选资金的募集与使用情况进行监督。为此，参议员詹姆斯·巴利克1978年以限制捐款违反宪法第一修正案言论自由为由将FEC官员瓦莱奥告上法庭。联邦最高法院在审理该案后认为，政府限制政治捐款数目并要求公共捐款来源的规定并不违宪，但候选人竞选开支限制的规定乃是对言论自由的限制而违宪。这样，直接捐款给候选人个人的"硬钱"要受到限制。一些人便给候选人的所属政党捐款，政党则可以用之制作广告为候选人进行包装，攻击竞争对手等。于是，国会2002年11月又通过《跨党派竞选改革法》（Bipart is an Campaign Reform Act，BCRA）规定：禁止公司、工会或个人向政党捐款；预选前30天、大选前60天，公司、工会不得投放任何提到政治候选人姓名的广告。参议员米奇·麦康奈尔2003年认为BCRA违反宪法言论自由条款对联邦选举委员会（FEC）提起诉讼，联邦最高法院在该案中认为，国会通过BCRA的目的在于制止大公司出资可能对选举造成潜在负面影响，故不违宪。但在2007年，联邦最高法院在"联邦选举委员会诉威斯康星州生命权利组织案"中裁判，BCRA中有关预选前30天、大选前60天，公司、工会不得投放任何提到政治候选人姓名广告的规定违宪，认为只要这些广告不是直接为某位候选人拉票或者攻击某位候选人，就可以播出。

——使人感到有威胁、恐吓甚至可能造成公共秩序混乱危害的言论没有自由。如，在洛杉矶国际机场电检入口处挂有"请勿开玩笑"的牌示。要是在此开玩笑说："Hi Jack！"因Hijack在英文中表示劫机之意，警察一旦听见，必会立即逮捕。又如，你若开玩笑说："'Y的，你小心点！看我明儿个怎么收拾你！''老子早晚要废了你！'在美国，你就有可能犯法了，对方可以告你恐吓，法官可能判你不得接近原告，不得在原告的住家和工作单位附近出现，如果你违反了法庭的判决，就会被拘捕，如果你的恐吓性言论更为恶毒的话，对方称自己受到了某种伤害，请个大律师，没准判你坐牢，还会有经济损失。"还如，1951年美国一大学生一天在街头发表演讲，辱骂杜鲁门总统和一些官员，引起听众公愤，咆哮喊打，骚动暴乱一触即发，于是被逮捕后以破坏公共安宁秩序罪判刑。再如，任何人不能以言论自由或集会自由违反交通规则，妨害城市交通秩序。

佛罗里达州刑法规定，任何人意图恐吓其他个人或群体而在他人财产内、公路或其他公共场所焚烧十字架的行为，均属不法，构成重罪，并规定任何人焚烧十字架，都可以直接推定为意图恐吓。1998年5月，种族主义者理查德·埃利昂特率人驾车冲入黑人邻居詹姆·斯朱比利家的草坪，竖起1个1米多高的十字架点火焚烧，致朱比利搬走；另一种种族主义者、三K党成员巴里·布莱克等10名党徒1998年8月在一接近公路的空地上集会时辱骂黑人与墨西哥人，并放火将1个9米高的十字架烧掉，2人均被法院定罪。后来，两案到了联邦最高法院。2003年4月7日，该院判决认定弗州禁止焚烧十字架行为的立法合宪，但认为"将火烧十字架行为直接推定为恐吓的规定违宪"而将案件发回佛州最高法院重审。

联邦最高法院认为，使他人或某些人受到伤害甚至死亡恐惧的暴力威胁、恐吓言论不受宪法保护。是否属于这种言论，不能简单地从内容上加以判断，而要根据其意图及意图实现的可能性对是否具有实质威胁性作出判断。沃洛赫教授认为："如果一个普通人能明显地认识到某些恐吓言论只是夸张的修辞而已，那这些言论不会被惩罚。"诸如"被社会排斥"或进行"政治意图杯葛行为"式的恐吓都受到宪法保障。在沃特斯诉合众国（Watts v.United States）案中，少年沃特斯宣称："如果他们给我一把枪，我第一个要瞄准的人就是林登·约翰逊（时任美国总统）。"联邦最高法院认为，少年的言论虽具有冒犯性，然结合上下文及其假设语气，其含义只是表明对总统的一种政治态度，并不具有实质威胁性。要是言论超越了态度表示，暗示了可能的危险就会被认为是实质性的威胁，如诅咒他人出门被车撞死不是威胁，但对他人说："我会用车撞死你"，则构成实质性威胁。另外，在飞机上冒称劫机，或者模仿暴力案件情节在公众场合开玩笑，虽然未必有主观的暴力意图，但因为可能引发实质的混乱和危险，也会被认为是实质性威胁。

——侮辱、挑衅等招致冲突的言论，在公共场所打骂、呵斥孩子等的言论要受到限制。所谓招致冲突的言论，是指对任何个人具有强烈侮辱性及挑衅性，会对他人造成伤害或可招致反击斗殴的恶言恶语，包括下流、淫秽、猥亵、诽谤等言论。这种言论既不具有"任何适当沟通的意义"，也缺乏"表示任何社会价值的意见和真理"，所以不在宪法言论自由权保障之内。如，"孩子哭闹，上去就给一巴掌，或者严厉责骂，就违反了法律；在公共场所发生争执，拉拉扯扯，大声苛责，严厉训斥，也是违法的；如果发生这样的情况，周围看到的人很可能马上就去报警，就有丧失抚养权的可能，如果孩子的身体和心灵受到了某种伤害，可能要坐牢。"

在1942年的查普林斯基诉新罕布什尔州案中，联邦最高法院认为，那些"直接针对听者"通过激怒别人而"煽动即刻的破坏和平行为"的且"由普通人通过常识判断很可能会引发暴力反应"的挑衅、侮辱言论（Fighting Word）不受保护。除挑衅字眼外，那些有意或无意地造针对普通人（Private Figure）而造成其情感严重伤害的言论也不受保护，但针对政府及其官员、公众人物除外。在1988年的皮条客杂志诉福尔韦尔案（Hustler v.Falwell）中，联邦最高法院就认为，对于"公众人物"（Public Figure）的冒犯性讽刺是完全受到保障的。

又如，2017年6月3日晚，英国首都伦敦泰晤士河上伦敦桥附近连续发生恐怖袭击事件，1辆货车冲撞行人，袭击者随后弃车并持刀伤人，已致至少7死48伤，3名嫌犯被警方击毙。次日，美国总统特朗普在推特上指责伦敦市长萨迪·克汗（Sadiq Khan）"却说出'没必要担心'这样的话"。随后，美国有线电视新闻网（Cable News Network，CNN）阿斯兰发布推文说："这'狗X'（Piece of sh*t）不仅仅令美国蒙羞，也是（特朗普）总统任期内的污点""令人类蒙羞"。不久，这条推文被删除，阿斯兰并为自己的言论表示道歉："我失去了冷静，以贬损的方式回应了他。""这不像我，我本该用更好的语言来表达我对总统不得体和缺乏同情心而感到的震惊和沮丧。"再后，阿斯兰被CNN终止合作关系。2011年6月，美国政治评论员马克·霍尔柏林因在直播节目中辱骂美国总统奥巴马"傻屌"被停职。2015年12月6日晚上，奥巴马发表反恐演讲后，美国福克斯新闻频道（Fox News）的评论员拉尔夫·彼得斯（Ralph Peters）在早间节目中骂奥巴马"娘炮""没种""完全没打算去打击敌人"；撰稿人、演员斯泰西·达什（Stacey Dash）又在一档午间访谈节目中说奥巴马的反恐演讲"屁都不是""他只是想完成这个任务，好去做别的事"。福克斯高层在直播节目中就2人对奥巴马带有侮辱性的语言表示"极不合适""无法接受"，并宣布对2人停职2周的决定。2018年5月30日晚，主持人萨曼莎·比（Samantha Bee）在美国电视台TBS播出的一档脱口秀节目中谈及特朗普政府的移民政策时要求美国总统特朗普的女儿伊万卡："快让你爹改改移民政策吧，你这个"Feckless c**t"（烂X），他会听你的话的！"第二天，萨曼莎·比就在社交媒体推特上发文向伊万卡和观众"真诚地致歉"，称她在节目中用脏话形容伊万卡是"不合时宜和不可原谅的"。对此，国内一些人认为美国的言论自由是虚假的，连骂总统都要开除，乃完全是将言论自由绝对化。任何法治国家，都允许言论自由，但不能以辱骂他人等为前提。若是允许他骂人家为"狗屎"，人家也就可以骂他祖宗十八代，此时，他会干吗？我相信他也会暴跳如雷的。

在美国的言论表达上，还有"政治正确"的要求。"政治正确"要求谈及黑人（泛指各种族）、妇女、宗教信仰、性取向等时，不得使用带有轻蔑、侮辱性的用词冒犯他人尤其是弱势群体。如对黑人，要称African American，即非裔美国人，不能使用"Blacks"来称呼，甚至带有"黑"都很敏感，否则就会遭到声讨。对于带有性别的一些词，按照"政治正确"的要求，也要注意使用，如：警察，不能说Policeman得说Police officer；销售员，不能说Salesman得说Salesperson；家庭主妇不能说Housewife得说Homemaker；主席、系主任等，不能说Chairman甚至简化成Chair，得说Chairperson；消防员，不能说Fireman得说Firefighter。在宗教信仰方面，如圣诞节见面，你不知道对方是不是基督教徒，不能说Merry Christmas，而应说Happy Holiday！一些名人就因为说话不注意而因不符合"政治正确"的要求付出了巨大的代价。

如2014年4月，美国职业篮球联赛（National Basket ball Association，NBA）洛杉矶快船队老板斯特林（Donald T.Sterling）私底下与前女友谈话"你一直在传播你和黑人混在一起，这点让我很困惑""我只想说的是，在你的Instagram上，你没必要到处发自己和黑人的合照。哪怕是魔术师也不行，满世界都会看到，然后找我问东问西。还有，也不要把他（魔术师）带进我的比赛中"的一段音频被美国八卦杂志《TMZ》曝光。之后，斯特林被处以终身禁赛，并被罚款250万美元。同时，NBA新任总裁萧华强调，从即刻起联盟将想尽一切办法迫使斯特林出售其在球队中的股权。后来，斯特林也不得不以20亿美金的价格将快船队卖给前微软CEO史蒂夫·鲍尔默。

又如，美国著名经济学家、曾任美国国家经济委员会主任、美国财政部部长的前哈佛大学校长劳伦斯·萨默斯（Lawrence Henry Summers）在一次演讲中称女性在科学方面的成就比较少，可能是因为男女在"内在智能"上的不同。此言一出，群情激愤。哈佛大学女教师委员会写信给他说："你的行为让哈佛大学蒙羞。"一些校友则宣称，如果他不公开道歉，他们就将停止哈佛的捐款。他虽然一再道歉，最后还是不得不因为这一导火线而辞职。

——造谣、诽谤等与事实不符而造成他人权利侵犯的言论没有完全自由。如在1952年的博阿尔内诉伊利诺伊案中，联邦最高法院大法官法兰福克特在代表撰写多数意见时指出："诽谤言论不在宪法对于言论自由的保护之列。"1964年的《纽约时报》诉沙利文案中，联邦最高法院认为，美国宪法第一修正案对向公众人物"不加阻拦地、尖锐地、广泛地"（uninhibited，robust，and wideopen）批评加以保护，除非有证据表明该批评是故意撒谎或"全然不顾"（reckless disregard）事实真相。然而政府官员要想赢得诽谤侵权的损害赔偿，就必须证明该当事人的言论符合"真实恶意原则"（Actual Malice），即"明知报道内容为虚假或罔顾报道内容的真实性"。

在1967年的柯蒂斯出版公司诉巴茨（Curtis Publishing Co. v. Butts）案中，联邦最高法院认为，公众人物在社会上具有影响力，对公共议题的影响力有时并不小于公务员，故对之的批评监督，理应与公务员享有同种程度的保护，从而将"真实恶意原则"适用的范围扩展至公众人物。在1974年的格茨诉罗伯特·韦尔有公司（Gertz v. Robert Welch，Inc.）案中，则对公众人物的类型作了区分：一是全面性公众人物，是指在社会上享有盛名，对整体社会具有高度权力与影响力的人，如大公司总裁、诺贝尔奖得主、知名影视明星歌星，甚至黑道领袖亦属之；二是局部性公众人物，是指自愿投入某一特定公共争议中，或在非自愿情况下偶然成为媒体关注焦点的公众人物。

在1985年的邓白氏公司诉格林莫斯征信公司案中，联邦最高法院认为，"真实恶意原则"并不适用于私人毁谤案件，如果言论"并非具有宪法价值的公共言论或者并非针对公共事务，那么该言论并不受宪法保护，也就并不需要遵循'真实恶意原则'"。

在1974年的格茨诉罗伯特·韦尔奇公司案中，在私人毁谤案件中，如果被毁谤者寻求高于实际伤害的惩罚性赔偿的话，那么必须证明毁谤者有"真实恶意"。

在1988年的《皮条客》杂志诉福韦尔案中，美国著名色情杂志《皮条客》1983年以一幅嘲讽性漫画对美国著名保守派牧师杰里·福韦尔进行了极端无礼且肆无忌惮的挖苦、诽谤和侮辱，暗示他的第1次性经验是在酩酊大醉当中和母亲在厕所中发生的乱伦。福韦尔为此将《皮条客》告上法庭。陪审团认为这种漫画一看就是胡闹，没有人会当真，诽谤当然也就不能成立，弗吉尼亚地方法院于是判决"侵犯隐私权名誉权"和"恶意诽谤"罪名不成立，但认定"精神伤害"罪名成立。案件到了联邦最高法院，大法官威廉·仁奎斯特认为：讽刺性漫画是美国政治生活当中不可缺少的表达方式，公众也并未将其内容认为是事实陈述。如果"极端无礼"造成的"精神伤害"可以定罪，只能鼓励法官们根据自己的口味来确认是不是"极端无礼"，而法律上并没有明确标准来区分是否"极端无礼"，因而需要给新闻界足够的"呼吸空间"行使宪法第一修正案所保护的言论自由。最后"精神伤害"罪名被驳回，《皮条客》胜诉。

在1990年的米尔科维奇诉文采杂志公司案中，联邦最高法院就"意见表达"和"毁谤"的界限作出区分：如果一个人的言论超出"意见表达"而成为"事实指控"，并且该言论可被证伪的话，那么就属于毁谤而不受宪法保护。

——淫秽色情的言论不受到保护。对于淫秽和色情出版物，美国联邦及州政府都有相应的限制，联邦最高法院也一直拒绝将淫秽言论纳入宪法第一修正案有关言论自由的保护之内，但色情出版物的控制相对来说不那么严格。

在1896年的罗森诉合众国案中，美国联邦最高法院采用英国著名案件——里贾纳诉希克林案（Regina v.Hicklin）确立的"希克林标准"，认为淫秽色情的内容应当"能够影响腐坏所接触之人的心智"。在20世纪早期，诸如西奥多·德莱塞的《美国的悲剧》（1925年）和D·H·劳伦斯的《查泰莱夫人的情人》（1928年）等文学作品都因"涉嫌淫秽"而被政府禁止出版。

在1957年萨姆·罗斯诉合众国案中，罗斯因为邮寄淫秽广告被定罪而上诉至联邦最高法院。大法官威廉·布伦南认为，"'哪怕只有极少社会重要性的思想——离经叛道的念头，有争议的想法，甚至是为当前舆论所痛恨的思想'，都应受到宪法第一修正案的保护。但是，宪法第一修正案的历史表明，淫秽出版物从来都被认为属于'毫无任何社会重要性可言'""显而易见，淫秽出版物与诽谤一样，都'不受言论和出版自由的保护'。"同时，在该案中以"罗斯标准"取代"希克林标准"，即："对于一般人来说，在现行的社会道德标准下，作品整体或其主旨是否在卖弄色情"为判定淫秽的标准。大法官波特·斯图尔特阁下在1964年的雅格碧利斯诉俄亥俄州案中写下了一句名言，虽然不能准确定义淫秽的标准，"但是当我看到它的时候我就知道"。

在1973年的米勒诉加利福尼亚州案中，联邦最高法院又对"罗斯标准"加以修正，形成"米勒标准"，又称"当代社区标准"，如果一部作品符合以下各条标准，构成淫秽作品，其言论不受保护：（1）在本地当前的社会标准中，所涉及的对象或作品就其总体而言会唤起普通人的淫欲（Prurient interest）；（2）对性行为的描写引起人们的明显反感，并违反各州法律；（3）作品就总体而言，缺乏严肃的文学、艺术、政治或科学价值。该规则还有一些从属条款，其中包括允许某人在自己家中藏有私人的淫秽物品。上述规则中的"淫欲"是指"对于性的令人羞耻的或病态的兴趣"。

在1969年的斯坦利诉佐治亚州案中，联邦最高法院认为："宪法第一修正案的存在就意味着政府无权告诉公民，他在家里的时候应该阅读什么样的书籍和观看什么样的电影。"但宪法允许政府禁止公民之间邮寄或出售淫秽作品，尽管它们有可能是只用于私人目的。

对儿童色情的限制更为明确。在1982年的纽约州诉法伯案和1990年的奥斯本诉俄亥俄州案中，联邦最高法院认为，政府在保护受虐儿童权利方面至关重要，裁定儿童色情不在"米勒测试"的范畴内。属于儿童色情的内容，即便不满足米勒测试，也不受到保护。这一原则规定，满足以下标准的言论不受保护：（1）通过图像描绘未成年的儿童；（2）表现性行为或淫秽地展示他们的生殖器。但对那些看起来像是儿童色情、人们认为对儿童有害的色情或让观看者有伤害儿童冲动的内容，不应视为儿童色情的范围。对于含有儿童性行为的材料，政府都可以管制。即使仅仅下载、观看或拥有儿童色情资料的，就可能构罪。佛罗里达州有1名26岁男子被发现拥有数百张儿童色情图片，就被判处终身监禁，不得假释。

1975年某天下午，纽约太平洋基金会的一家电台主持人乔治·卡林使用一连串脏词造句逗乐，联邦通讯委员会（Federal Communication Commission，FCC）接到他人有关他儿子听到这些脏话后身心受到很大伤害的投诉后便命令电台不得再散布不雅言论，并警告若有再犯，一定严惩。太平洋基金会以FCC违背《通信法》及宪法第一修正案为由将之告上法庭。FCC败诉后上诉至联邦最高法院。后者认为："广播、电视节目在美国人的生活中具有一种独特的渗透性，那些公然的、冒犯性的不雅内容，不仅在公共场合，而且在私人家庭中也会触及公民，而在私人场所，个人不被骚扰的权利应当大于那些侵人者的言论自由权。"于是裁判FCC胜诉的同时还要求，在早上6时至晚上10时这一儿童可能收听收看的时段，FCC有权禁止广播、电视节目中出现不雅言论。之后，FCC趁热打铁，出台法律规定，电台在任何时候不得播出淫秽言论；早上6时至晚上10时之间，不得播出不雅言论。其中，不雅言论，是指与性、排泄器官相关，并持续或重复播放的言论。

后来，在2004年的"金球奖"的颁奖晚会上，摇滚歌手波诺在接受奖项时因为兴奋脱口而出："这实在太他妈的有才了。"全国广播公司（NBC）如实直播，被FCC认为像Fuck这样的极其粗鄙的词语，很容易让人联想到性行为必加禁止而警告。

另美国有线电视福克斯（FOX）也因2个节目播放艺人颁奖礼上说了Shit或Fuck之类的粗口被FCC警告。被警告者于是将警告者告上法庭，被告FCC败诉后上诉至联邦最高法院最终得到支持胜诉。

2004年2月3日，在橄榄球"超级碗"冠军赛中场休息期间，歌星珍妮特·杰克逊与贾斯汀·廷伯雷克同台献唱时，前者的上衣被后者突然扒开致右胸袒露不到1秒钟，被哥伦比亚广播公司（CBS）直播，不少未成年人为此目睹了珍妮特外泄的"春光"。事后，电视台、两歌星先后出面表示向全国观众道歉，FCC认为电视台直播瞬间露乳图像的行为构成传播不雅言论，对CBS罚款55万美元。CBS提出诉讼，案件最终到了联邦最高法院，FCC以胜利告终。

为保护未成年人的身心健康，美国国会1996年通过了《通讯净化法》（Communication Decency Act，CDA），规定通过互联网向未满18周岁的未成年人提供"不雅"或"明显令人不悦"的资讯，将被处以巨额罚款或者2年以下监禁，美国公众自由联盟、美国作家协会等20余个团体向联邦地区法院提起诉讼，认为CDA违反了宪法第一修正案的有关言论自由的规定。法官认为，"不雅"之词含糊不清，不宜作定罪根据，判决暂停适用CDA有关条款。时任司法部长珍妮特·雷诺代表政府上诉至联邦最高法院，即雷诺诉美国公众自由联盟案，从而成为美国网络言论自由第一案。联邦最高法院认为，"不雅"或"明显令人不悦"，尚缺法律明确界定。这样，人们在讨论同性恋、防治艾滋病等话题时，也有可能触犯法律，故裁判CDA违反了宪法第一修正案的规定。

之后，美国国会1998年通过《儿童在线保护法》（Child On Line Act，COPA），规定禁止所有商业网站刊载对"未成年人身心健康有害的内容",即按照"当下的社区标准",含有可以挑起普通人淫欲的"淫秽"内容,即对未成年人的身心健康有害。之后,又被美国公众自由联盟以限制言论自由告上法庭。法官认为,一些社会因为传统保守,任何与性相关的内容,甚至是几张身穿比基尼的泳装女郎照片,也可能被认为对"未成年人身心健康有害"。后在2004年约翰·阿什克罗夫特诉美国公众自由联盟案中,认为未成年父母可以在电脑上采取"阻拦""过滤"等措施来防止未成年人接触有关信息,政府从而没有必要以限制商业网站言论自由的手段来加以干预,于是裁定COPA违宪。

2000年,国会又推出《儿童互联网保护法》(Children's Internet Protection Act, CIPA),规定联邦资助的公共图书馆内电脑上安装过滤软件,屏蔽"淫秽""儿童色情""对未成年人身心健康有害"的内容,否则对之停止财政拨款。美国图书馆协会提起诉讼,请求法院裁定CIPA中要求图书馆安装过滤软件的规定违宪,地区法院认定违宪,政府上诉到联邦最高法院得到了支持。因为,公共图书馆的电脑,与私人电脑不同,只能为读者学习和研究提供学习的工具,并非用于发表言论,从而不属于公共论坛。另因为需要或合法目的浏览被屏蔽的网页,可以申请解除屏蔽,不存在有用信息被过滤的问题,故裁判CIPA中要求图书馆安装过滤软件的规定并不违宪。

在2008年的美国诉威廉姆斯案中,美国最高法院裁定《禁止奴役当代儿童的起诉救济和其他手段法》合宪,禁止提供或获得儿童色情出版物的规定并没有违反宪法第一修正案,甚至根据该法律,公民可以因为持有儿童色情出版物被起诉。

——有碍执法、司法的言论没有自由。前者如,因交通违章被警察命令下车,若说诸如哥儿们,有话儿好说,您高抬贵手,明儿个请你喝小酒等套近乎的话甚至拍警察肩膀,就是违法,有可能坐牢,弄不好还有生命危险。在美国,法律授予了警察现场执法和自保的权力,不听从警察指令,警察有权紧急处置,包括立即拘捕和开枪击毙;具有贿赂警察的言行,将会受到法律的严惩。

后者,诸如不遵守法庭纪律或不听从法官指示,刑事被告在法庭上的过激言论,证人拒绝传唤到庭作证或者虽然到庭但拒不回答法庭上的提问,向法院提供不真实的诉讼材料,当事人或律师违反有关证据开示的命令,指责批评法院或法官,干扰证人作证,阻挠审判过程,试图对陪审员或潜在陪审员施加不当影响,不服从法院命令哪怕该命令明显不当等藐视法庭的言论自由都要受到限制。如1970年的艾伦案，被告受审时咆哮公堂，扰乱法庭秩序，被判罪不服上诉，联邦最高法院裁决："以后遇到涉讼当事人不服法官劝告，法庭即可采取3项措施：（1）可将其嘴用胶布封闭，绑在椅子上仍留庭受审；（2）将其带出庭外，等其恢复平静并承诺遵守法庭秩序再回庭上；（3）判决其侮辱法庭。"2004年的美国诉马歇尔案中，受刑人在其受监督释放请求接受法官审查时对法官大呼"亲我屁股，操你老婆"，法官不仅当场驳回其申请，还以藐视法庭罪对之加判1年监禁刑。

——为公司或个人盈利为目的而发表的商业言论要受到限制。在1978年的额哈力克诉俄亥俄州律师协会案中，联邦最高法院认为，我们不能丢弃"常识性"的东西，商业言论与其他言论不同，在传统上要受到政府的监管，不能受到宪法第一修正案的完全保护。它受到宪法第一修正案保护范围的多寡由有关商业言论与非商业言论的界限来决定。在1980年的中央哈德森天然气和电力公司诉公共服务委员案中，联邦最高法院要求政府在对商业言论进行监管时，应当考虑："（1）这些言论是否受到宪法第一修正案的保护？是否合法？是否误导消费者？是否涉及欺诈？（2）控制这些言论之后是否对于政府利益有很大的帮助？（3）控制这些言论是否直接有利于政府利益的实现？（4）相较于更大范围的利益或服务，这些控制有必要吗？"若能全部得到肯定，政府就可以对商业言论进行控制，从而形成了"中央哈德森标准"。6年后的1984年，在波多黎各波萨达酒店协会诉波多黎各旅游公司案中，联邦最高法院将"中央哈德森标准"沿用到该案中支持了波多黎各最高法院的裁决，认为波多黎各的《1948年游戏机会法》（Games of Chance Act of 1948）中的规定并没有违宪。

——涉及滋扰、破坏公共场所秩序及军事、监狱、学校等特定场所的言论自由要受到限制。

在1897年的大卫诉麻省（David v.Mass）一案中，法官在发表多数意见时认为，波士顿市政府有权禁止在公共场所举行集会，其禁限之法规并未违宪，"政府作为公众代表，须对公共使用此等场所加以管制。议会绝对有权并在宪法上禁止公众在公路或公园集会演说并未侵犯公众任何人之权利，犹如在私宅中禁止任何人在其住宅中发表演说一样"。

在1937年的哈格诉产业工会联合会（产联）一案中，联邦最高法院大法官代表多数派意见认为，自从古代起，使用街道及公共场所的权利已成为公民自由特权及诸多权利之一部分。但使用街道、公园之权利并非绝对而系相对权利，须受公众之方便及舒畅之节制，并遵守和平及良好秩序。

新泽西州春腾市规定，禁止任何人在游行时使用扩音器或其他扰乱公共安宁的行为。1949年的亨·华莱士·科瓦奇诉库珀（Kovacs v. Cooper）一案，进步党党员科瓦奇（Henry Wallace Kovacs）在游行中违背该规定而被定罪，案件到了联邦最高法院，该院认为，言论自由权不得强迫市政府接受此种制造噪音的扩音器卡车在大街上行驶，市政府对装置扩音器大声喧闹之卡车的禁止规定并未违宪。因为，"市街大道系言论意见交换之公认正常场所，但非谓言论自由不受任何限制""在一个尊重全民自由社会中，言论自由虽然占有优先地位，但它并不能让议员将其他市民对安和生活之要求又置之不顾。因为不尊重他人权利而强行一己之言论自由的本身即系粗暴而专断之行为""该市政府之规定非在限制'意见之沟通'之自由，而系合理保障他人不受干涉之权利亦即他人之隐私权必须加以尊重""言论自由在公共秩序维护、人员无法加以保护的时间与情况之下，将成为有名无实的空洞字眼""因为任何人在家中或街上都无法逃避扩音器对其隐私权之干扰，除非经由市政府予以保护"。

在1976年的格里尔诉斯波克（Greer v. Spock）案中，著名小儿科医生施帕克参加1976年的美国总统大选，带人到某军事基地进行竞选活动，散发竞选传单，发表政治演说，遭到当局取缔，于是上诉至联邦最高法院。该院认为，"总统为三军统帅，军事不受政治干涉，亦不应与政治竞选活动或党派活动纠缠不清""军事基地与一般平民活动场所有别。军事基地旨在训练士兵而非提供政治讨论场所"，而驳回其上诉。

在1966年的哈里特·路易斯·阿佳利诉佛罗里达科（Adderley v. Florida）一案中，阿佳利（Harriett Louise Adderley）及31名学生到佛罗里达工业大学1里外的监狱，抗议种族歧视，拒绝狱政人员劝告而被定罪，上诉至联邦最高法院。该院以"监狱与其他公共场所不同，监狱系为安全目的而设，故不在抗议之列"裁判维持。在1972的格雷尼德诉罗克福德布（Grayned v. Rockford）一案中，联邦最高法院认为，市政府禁止"任何人在毗近学校之公私场所建筑，蓄意喧闹，扰乱学校上课时之安宁与秩序"，并未违反宪法第一修正案所保障的言论自由。

在1972年的布莱兹伯格诉海耶斯案中，联邦最高法院裁定宪法第一修正案并没有赋予记者拒绝大陪审团传票的权利。

——因特定身份的言论自由要受到限制。

如，议员的"立法言论行为"，如致函三军首长为立法目的要求提供有关资料的行为，享有言论免责权的保障；但若将该项所得资料用作竞选活动，或者记者招待会或接受记者访问时所发表的谈话，在非议会场所发表的演说，将国会记录复印向选民或外界散发，给政府官员干涉施政的电话指令等的行为，则属"非立法言论行为"而不受言论免责权保障。

如，军人反战的言论要受到限制。1974年上尉李维公开反对越战，并鼓动黑人拒服兵役参战，被军事法庭依据统一军法法典判刑不服而上诉。联邦最高法院认为，军人与平民不同，军人虽亦有言论自由权，但与平民言论自由不同，故在行使时所受到之限制及约束程度自亦不同。

如，在监狱中服刑的罪犯其言论及集会自由权因狱政安全维护的必要而要受到限制。联邦最高法院认为，监犯个人的言论自由权利同狱政管理及公共安全的公权力两相比较，后者重于前者。对监犯的言论自由的限制，基于维护狱政安全而具有必要性及优先性。否则，必然造成监犯工会与典狱官的对立，而引发狱政秩序的混乱。

根据《山姆之子法案》，美国一些州规定罪犯不得以盈利目的出版自己的回忆录。在1991年的西蒙·舒斯特出版社诉犯罪受害人委员会案中，联邦最高法院推翻了纽约州类似的法律，裁定罪犯有权出版自己的回忆录。但在某段时间内，该回忆录的收益将被存入托管账户，该托管账户的利息将支付给纽约州犯罪受害者委员会，用于该委员会为犯罪受害者提供的医疗援助和相关支出。

如，法官对案件的评论不是完全自由。《加州司法伦理准则》规定，"法官不得对法院即将或正在审理的案件作公开评论"，但在自己没有参加过案件审判或者不会干预案件公正审理的前提下，可以在法律教育的课程与教材中讨论上诉法院正在审理的案件和争点。1998年，加州地方法院法官罗德曼因其审理2起案件所作的判决受到各界批评，故在案件上诉期间接受媒体采访，为自己的判决辩解。为此，加州司法惩戒委员会根据《加州司法伦理准则》关于"法官不得对法院即将或正在审理的案件作公开评论"的规定，对之进行了处分。罗德曼便以法官的言论自由也应受到保护为由将对之处分者告上法庭。加州最高法院认为，法官的不当言论有害于司法公正，罗德曼在案件上诉期间故意违背规则发表公开评论，也有害于公众对司法机关的尊重，理应受到处罚。此后，2007年的《美国律师协会模范伦理规则》进一步强调，法官不得对已决审判或者即将审理的案件发表意见，但可以直接或间接向媒体就具体个案中法官的行为进行说明或解释。此外，法官自身需要慎言外，还应要求受其指挥监督的法官助理、书记员亦应慎言。

如，律师对在审案件的言论也不是完全自由。根据联邦最高法院1991年在金泰尔诉内华达州律师公会案中确定的规则，律师对在审案件的言论只有在不存在"重大偏见的高度可能"时，才可以自由发表公开评论。

如，在1986年的伯特利学区诉弗雷泽案中，联邦最高法院认为，学生可以因他在校园集会上的涉及性暗示的言论被处罚。在1988年的黑泽尔伍德诉迈克凯尔案中，联邦最高法院认为，校报在接受校方的出版审查方面可以受到宪法第一修正案的保护，但保护有限。在2007年的莫尔斯诉弗雷德里克案中，联邦最高法院认为，学生宣扬"非法使用药物"的行为，即便不在学校场地内，校方也有权在集会上阻止该人的言论，这并不违反宪法第一修正案中的言论自由规定。

如，在1972年的美国国防部告《纽约时报》泄密案中，联邦美国最高法院认为，媒体如被证明给国家安全带来了"立即的、明显的、不可挽回的危险"，则可以泄露国家机密罪定罪。

——侵犯隐私、私人场所、知识产权的言论，具有教师、律师等特定职业身份的人的言论等，都要受到有关法律、道德等规范的限制。

《纽约隐私权法》规定，未经许可擅自使用他人的肖像，擅自闯入他人的私人空间，虚构他人的故事对之投下一道虚光式的侵犯，散布真实但令人难堪的隐私信息等侵犯他人隐私权的言论要受到限制。

在露丝·舒尔曼诉Group W制作公司案中，露丝·舒尔曼在主高速公路上驾车与他车相撞，滚下路基而身受重伤。一救护直升机赶到现场将舒尔曼立即送往医院。一护士在未经伤者同意的情况下，用麦克风记录她与舒尔曼在现场及直升机中的对话，另一位救援成员则用摄像机摄下了这一过程，被告将有关录音、摄像资料剪辑加工成电视节目后在电视台播放，舒尔曼便以其隐私权受到侵犯为由提起诉讼，并得到了加利福尼亚州最高法院判决的支持。凯瑟琳沃德加法官写道："陪审团可以合理地相信，对于人类尊严的尊重要求病人在被送治的危急过程中，仅仅需要那些此刻能够照料他或她的人，而不必处于好事者的众目睽睽之下……但凡有判断力的陪审团都不难发现，被告在未经病人同意的情况下，在急救现场安装麦克风，录下她与这位神志不清、伤势严重、饱受折磨的病人的对话，这样的举动严重侵犯了病人的个人隐私。"

在普鲁内雅德购物中心诉罗宾斯案中，联邦最高法院一致裁定，业主所有人有权禁止政治宣传机器或请愿联署活动非法进入其私人场地。但是加州的法律却对该权利进行了限制，加州将某些场地（通常是商场或超市）视为传统的公共论坛，因此要求业主不得禁止相关人士的进入和宣传，法院依旧认为业主可以对"宣传活动提出合理限制"。

在1985年的哈珀和罗出版公司诉国家杂志公司案中，联邦最高法院认为，不同形式的知识产权也会对有关言论进行限制，这些限制可以激励那些"言论市场"（Speech Marketplace）中的艺术家进行艺术创作。

总之，言论自由，在美国也不是绝对的自由，依然要受到例外的限制，平时是这样，战时更是如此。言论自由作为一种权利，同时也是一种责任，权利的行使不得危害公共安全或侵犯他人权利，否则就要承担相应的法律责任。言论自由权利的行使及保障，须以合法为必要前提，要依法而为，而不是无法无天。虽然认为，纯粹的言论自由不得侵犯，但政府对涉及行动的违法言论仍然采取干涉主义。

六、因言获罪不是越界言论的护身符

谭君：言论自由作为一项权利，其行使要受到法律法规、道德礼仪、风俗习惯等规范的制约。这种制约便构成这种言论自由的边界或尺度。超过了这种边界就会违反道德、违法乃至犯罪，那么，对于因言获罪，您怎么看呢？

贺小电：言论的表达超过了法律等规范的限度，就要承担相应的责任，包括违法乃至犯罪的责任。因言获罪，从文义上讲，就是因自己的言论而获罪。从法律的层面讲，因自己触犯刑法的言论即构成犯罪的言论而获罪，并无问题；因一般的违法言论甚至只是违反道德的言论而获罪，则固然不当。前者乃是对自己的犯罪言论所应当承担的结果，如以言语的形式教唆他人犯罪，基于抢劫的故意对他人进行威胁，为损害他人名誉而捏造事实并加以散布进行诽谤，等等，就是因言获罪。这种因言获罪，乃是自作自受。后者因不构成犯罪的言论遭受他人冠以罪名而获罪，通常乃是因为这些言论涉及政府及一些官员而被用以对言论者的打压，当然需要加以彻底的否定。现实生活中，因言获罪常常用于特指后种情形，并将之延伸泛指那些并不属于违法犯罪的言论却被冠之以违法犯罪而加以惩处的情形。

谭君：毫无疑问，合法的言论要受到保护，违法犯罪的言论要受到法律的追究，并不违法犯罪的言论则不应承担法律责任，符合道德等规范的言论应加以提倡，不符合道德规范的言论尽量规范。在现实生活中，言论自由与言论自由的限制，是否处于一种和谐的平衡中呢？

贺小电：言论自由与言论自由限制，属于一对矛盾，两者在法律等规范的范围内，避免不了斗争与冲突，有时在个案中还表现得非常激烈。这种冲突与斗争，只能是动态的平衡，而不可能是完全静止的平衡，那种所有的言论都是合法的，没有不法的言论而不需要限制之自由的理想平衡状态是不存在的。在这种动态的平衡中，居于优势地位的通常是官方及其官员。因为，言论是否违法犯罪乃由官方认定，有的还可以为个别官员左右。但在官员完全不顾事实，借用公权力对言论进行过度打压时，则会引起民意的抵制，借用集体言论即舆论来维护自己的权利，从而引起官方的注意，依法处理有关问题。如此反复，正当合法言论遭受极度打压如因言获罪的现象会越来越少，言论自由的空间也就会越来越大，越来越广。

谭君：就现实情况而言，您认为言论自由方面的主要问题及其表现，有哪些呢？

贺小电：这是一个社会问题，从我接触及感受的情况看，言论自由方面的问题表现多种多样，与刑事有关的，则主要是体现在两个方面。

一方面，某些官员只允许自己言论自由，将民主集中原则中的"集中"极端化，大搞"一言堂"，老子说了算。对于可以给他人带来重大利益的事项，更是会抓住不放，个人说了算。有的甚至将之用来寻租，如给亲戚朋友做甚至进行权钱、权色交易，下面的人即使有意见，也不敢说、不想说，说了也没用。有的还讨好、满足领导的心愿，自己也搭上车而利用权力来谋取非法利益。在湖南省交通厅、高速管理局，就出了一批窝案，几个厅级干部在2014年就将高速公路的一些路段指定给一些个人、公司做，个人、公司则找一些单位出面以围标的方式获得。表面上，都是按照《招投标法》依法而为，实际只是用来掩盖内定投标的真相。这在建筑领域、政府采购项目中并非少见。这样，几个厅级干部为此收受他人贿赂，少的2000多万元，多的近5000万元。一个高速公路建设公司的2个负责人共同收受1.7亿多元的贿赂。

另一方面，一些官员就有悖于自身利益的行为，如对自己的批评、不中听的言论等无法容忍，甚至采用刑事化的方式解决。

如，山东高唐县民政局地名办主任董伟因发网帖称："没钱了，还搞什么建设。"其中，因有"孙烂鱼更黑"等语，几天后的2007年1月1日就被认为侮辱县委书记孙兰雨而被公安机关送进县看守所，并被当地电视台报道为"重大网络刑事犯罪团伙"。同月21日，高唐县公安局以"情节轻微，不认为是犯罪"和"发现不应当追究其刑事责任"为由，对董伟案予以撤销，并赔偿董伟1756.86元。

又如，2017年12月19日，医科大学毕业、具有医师资格证书和临床执业证书并担任过医生的谭秦东在网络上发帖《中国神酒"鸿毛药酒"，来自天堂的毒药》称，人步入老年后，心肌、心脏传导系统、心瓣膜、血管、动脉粥样等发生变化，而有高血压、糖尿病的老年人尤其注意不能饮酒。"鸿茅药酒"的消费者基本是老年人，故之宣传具有夸大疗效的作用。于是，涉事企业以他恶意抹黑造成自身140万元经济损失为由报警。2018年1月10日，内蒙古凉城警方以"损害商品声誉罪"跨省将谭抓捕。同年4月17日下午，内蒙古自治区人民检察院发布《关于"谭秦东损害鸿茅药酒商品声誉案"的情况通报》称："近日，内蒙古自治区乌兰察布市凉城县公安机关、检察机关办理的'谭秦东损害鸿茅药酒商品声誉案'，引起社会和媒体广泛关注。根据最高人民检察院指示，内蒙古自治区人民检察院听取了凉城县人民检察院案件承办人的汇报，查阅了案卷材料。经研究认为，目前案件事实不清、证据不足。自治区人民检察院指令凉城县人民检察院将该案退回公安机关补充侦查并变更强制措施。"同日18时许，谭秦东取保候审。2018年5月17日下午，谭秦东医生在其妻微博中发布道歉声明："承认在标题用词上考虑不周，缺乏严谨性。如果因该文对鸿茅国药股份有限公司带来了影响，本人在此深表歉意，同时希望鸿茅国药股份有限公司予以谅解。"当日下午5时，鸿茅国药股份有限公司在微博上发表了声明说，经公司研究决定接受谭秦东本人所做的致歉声明，并向凉城县公安局撤回报案并向凉城县人民法院撤回侵权诉讼。在此案中，谭只是从老人的身体不适宜喝酒，高血压、糖尿病等病人更不饮酒的常识出发，认为"鸿茅药酒"的广告宣传夸大了其治疗效果。事实上，"'鸿茅药酒'广告曾被江苏、辽宁、山西、湖北等25个省市级FDA部门通报违法"。这样，谭的发帖即使对"鸿茅药酒"声誉有一些影响，怎么样也达不到构成犯罪的程度。至于其称"鸿药茅酒"是"毒药"，所有人也不会相信，明知所说为假，从而不可能让他人相信为真而对之声誉造成什么损害；从内容上更可以说明，谭说的"毒药"不会让人感受到是"毒药"而不敢购买，而且内容是针对所有老年人的一般分析，这也是事实。然而，就是这样一份帖子，让之卷入一起刑事案件中，遭受了3个多月的羁押。倘若没有舆论的介入，最高检察机关的重视，谭也许真的会"因言获罪"。

最后如，《法制日报》记者朱文娜在辽宁省铁岭市西丰县采访后写了一篇题为《辽宁西丰：一场官商较量》的文章，在2008年1月1日《法人杂志》上发表，对该县商人赵俊萍所遭遇的官司进行了报道。仅因文中涉及辽宁省铁岭市西丰县委书记，3天后的1月4日，西丰县委常委、宣传部部长李福路与县委政法委书记周静宇赶赴北京要求《法人杂志》澄清事实真相。同日下午5时许，西丰县公安局多名警察到《法人杂志》社，告知朱文娜因涉嫌"诽谤罪"已被立案，要将其拘传，朱获知信息后到朋友家躲避。1月7日《新京报》等多家媒体报道《记者报道辽宁西丰官员负面新闻遭警方拘传》，引起舆论一片哗然。次日下午，西丰县公安局召开会议决定，对朱文娜撤销立案与拘传。9日下午3时，西丰县委县政府指派相关负责人赴京向《法制日报》社表示道歉。但并未与朱文娜见面。我们不禁要问，倘若朱文娜不是记者，倘若不是《法制日报》社的记者而是当地的记者，倘若朱文娜那天下午在单位而没有躲避，倘若朱文娜的事情没有被媒体报道而引起社会舆论的广泛关注，倘若报道的张志国不是一个县的县委书记而是一个地市的市委书记乃至更高级别的官员，那么，朱文娜的结果会是怎么样呢？

2021年12月，山东省平度市云山镇党委书记王丽在给上访人员做工作时的一段录音在网上飞速流传。之中，王书记直接以粗暴语言对上访者进行威胁："你就当面给他谈，不想谈的话，那这一家人都不怕死的话，那你就豁，他们能豁上我也能豁上，你就转达给他就行了，给脸不要脸的话，那就不需再给脸，该去上访上访，他也没什么大本事，除了进京上访还有什么？举全平度之力，我们无论是从武力物力人力财力精力都耗得起他。""他们家可还有两个小孙子，肚子里的还有一个，嗷，你把这个话转达给他，啊（画外音：好的好的），转达给他就行了，啊，无所谓，啊，不见就拉倒，啊，真的不用求着他，（画外音：好来好来）。""你放心，我豁上了，我有一百种方法去刑事他儿子，我不过是现在还不愿去赌那些方法……"于是"刑事你"一词成为当年的最热门新词之一。如果官员都用这种刑事化的方式面对、处置现实生活中的诸多批评、指责、监督、反映等言论，那么，公民言论自由的空间就会被大大压缩，社会言论自由的限度平衡被打破，久而久之，一个广集民意、顺民而为而充满活力的正常社会就会渐行渐远，代之而起的将是一个万马齐喑、一潭死水而失去活力的非常态社会乃会渐行渐近。我认为这需要引起我们的重视和警醒。

七、律师的言论表达与责任豁免

谭君：如前所述，律师行业尽管存在一些黑洞或者黑幕，但不可否认律师群体总体上对社会进步的推动作用和在法治中国建设中的促进作用。在良币与劣币之间，我们更应当关注良币的生存空间。

近年来各地出台各种政策完善律师执业权利救助保障机制，但现实中仍有维权律师被吊销律师执业证件、辩护律师因言获罪的现象出现。您觉得这种现象正常吗？原因是什么？

贺小电：在律师地位很高的西方国家，对于案件的事实、行为等形成的看法、认识公开表达都有一定限制。如美国要求律师对在审案件的言论只有不存在"重大偏见的可能时，才可以公开表达"。显然，这种公开表达，基于职业等特点，会有意或无意地不全面反映。律师基于自己的利益更可能夸大某方面的事实因素，从而造成社会公众在对案件不了解全面真相的情况下，形成某种印象而影响司法公正。特别是在我国，司法权威远远达不到让司法机关不受外界影响的程度，一些案件就是因为舆论的汹涌而影响法院独立行使审判权。是以，律师就案件在庭外尤其是在公众媒体上的言论表达，在我看来，应当受到一定程度限制。有关证据、事实的表达，更应如此。法律规定辩护人才能依法复制案卷，如果随意将证据向外公开，法律有关规定就没有任何意义。可不公开证据就将通过阅卷了解的事实真相部分公开，并表达主观上的认识，则不一定正确。外界基于律师的认识形成看法，甚至发表意见评论，自然会影响司法，这在国外也不应该允许。所以，除非有确实充分绝对不会动摇其真实性的证据，可以证明当事人无罪，或受诬告陷害、打击报复，或者明显的自首而不加认定等特别情况，且经过向司法机关反映特别是经法庭审判程序而无法得到正常的救济外，不应允许将案件事实、证据等案情公布在外。

如此，律师对案件实体事实、证据、性质等方面的发声，应当以局限于法庭等司法程序内部为原则，以个别特殊情况向外寻求帮助为例外。但这种个别特殊情况，应当有确实充分的证据来证明完全有利于当事人，且经过正常程序无法救济，律师公布时应当对公布的事实、证据负责。这种公布，由于是客观的、直接的，不需要有渊博的知识、严密的推理等公众一看便知，在司法人员违法不予采信而冤枉当事人，使之合法权益得不到保障，从而借助于社会监督的力量，将违法乃至犯罪行为及时予以纠正，防止冤假错案的发生，我认为是有必要的。

还有，对于一些律师的发言及其所表达的观点，司法人员恣意指责、无理打压的做法，更应当拒绝。我所刘律师在长沙市某区法院一起组织卖淫案的开庭审理中，在承认当事人构成犯罪作罪轻辩护时指出，"改革开放30年，社会进步很快，卖淫嫖娼行为确实有损社会风气，但在客观上降低了强奸等暴力犯罪的案发率，有利于社会稳定，社会危害性较小"，结果公诉人在休庭时就说刘律师发表的言论不正当，要发司法建议函去司法局建议处分他。不想事后，公诉人所在区检察院还真给司法行政管理机关去函称："刘志江律师公开发表了卖淫嫖娼有利于减少强奸等恶性犯罪的案发，有利于维护社会稳定的辩护意见。本院作为监督机关，认为刘律师的该辩护意见有悖于相关法律规定。律师担任辩护人，应当根据事实和法律，提出辩护意见。依照相关法律、法规和社会道德规范及公序良俗，在法庭上公然发表上述辩护意见不符合一名律师应有的言行"，并要求回函。该函在网上公开后，检察院的这一做法受到了不少指责，同时也有一些人举起道德大旗，对刘律师横加指责。其实，这本身是法庭内很小范围内的事情，律师即使说错了，法院不采纳就是，并不会造成什么影响。何况，就刘律师所说，也很难有事实证据说明他的观点不成立。毕竟，不能否定，卖淫嫖娼的丑恶现象在现实生活中确实在一定范围内存在，并确实能够缓解部分外来务工人员的需求，而减少更严重的为满足欲望而进行的违法犯罪。此外，作为一种自古至今均未消除的现象，曾有全国人大代表提出，要将之合法化，以防止性病传播。这位人大代表就认为，近年来，外出务工、长期没有性生活的人数增多，但强奸犯罪比过去大大减少，这与现实存在的卖淫嫖娼行为有着一定程度的关系。当然，这些言论，与我国社会主义道德风尚、公序良俗相背。但站在律师的角度，他只是基于职业行为，在法庭这一特定范围内，发掘有利于当事人的事实，从性质上说，这不应该是一种违法。即使律师说错了，批评教育也行，根本达不到给予处分的程度。不然，当事人本来有罪，律师却认为无罪发表无罪意见，本来不构成自首、立功，律师却提出构成自首、立功。在检察官、法官看来，律师都是在为当事人违法辩护，属于不当甚至违反法律规定的言论，不也要受到处理？好在，司法行政机关依法并未对刘律师作出任何处理。

遗憾的是，事后，长沙市律师协会一位副会长在一次会议上称，某区检察院对司法局的来函并无不妥，并且还说这函在发出之前，检察院还征求过他的意见。据说，这副会长曾在政法系院工作过。我听说后，认为这样的人担任律师协会副会长是所有律师的一种悲哀。这件事，就是律师完全有错，在这位副会长认识检察院领导并有所沟通的情况下，也应从保护律师在法庭能够放心言论，充分发挥律师辩护功能这一基本需要的前提下，作有效沟通，对刘可以批评而不致引起后面系列行为，给社会造成不良影响。事实上，刘律师的行为要真像区检察院所称违反了法律规定，司法行政机关不可能包庇他而不处分，检察院也不会轻易放过他。

更为奇葩的是，2019年12月11日，网络热传一份黑龙江省鹤岗市工农区人民法院发给鹤岗市司法局的（2019）黑0403刑初第143号司法建议书。该司法建议书鉴于中华全国律师协会2018年3月6日发布的《关于律师办理黑恶势力犯罪案件辩护代理工作若干意见》第3条第2项关于"建立集体研究制度。办案过程中，做无罪辩护或改变案件定性时，律师事务所要组织集体研究，依法提出案件处理方案和辩护代理意见"的规定，要求司法行政管理机关对在被告人任焕玉、孟宪国、秦海军寻衅滋事、敲诈勒索、强迫交易，被告人任虎、李兴涛、任焕廷寻衅滋事一案中为各自当事人进行无罪辩护的关玉春、马建军、陈金环是否遵守上述规定进行调查，并反馈该院。我想，难道3位律师若没有经过所里集体研究而作无罪辩护，其意见正确，也要查处？即使法官认为律师的无罪辩护意见不正确，不采纳就是啦，哪有法律要求律师的辩护意见一定正确的道理。若如此，就不要法官居中作出审慎独立判断了，只要按照律师的辩护观点判就是了。

其实，这一司法建议的背后，体现着法官对于检察院指控的犯罪早已在内心里加以接受，不容律师辩驳，否则就是不依法辩护，从而属于典型的未审先定的有罪推定。这样，律师的辩护即使有道理，他们也不会关注。我曾为一个当事人辩护。在审查起诉阶段，当事人对曾经承认过的某些事实提出了异议。我也根据案卷中的证据就部分事实的证据是否确定充分，以及是否构成犯罪，提出了与监察机关不同的看法，并将辩护意见提交给了检察机关、当事人。后来，承办检察官得知我将辩护意见给了当事人，便威胁当事人，并当着当事人的面给监察机关办案人员打了数十分钟的电话，说当事人翻供、不配合什么的，并说要司法行政机关查处律师，当事人吓得不得了。检察人员作为指控犯罪者，与律师处于完全对立的地位，对于律师不同意见的反感，尚有职业倾向作为心理基础，但法官作为应当居中全面听取控辩双方意见而后裁判的人，居然也对律师不同于控方的辩护意见反感，这实在有违职业伦理。看来，要让那些自认为只有自己代表公平、正义、真理的检察官、法官们，认真听取律师的意见，还有漫长而曲折的路可走。然无论道路如何曲折，前途总是光明的。北京市大兴区人民检察院就曾出台一项要求检察机关在办案过程中听取辩护人、诉讼代理人意见的规定。对此，《人民日报》发表评论称："'让律师说话，天不会塌下来。'法律之所以存在，是为了维护每一个公民的合法权益，而法庭之所以存在，是为了给每个人一次维护自己权益的机会。在法庭上，法官居中审理，听取控辩双方的陈词意见；检察官代表国家行使公诉权，维护国家和社会公众的利益；而律师代表的是被告人的利益，使其免于遭受不公正的惩罚。无论缺了谁，法庭都不会完整，审判都不会公正，更遑论法律的权威和尊严。""真理越辩越明，我们必须牢记，即使是法官、检察官也并不代表天然的正义，他们也会犯错，也会有片面和不客观的时候。如果此时有另一种声音，哪怕微不足道，甚至是刺耳的，也好过步调一致的发声。'一次审判不公恶于十次犯罪'，律师的存在，正是那条不停搅动的鲶鱼（鲇鱼），让所有人对事实保持警觉，对人权保持尊重，对法律保持敬畏。"[①]

还有，对于司法过程中存在的一些司法人员的严重违反诉讼程序，侵害当事人及

[①] 一然：《让律师说话，让法律更有尊严》，《人民日报》2015 年 4 月 29 日。

其辩护人合法权利的行为，首先应当选择按司法程序予以救济，如向检察机关提出控告、向法庭提出要求等。但是，得不到应有的回复，在有确实充分的证据时，应当允许依法公开，让之暴露在阳光下，通过社会监督的力量促使有关违法乃至犯罪行为受到追究，有关行为的结果如刑讯所产生的口供不能承认其效力而应得到排除与否定。这时，不能以属于所谓的不应公开的事实甚至国家秘密为由而加以掩盖，否则，违法犯罪行为在此时怎么能够得以纠正？不能纠正，岂不是对违法犯罪的包庇与纵容？

谭君： 最近有律师公布了一个案件中的一段刑讯逼供的审讯视频，很多人担心他会被处分、被吊证。也有学者撰文说，律师有权向公众披露案件情况。你觉得律师在案件推进遇到阻力时，诉诸公众舆论的界限在哪里？

贺小电： 这点在上一个问题已经涉及，认为律师有权向公众披露案件情况的看法，我认为一般是不对的。前面已经说过，涉及案件的实体事实及证据等的看法，不应当就自己的认识借用媒体对外宣扬、扩散，以影响甚至干扰司法机关的独立审慎判断。但对于有确实充分证据证明的司法人员的违法犯罪事实，如刑讯逼供的视频，在法庭拒绝作为证据进入程序等置之不理的情况下，我认为可以公开，这已经不仅仅是所办案件的程序事实，而且是涉及另外的属于他案的违法犯罪事实，应当属于公开举报的范畴。但前提是，司法人员的违法犯罪行为，律师必须要有确实充分的证据加以证明，并先要采取其他救济途径进行反映。只有在其他救济途径根本无法救济时，才采取这种不得已的办法。是否确实充分，不能过分相信当事人，如对于有关录像，来源、内容都要审查。

谭君： 律师就自己辩护、代理案件发声的地方，仅仅是在法庭中或者打印在纸上的辩护词吗？应该如何保障律师的辩护权？律师应不应该具有法庭言论的豁免权？

贺小电： 律师在法庭上的言论具有豁免权，这点没有问题。问题在于权利的存在都不是绝对的，而是相对的。换言之，豁免权的存在是有一定条件，都要以符合法律的规定为前提，律师在法庭中的言论的豁免权也不能例外。对此，《律师法》第37条第1款、第2款明确规定："律师在执业活动中的人身权利不受侵犯。""律师在法庭上发表的代理、辩护意见不受法律追究。但是，发表危害国家安全、恶意诽谤他人、严重扰乱法庭秩序的言论除外。"显然，律师在法庭中为了当事人的利益，依法发表自己的观点、看法，即使不正确，或者认为有悖于道德良俗的要求，也不能以此来追究律师的责任。但对于明显违法乃至犯罪的行为，如对他人进行恶意侮辱诽谤，伪造提供虚假的证据，不听法庭指挥而采取大声叫喊、无理取闹等故意扰乱法庭秩序，阻碍法庭审理活动正常进行的，自不属于依法维护当事人权益的言论责任豁免范畴，应当依法承担相应的法律责任。因此，《律师法》第40条也明确规定，律师不得"故意提供虚假证据或者威胁、利诱他人提供虚假证据，妨碍对方当事人合法取得证据"，不得"扰乱法庭、仲裁庭秩序，干扰诉讼、仲裁活动的正常进行"，等等。

另外，还有一种情况，对律师来说，既是其权利，也是其义务，就是对执业活动过程中所知道的国家秘密、商业秘密，不利于当事人的隐私等信息，以及委托人和其他人不愿泄露的而不属于准备或者正在实施危害国家安全、公共安全以及严重危害他人人身安全的犯罪事实和信息，律师应当予以保密，而不能对外公布，包括在公开开庭审理的法庭上也不允许。相反，在涉及国家秘密、商业秘密、个人隐私等而不公开开庭审理的，涉及有关必须涉及的国家秘密、商业秘密、个人隐私的，予以除外。对此，《律师法》第38条就规定："律师应当保守在执业活动中知悉的国家秘密、商业秘密，不得泄露当事人的隐私。""律师对在执业活动中知悉的委托人和其他人不愿泄露的有关情况和信息，应当予以保密。但是，委托人或者其他人准备或者正在实施危害国家安全、公共安全以及严重危害他人人身安全的犯罪事实和信息除外。"这样，律师的言论，违背这一法律规定，所产生的责任也不能得到豁免。这时，所体现的乃是律师对执业活动过程中所获悉的国家秘密、商业秘密、当事人隐私或者委托人及他人不愿意泄露的有关信息，负有保密而不能对外散布、扩散的义务。即使在庭审中也不能例外，除非庭审因涉及国家秘密等而不公开审理必须提及国家秘密等。对于对外公开、扩散等泄露国家秘密、商业秘密、依法不公开审理案件中的不应当公开的信息，造成一定后果，构成犯罪的，仍需要依法以泄露国家秘密、侵犯商业秘密、泄露不应公开的案件信息及披露、报道不应公开的案件信息等犯罪论处。对此，《刑法》第308条之一规定："司法工作人员、辩护人、诉讼代理人或者其他诉讼参与人，泄露依法不公开审理的案件中不应当公开的信息，造成信息公开传播或者其他严重后果的，处三年以下有期徒刑、拘役或者管制，并处或者单处罚金。""有前款行为，泄露国家秘密的，依照本法第三百九十八条的规定定罪处罚。""公开披露、报道第一款规定的案件信息，情节严重的，依照第一款的规定处罚。"

说是权利，对于上述律师在执业过程中知悉的有关秘密、信息及事实，有权予以保密。凡是当事人或者委托人已经发生的违法犯罪事实，作为公民确实具有举报义务，或者对特定犯罪如间谍犯罪、恐怖主义犯罪、极端主义犯罪等还有配合司法调查的义务，后者要是拒绝提供，还可能构成犯罪。但是，要是律师在执业过程中所知的当事人或者委托人已经实施的这些犯罪，仍然有权利按照法律的规定，不予提供。否则，虽因律师的提供有利于有关犯罪的追究，但会使整个社会对律师维护当事人权益的宗旨、目的产生怀疑，失去社会的信任，从而给整个律师业乃至法律制度本身造成严重或者不可估量的损害。

当然，对于所知道的一些信息，并不是一律具有保密的权利。前者如当事人或者委托人准备或者正在实施的危害国家安全、公共安全，以及严重危害他人人身安全的犯罪事实和信息，则就应当依法告知，以防止这种严重危害社会的犯罪行为发生。

还有，对于已经发生的违法犯罪事实，律师也只有消极不作为的保密权利及义务，而不能采取任何积极的作为，如伪造虚假证据，明知是伪造或变造等的假证向司法机关提供而对犯罪行为等加以掩饰、包庇的，则就不再属于保密行为的外延所能包括的范围，依然需要依法承担相应的法律责任。对此，律师在执业过程中，一定要注意消极的保密行为与积极的掩饰、包庇犯罪行为等的界限，不能有丝毫的大意，更不能心存侥幸。